アメリカ銀行恐慌と
預金者保護政策

1930年代における商業銀行の再編

小林真之 著

北海道大学出版会

はしがき

　セーフティネットの発展した現代資本主義においては「銀行恐慌」(banking crisis)という経済用語はもはや「死語」と化したかと思われてきた。しかし1980年代半ば以降に世界的規模で進行した規制緩和の潮流と歩調を合わせるかのように，金融危機に見舞われる資本主義国が続出しており，不安に駆られた預金者が預金引出のために銀行窓口へ殺到する古典的な信用パニック現象も頻繁にみられる風景となっている。その意味で実物経済の悪化(利潤率の低下)が金融部面に不良債権問題として反映され，それが預金者の信用不安・銀行取付けを招くという銀行恐慌の基本的構図は現代においても変化していないといえる。

　しかし個別銀行への取付けが決済システムを媒介にして他銀行に連鎖的に波及する，という銀行恐慌の激烈な発現形態は現代では影を潜めているようにみえる。銀行恐慌の変容をもたらしているのは決済システムを維持するために公的当局(政府，預金保険制度，中央銀行)によって発動される信用秩序維持政策の存在である。決済システムの中心にある大手商業銀行はもちろんのこと，大手投資銀行・ヘッジファンドの経営危機は現代では個別金融機関の生死の問題にとどまらず，金融システムの崩壊にまで発展する可能性を有している。大手投資銀行，リーマン・ブラザーズの事例(2008年9月)は信用ネットワークの一角を構成する大金融機関を破綻処理する代価の大きさを如実に示したものといえる。

　大恐慌以前には銀行の不良債権は株主・預金者の損失負担によって処理されていたが，預金者保護・決済システムの維持が至上命題となる現代においては私的負担だけでは限界があり，損失負担の社会化(公的資金の投入)が必至となる。だが「営業の自由」を原則とする市場経済のもとで，政府が過剰資本(不良債権)処理に果たすべき役割に関して必ずしも社会的合意が存在するとはいえない。その合意は議会の複雑な政治力学を経ることで形成されるため，政府によりとられる金融危機対応策には歴史的「偶然性」がつきまとうことになり，その歴史的評価

は必ずしも定まっているとはいえない。

そうした現状をふまえて，本書は市場と政策の関係を考察する歴史的素材として1930年代のアメリカ銀行恐慌を取り上げて検討し，現代の信用秩序維持政策を評価する一助としたい。30年代のアメリカでは他の主要資本主義国にみられない規模の大量の銀行破産が頻発しており，復興金融公社(Reconstruction Finance Corporation)，連邦預金保険公社(Federal Deposit Insurance Corporation)などの政府組織が形成され，大規模な銀行恐慌対策が展開されていた。その意味でアメリカは政府による信用秩序維持政策を歴史上最も早く試行錯誤的に展開した資本主義国であった。日本・アメリカの政策当局者が現代の金融危機にさいして30年代のアメリカの経験から歴史的教訓をくみとろうとしたのは当然の成り行きといえる。だが30年代のアメリカ銀行恐慌に関する情報は日本において雑誌等のジャーナリズムによって頻繁に紹介されているものの，それは必ずしも歴史的事実を体系的に整理したものとはいいがたい。

他方，日本の学会レベルにおけるアメリカ銀行恐慌に関する研究上の業績として，著書の体裁をとったものをあげれば，下記のようなものがある。

玉野井芳郎編著『大恐慌の研究』(東京大学出版会，1964年)

吉富　勝『アメリカの大恐慌』(日本評論社，1965年)

平田　喜彦『アメリカ銀行恐慌　1929～33年——その過程と原因分析』(立正大学経済研究所，1969年)

侘美　光彦『世界大恐慌——1929年恐慌の過程と原因』(御茶の水書房，1994年)

柴田徳太郎『大恐慌と現代資本主義——進化論的アプローチによる段階論の試み』(東洋経済新報社，1996年)

上記の文献のなかで平田氏以外の著書は大恐慌と関連して銀行恐慌に言及されているものの，銀行恐慌自体が主要なテーマとはなっていない。したがって平田氏の著書がこれまで銀行恐慌に最も体系的にアプローチした書物ということができるであろう。本書はアメリカ銀行恐慌研究に関するこうした現状をふまえて，過去の研究に学びながら，政策論的問題意識から銀行恐慌に接近しようとするものである。

本書は1930年代におけるアメリカ銀行恐慌を公的政策(預金者保護政策)との

関わりで考察し，政策の現代的意義を検証することを課題としている。この課題を解明するために本書では次のような視点から対象に接近することにする。

第1に1930年代を不良債権問題という統一した視角から把握することである。一般に銀行恐慌期(狭義)は1930年～33年3月とされているが，本書ではアメリカ銀行恐慌を広義に解釈し，1933年3月～40年の銀行再編過程を含めて銀行恐慌という用語を使用する。なぜなら銀行部門の不良債権の処理と銀行再編は30年代の全期間を通じて行われていたからである。本書の表題を「アメリカ銀行恐慌と預金者保護政策」とした所以である。とりわけ33年3月以降の銀行再編過程は従来の研究では欠落していた部分であり，本書で解明に力を注いだ論点である。

第2に銀行恐慌をマクロ的視点(社会総資本的視点)からだけでなく，ミクロ的視点(個別銀行視点)にまで掘り下げて分析することである。分析のレベルを個別銀行の動向にまで下向させることにより，個別銀行と政策の具体的対応関係を明らかにすることができる。従来の研究においては一部の銀行企業が具体例として取り上げられて分析されていたものの，全体としてこうした分析姿勢は希薄であったといえよう。

またアメリカではユニット・バンクが銀行制度の支配的形態となっていることを考慮して，銀行業の地域的動向を把握するように努めることにする。アメリカの銀行業は支店設置を本店所在地あるいは州規模に制約されているため，金融危機はそうした狭い地域のなかで現れる場合が多い。したがって主要都市の個別銀行の動向にまで立ち入ることにより，銀行恐慌の動態をより立体的に把握することが可能となるであろう。

第3に預金者保護の論理が銀行恐慌の過程でどのように具体化されていったのかという視点から分析することである。銀行破産は預金者に損失を強制することで信用不安を生み出し，銀行破産の連鎖波及をもたらす。このことは地域の金融システムを崩壊に導く危険性があり，ここに預金者を保護する論理が公私のレベルで発展していく。預金者保護の論理が私的銀行の次元から公的次元に発展していく過程を連続性と非連続性という2つの観点から明らかにする必要があろう。

以上の3つの視点をふまえて，本書は第Ⅰ部「銀行恐慌の原因と推移」と第Ⅱ部「銀行恐慌と預金者保護」の2部から構成される。第Ⅰ部では主としてマクロ

的視点(社会総資本的視点)から，第II部ではミクロ的視点(個別銀行視点)から対象に接近する方法をとることにする。

　第I部は1930〜33年3月の狭義の銀行恐慌期に対象時期を限定し，アメリカにおいて銀行恐慌が大規模化した背景及び銀行恐慌への政策的対応策について検討する。

　まず第1章において銀行破産の頻発現象をもたらした銀行制度的要因としてユニット・バンク制度を取り上げ，その歴史的経緯と実態を明らかにする。さらにユニット・バンク制度に由来する銀行の脆弱性を補強する先駆的試みとして，事前的規制としてバランス・シート規制，また事後的規制として州次元における預金保険制度を検討する。

　第2章においては銀行のバランス・シートを分析することで，銀行恐慌を導いた原因を検出する。ここではユニット・バンク制度という銀行の分散性を反映して，バランス・シートの地域性に充分に配慮することにする。

　第3章においては農村地域の中小銀行から開始された銀行恐慌がニューヨーク，シカゴの大銀行にまで波及していった歴史的経緯について明らかにする。産業恐慌の進展につれて銀行破産の脅威が都市部の大銀行にまで及ぶようになるが，それを地域の金融システムとの関わりにおいて検討する。

　第4章においては都市部の大銀行にまで及んできた金融危機に対して政府がとった政策的対応について明らかにする。具体的には全国信用公社，復興金融公社が銀行救済に果たした役割及び限界を解明すると同時に，1932年のグラス・スティーガル法により可能となった連邦準備銀行による大規模な公開市場操作の意義について検討する。

　次に第II部において預金者保護に焦点をあて，それが私的銀行次元から公的次元に展開していく具体的過程を解明する。第II部では個別銀行視点を取り入れて分析していくが，対象とするサンプルは主として資産規模1000万ドル以上の銀行とする。ここではムーディズ・マニュアル・インヴェストメントの資料に拠りながら，サンプルとなる銀行をあらかじめ概観しておこう。サンプル銀行は1929年末で746行であり，全商業銀行数(2万3695行)の3.1%を占めている。さらにサンプル銀行を資産規模別に分類すれば，1000万ドル台(380行)，2000万ドル台(116行)の2クラスで全体の66.5%を占め，資産1億ドル以上の大銀行

は79行を数えるにすぎない。また地域別にみれば，サンプル銀行が多く分布していた州はニューヨーク(113行)，ペンシルヴェニア(102行)，ニュージャージー(57行)，イリノイ(54行)，ミシガン(38行)，マサチューセッツ(37行)，カリフォルニア(30行)であり，この7州で全体の58%を占めていた。他方6州においては資産1000万ドル以上の銀行は存在せず，さらに35州においてそれは10行以下にすぎなかった。このように本書では可能な限りアメリカ銀行業の全体像を明らかにしようとするものであるが，資産1000万ドル以上の銀行は地域的に偏在していることに留意する必要があろう。以下ではサンプル銀行を具体例として取り上げながら，議論を進めることにする。

まず第5章では金融危機に対応して私的銀行相互間でとられた協力関係について明らかにする。大銀行の破綻による地域の金融システムの動揺を未然に阻止するためにとられた救済型銀行合併に焦点をあてて検討する。

第6章では銀行清算にさいして預金者への預金払戻し過程に生じた変化について明らかにする。資産の強制売却の結果として生ずる銀行清算の不況的側面を最小化させる方策として，私的銀行レベルで発展したスポーキィン・プラン及びニューヨーク・プランについて検討する。

第7章・第8章では全国銀行休業日以降に復興金融公社(RFC)が遂行した新たな役割について明らかにする。RFCが閉鎖銀行への融資・自己資本の充実という役割を通して不許可銀行の再編及び許可銀行の不良債権処理に寄与した過程を検討する。

第9章・第10章では連邦預金保険公社(FDIC)が設立された背景及び銀行破綻処理に果たした役割について明らかにする。FDICとユニット・バンク制度との密接な関係を指摘し，預金者の信用不安を回避するためにFDICによってとられた預金保証及び資金援助の役割について検討する。

以上では本書の課題・分析視角及び構成について論述してきた。著者の問題関心は既述したように現代の信用秩序維持政策の評価にあり，アメリカ銀行恐慌の歴史的分析を通じて政策評価の基礎的理解を深めることを意図している。もちろん現代と1930年代の資本主義経済には3/4世紀以上の時間的隔たりがあり，産業・金融の両面において大きな変貌を遂げていることは事実である。しかし〝歴

史は飛躍せず"といわれるように，歴史を貫通して共通する側面もまた多いのである。本書が現代の政策形成と評価にあたってなにほどか寄与することができれば，幸いである。

目　次

はしがき

第Ⅰ部　銀行恐慌の原因と推移

第1章　ユニット・バンク制度と預金者保護政策 ……3

第1節　ユニット・バンク制度をめぐる歴史的経緯 ……3
1．国法銀行法　3
2．マクファーデン法　5
3．支店制度の実態　7

第2節　銀行集中への動き ……9
1．チェーン・バンク及びグループ・バンクの発展　9
2．銀行合併　12

第3節　バランス・シートの公的規制 ……15
1．支払準備規制　15
2．資産規制　16
　(1)　貸付　17
　(2)　投資　18
3．自己資本規制　19
　(1)　最低資本金規制　20
　(2)　株主の二重責任制度　21
　(3)　自己資本比率規制　22

第4節　州預金保険制度 ……23

第2章　銀行恐慌の原因 ……33

第1節　1920年代の預金及び貸付・投資の動向 ……33
1．預金の動向　33
2．貸付・投資の動向　35

第2節　大恐慌期の預金動向 ……37

第3節　大恐慌期の貸付・投資の動向 ……41

1．絶対額・比率ともに減少した資産　43
　　　（1）証券担保貸付　43
　　　（2）「その他」貸付　45
　　2．絶対額で減少・資産比率で増加した資産　46
　　　（1）不動産担保貸付　46
　　　（2）「その他」証券投資　49
　　3．絶対額・比率ともに増加した資産　53

第3章　銀行恐慌の推移　61

第1節　銀行恐慌の特徴　61

第2節　銀行恐慌の推移　65
　　1．第1次銀行恐慌(1930年11〜12月)　67
　　　（1）コールドウェル・グループの破綻　68
　　　（2）合衆国銀行の破綻　69
　　2．第2次銀行恐慌(1931年央〜32年1月)　71
　　　（1）イリノイ州　72
　　　（2）オハイオ州　73
　　　（3）ペンシルヴェニア州　74
　　　（4）マサチューセッツ州　75
　　3．第3次銀行恐慌(1933年2〜3月)　76
　　　（1）金融危機の沈静化　76
　　　（2）デトロイトの銀行危機　77
　　　（3）州銀行休業の連鎖・波及　78
　　　（4）連銀信用の危機　82

第4章　銀行救済政策の展開　89
　　　──復興金融公社融資と連銀買オペ政策の意義──

第1節　全国信用公社の設立　89
　　1．全国信用公社の機構　89
　　2．全国信用公社の限界　91

第2節　復興金融公社による銀行救済融資　92
　　1．RFCの機構　92

２．RFC の救済融資　93
　　３．RFC の限界　98
　第 3 節　グラス・スティーガル法と連邦準備銀行による大規模な
　　　　　公開市場操作 ……………………………………………………………99
　　１．グラス・スティーガル法の成立　99
　　　（１）「自由金」の不足　99
　　　（２）グラス・スティーガル法の成立　102
　　２．連邦準備銀行による政府証券買オペ政策の展開　102
　　　（１）買オペ政策の実施　102
　　　（２）買オペ政策と金融市場　103
　　　（３）連銀買オペ政策の意義　105
　第 4 節　1933 年 2〜3 月の信用恐慌 ……………………………………………107
　　１．銀　行　恐　慌　107
　　２．貨　幣　恐　慌　109

第 II 部　銀行恐慌と預金者保護

第 5 章　救済型銀行合併と預金者 ……………………………………………117
　第 1 節　銀行合併と資本集中 ……………………………………………………117
　　１．銀行合併の 2 類型　117
　　２．1930 年代の銀行合併　118
　　３．大銀行の合併動向　120
　第 2 節　積極的な銀行合併 ………………………………………………………121
　　１．チェス・ナショナル・バンク(New York, N.Y.)による銀行合併　121
　　２．ナショナル・シティ・バンク(New York, N.Y.)による銀行合併　126
　　３．バンク・オブ・アメリカ NTSA(San Francisco, Cal.)の形成　127
　　４．デトロイトにおける銀行合併　128
　第 3 節　救済型銀行合併──（１）株式交換による銀行合併 ………………130
　　１．セントラル・トラスト・オブ・イリノイによるナショナル・バンク・
　　　　オブ・リパブリックの合併(Chicago, Ill., 1931.7)　131

2．ファースト・シティ・トラストによるセントラル・デポジッターズ・
　　　バンクの合併(Akron, Ohio, 1931.11)　136
　　3．マニュファクチュアラーズ・トラストによるチャタム・フェニックス
　　　の合併(New York, N.Y., 1932.1)　139
　第4節　救済型銀行合併──(2) 株式交換をともなわない合併 ……………140
　　1．デトロイトにおける救済合併
　　　──ピープルズ・ウェイン・カウンティ・バンクによるアメリカン・ス
　　　ティト・バンク・オブ・デトロイトの合併(Detroit, Mich., 1931.3)　141
　　2．シカゴにおける救済合併
　　　──ファースト・ナショナル・バンク・オブ・シカゴによるフォーマ
　　　ン・スティト・ナショナル・バンクの合併(Chicago, Ill., 1931.6)　143
　　3．ボストンにおける救済合併
　　　──ファースト・ナショナル・バンクによるアトランティック・ナショ
　　　ナル・バンク・オブ・ボストンの合併(Boston, Mass., 1932.5)　144

第6章　銀行清算と預金者損失 …………………………………………151
　第1節　銀行清算の方法 ……………………………………………………151
　　1．清算の担い手　152
　　2．清算方法　153
　第2節　銀行清算と預金者の損失 …………………………………………155
　　1．預金者の損失　155
　　2．大銀行の預金者損失　156
　第3節　全国銀行休業日以前の大銀行の清算 ……………………………157
　　1．ニューヨークにおける銀行清算　160
　　(1) 合衆国銀行の清算　160
　　(2) ハリマン・ナショナル・バンク・トラストの清算　160
　　(3) その他ニューヨーク市銀行の清算　162
　　2．フィラデルフィアにおける銀行清算　164
　第4節　全国銀行休業日以降の銀行清算 …………………………………168
　　1．デトロイトにおける銀行清算　169
　　(1) Union Guardian Trust Co.　169

（2）2大銀行の清算　171
　　2．クリーヴランドにおける銀行清算　174

第7章　復興金融公社と不許可銀行の再編 …………………………183

第1節　銀行再編の枠組み …………………………183
　1．銀行保全法の成立　183
　2．銀行再編の方法　186

第2節　復興金融公社による資金援助 …………………………189
　1．閉鎖銀行への融資　189
　2．自己資本の増強　191

第3節　不許可銀行の再編 …………………………196
　1．不許可銀行の動向　196
　2．資本調整プラン　199
　　（1）Exchange National Bank of Tulsa（Tulsa, Okla.）　201
　　（2）First National Bank of Houston（Houston, Tex.）　203
　3．預金削減率が50％未満の銀行再編　205
　　（1）Fletcher American National Bank（Indianapolis, Ind.）　206
　　（2）Fidelity National Bank & Trust Co.（Kansas City, Mo.）　210
　　（3）Lafayette South Side Bank & Trust Co.（St. Louis, Mo.）　212
　4．預金削減率が50％以上の銀行再編　216
　　（1）ニューオーリンズにおける銀行再編　217
　　（2）ボルチモアにおける銀行再編　222

第8章　不良債権と公的資金 …………………………233

第1節　資産査定基準と収益動向 …………………………233
　1．監督当局の資産査定基準　233
　　（1）銀行監督機関　233
　　（2）資産査定基準の変化　234
　2．銀行の収益動向　237
　　（1）経常収支　238
　　（2）臨時収支　240

（3）純 利 益　241
　3．不良資産と自己資本　242

第2節　形式的な公的資金注入 …………………………………………………245

第3節　公的資金を申請した銀行(I)──減資を実施しなかった銀行 ………250

　1．公的資金を返済した銀行　251
　　　（1）利益からの返済　251
　　　（2）新規資金での返済　251
　2．公的資金を残存させた銀行　257

第4節　公的資金を申請した銀行(II)──減資を実施した銀行 ……………263

　1．減資の実施　263
　2．公的資金を返済した銀行　265
　　　（1）Chase National Bank（New York, N.Y.）　268
　　　（2）National City Bank（New York, N.Y.）　270
　3．公的資金を残存させた銀行　272
　　　（1）Security-First National Bank（Los Angeles, Cal.）　273
　　　（2）First Wisconsin National Bank（Milwaukee, Wis.）　280

第5節　公的資金を申請した銀行(III)──役員人事への公的介入 …………283

　　　（1）Anglo-California National Bank（San Francisco, Cal.）　283
　　　（2）Continental Illinois National Bank & Trust Co.（Chicago, Ill.）　284

第9章　連邦預金保険制度の成立 ……………………………………………297

第1節　連邦議会における預金保険法案 ………………………………………297

　1．スティーガル法案　299
　2．グラス法案　301
　3．グラス・スティーガル法案　302

第2節　1933年銀行法における預金保険制度 …………………………………304

　1．第1次「恒久」預金保険法(1934年7月実施予定)　305
　2．「暫定」預金保険法(1934年1～6月)　306
　3．「暫定」預金保険法の延長(1934年7月1日～35年8月31日)　307
　　　（1）「暫定」預金保険法の第1次延長(1934年7月1日～35年6月末)　307

（2）「暫定」預金保険法の再延長(1935年7月1日～8月31日)　309

　第3節　第2次「恒久」預金保険法(1935年9月～) ……………………310
　第4節　預金保険制度と預金保証 ………………………………………312
　　1．預金保険制度への加入状況　312
　　2．「恒久」預金保険制度下の預金保証　314

第10章　連邦預金保険制度と銀行破綻処理政策 …………321
　　　　──1934～40年における連邦預金保険公社の経験──

　第1節　銀行の破綻処理政策 ……………………………………………322
　　1．銀行破綻処理の法的枠組み　322
　　　（1）1933年銀行法　323
　　　（2）1935年銀行法　324
　　2．銀行破綻処理の現実　325
　　　（1）清算処理方式　325
　　　（2）資金援助をともなう銀行合併　329
　第2節　連邦預金保険公社の財政状況 …………………………………331
　　1．FDIC の組織　331
　　2．FDIC の財政収支　333
　　　（1）資　本　金　333
　　　（2）収　　入　334
　　　（3）支　　出　336
　　3．2つの破綻処理方式の費用比較　336
　第3節　銀　行　清　算 …………………………………………………339
　　1．銀行清算の特徴　339
　　2．銀行清算の事例　342
　　　（1）「恒久」預金保険法下のブリッジ・バンク設立による清算
　　　　　　──Commercial National Bank (Bradford, Pa.)　342
　　　（2）新銀行への預金譲渡による清算
　　　　　　──Perth Amboy Trust Co. (Perth Amboy, N.J.)　344
　　　（3）ペイオフ処理による最大規模銀行の清算
　　　　　　──New Jersey Title Guarantee & Trust Co. (Jersey City, N.J.)　346

第 4 節　資金援助をともなう銀行合併 ……………………………………349
　1．資金援助をともなう銀行合併の特徴　349
　2．資金援助をともなう銀行合併の事例　352
　　（1）新銀行設立と被合併銀行への資金援助
　　　　——Camden Trust Co.(Camden, N.J.)　352
　　（2）被合併銀行・救済銀行への資金援助
　　　　——Trust Co. of N.J.(Jersey City, N.J.)　354
　　（3）形式的な合併による被合併銀行への資金援助
　　　　——First Citizens Bank & Trust Co.(Utica, N.Y.)　355

むすびに …………………………………………………………………………361

　参考文献　367
　あとがき　383
　銀行・企業名索引　387
　人名索引　392
　事項索引　393

図表目次

〈第1章〉
表1-1　支店設置州法の推移　5
表1-2　支店制度の推移　8
表1-3　主要なチェーン及びグループ・バンキング(1929年12月末)　10
表1-4　銀行合併の推移　12
表1-5　州預金保険制度の実績(1908-30)　25

〈第2章〉
表2-1　1920年代の預金動向　34
表2-2　1920年代の貸付・投資　36
表2-3　1930年代初頭の預金動向　39
図2-1　通貨の額面構成　41
表2-4　1930年代初頭の貸付・投資　42
図2-2　証券担保貸付の推移　43
表2-5　連邦準備地区別の不動産担保貸付　47
表2-6　加盟銀行の「その他」証券投資　50
表2-7　連邦準備地区別の連邦債投資　54
表2-8　連邦債投資の期間別構成　55

〈第3章〉
表3-1　クラス別の銀行破産数及び預金　62
表3-2　資産規模別の銀行破産　63
表3-3　人口規模別の銀行破産　64
表3-4　地域別の銀行破産　64
図3-1　銀行破産の月別推移　66
表3-5　州報告加盟銀行の預金・連銀借入・連銀預ヶ金　79
表3-6　銀行間預金　80
表3-7　州報告加盟銀行の貸付・投資　81
表3-8　連銀信用　82
表3-9　連銀の準備ポジション　83
表3-10　流通貨幣量　83

〈第4章〉
図4-1　RFCによる銀行融資　94
表4-1　RFCによる人口規模別融資　95
表4-2　RFC融資の州別借入銀行数(1932.2-12)　96
表4-3　RFCの10大融資銀行(1932)　97
図4-2　自由金　100

表 4-4　銀行の対外短期債務　　101
図 4-3　連 銀 信 用　　104
〈第 5 章〉
表 5-1　商業銀行数の変動要因　　119
表 5-2　積極的な銀行合併　　122
表 5-3　消極的な銀行合併　　130
表 5-4　シカゴ銀行界の動向　　134
表 5-5　アクロン銀行界の動向　　137
表 5-6　救済型の銀行合併　　142
表 5-7　ボストン銀行界の動向　　145
〈第 6 章〉
表 6-1　商業銀行の清算　　158
表 6-2　ニューヨーク市における銀行清算　　163
表 6-3　フィラデルフィア銀行界の動向　　166
表 6-4　デトロイト銀行界の動向　　170
表 6-5　クリーヴランド銀行界の動向　　175
〈第 7 章〉
表 7-1　銀行の支払停止と再開　　184
表 7-2　不許可銀行の再編タイプ　　188
図 7-1　RFC による銀行融資　　190
図 7-2　RFC による優先株購入　　193
表 7-3　RFC の優先株購入——地域別分布(1933.3.9-1940.12)　　194
表 7-4　全国銀行休業後の不許可銀行の推移　　197
表 7-5　不許可銀行の地域別分布(1933.4.12)　　200
表 7-6　資本調整プラン実施銀行　　202
表 7-7　タルサ銀行界の動向　　202
表 7-8　ヒューストン銀行界の動向　　204
表 7-9　預金削減率 50% 未満の銀行　　207
表 7-10　インディアナポリス銀行界の動向　　208
表 7-11　カンザスシティ銀行界の動向　　211
表 7-12　セントルイス銀行界の動向　　214
表 7-13　預金削減率 50% 以上の銀行　　218
表 7-14　ニューオーリンズ銀行界の動向　　220
表 7-15　ボルチモア銀行界の動向　　224
〈第 8 章〉
表 8-1　加盟銀行の収益動向　　239
表 8-2　検査官による貸付分類　　243
表 8-3　商業銀行の不良債権比率——預金規模別　　244
表 8-4　ニューヨーク市銀行の自己資本・公的資金　　247
表 8-5　公的資金を申請した銀行——(1) 償還銀行　　252

表 8-6　公的資金を申請した銀行──（2）未償還銀行　　258
表 8-7　コロンビア特別区銀行界の動向　　262
表 8-8　銀行普通株の額面構成　　264
表 8-9　公的資金申請・減資実施銀行の自己資本──（1）償還銀行　　266
表 8-10　公的資金申請・減資実施銀行の自己資本──（2）未償還銀行　　274
表 8-11　カリフォルニア州準備市の銀行動向　　278
表 8-12　ミルウォーキー銀行界の動向　　282

〈第 9 章〉
表 9-1　預金保険加入銀行と保証預金　　313
表 9-2　完全保証される預金勘定比率(5000 ドル以下)　　315

〈第 10 章〉
表 10-1　支払停止銀行の銀行数・預金　　326
表 10-2　レシーバーシップにおかれた銀行　　328
表 10-3　FDIC への資金償還率　　329
表 10-4　資金援助をともなう銀行合併　　330
表 10-5　FDIC の組織・人員　　332
表 10-6　FDIC の財務状況　　335
表 10-7　破綻処理された銀行の預金保護状況　　337
表 10-8　清算銀行の預金・超過額・預金者数　　341
表 10-9　ブラッドフォード銀行界の動向　　343
表 10-10　パースアンボイ銀行界の動向　　345
表 10-11　ジャージーシティ銀行界の動向　　347
表 10-12　FDIC による資産担保融資　　350
表 10-13　カムデン銀行界の動向　　353
表 10-14　ユーチカ銀行界の動向　　356

第Ⅰ部　銀行恐慌の原因と推移

第1章　ユニット・バンク制度と預金者保護政策

　アメリカでは長い間支店制度の展開に厳しい制約が課せられており，ユニット・バンクが支配的形態となる特異な銀行制度が形成されてきた。本章ではユニット・バンクの狭隘性を打開し銀行集中を実現しようとする動向，及びユニット・バンク制度に起因する銀行の脆弱性(銀行破産の頻発)に対して預金者を保護するためにとられてきた政策について考察することにする。

第1節　ユニット・バンク制度をめぐる歴史的経緯

1．国法銀行法

　アメリカ合衆国においてはその成立の歴史的経緯から州が強い政治的権限を有しており，銀行制度の分野もその例外ではなかった。連邦政府が通貨の統一化(国法銀行券)，銀行制度の単一化(国法銀行)及び銀行監督の一元化(通貨監督官)を目指していたが，経済力の集中＝独占に対する強い抵抗に遭遇し，連邦権(中央集権化)は州権(地方分権化)と絶えざる妥協を強いられている。

　国法銀行制度のもとでの 10％ の通貨発行税(1865年)は州法銀行券を発行するメリットを消滅させると同時に，州法銀行を国法銀行に転換させることで，銀行制度の単一化を達成すると思われた。だが通貨面における統一はほぼ実現できたものの，銀行制度面では遅々とした歩みを示したにすぎない。州法銀行数は1466行(1863年)から247行(1868年)に急減し，予期した方向に推移するかのようにみえた。しかし預金通貨が徐々に通貨の支配的部分を占めるようになり，また州法銀行への規制が国法銀行より緩やかであった事情が加わり，州法銀行の設

立が再び増加するようになった。商業銀行数は1921年にピーク(2万9788行)を迎えるが，そのうち国法銀行は27%(8150行)を占めるにすぎず，州法銀行は73%(2万1638行)の圧倒的多数を占め，さらに連邦準備制度に加入していない州法銀行は2万43行に及んでいる[1]。つまり連邦当局の監督の及ばない銀行が67%を占めていた。

　国法銀行法には支店制度に関する明確な規定は存在せず，制度の創設以降しばらくの間歴代の通貨監督官により，国法銀行による支店設置は認められないと法解釈されてきた[2]。したがって国法銀行は支店を保有しないユニット・バンクの形態をとり，営業地域も狭い範囲に限定されざるをえなかった[3]。

　州法銀行の支店開設は州法の規定に左右されるが，通貨監督官の1896年の調査によれば，13州が支店開設を明確に禁止していたにすぎなかった。だが支店を有する銀行は47行，支店数はわずか85支店にとどまっており，最大の支店州であるニューヨーク州においても，13銀行が33支店を営業していたにすぎない[4]。このようにアメリカ銀行制度は国法・州法銀行が併存する二元的銀行制度として発展し，また先進資本主義国のなかでもユニット・バンクを基調とした銀行集中度のきわめて低位な国として特徴づけられることになる。

　国法銀行制度の発足以来，支店制度に社会的関心が集まる機会は余りなかったが，1893年恐慌の勃発を契機として金融制度改革の機運が高まってきた。改革の主要論点は国法銀行制度のもとで存在しない中央銀行の創設であり，商業銀行及び独立国庫に分散している金準備を中央銀行に集中し，銀行資産を担保とした通貨を発行することで「弾力的な」通貨供給を実現することであった。また改革論議のもう一つの隠された論点は支店銀行制度の導入をめぐるものであり，支店銀行制度の全国的な展開により銀行業の集中を実現し，個別銀行次元でリスク分散を図ることで銀行業の信用不安・破綻を可能な限り回避することを意図していた。インディアナポリス貨幣会議改革案，1898年に下院に提案されたマックローリー法案では「資産通貨」案と支店銀行案が一体となって提案されていた[5]。

　1907年恐慌以降に改革論議が再び活発化し，それは13年に連邦準備法の成立として結実したものの，支店銀行制度について明確な規定が付与されていない[6]。連邦準備法は12の連邦準備銀行(以下連銀と略)という「分散的」形態をとっていたとはいえ，金準備の集中，資産通貨の発行により，長年の悲願であった「最後

の貸手」としての中央銀行制度を実現している[7]。とはいえ全国的規模での支店銀行制度の導入による銀行集中という金融市場の基底部面に大きな制度的な変更が加えられなかったため、ユニット・バンクの圧倒的優位という銀行制度の分散性は依然として継続することになる。

2．マクファーデン法

　ユニット・バンクか、支店銀行かという銀行制度の在り方をめぐる議論は、連邦準備制度下においても絶えず争点となっていく。その背景には州法銀行に支店設置を認める州が増加している事情があった。表1-1にみられるように、1910年に支店認可州は12州、禁止州は9州、規定のない州は27州であったが、24年になれば認可州は18州に増加し、そのうち州規模支店州は12、制限された支店州は6となっている[8]。国法銀行に支店設置が認められない状況において、州法銀行のみが支店を開設する特権を行使すれば、国法銀行が競争上不利な立場におかれるだけでなく、国法銀行から州法銀行への転換が起こりうるからである。例えばニューヨーク州は州法銀行に対し本店所在市における支店設置を認めていたため、ニューヨーク市に所在する大銀行には州法銀行として活動する銀行が多数を占めている[9]。また州規模の支店設置を認めていたカリフォルニア州でも同様であり、大銀行は規制の緩やかな州法銀行として活動していた[10]。

　州法銀行に付与されたそうした特権に対抗する形で、支店制度に関する修正が加えられている。まず連邦準備法は1917年に、準備制度に加盟する州法銀行は支店を営業する特権を維持できると改正されている。次いで「1918年合併法」

表1-1　支店設置州法の推移

	支店許可州			支店禁止州	無規定州
	州規模支店州	制限支店州	合　計		
1910			12	9	27
1924	12	6	18	18	12
1929	9	10	19	22	7
1932	9	14	23	18	7
1936	18	17	35	9	5
1939	19	17	36	9	4

出所）J. M. Chapman & R. B. Westerfield, *Branch Banking*, 1942, rep., Arno Press, NY, 1980, p. 129

は国法銀行法に欠如していた銀行合併に関する法的規定を与えたものだが，国法銀行間の合併による独立銀行の支店化への道を準備している[11]。さらに通貨監督官，J. S. ウィリアムズ(1915～20年)，D. R. クリシンガー(1921～23年)は州法銀行との均等な競争条件を確保するため，国法銀行による支店営業を認めるよう，国法銀行法の改正を議会に働きかけている[12]。連邦準備局もまた非加盟州法銀行との差別的な競争条件のため，加盟銀行が準備制度から脱退することを危惧して，通貨監督官の立場を支持していた[13]。

しかし支店制度の立法化を議会に期待することが難しい状況となっていた。その結果，クリシンガーは州法銀行との競争から国法銀行を保護するため，現行法の基礎上で1922年夏に次のような規則を公布している。州法銀行に支店設置を認めている州において，国法銀行は預金・小切手を受け取るため agencies, teller windows, あるいは offices を設置することを認める，これらの施設は親銀行の所在地に限り設置が許可されるが，融資活動は許されないので支店とはみなされないとされた[14]。この通達にもとづいて，通貨監督官は国法銀行に対し22～26年に208のオフィスの設置を許可している。

しかしそうした規則の公布は金融界，議会に大きな論議を巻き起こすことになり，クリシンガーは通貨監督官の地位を追われ，後任に支店制度に消極的なH. M. ドーズが就任している[15]。議会では1922年夏に，いかなる州においても支店設置を許可するマクファーデン法案及び州法銀行に許可されている州においてのみ支店設置を認めるダイヤー法案という2つの支店銀行案が提出され，紆余曲折を経たうえで27年2月に農業救済法(マックナリーホーゲン法)の成立と抱き合わせの形で，マクファーデン法が成立している[16]。

マクファーデン法自体はオムニバス法案であったが[17]，支店銀行制度に関する規定は次のようなものであった。

① 合併あるいは転換後の支店存続
・州法銀行が国法銀行に転換した場合に，支店の存続を認める。
・国法銀行相互の合併，あるいは州法銀行と国法銀行の合併の場合に，支店の存続を認める。
② 人口制限を付帯した本店所在地における支店設置の許可
州法が許可する州において本店所在地に限り支店の設置を認める。ただしそ

れには下記のような人口制限が付帯していた。
- 2万5000人以下の都市では支店設置は不可
- 2万5000～5万人の都市では1支店の許可
- 5～10万人の都市では2支店の許可
- 10万人以上の都市では通貨監督官の判断に委ねられる

③　本店所在地以外での支店設置の禁止

　連邦準備制度加盟州法銀行は現在営業している支店を継続できるが，1927年2月以降は本店所在地以外の支店設置は許可されないし，そうした州法銀行は加盟銀行となれない。

　以上のようにマクファーデン法は国法銀行法に明確な規定がなかった支店制度に関して本店所在地に限り支店の設置を認めるとしたものであり，銀行集中の観点からすれば画期的な第一歩を印すものといえる。ユニット・バンクを基本とする厳格な国法銀行法を部分的ながら修正させた要因としては，第1に州法銀行の国法銀行への転換，国法銀行と州法銀行との合併を促進させるという政策意図があげられる。既存支店の存続を認めることで転換，合併を容易にし，国法銀行・連邦準備制度加盟銀行を増加させ，銀行制度の一元化を推進する効果を狙っている。第2は国法銀行と州法銀行の競争条件を均等化させるという意図である。州銀行監督官による州法銀行の規制は国法銀行に比較すれば緩やかであり，銀行設立にさいして資本金，貸出，準備金への規制が緩やかな州法銀行の形態をとる場合が多かった。州法銀行に支店設置が認められている州で営業する国法銀行にとり，預金・貸付の地域的多様性という側面で不利益を被ることになる。

　このように競争条件の均等化という観点から支店設置が認められたとはいえ，マクファーデン法は支店設置を本店所在地に限定しており，さらにそれは人口数による制約が加わっているという限界があった。したがって同法の本来の意図は本店所在地以外での支店設置を禁止するところにあり，加盟州法銀行がこれ以降本店所在地以外の支店をさらに保有すること，また国法銀行が本店所在地以外の銀行を合併することによって支店を保有することを禁止されている[18]。

3．支店制度の実態

　支店を有する銀行は1910年(292行)から29年(822行)に2.8倍の増加をみた

表1-2 支店制度の推移

	1927.2	1929.12	1939.12
〈銀行数〉			
銀行総数	26,973	24,630	15,035
支店銀行数	779	822	934
国法銀行	145	166	195
加盟州法銀行	189	180	165
非加盟州法銀行	387	407	574
支店営業地域			
本店所在地	476	517	281
本店所在地以外	303	305	653
人口数別の銀行数			
10万人以上	353	351	265
5-10万人	65	81	69
5万人以下	361	390	600
営業支店数別の銀行数			
1支店	446	448	557
2支店	127	150	152
3-5支店	124	124	125
6-10支店	35	41	48
11支店以上	47	59	52
〈支店数〉			
支店総数	2,900	3,547	3,491
国法銀行	390	1,027	1,518
加盟州法銀行	1,560	1,299	1,002
非加盟州法銀行	863	1,115	971
所在地別			
本店所在地	1,929	2,432	1,623
本店所在地以外	971	1,115	1,868
2500人以下		612	313
2500-1万人		222	391
1万人以上		281	442
設立方法			
新設	1,996	2,379	2,118
既存銀行の転換	735	1,017	1,314

注)「その他」銀行(相互貯蓄銀行，プライベート・バンク)は省略
出所) *Federal Reserve Bulletin*, Apr. 1930, p. 151; Oct. 1934, p. 700; *Banking & Monetary Statistics*, pp. 303-306

にすぎないが，支店数では同期間に548支店から3547支店に6.5倍増加している。支店を有する銀行は銀行総数のわずか3.3%にすぎず，その意味で銀行の主要部分はユニット・バンキングであることに変化はなかったものの，その資産からみれば，それは43%を占め，支店銀行が銀行集中を進めるうえで大きな役割

を果たしていた。支店の所在地でみれば，本店所在地において支店を設置した銀行が全体の63%(517行)を占めて圧倒的に多く，本店所在地外支店は37%(305行)にすぎなかった(表1-2)。また支店の数も1銀行あたり1支店(448行)，2支店(150行)という小規模支店の銀行が73%を占めており，さらに本店所在地外支店の55%は人口2500人未満の地域に，3/4は1万人未満の地域に集中していた[19]。

だが支店が展開されている地域はかなり限定されており，カリフォルニア(863支店)，ニューヨーク(722)，ミシガン(439)の3州に64%が，さらにオハイオ(268)，ペンシルヴェニア(185)，マサチューセッツ(161)，メリーランド(124)，ルイジアナ(106)，ニュージャージー(103)の6州に19.1%が所在し，9州が全支店の83.5%を占めている。さらに支店のほぼ半数はニューヨーク(580)，デトロイト(309)，ロサンゼルス(201)，フィラデルフィア(133)，サンフランシスコ(97)，クリーヴランド(85)，バッファロー(73)，ボストン(66)，ボルチモア(65)，シンシナッティ(50)の10大都市にあり，支店制度がこれらの大都市での銀行集中に果たしていた役割を窺わせる[20]。しかしシカゴ，セントルイス，カンザスシティの有力大都市の銀行は，イリノイ州，ミズーリ州が純粋なユニット・バンク制度を採用していたため，支店設置を認められていなかった[21]。

第2節　銀行集中への動き

アメリカではユニット・バンクが銀行制度の支配的形態となっていたが，銀行集中の契機も作用していた。ここでは銀行集中の役割を遂行していたチェーン・バンク，グループ・バンク及び銀行合併についてみることにしよう。

1．チェーン・バンク及びグループ・バンクの発展

支店銀行の発展はかなりの規模で銀行集中を実現するのに寄与したとはいえ，支店設置を州法で禁止する州及び本店所在地に制限していた州において，その役割もおのずから限定されたものとなる。集中のそうした制約を乗り越えるために利用されたのはチェーン・バンキング，グループ・バンキングという銀行支配の形態であり，銀行支配の要はチェーン・バンキングでは個人(190グループ)，グ

表 1-3 主要なチェーン及びグループ・バンキング(1929年12月末)

(資産単位=千ドル)

	銀行数	支配資産
〈グループ・バンキング〉		
Ⅰ. 持株会社支配		
Northwest Bancorporation, Minneapolis, Minn.	92	339,754
First Bank Stock Corporation, Minneapolis, Minn.	78	339,267
Transamerica Corporation, New York, N.Y.	18	1,418,361
Guardian-Detroit Union Group, Detroit, Mich.	35	403,996
First National-Peoples Wayne Group, Detroit, Mich.	21	705,032
Marine-Midland Corporation, Buffalo, N.Y.	19	425,436
First National-Old Colony Corporation, Boston, Mass.	20	568,312
Southwest Corporation, Tulsa, Okla.	21	77,753
First Security Corporation, Ogden, Utah	25	34,723
Old National Corporation, Spokane, Wash.	22	32,981
Ⅱ. 主要銀行による支配		
American National Bank, Nashville, Tenn.	15	35,470
First National Bank, Chicago, Ill.	7	512,669
Peoples Pittsburgh Trust Co., Pittsburgh, Pa.	7	167,180
Hartford Conneticutts Trust Co., Hartford, Conn.	7	37,186
First National Bank, Tampa, Fla.	8	21,682
Peoples Trust & Guarantee Co., Hackensack, N.J.	9	25,427
Fletcher Savings & Trust Co., Indianapolis, Ind.	7	23,926
First National Bank, Dothan, Ala.	8	8,686
First National Bank, Atlanta, Ga.	7	104,954
Union Trust Co., Pittsburgh, Pa.	6	458,901
〈チェーン・バンキング〉		
Otto Bremer, Minneapolis, Minn.	71	52,932
Rogers Caldwell, Nashville, Tenn.	66	131,308
James F. Toy, Sioux City, Iowa	17	13,056
A. E. Sleeper, Bad Axe, Mich.	16	5,612
Thurmond Bros., Oklahoma City, Okla.	15	4,664
Foreman Family, Chicago, Ill.	14	270,719
Geo. Wingfield, Reno, Nev.	12	18,911
O. S. Hanson, Grand Forks, N.D.	14	3,303

出所) Hearings before a Subcommittee of the Committee on Banking and Currency, House of Representatives, *Branch, Chain and Group Banking*, Vol. 1 Part 3, 1930, p. 456

ループ・バンキングでは持株会社(53グループ)，個別銀行(44グループ)におかれていた(表1-3)。

前者の起源は歴史的に古く遡ることができ，多数の中小銀行を結合する手段として機能し，1925年には933銀行を支配する133のチェーン銀行があった[22]。だがアトランタに拠点をおき，フロリダ・ジョージア州で200以上の銀行を支配

していた最大のチェーン・バンクであるウイザム・チェーン(Witham Chain)が25年に破綻したことを契機にしてその勢いを失い[23]、代わって27年から活発となったのが持株会社・銀行支配形式のグループ・バンキングであった。

　個人支配形式のチェーン銀行は支店禁止州にほぼ7割(133グループ)が分布しており、特に西部諸州に多くみられた。特定銀行に支配されたグループ・バンキングはニューイングランド、南部、中西部そして太平洋諸州においてみられ、持株会社形式のグループ・バンキングは本店所在地に限り支店開設を許可する東部諸州で発展していた[24]。

　資本及び人的関係で結合したチェーン及びグループ・バンキングは1929年末に287グループあり、そのメンバーは2103行(全銀行の8.5%)、メンバーが保有する資産は111.77億ドル(総計の19.1%)となっている。グループに参加する銀行は支店設置禁止州(1238行)、本店所在地支店州(509行)で全体の8割を占めており、支店設置の法的規制とそうしたグループ・バンキングの密接な関連を示唆している。グループ・バンキングが支配する資産規模が大きな州としては、ニューヨーク(20.11億ドル、州資産の11.7%)、カリフォルニア(15.28億ドル、44.7%)、ミシガン(12.62億ドル、62.4%)、イリノイ(12.12億ドル、31.9%)、マサチューセッツ(8.71億ドル、20.6%)、ペンシルヴェニア(8.03億ドル、14.1%)、ミネソタ(5.83億ドル、64.7%)があげられ、銀行数をはるかに上回る資産集中を実現している。これらのグループ・バンクが支配する銀行数は6〜9銀行(86グループ)で最も多く、10〜19銀行は32グループ、20銀行以上が10グループであった[25]。

　グループ・バンクのなかには州際を越えて銀行を支配するシステムを発展させているものがあり、なかでもミネソタ州に本拠をおく2つの銀行グループは西部、中西部諸州で営業する多数の銀行を支配していた。ノースウェスト・バンコーポレーションは8州で92銀行(資産3.4億ドル)を、またファースト・バンク・ストック・コーポレーションは6州で78銀行(資産3.4億ドル)を支配していた。またニューヨーク市に本店をおくトランスアメリカ社はニューヨーク、カリフォルニアの2州で18銀行(資産14.2億ドル)、ゴールドマン・サックス・トレーディングはニューヨーク、カリフォルニア、ペンシルヴェニアの3州で5銀行(資産8.2億ドル)を支配していた[26]。

2. 銀 行 合 併

　アメリカ銀行界で銀行間の合併・吸収が大きな波となるのは1920年代に入ってからである。合併件数は1910～20年に100件台で推移していたものが，21年は200件台，22～25年は300件台，26年は400件台，27～29年には500件台にまで増加している(表1-4)。このように20年代は銀行合併がこれまでにない規模で進行した時期といえるが，被合併銀行と合併銀行の組み合わせの内訳を21～29年の期間についてみれば，州法銀行が被合併の対象となるケースがほぼ全体の7割を占め，そのうち州法銀行同士の合併が全体の53%を占めて最大の要因となっており，国法銀行による州法銀行の合併は16.1%であり，国法銀行同士の合併(14.4%)は最もシェアが低かった。

　州法銀行が関係する合併が最も多いのはその銀行数からすれば当然ともいえるが，法制上の問題も合併の動向に影響を与えていた。国法銀行の合併に関する法的規定が存在しなかった時代において，合併は一方の銀行の清算とその資産の吸収銀行への売却という形態をとるか，あるいは双方の銀行をともに清算し，新銀行がそれらの資産・負債を購入・継承する方法がとられていた。だが1918年合

表1-4　銀行合併の推移

	1910	1911	1912	1913	1914	1915	1916	1917	1918	1919	1920
合併件数	127	119	128	118	142	154	134	123	119	178	181
銀行数	250	235	253	229	276	305	263	232	231	345	349
吸収銀行数合計	128	119	128	118	143	154	134	123	125	178	183
国法銀行による国法銀行合併	32	25	39	16	29	33	36	26	16	32	29
国法銀行による州法銀行合併	13	18	13	10	24	24	15	15	20	19	30
州法銀行による州法銀行合併	70	66	67	78	76	75	62	62	73	101	88
州法銀行による国法銀行合併	13	10	9	14	14	22	21	20	16	26	36

	1921	1922	1923	1924	1925	1926	1927	1928	1929	計(1921-29)
合併件数	281	337	325	350	352	429	543	501	571	3,689
銀行数	559	616	584	668	657	814	955	916	1,060	6,829
吸収銀行数合計	292	340	325	352	356	429	544	507	575	3,720
国法銀行による国法銀行合併	38	49	47	56	41	70	69	71	96	537
国法銀行による州法銀行合併	50	53	41	60	46	57	95	88	108	598
州法銀行による州法銀行合併	159	182	172	174	214	243	286	277	261	1,968
州法銀行による国法銀行合併	45	56	65	62	55	59	94	71	110	617

出所) J. M. Chapman, *Concentration of Banking*, Columbia University Press, NY, 1934, p. 56

併法(18年11月)は銀行の清算という迂回を経ることなく国法銀行相互間で合併することを認め，さらに27年のマクファーデン法は国法銀行と州法銀行の直接的な合併を可能とした。その意味で合併に関するそうした法的整備も20年代後半に大規模な銀行合併に寄与していた要因といえる[27]。

銀行合併を推進した動機としては，第1に破産に瀕した銀行を救済したり，一定の商業地域における過剰銀行状態を解消するという目的があげられる。つまりこうした種類の合併は破産の隠された形態といえるものであり，合併に際して被合併銀行の不良債権の整理と減資(資本金の廃棄)が行われるのが一般的であった。したがって銀行合併の方策は被合併銀行の株主に負担を強制するため，合併を採用することは株主の抵抗により困難になることが予想されるだろう。しかし破産となれば，株主は二重責任制度にもとづき追加負担を強制されるのであるから，出資分を放棄しても，資産・負債を吸収銀行に継承することは旧株主にとっても有利な破綻処理の方法となる[28]。とりわけ南部，西部，及中西部諸州の農村地帯において，合併のそうした救済的側面が色濃かった。

第2は支店銀行を獲得するためになされる合併である。例えばカリフォルニア州では州規模の支店設置が法的に認可されていたものの，支店の新規開業はde novo ruleにより厳しい制約を受けていたため[29]，既存銀行の合併→支店化により，少数大銀行による銀行業の集中が州規模で進められた。とりわけ1930年11月にバンク・オブ・イタリーとバンク・オブ・アメリカ・オブ・カリフォルニアの合併で形成されたバンク・オブ・アメリカNTSAはカリフォルニア州の263市に広がる438支店を擁し，それは州の支店総数のほぼ1/2を占めていた[30]。

また第3は銀行の行う顧客サービスを拡充するというより積極的目的のためになされる合併である。その一つは銀行業務を多様化するための合併であり，銀行は貸付・預金業務から，より幅広い業務を行うデパートメント・バンキングの方向を目指している。銀行が合併による業務多角化の対象としたのはまず信託業務であり，それは銀行業務とは異なる特殊な人材を必要としており，有力な信託会社を合併・吸収することは信託業務に進出するための最もコストの安い方法であった。そうした代表的事例はナショナル・シティ・バンク(NY)によるファーマーズ・ローン・トラストの合併である[31]。多角化の第2の分野は国際金融業務である。銀行は手形引受により外国貿易信用を供与するが，手形引受額は量的に

自己資本の100％までに制限されていたという事情も，自己資本の増加と国際金融業務の拡大を同時に解決する手段として合併を遂行させることになった。それはバンク・オブ・マンハッタン・トラスト(NY)によるインターナショナル・アクセプタンス・バンク，チェス・ナショナル・バンク(NY)によるアメリカン・エクスプレス・カンパニーの吸収・合併により代表される[32]。多角化の第3の分野は証券業務である。顧客企業が証券発行により資金調達するようになれば，商業銀行の本来業務の低下と顧客の銀行離れが進行するが，証券会社を子会社として保有することにより，銀行は顧客企業に証券サービスを提供することが可能となる。そうした例としてはバンク・オブ・アメリカNTSAによるブレアー・カンパニー(Blair and Company)の合併があげられる[33]。

　いま一つの目的は資金規模の拡大であり，産業集中→産業大企業→資金需要の巨大化という産業界側の要請に応えて，銀行企業のスケール・メリットを実現することを意図していた。銀行の個別企業への貸付は資本金・剰余金の10％以内に制限されているため，顧客企業の資金需要に応えるには，たんに預金の増加による資金規模の拡大だけでなく，自己資本の増加が重要な課題となる。例えばナショナル・シティ・バンク(NY)の自己資本は1928年に7500万ドルであるため，1企業あたり最高貸付額は750万ドルに制限される。だが主要企業の資金需要規模は1929年にシアーズ・ローバック(4億4400万ドル)，GM(3億ドル)，グッドイアー・タイヤ(2億8000万ドル)であり，これらの企業はそうした資金を内部留保金，証券発行で調達していたとはいえ，「時折これらの大企業は大銀行からの貸付を確保する必要に迫られたり，いかなる場合でも大銀行からのクレジット・ラインを維持することが必要」[34]であった。

　自己資本の増加は株式の新規発行，利益の剰余金への組み入れにより実現しうるが，大銀行は新株発行に依存した資本金増強政策を積極的に採用していない。したがって大銀行が資本金増加と預金増加の2つの目的を同時に実現するために，銀行合併の手段を活用している。大都市銀行の1924～31年の自己資本増加率(209％)は預金増加率(185％)を上回っており，それはとりわけチェス・ナショナル・バンク(NY，719％，366％)，コンチネンタル・イリノイ・ナショナル・バンク・トラスト(Chicago，229％，148％)，マニュファクチュアラーズ・トラスト(NY，700％，262％)，セキュリティ・ファースト・ナショナル・バンク(LA，

278％，177％），バンク・オブ・イタリー（SF，386％，154％），バンク・オブ・アメリカ NA（NY，507％，440％）において顕著にみられた[35]。

第3節　バランス・シートの公的規制

　商業銀行の債務は一般的に短期の債務からなっており，預金者を保護するには，銀行資産に流動性と安全性の2側面が要求される。営利企業である商業銀行は収益性を経営の第1優先順位におく傾向が強く，先の2原則，とりわけ安全性とのバランスをとることが困難な経営課題となる。それは初期には経営者の自主性に委ねられていたものの，銀行破産の決済システム及び預金者に与える影響が大きくなるにつれて，銀行の健全性を公的規制によって維持する方向へ発展していく。

1．支払準備規制

　商業銀行は預金者からの預金払戻し請求がある場合に，いつでも対応しうるに足る現金準備を保有する必要がある。国法銀行制度の特徴は，そうした私的銀行の経営判断として保有されるべき支払準備を，法律によって規定したことである。つまり地方銀行は銀行券流通高及び預金高の15％の合法貨幣準備を，中央準備市及び準備市銀行はその25％を要求され，地方銀行は準備のうち3/5を準備市銀行に，準備市銀行は準備の1/2を中央準備市銀行に預託することが許容された。こうした支払準備制度はユニット・バンク制度のもとで隔地間決済をする必要から自然発生的に生まれたコルレス制度を踏襲するという意味を有していたと同時に，中央準備市銀行としてのニューヨーク大銀行への資金集中を一層推し進める梃子としての役割を果たしている。

　商業銀行はそうした手厚い支払準備を保有することを義務づけられていたにもかかわらず，国法銀行制度下では恐慌の度ごとに支払手段の「飢餓」から生ずる準備金の退蔵・分散と銀行取付けに見舞われている。かくて1913年の連邦準備法は平価での隔地間決済のシステムを提供すると同時に，商業手形の再割引による弾力的通貨供給という役割（「最後の貸手」機能）を遂行する中央銀行制度を創設した。銀行間預金は連邦準備制度のもとでも維持されていたものの，恐慌期の流動性危機への対応という色彩を希薄化させていく。また預金構成における貯蓄

預金比率の増加という事態も従来の支払準備の位置づけを大きく変化させることになった[36]。準備率が3％と低位な定期性預金の全預金に占める割合は1900年には20％にすぎなかったが，29年には44％にまで上昇しており，それは要求払預金の流動性確保を主要な目的とした支払準備制度を形骸化させることになる。

だが州法銀行の多くは連邦準備制度に加盟しなかったため，コルレス制度の有する意義が1920年代において全く失われたわけでない。州法銀行の連邦準備制度への参加は任意であったため，加盟州法銀行の割合はきわめて低水準のままに推移したからである。発足当初(1915年)の加盟州法銀行はわずかに17行にすぎず，1万9776行は非加盟であり，それは商業銀行総数の72％を占めていた。そうした状況は20年代においても大きな変化がなく，29年に加盟州法銀行は1177行に増加していたものの，非加盟銀行は全銀行数の65％に相当する1万6263行も存在していた。だがこれらの非加盟銀行の多く(1万2045行)も連邦準備制度の額面決済システムには参加していたので，コルレス制度の有していた決済的側面は重要性を失っていく[37]。だが連邦準備制度下において，地方銀行の余剰資金に有利な運用先(銀行間預金，コール・ローン，手形，貸付，投資証券)を提供し，また不足資金を融資するという資金貸借関係，外国為替業務の代行，その他サービスというコルレス関係が果たしていた諸機能を代替する組織が存在しなかったため，ニューヨーク，シカゴの大銀行にコルレス関係を通じて資金が集中するという構造を変えることができなかった[38]。

2．資産規制

銀行による預金の支払能力は短期的には流動資産＝現金準備に，最終的には資産の健全性に依存する。銀行は個別経営内部の信用調査機能を駆使してリスクを最小化しようと努めるものの，資産の健全性は市場において事後的に検証されるため，必ずしも個別銀行の最善の経営判断が市場において社会的に認知されるとは限らない。ここに貸付・投資の資産選択を個別銀行の経営判断に全面的に委ねるのではなく，リスクの高い貸付・投資を事前に規制する政策が採用されるようになる。

（1）貸　　付

　商取引にもとづいて振り出される商業手形は「自己清算的」性格を有しており，一覧払の債務をもつ商業銀行にとり最もふさわしい資産といえる。だが南北戦争以降のアメリカでは商業手形の中心は複名手形から単名手形に移行するようになり[39]，商業銀行資産に占める手形資産の割合も低落している[40]。連邦準備制度は適格手形を再割引することにより流動性を付与し，商業手形市場を育成しようとしたが，ニューヨーク証券市場へのコール・ローンを「第2線準備」とする銀行の慣行を変えることができなかった。

　商業手形と並ぶ商業銀行の有力資産としての貸付に関する規制として，国法銀行法では，①自己発行株式担保での貸付禁止(第35条)，②1企業に対する貸付額を資本金・剰余金の10%以内に制限すること(第29条)，③不動産担保貸付の禁止(第28条)の3つがあげられる[41]。第1の規制は南北戦争以前の州法銀行時代に行われた悪しき慣行の反省から導入されたものである。つまり資本金の現金払込が部分的であるにもかかわらず，発行された株式を担保にして借入をし，それを株式の払込に充てる結果として，資本金は実質的に債務からなるという事態を回避することが狙いであった[42]。また第2の規制は貸付を多様化させることによりリスクを分散し，特定企業の債務不履行により銀行の支払能力に動揺が生じないことを意図したものである。だが支店銀行制度の発達しないアメリカでは，資本金額に連動させた貸付の制限は産業企業の集中にともなう規模の巨大化→資金需要の大型化に対応することを困難とし，そうした事態が銀行合併を推進する有力な要因となっていく。

　第3の規制は資産の非流動的性格を根拠にしてなされている。つまり不動産貸付は一般に期間が長期となりがちであり，また証券とは異なり，市場で売却することが容易でないからである。だが不動産担保貸付の禁止は，農地の拡大などの長期信用を必要とする農業地域で，そうした制限を課せられていない州法銀行と競争している国法銀行にとり大きな足枷となっていた[43]。連邦準備法はそうした農村地帯の国法銀行の利害を反映して，中央準備市銀行を除く商業銀行に対し，資産価値の50%以内の範囲で5年以内の農地不動産貸付を許可した(連邦準備法第24条)。ただしそれは自己資本の50%以内，定期預金の1/3を超過しえないと規定された。

他方，都市不動産担保貸付は1916年の連邦準備法修正により認められたものの，それは期間1年以内の貸付に制限されていた。だが27年のマクファーデン法は，都市不動産を含めて，一般的に5年以内の不動産担保貸付を評価額の50%まで認め，その限度額を自己資本の25%，あるいは定期預金の50%以内とした[44]。不動産担保貸付のそうした緩和を契機にして，都市部の商業銀行は住宅・商業用の不動産担保貸付に深く関与していくことになり，30年代初頭の大量銀行破産の種子を蒔くことになる。ところで不動産担保融資が銀行恐慌の有力な原因をなしていたにもかかわらず，不動産担保貸付の規制はニューディール期により一層緩和されていく。1935年銀行法において不動産担保貸付は10年満期で評価価値の60%までなしてもよく，貸付額も自己資本の100%，あるいは定期預金の60%のいずれかまで許容されることになった。さらに全国住宅法で保証された不動産担保貸付は上記の制限に含まれず，それは評価価値の80%まで，また20年満期のローンが認められた。さらに住宅・農業用建築は，満期が6カ月以内であれば，不動産担保貸付と認定されず，自己資本の50%まで貸付が可能となっている[45]。

有価証券担保貸付は上記の不動産担保貸付と対照的な動きを示している。商業銀行の有価証券担保貸付は従来自行株を除けばなんらの法的規制も存在していなかったため，企業貸付あるいはブローカーズ・ローンの担保として広く活用されていた。とりわけ金融センターの商業銀行は有価証券を担保にして顧客及び証券ブローカーへ信用供与を行い，その比率は資産のかなり高い割合を占めていた。ニューヨーク以外の地方・準備市銀行もその余剰資金を銀行間預金としてコルレス銀行に預託したり，あるいは直接にコール・ローンとしてブローカーズ・ローンで運用していた。だが1933年銀行法，1934年証券取引所法，1935年銀行法のニューディール諸立法により，有価証券担保貸付は強い規制を受けるようになっていく[46]。

(2) 投　資

投資に関する明確な規定は国法銀行法ではみられず，1927年2月のマクファーデン法による修正条項（第2条）において銀行のなしうる証券業務と関連して言及されている[47]。つまり投資証券の売買業務は「市場性のある債務証書」に

限定されるとし，その具体的形態として社債，ノート，デベンチュア(debenture)が明示され，国債のような公的証券を除いて，それは自己資本の25%を超えてはならないとされている。ここで明らかなのは銀行の投資対象から株式が排除されていることであり，投資証券に関するそれ以上の明確な規定はここではみられない。マクファーデン法は通貨監督官に投資証券の規定を与える権限を付与していたものの，通貨監督官は銀行の適格な投資証券の規定を与えることをしなかった。

だが大恐慌の過程で通貨監督官は銀行検査にあたって投資証券の価値をより緩和された形態で(liberalized)評価する規則を1931年9月，32年に公布し，実質的な銀行救済の役割を果たしている[48]。31年規則で債券は13クラスに分類され，①上位4クラスの債券は市場価格にかかわらず，簿価で記載されること，②残りの9クラスの債券は簿価が市場価格に達するまで半年ごとに減価の25%を償却すること，③債務不履行債は直ちに市場価格にまで償却することとされた。この規則はニューヨーク州銀行監督官(Bank Commisionner)，ニューヨーク手形交換所，ペンシルヴェニア州銀行監督官でも追随・採用されている。

ニューヨーク州銀行監督官の主導により公布された1932年の規則では，①上級債と同様に，格付会社によりBとランクされた中級債も帳簿価値で記載することを認可，②政府債・自治体債は額面あるいは原価で記載されうること，③債務不履行となっていないその他債券は現在の市場価格と31年6月の市場価格の平均で記載されること，④債務不履行債は市場価格で記載されること，⑤貸付の担保となっている有価証券の評価は市場価格で評価される必要がないことが示され，評価基準がさらに緩和されることになった。

3．自己資本規制

銀行業も営利目的で活動する限り，リスク・キャピタルとしての株主資本が要求されることは他産業の営利企業と同様である。だが銀行の主要な資金源泉が預金に求められ，固定設備の比率が小さいことから，資産・預金総額に対する資本金の割合は他産業と比較して低水準となる傾向がある。アメリカでは銀行業の自己資本はどのように位置づけられていたのだろうか。

(1) 最低資本金規制

アメリカの銀行業は他産業と比較してかなり早い時期から株式企業の形態をとっており，連邦免許であった第1・第2合衆国銀行を除けば，その設立は長い間州の特許(charter)にもとづいていた。だが政治的恣意による銀行設立は特許主義への批判を招くことになり，ニューヨーク州(1838年)を始めとして，各州に自由銀行法が導入されていく。この制度のもとでは個人・組合は一定の法的要件を充足すれば営業免許が交付されることになり，最低資本金額がそうした要件の重要部分を構成していた。つまり7州では自由銀行法を採用しながら最低資本金による規制は存在しなかったものの，ペンシルヴェニア，イリノイなどの8州で最低資本金は5万ドル，オハイオなど3州では2万5000ドル，ニューヨーク，アラバマの2州では10万ドルとなっている[49]。

自由銀行制度は最低資本金規制及び公債担保による銀行券発行により，商業界からの資本需要充足と銀行券価値の維持という2つの目的を達成することを意図した制度であった。だがそれはニューヨーク，ニューイングランド諸州では比較的円滑に機能したものの，開拓が進んでいた西部地域では"wildcat bank"のような乱脈な銀行が設立され，銀行破産と通貨の減価が頻繁に発生し，個人・政府に大きな損害を与えていた。かくて国法銀行制度が1863年に自由銀行制度下における銀行業の混乱と通貨不安を回避するために設立され，最低資本金額は人口規模別に制定されている。人口規模は地域の経済活動規模の指標とされ，国法銀行の資本金は人口6000人未満のタウンでは5万ドル，人口6000～5万人未満のタウンでは10万ドル，5万人以上のタウンでは20万ドルとされた[50]。

各州銀行当局は地域内の資金循環を重視し，小規模銀行が地域金融の担い手となるユニット・バンク制度を採用しているため，州法銀行の最低資本金は国法銀行のそれよりもさらに低水準に設定されている。州法銀行が多数営業している人口3000人以下のスモール・タウンにおける最低資本金をみれば，20州が1万ドル，次いで1万5000ドルが4州，2万ドルが2州，2万5000ドルが8州であり，ニューメキシコ(3万ドル)，ニュージャージー(5万ドル)の2州が3万ドルを超過していたにすぎない[51]。かくて発券税の賦課により一旦は消滅するかにみえた州法銀行は，不動産担保貸出が許容されていたという事情も加わり，預金銀行として再び農業地帯を中心として急増することになる。通貨監督官は国法銀行と州

法銀行のそうした規制の違いにもとづく不平等を解消するため，1900年金本位制法において人口3000人未満のタウンでは最低資本金を2万5000ドルにまで低下させることを余儀なくされている[52]。この2万5000ドルの最低資本金額は東部(ニューヨーク，ペンシルヴェニア)，中西部(イリノイ，インディアナ，オハイオ)，西部(カリフォルニア)の有力諸州の州法銀行で採用されていたものであり，通貨監督官はこれらの地域の国法銀行に配慮せざるをえなかったのである。

(2) 株主の二重責任制度

株式会社は一般的に株主の有限責任制度をとるが，企業活動が個人あるいはパートナーシップ形態で主に担われていた時期において，通貨を発行するという準公共的性格を有する銀行の株主責任を有限にするか，あるいは無限にするかは論争を呼ぶ大問題であった[53]。初期の特許銀行では無限責任制を採用する州が多かったものの，時の経過とともに，無限責任から有限責任への趨勢が支配的となっていく。だが興味あることに，他産業の株式会社と異なり，銀行株式会社においては完全な有限責任制に収斂する形とはならなかった。

それは各州の規定で株主の責任を出資した資本金だけでなく，破綻銀行の債務に対し追加義務を負わせる形態をとったからである。それは当初破綻の経営責任がある場合という限定条件を付帯したり，債務に対する追加責任も保有株式数に比例(ヴァージニア)，あるいは3倍の責任(フロリダ)を負うなど州ごとに多様であったが，市民戦争の頃までには徐々に出資に相当する金額をさらに追加拠出する義務を負う二重責任制度(Double Liability)として統一されていった[54]。

国法銀行制度の二重責任制度はそうした州法段階における株主の追加責任を継承したものであり，それは1863年法のなかには見いだされず，1864年修正法(シャーマン法)のなかで初めて挿入されている[55]。国法銀行法で株主が負うことになった責任は銀行券・預金を含むあらゆる債務に対してであり，銀行券は公債により担保されることになったため，株主の追加責任は実質的に銀行の預金債務に向けられていた。つまりこれは銀行の主要債務者である預金者を保護するための規定であり，預金債務は法的に資本金の2倍に相当する金額により担保されることになる。銀行が破綻した場合の預金者保護の法的措置としてはさらに剰余金の積立て義務があり，剰余金が資本金の20％に達するまで，国法銀行は配当前

に半期の純利益の 1/10 を剰余金に計上することを義務づけられた[56]。

上述のように，州法段階において早くから二重責任制度が導入されていたものの，それは銀行券を発行する州法銀行に対象を限定していた。ところが州法銀行では国法銀行制度の発足とともに預金業務が主要業務となってきたため，株主に対する二重責任制度は実質的に形骸化していく。かくて1880年代になれば各州は二重責任制度を預金者保護のために機能するよう修正するようになり，1910年に32州が預金者保護のため株主に対しなんらかの追加義務を課すようになっていた[57]。

（3）自己資本比率規制

最低資本金規制は銀行設立時における不健全な銀行の排除及び破綻時における預金者保護という二重の課題を担っていた。だが人口規模による最低資本金規制は3つの区分しか存在せず，人口規模が必ずしも銀行の営業活動規模，資産・負債と比例するとはいえないという問題がある。したがって株主に対する追加出資の義務あるいは剰余金の積立て義務という規定も預金者を保護するものとして機能するには限界があった[58]。ここに新たに銀行規制の手段として資本・預金比率が登場し，銀行の事業活動（預金債務）を資本金と一定の割合に固定することにより，事業活動にともない生ずると予想される損失の範囲を間接的に限定する政策がとられることになる。

そうした資本・預金比率の歴史はかなり古くに遡ることができ，初期の特許銀行でそれは 10〜30％ の比率に規制されていた[59]。だが銀行設立に準則主義が施行されるようになれば，そうした規制は一般的には捨て去られていくが，幾つかの州では銀行の営業規模を表すものとしての資産あるいは負債を資本金と関連させている。アイオワ貯蓄銀行法(1874年)は1万ドルの最低資本金と同時に，資本金の10倍以内の預金受入れを規定していた。またカンザス州法は，1897〜1901年の期間に，連邦債を除く投資額を払込資本の4倍以内にすべきであると規定している。この基準は余りにも厳格なため廃止され，同州は人口別の最低資本金に移行し，1：10の資本・預金比率を新たに採用している。資本・預金比率を採用した他州としては，カリフォルニア，ネヴァダ，ロードアイランド，ネブラスカ，サウスダコタ，テキサス，オクラホマがあげられる[60]。

1933年3月の全国銀行休業日以降にさらに資本・預金比率を採用する州が増加し，18州が資本・預金比率の法的規定を有していたが，27州は依然としてなんらの規定を有していなかった[61]。前者のうち8州では10倍の資本・預金比率を採用しており，それはアリゾナ，コロラド，インディアナ，マサチューセッツ，ネブラスカ，ニューヨーク，ロードアイランド，ヴァーモントの各州であった[62]。

他方連邦次元では1914年に当時の通貨監督官，J.S.ウィリアムズが資本・預金比率として10倍，さらに可能であれば8倍の限度を提案していたが，その勧告は実現されるに至らなかった[63]。連邦段階の資本・預金比率の法的規制は州法銀行に比較すればかなり遅れ，33年の銀行恐慌以降に本格的に導入されている。ここで注目すべきは，連邦次元での資本・預金比率の導入は預金保険制度と密接な関連をもっていたことであろう。

第4節　州預金保険制度

ユニット・バンクが支配的な銀行制度のもとで，リスク分散化の困難は銀行破産を頻発させ，預金者に多大な損失を与えていた[64]。保険制度により預金者を保護しようとする動きは連邦政府次元においても早くからみられたものの，1933年の連邦預金保険公社の設立までは預金保険構想が連邦次元で実現されることはなかった。

これに対し州次元ではオクラホマ(1907年)，カンザス，ネブラスカ，テキサス(09年)，ミシシッピ(14年)，サウスダコタ(16年)，ノースダコタ，ワシントン(17年)の8州で州預金保険制度が実現されている[65]。これらの諸州はミシシッピ川以西の西部・南部に属する州であり，グレンジャー，グリーンバックス，ポピュリズムなどの農民運動が展開され，またニューヨーク東部金融資本に強い反発を示していた地域である[66]。銀行破産は農民たちの貯蓄に損失をもたらし，また地域の決済・融資関係の途絶という金融関係の混乱をもたらしていた。金融上の混乱が地域の主要産業である農業に影響を及ぼすのを回避するため，州預金保険制度が導入されたといえる。

だがこの州預金保険制度は当初から「制度上」の問題点を有していた。預金保険制度が機能するためには，大数の法則が作用するような規模の銀行が制度に参

加すること，リスク分散を可能とするために銀行経営が多様な産業を基盤としていることが望ましい。その意味で預金保険が州単位で運営されることは，参加する銀行数の狭隘さ，また限られた産業基盤(農業)の2側面で，預金保険の運営に限界が予想されるところであろう。さらに前者の参加銀行数に関しては，預金保険の対象から国法銀行が排除されており[67]，また州法銀行においても制度への参加が任意の州もあった[68]。ピーク時の加入銀行数の割合は 28.9～91.1％ であり，特にワシントン(28.9%)，カンザス(51.9%)，テキサス(57.7%)の各州において低い状態にあった。これを加入銀行預金の比率でみれば 19%(ワシントン)～79%(ミシシッピ)となり，銀行数以上に預金のウエイトが低かった[69]。

州預金保険制度は景気の好況局面では加入銀行を増加させていったものの，第1次世界大戦以降の農業不況の到来はそうした預金保険制度の弱点を明るみに出させている。農業不況が銀行破産を増加させるにつれて，銀行賦課金からなる基金収入では預金保証のための基金支出を賄うことができなくなるからである。かくて賦課金の負担を免れるために制度からの脱退が相次ぎ，州預金保険制度は 1920 年代半ばまでに実質的に機能しない状態となっている。

では最短で4年(ワシントン)，最長で 20 年(カンザス)存続した預金保険制度は預金を保護するうえでどのように機能したのであろうか(表1-5)。8州のうちテキサス・ミシシッピ州では破産した銀行の預金者は預金全額を回収しており，損失を被ることはなかった。テキサス州では 1920 年からの銀行破産の増加にともなう賦課金の負担を回避するため，24～25 年預金保険制度参加銀行が急減し(896→34 行)，制度は 27 年に廃止されている[70]。預金者に支払われた資金源泉をみれば，54.3% は資産の回収，基金からの支払は 45.7% となっており，破産銀行の預金の約 1/2 は基金を媒介にした健全銀行の預金者負担により維持されている。その意味でテキサス州は預金保険原理の最もよく機能した州といえる。これに対しミシシッピ州では，資産から回収された資金が 52%，基金からの支払が 19.1% であり，不足する資金(28.8%)は州債の発行により充足されている。州債は資産の清算により獲得された資金で償還されることになっているものの，これは私的銀行相互の預金保証という次元から質的に一歩踏み越えたものといえるだろう[71]。

これらの2州とは対照的に預金者の損失率が高かった州はノースダコタ

表 1-5　州預金保険制度の実績(1908-30)　　　　　　　(単位＝千ドル)

州	営業期間	〈金額〉保険預金額	資産清算からの支出	保険基金の支出 資産清算	保険基金の支出 純支払	その他源泉	預金者の損失
Oklahoma	1908-23	25,068	11,175	2,913	4,754	—	6,225
Kansas	1909-29	21,151	11,241	—	2,435	1,424	6,051
Texas	1910-27	25,469	7,490	6,333	11,646	—	—
Nebraska	1911-30	61,790	19,420	2,456	16,608	—	23,306
Mississippi	1914-30	14,833	7,080	640	2,834	4,279	—
South Dakota	1916-27	48,375	10,385	1,239	3,023	—	33,728
North Dakota	1917-29	24,274	4,154	18	1,820	—	18,282
Washington	1917-21	8,452	6,361	—	851	—	1,240

州	営業期間	〈割合〉(%)保険預金額	資産清算からの支出	保険基金の支出 資産清算	保険基金の支出 純支払	その他源泉	預金者の損失
Oklahoma	1908-23	100.0	44.6	11.6	19.0	—	24.8
Kansas	1909-29	100.0	53.1	—	11.5	6.7	28.6
Texas	1910-27	100.0	29.4	24.9	45.7	—	—
Nebraska	1911-30	100.0	31.4	4.0	26.9	—	37.7
Mississippi	1914-30	100.0	47.7	4.3	19.1	28.8	—
South Dakota	1916-27	100.0	21.5	2.6	6.2	—	69.7
North Dakota	1917-29	100.0	17.1	0.1	7.5	—	75.3
Washington	1917-21	100.0	—	75.3	10.1	—	14.7

出所) *Annual Report of FDIC 1956*, p. 49, p. 61

(75.3%)，サウスダコタ(69.7%)であった。2州は農業不況の影響を強く受けた州であり，そのことは資産清算による預金者への支払部分が24.1%(サウスダコタ)，17.2%(ノースダコタ)とひときわ低い割合となっていることで裏付けられる。さらに基金からの補填部分はノースダコタ(7.5%)，サウスダコタ(6.2%)ともに低水準にあり，私的銀行相互間の援助が充分に機能しなかったことを示している。残りの州の預金損失率はワシントン(14.7%)，オクラホマ(24.8%)，カンザス(28.6%)，ネブラスカ(37.7%)で10〜30%台に分布している。参加銀行のなかで最大銀行の破綻を契機にして預金保険制度が実質的に崩壊していったのは，ワシントン州(Scandinavian-American Bank of Seattle，預金1000万ドル，1921年)，オクラホマ州(Bank of Commerce of Okmulgee，預金173万ドル，21年)，カンザス州(American State Bank of Wichita，預金460万ドル，23年)の3州である[72]。これら3州では預金払戻しに占める資産清算の割合が比較

的高く，ワシントン(75.3%)，オクラホマ(56.2%)，カンザス(53.1%)のいずれにおいても5割を超えている。したがってこれらの諸州において預金者が損失をみたのは基金からの補塡が少なかったことによるものであり，それはワシントン(10.1%)，カンザス(11.5%)，オクラホマ(19%)にみられるように10%台にとどまっている。以上のことは制度に参加している大銀行が破綻した場合，預金保険原理が余り機能しないことを示している。

ネブラスカ州の場合は基金からの補塡割合が26.9%と比較的高い水準にあったものの，資産清算からの回収部分が31.4%と低い水準にとどまっていたことが預金者の損失を大きくした原因となっている。またオクラホマ州では預金者の損失が24.8%と少なく現れていたが，それは破産した場合でも預金者にペイオフせずに，基金からの資金援助をともなった銀行再編，あるいは他銀行による負債の継承という形態をとる場合が多かったからである[73]。

以上のようにノースダコタ，サウスダコタの2州を除けば，預金保険制度を実施していたこれらの諸州では銀行破産にともなう預金損失を0〜30%台にとどめており，他州の損失率が42%であったことを考慮すれば，預金保険制度は預金に対する信頼をある程度まで繋ぎ止める効果を有していたと評価できるであろう[74]。

1) National Industrial Conference Board, Inc., *The Banking Situation in the United States*, 1932, rep., Arno Press, NY, 1980, pp. 28-32; Board of Governors of the Federal Reserve System, Banking and Monetary Statistics, Washington, D.C., 1943, p. 16.
2) 支店設置に関するそうした解釈に影響を及ぼしたのは，"places" "offices"の単語を"place" "office"に変更した，1864年の国法銀行法修正であったとされている(J. M. Chapman, *Concentration of Banking*, Columbia University Press, NY, 1934, p. 110)。
3) 1865年の国法銀行法修正は，国法銀行に転換する州法銀行は以前に開設した支店をそのまま保有することを許可している(C. E. Cagle, Branch, Chain, and Group Banking, Board of Governors of The Federal Reserve System, *Banking Studies*, Washington, D.C., Aug. 1941, p. 116)。1863年までに33の支店銀行が存在し，128支店を営業していた。だがそれらの支店は主に南部に集中していたため，南北戦争は第1次の支店拡大運動を終焉させることになった。1900年に支店を営業していた国法銀行数は5行，支店数は5店にすぎなかった(G. T. Cartinhour, *Branch, Group and Chain Banking*, The Macmillan Company, NY, 1931, pp. 279-280)。
4) J. M. Chapman & R. B. Westerfield, *Branch Banking*, 1942, rep., Arno Press, NY,

1980, pp. 75-77.
5) *ibid.*, pp. 65-73；A. ウォーカーにより提案された改革案は，資産通貨，銀行券の相互保証，支店銀行の3つからなっていた。他国の銀行制度を研究した結果，銀行破綻が少ない理由として，「スコットランド及びカナダでは2つの原理〔資産通貨と支店銀行〕は分かちがたく結びついていた」(*ibid.*, p. 71)ことを指摘している。
6) 連邦準備法の原案となったグラス第1次草案では国法銀行に支店制度を導入する規定（第9条）が存在していたが，下院に提案される前に，それは削除されている(J. M. Chapman, *op. cit.*, p. 127)。
7) 連邦準備制度成立の意義に関しては，高山洋一『ドルと連邦準備制度』(新評論, 1982年), 須藤功『アメリカ巨大企業体制の成立と銀行――連邦準備制度の成立と展開』(名古屋大学出版会, 1997年), 川合研『アメリカ決済システムの展開』(東洋経済新報社, 2002年), を参照。
8) J. M. Chapman & R. B. Westerfield, *op. cit.*, p. 129.
9) 「こうした動向〔国法銀行から州法銀行への転換〕は特にニューヨーク大銀行の間で顕著であった。というのは州法銀行は郊外に支店設置を認められていたため，預金吸収力という点では，国法銀行は州法銀行と比較して不利な立場におかれていたからである」(G. T. Cartinhour, *op. cit.*, p. 284)。また19銀行が1935年にニューヨーク手形交換所に加盟していたが，そのうち5行が国法銀行であり，残りの14行は州法銀行であった(J. Peterson, *Sixty-Five Years of Progress and A Record of New York City Banks*, 1935, rep., Arno Press, NY, 1980, p. 128)。
10) カリフォルニア州では1909年に州規模の支店設置が認められるようになり，22年5月に79銀行が254支店を有する最大の支店州となっている。支店のうち103支店は本店所在地，151支店は本店所在地以外であった。支店を展開する銀行の大部分は州法銀行として営業している(J. M. Chapman & R. B. Westerfield, *op. cit.*, pp. 87-92)。
11) 産業合併とは異なり，1918年以前には銀行合併に関する連邦法は存在していなかった。そのため銀行合併の方法として，合併する銀行の1つを清算し，その資産を他銀行に売却するか(吸収)，あるいは2つの銀行を任意に清算し，新銀行が清算した2銀行の資産・負債を引き受ける形をとっている(J. M. Chapman, *op. cit.*, p. 43)。合併法の結果，支店をもつ州法銀行を国法銀行に転換し，親銀行がその国法銀行を直接合併することが可能となった。15年には26支店を有する12の国法銀行が存在したが，20年代半ばには130の国法銀行が318支店を保有するに至っている(G. C. Fischer, *American Banking Structure*, Columbia University Press, NY, 1968, p. 44)。
12) J. M. Chapman & R. B. Westerfield, *op. cit.*, pp. 95-96.
13) 支店制度に関する連邦準備局の見解については，Hearings before a Subcommittee of the Committee on Banking and Currency, House of Representatives, *Branch, Chain and Group Banking*, Vol. 1 Part 3, 1930, pp. 437-442, を参照。
14) J. M. Chapman & R. B. Westerfield, *op. cit.*, p. 97.
15) *ibid.*, pp. 97-98.
16) *ibid.*, pp. 106-107.

17) マクファーデン法の正式の名称はマクファーデン・ペッパー法であり，支店設置に関する法律以外に，次のような主要な法律を抱き合わせにして成立させたものである。①1918年合併法の修正——国法銀行が州法銀行と直接に合併することを許可，②銀行が売買する証券を〝投資証券〟(bond, note, debenture)に限定し，政府証券・自治体債を除いて，国法銀行はそうした証券投資を自己資本の25%以下にしなければならない，③期間5年以内の不動産担保貸出の認可(農地・都市不動産)(H. E. Krooss, ed., *Documentary History of Banking and Currency in the United States*, Vol. 4, Chelsea House Publishers, NY, 1977, pp. 2644-57)。
18) J. M. Chapman, *op. cit.*, p. 124；「マクファーデン法は支店銀行に対し非友好的であった。それは国法銀行により大きな自由を付与すべきであるとする擁護者に最小限の譲歩をなした。逆にそれは州規模支店銀行制度の増加を阻止しようとしていた」(R. B. Westerfield, *Money, Credit and Banking*, The Ronald Press Company, NY, 1947, pp. 868-869)。
19) *Federal Reserve Bulletin*, Apr. 1930, p. 151.
20) *ibid.*, p. 145.
21) G. T. Cartinhour, *op. cit.*, p. 288.
22) J. M. Chapman & R. B. Westerfield, *op. cit.*, p. 321.
23) J. M. Chapman, *op. cit.*, p. 335; H. P. Willis & J. M. Chapman, *The Banking Situation—American Post-War Problems and Developments*, Columbia University Press, NY, 1934, pp. 377-378.
24) *Federal Reserve Bulletin*, Apr. 1930, p. 157; G. T. Cartinhour, *op. cit.*, p. 103.
25) *Federal Reserve Bulletin*, Apr. 1930, pp. 148-149, pp. 154-157.
26) *Branch, Chain and Group Banking*, Vol. 1 Part 1, pp. 163-184, pp. 455-456.
27) G. C. Fischer, *op. cit.*, p. 44.
28) J. M. Chapman, *op. cit.*, pp. 81-82.
29) カリフォルニア州銀行監督官，ドッジは1921年に「異常な状況にある場合を除いて，現存する銀行が充分に公衆にサービスしているコミュニティにおいて，新設支店(de novo branch)を設立する許可を与えないだろう」と声明した(J. M. Chapman & R. B. Westerfield, *op. cit.*, p. 90)。
30) J. M. Chapman, *op. cit.*, pp. 161-165, pp. 170-171; G. T. Cartinhour, *op. cit.*, Chap. 9 Transamerica Corporation.
31) G. T. Cartinhour, *op. cit.*, pp. 268-269.
32) *ibid.*, pp. 270-271.
33) *ibid.*, p. 268.
34) *ibid.*, p. 266.
35) *ibid.*, p. 267.
36) 連邦準備制度の要求払預金に対する準備率は，1914年には中央準備市銀行で18%，準備市銀行で15%，地方銀行で12%，17年修正法では中央準備市銀行で13%，準備市銀行で10%，地方銀行で7%となり，定期預金の準備率はいずれも3%となっている(H. E. Krooss, *op. cit.*, Vol. 4, pp. 2462-64, p. 2496)。

37) *Annual Report of FRB*, 1929, p. 148.
38) L. L. Watkins, *Bankers' Balances*, McGraw-Hill Book Company, Inc., NY, 1929, Chap. 9; B. H. Beckhart & J. G. Smith, *Source and Movements of Funds*, The New York Money Market (ed. by B. H. Beckhart), Vol. 2, 1932, rep., AMS Press, NY, 1971, Chaps. 10–11.
39) 南北戦争期におけるインフレーションの進行は信用取引の期間短縮，現金取引の増大をもたらし，その結果として商取引における現金割引とオープン・ブック・アカウントを普及させることになった。このことが手形市場における単名約束手形の比重増大として反映されている(M. G. Myers, *Origins and Development*, The New York Money Market (ed. by B. H. Beckhart), Vol. 1, 1931, rep., AMS Press, 1971, Chap. 15)。
40) 連邦準備法は連邦準備券に対し40％の金準備と60％の適格手形による準備を規定していた。だが恐慌期の適格手形の減少は，金準備の対外的な流出と相まって，「自由金」の不足による連銀融資の困難という事態を招き，1932年2月に成立したグラス・スティーガル法は国債を発券の担保とすることにより，この危機を切り抜けようとしたものである。さらに35年銀行法において32年の緊急規定が永続化されると同時に，「準備銀行が充分と認める担保」に対して加盟銀行は融資を獲得しうることになり，ここに連邦準備法の厳格な手形適格性条件は大幅に緩和され，真正手形原理は完全に形骸化することになった。ここで適格手形以外の資産とは，①長期の適格手形，②投資証券，③全国住宅法で保証された抵当，④住宅所有者貸付公社，連邦農業抵当公社債券，⑤自治体債，⑥満足すべき不動産抵当債，⑦賦払手形(*Federal Reserve Bulletin*, Oct. 1937, pp. 977–979)であり，連銀信用のそうした適格性の拡大は商業銀行の資産・負債構造の変化を反映していたと同時に，第2次世界大戦後のターム・ローン，消費者信用，不動産担保融資という長期資産への商業銀行資産の傾斜を促進する背景をなしていた。商業銀行の構造変化と1930年代のアメリカ金融法の関連に着眼した労作として，坂本正『金融革新の源流』(文眞堂，1997年)を参照されたい。
41) H. G. Moulton, *The Financial Organization of Society*, University of Chicago, Chicago, 1925, pp. 531–534.
42) *ibid.*, p. 533.
43) 地方国法銀行は不動産融資を禁止されていたものの，短期の運転資金目的の融資を更新することにより，農民に対し事実上かなり長期の融資を行っていたとされる(H. G. Moulton, *op. cit.*, p. 633)。また国法銀行は既存貸付の担保として農地不動産を受け取り，保有する形で間接的に農業不動産融資に従事していたとされる(R. H. Keehn & G. Smiley, Mortgage Lending by National Banks, *Business History Review*, Vol. 51-4, Winter 1977, p. 478)。
44) H. E. Krooss, *op. cit.*, Vol. 4, p. 2655.
45) P. Hunt, *Portfolio Policies of Commercial Banks in the United States, 1920–1939*, 1940, rep., Arno Press, NY, 1980, p. 36.
46) *ibid.*, pp. 36–37.
47) H. E. Krooss, *op. cit.*, Vol. 4, pp. 2646–47.

48) W. H. Steiner, Security Markets and Banking and Credit, A. L. Bernheim & M. G. Schneider, ed., *The Security Markets*, Twentieth Century Funds, Inc., NY, Chap. 5, pp. 119-120.

49) F. P. Smith & R. W. Marquis, Capital and Surplus as Protection for Bank Deposits, *Bankers Magazine*, Vol. 91, Mar. 1937, p. 216.

50) 「立法者は長年の間人口によって階層化された資本要件は資本と設立後に銀行により遂行されるビジネス量との間の比率を確立すると論じた」(J. B. Willis, *The Functions of the Commercial Banking System*, King's Crown Press, NY, 1943, p. 150)。

51) G. E. Barnett, *State Banks and Trust Companies since the Passage of the National-Bank Act*, National Monetary Commission, Washington, D.C., 1911, p. 43.

52) 最低資本金額は1933年に再び5万ドルに戻されている (*ibid*., p. 157)。

53) A. W. Pike, The Double-Liability Aspect of Bank Stocks, *HBR*, Vol. 10-4, July 1932, p. 517.

54) マサチューセッツの州法では1811年にチャーター延長の条件として, 経営判断の誤りのために生じた損失の場合に, 株主は出資額に相当する金額の負債を負わなければならないと規定していた。だが1849年に損失が経営上のミスによるものかいなかを問わず, 二重責任はすべての債務(銀行券, 預金)に対して課せられ, かくて同州は一般規則として二重責任制度を採用した最初の州となった (R. W. Marquis & F. P. Smith, Double Liability for Bank Stock, *AER*, Vol. 27-3, Sept. 1937, p. 492)。

55) *ibid*., p. 496.

56) 1935年銀行法は二重責任制度の廃止を規定すると同時に, 純利益の10%を年々剰余金に控除することにより, 株式資本と等しくなる金額まで剰余金を積み立てることを銀行に要求した。剰余金の100%積立て義務は債務者保護の一つの政策であり, ある意味では二重責任制度廃止の代替措置としての意味をもっていた (J. B. Willis, *op. cit*., p. 144)。

57) 株主に追加義務を課した州の大部分(30州)は二重責任制度を採用していたが, コロラド州は銀行債務に対し3倍の責任, カリフォルニア州は比例的な責任を負うとされていた (R. W. Marquis & F. P. Smith, *op. cit*., pp. 497-499)。

58) F. P. Smith & R. W. Marquis, *op. cit*., p. 222.

59) J. B. Willis, *op. cit*., p. 151.

60) *ibid*., pp. 151-152.

61) *ibid*., pp. 152-153.

62) F. P. Smith & R. W. Marquis, *op. cit*., p. 222.

63) R. I. Robinson, The Capital-Deposit Ratio in Banking Supervision, *Journal of Political Economy*, Vol. 49-1, Feb. 1941, pp. 42-43.

64) 預金保険制度を実施した8州のうち, 1910年に支店を許可していた州はワシントンのみであり, ミシシッピ, テキサスは禁止州, その他5州は支店に関する規定が存在していない。無規定州も実質的に支店禁止州と同様に運用されていたので, ユニット・バンク制度と預金保険制度は密接な関係を有していた (E. N. White, *The Regulation and Reform of the American Banking System, 1900-1929*, Princeton University Press, Princeton,

1983, pp. 191-197)。
65) *Annual Report of FDIC 1956*, p. 49.
66) 大塚秀之「南部のポピュリズム」(鈴木圭介編『アメリカ独占資本主義』弘文堂，1980年，第3章)。
67) 州法は国法銀行の保険制度への参加を許容していたが，通貨監督官は1908年に制度への国法銀行の参加を禁止した(*Annual Report of FDIC 1952*, p. 69)。
68) カンザス・ワシントン州は保険制度への参加は任意であり，ミシシッピ州は当初任意であったが，1915年5月より強制となっている。またテキサス州では保険制度か債券担保制度のいずれかを選択するとされていた(*Annual Report of FDIC 1952*, pp. 68-69)。
69) *Annual Report of FDIC 1952*, pp. 49-50.
70) *Annual Report of FDIC 1956*, p. 57.
71) *ibid.*, pp. 60-61；ネブラスカ州においても1930年3月に破産銀行の預金支払を可能とするために州債の発行が提案されたが，州民の投票により否決されている(*ibid.*, pp. 59-60)。
72) T. Cooke, The Collapse of Bank-Deposit Guaranty in Oklahoma and its Position in Other States, *Quarterly Journal of Economics*, Vol. 38-1, Nov. 1923, pp. 112-113, pp. 122-123, p. 130.
73) *Annual Report of FDIC 1956*, p. 53, p. 56.
74) C. B. アップハム・E. ラムケは「州預金保険はこの期間における預金者による預金回復に寄与した」として，ワシントン，テキサス，ネブラスカ諸州における預金損失率の低さとの関連を指摘している(C. B. Upham & E. Lamke, *Closed and Distressed Banks*, The Brookings Institution, Washington, D.C., 1934, pp. 87-88)。

第2章　銀行恐慌の原因

　1930年代初頭にアメリカは未曾有の銀行破産に見舞われている。第1章でふれたようにアメリカでは支店制度による全国的な銀行集中が進展せず，ユニット・バンクが支配的な銀行制度となっている。ユニット・バンク制度のもとでは営業地域の制限が個別銀行によるリスクの分散を困難とし，そのことが銀行破産の激増をもたらしていた。本章では銀行の預金・資産動向を分析することで，銀行恐慌を導いた要因を明らかにすることにする。

第1節　1920年代の預金及び貸付・投資の動向

1．預金の動向

　商業銀行の預金規模は1920年代にほぼ1.6倍に増加している。預金の変化として指摘できるのは，銀行間預金(-5.7%)，要求払預金(-9%)の比率下落と，定期預金(+17.8%)の比率上昇である(表2-1)。預金構成のそうした変化は連邦準備制度の成立と深く関わっていた。

　銀行間預金は絶対額ではほとんど横ばい(36.51→36.87億ドル)であったが，預金の増加のため総預金に占める比率は16%から10.3%に下落している。これを加盟銀行のクラス別でみれば，減少率はシカゴ市銀行(-9.5%)，準備市銀行(-9.1%)で高く，ニューヨーク市銀行(-4%)，地方銀行(-2.2%)で低かった。支払準備制度が1913年の連邦準備制度の発足を機会に変更され，法定支払準備は連銀預ヶ金に一本化されることになった[1]。このため国法銀行制度下で準備市銀行・中央準備市銀行に預託されていた準備預金が，新制度では法的に上位銀行

表 2-1　1920 年代の預金動向　　　　　　　　　(単位＝百万ドル)

	総　計	銀行間預金	政府預金	郵便貯蓄	要求払預金	定期預金
全加盟銀行						
1919 年 6 月	22,833	3,651	902	94	13,937	4,249
	(100.0)	(16.0)	(4.0)	(0.4)	(61.0)	(18.6)
1929 年 6 月	35,866	3,687	348	115	18,663	13,053
	(100.0)	(10.3)	(1.0)	(0.3)	(52.0)	(36.4)
増加率	1.6	1.0	0.4	1.2	1.3	3.1
ニューヨーク市銀行						
1919 年 6 月	6,360	1,372	410	22	4,364	191
	(100.0)	(21.6)	(6.4)	(0.3)	(68.6)	(3.0)
1929 年 6 月	8,379	1,477	78	18	5,690	1,115
	(100.0)	(17.6)	(0.9)	(0.2)	(67.9)	(13.3)
増加率	1.3	1.1	0.2	0.8	1.3	5.8
シカゴ市銀行						
1919 年 6 月	1,322	375	44	3	710	188
	(100.0)	(28.4)	(3.3)	(0.2)	(53.7)	(14.2)
1929 年 6 月	1,866	352	21	2	1,079	413
	(100.0)	(18.9)	(1.1)	(0.1)	(57.8)	(22.1)
増加率	1.4	0.9	0.5	0.7	1.5	2.2
準備市銀行						
1919 年 6 月	7,119	1,504	326	26	4,104	1,159
	(100.0)	(21.1)	(4.6)	(0.4)	(57.6)	(16.3)
1929 年 6 月	12,483	1,496	185	40	5,992	4,771
	(100.0)	(12.0)	(1.5)	(0.3)	(48.0)	(38.2)
増加率	1.8	1.0	0.6	1.5	1.5	4.1
地方銀行						
1919 年 6 月	8,032	399	123	44	4,756	2,710
	(100.0)	(5.0)	(1.5)	(0.5)	(59.2)	(33.7)
1929 年 6 月	13,138	362	64	55	5,903	6,754
	(100.0)	(2.8)	(0.5)	(0.4)	(44.9)	(51.4)
増加率	1.6	0.9	0.5	1.3	1.2	2.5

出所) *Banking & Monetary Statistics*, pp. 72-103

に預託する必然性がなくなり，銀行間預金を減少させる方向に作用している。だが銀行間預金の保有には支払準備の預託以外の目的があり，また準備制度非加盟銀行は依然として決済のためにコルレス先銀行に預金を保有する必要があるため，銀行間預金はほぼ横ばいを維持している。

　預金に占める要求払預金比率の下落，定期預金比率の上昇も，連邦準備制度の発足による支払準備制度の改正と関わっていた。要求払預金と定期預金の支払準備率は国法銀行制度下では同一であったが，連邦準備制度下では要求払預金より

も定期預金に対する準備率が低く設定されている。つまり要求払預金の準備率は1917年の修正連邦準備法では中央準備市銀行(13％)，準備市銀行(10％)，地方銀行(7％)であるのに対し，定期預金の比率は3％であった。そうした法定準備率の格差は銀行をして定期預金で預金を保有する行動に駆り立てている[2]。

1919年に商業銀行の民間預金のうち要求払預金の比率は77％，定期預金は23％であり，ほぼ1：3の割合となっている。とりわけ中央準備市であるニューヨーク市銀行では，預金の96％が要求払預金により占められていた。ところが29年には要求払預金の比率は59％，定期預金は41％となり，貯蓄性預金の割合がいずれのクラスの銀行においても増加している。クラス別の定期預金比率はニューヨーク(16％)，シカゴ(28％)，準備市(44％)，地方(53％)となり，とりわけ地方銀行，準備市銀行で預金の1/2を占める状況となっている。

2．貸付・投資の動向

銀行に集積された貯蓄性預金はどのような分野に投資されていったのであろうか。表2-2に拠りながら1920年代における銀行資産動向を概観すれば，「その他」貸付比率の下落及び証券担保貸付・不動産担保貸付，政府証券以外の「その他」証券投資の比率上昇という趨勢を読み取ることができる。

最も目をひくのは商工企業向けの貸付(商業貸付)を表す「その他」貸付("all other" loan)比率の著しい低落である[3]。「その他」貸付は1919年(42.4％，94億ドル)から29年(32.5％，116億ドル)におよそ10％の低下を示している。商業貸付の低落の原因としては複数の要因が指摘できる。第1に借入企業が企業合併により減少していったことである。第2に交通・輸送機関の発達により，企業が在庫をより少なく保有するようになったことである。第3は大企業の企業金融の変化である。20年代には大企業は豊富な内部資金を保有し，また外部資金が必要な場合には証券市場からの資金調達に依存するようになっていた。かくて大企業は銀行借入を企業財務の「弱さの徴候」[4]とみなすようになる。バランス・シートに銀行借入の項目を見いだすことができる大企業は砂糖・炭鉱・製紙のような一部の停滞産業に属する企業にすぎなかった[5]。

停滞していた商業貸付に代わり，1920年代に融資比率を上昇させていたのは不動産担保貸付と証券市場向けの貸付・投資であった。不動産担保貸付は19年

表2-2 1920年代の貸付・投資

(単位＝百万ドル)

		総計	貸付 合計	証券担保貸付 小計	ブローカーズ・ローン	その他	不動産担保貸付 小計	農地	その他	「その他」貸付	銀行間預金
全加盟銀行	1919年6月	22,242 (100.0)	15,414 (69.3)	5,404 (24.3)	1,105 (5.0)	4,299 (19.3)	577 (2.6)			9,433 (42.4)	2,125 (9.6)
	1929年6月	35,711 (100.0)	25,658 (71.8)	9,759 (27.3)	2,946 (8.2)	6,813 (19.1)	3,164 (8.9)	404 (1.1)	2,760 (7.7)	11,618 (32.5)	1,885 (5.3)
	増加率	1.61	1.66	1.81	2.67	1.58	5.48			1.23	0.89
ニューヨーク市銀行	1919年6月	5,408 (100.0)	4,084 (75.5)								290 (5.4)
	1929年6月	8,160 (100.0)	6,341 (77.7)	3,236 (39.7)	1,422 (17.4)	1,814 (22.2)	175 (2.1)	2 (0.0)	173 (2.1)		157 (1.9)
	増加率	1.51	1.55								0.54
シカゴ市銀行	1919年6月	1,183 (100.0)	912 (77.1)								160 (13.5)
	1929年6月	1,707 (100.0)	1,433 (83.9)	774 (45.3)	290 (17.0)	484 (28.4)	24 (1.4)	2 (0.1)	22 (1.3)		136 (8.0)
	増加率	1.44	1.57								0.85
準備市銀行	1919年6月	7,058 (100.0)	4,979 (70.5)								799 (11.3)
	1929年6月	12,065 (100.0)	8,789 (72.8)	3,294 (27.3)	813 (6.7)	2,480 (20.6)	1,479 (12.3)	113 (0.9)	1,366 (11.3)		801 (6.6)
	増加率	1.71	1.77								1.00
地方銀行	1919年6月	8,593 (100.0)	5,440 (63.3)								876 (10.2)
	1929年6月	13,719 (100.0)	9,096 (66.3)	2,455 (17.9)	421 (3.1)	2,034 (14.8)	1,486 (10.8)	287 (2.1)	1,199 (8.7)		792 (5.8)
	増加率	1.60	1.67								0.90

		投資 合計	政府証券	「その他」証券 小計	鉄道債	公益事業債	「その他」債券	株式	外国証券
全加盟銀行	1919年6月	6,827 (30.7)	3,803 (17.1)	3,024 (13.6)					
	1929年6月	10,052 (28.1)	4,155 (11.6)	5,898 (16.5)	832 (2.3)	932 (2.6)	1,576 (4.4)	469 (1.3)	635 (1.8)
	増加率	1.47	1.09	1.95					
ニューヨーク市銀行	1919年6月	1,324 (24.5)	683 (12.6)	641 (11.9)					
	1929年6月	1,819 (22.3)	1,006 (12.3)	813 (10.0)	152 (1.9)	66 (0.8)	219 (2.7)	126 (1.5)	75 (0.9)
	増加率	1.37	1.47	1.27					
シカゴ市銀行	1919年6月	271 (22.9)	156 (13.2)	115 (9.7)					
	1929年6月	334 (19.6)	159 (9.3)	176 (10.3)	11 (0.6)	12 (0.7)	37 (2.2)	7 (0.4)	7 (0.4)
	増加率	1.23	1.02	1.53					
準備市銀行	1919年6月	2,079 (29.5)	1,180 (16.7)	900 (12.8)					
	1929年6月	3,276 (27.2)	1,607 (13.3)	1,670 (13.8)	180 (1.5)	187 (1.5)	455 (3.8)	202 (1.7)	144 (1.2)
	増加率	1.58	1.36	1.86					
地方銀行	1919年6月	3,153 (36.7)	1,784 (20.8)	1,368 (15.9)					
	1929年6月	4,623 (33.7)	1,384 (10.1)	3,240 (23.6)	488 (3.6)	666 (4.9)	865 (6.3)	134 (1.0)	408 (3.0)
	増加率	1.47	0.78	2.37					

出所) *Banking & Monetary Statistics*, pp. 72-103

(2.6％，5億7700万ドル)から29年(8.9％，31億6400万ドル)に6.3％の上昇を示しており，資産項目のなかで最も高い上昇率を示している。この不動産担保貸付の多くは農地不動産(13％)より都市不動産(87％)に向けられており，クラス別にはニューヨーク，シカゴの中央準備市銀行では比率が低かったものの，準備市銀行(12.3％)，地方銀行(10.8％)では資産の重要項目となっており，不動産市場に深く関わっていたことを示していた。

商業銀行が1920年代に深く関わったのは証券市場である。主に証券流通信用を提供する証券担保貸付は19年(24.3％，54億ドル)から29年(27.3％，97.6億ドル)に3％比率を上昇させている。とりわけ中央準備市銀行ではその比率が高く，証券担保貸付はシカゴでは29年に総資産の45.3％，ニューヨークでは39.7％を占めている。証券担保貸付は公開市場における取引であるブローカーズ・ローンと相対取引である顧客貸付に分けられ，両者の割合は19年にはほぼ2：8であった。だが20年代後半の株式ブームはブローカーズ・ローンの著増をもたらし，29年には3：7の割合となっている。

証券投資の分野では，政府証券が著減(17.1→11.6％)していたのに対し，政府証券以外の「その他」証券投資は1919年(13.6％，30億ドル)から29年(16.5％，59億ドル)に2.9％上昇している。証券投資は価格変動のリスクを銀行が負担しなければならないため，投資証券の増加は恐慌期に資本損失をもたらす要因となる。「その他」証券投資の割合が高い銀行クラスは準備市銀行(13.8％)，地方銀行(23.6％)であり，中央準備市銀行は10％台にとどまっている。

以上のような資産内容の変化は銀行の流動性の低下をもたらすことになる。銀行の資産のうちいつでも現金に転換しうる流動的資産は適格手形と政府証券であり，いずれも連銀からの再割引の対象となっている。だが2つの資産からなる流動的資産の比率は1922年(37.1％)から29年(26.9％)に10.2％低落し，預金引出に脆弱な資産構造となっている[6]。

第2節　大恐慌期の預金動向

アメリカ経済が恐慌期に入ると，産業部面の利潤率の低落に対応して，1920年代の好況期に形成されてきた銀行預金・資産が収縮の局面に転換する。以下で

は商業銀行の預金・資産動向の分析を通じて，大量の銀行破綻を招いた原因について考察を進めよう。

恐慌期には次の4つの預金変動要因が作用する。第1は商品・金融取引の縮小により企業の資金需要が減少するため，既存の貸付が返済され，貸付に見合って創造された預金通貨が減少する場合である。これは取引通貨需要の減少にともなう「受動的な」預金縮小のケースといえる。第2は実物経済の悪化にともなう資産の「不良化」を危惧して，銀行が資産を強制的に整理することで預金通貨が減少する場合である。恐慌期には過去の取引を維持するための「後ろ向き」の資金需要が増加するが，銀行が「不良債権」を維持するためのこうした資金需要に応えるには限界があり，一定の限度を超えれば逆に貸出の抑制，さらには貸出の強制的な回収，投資証券の売却に踏み切らざるをえない(「貸渋り」現象)。これは「強制的な」預金縮小のケースといえる。

第3は銀行券・金による預金引出により，預金減少が生ずる場合である。これは銀行に対する信用不安から生ずる退蔵通貨への需要といえる。銀行資産の劣化が進行し，預金の払戻しに対する不安が生じてくれば，預金者による預金取付けが生じてくる。こうした事態は個別銀行の預金取付けにとどまらず，特定地域におけるすべての銀行への預金取付けにまで発展する場合(「伝染」効果)もあれば，中央銀行次元における金準備による発券制約により信用不安の全般化→全国的規模での預金取付け→金融システム危機にまで発展する場合もある。預金取付けに遭遇した銀行は流動性のある資産(政府証券，一流会社証券など)を市場に強制的に売却して退蔵通貨需要に対応せざるをえない。

さらに第4は預金取付けに遭遇した銀行が破綻し，清算される資産価値が預金を下回る場合である。これは銀行破産による預金の強制的「減価」にともなう預金減少である。アメリカでは多数の銀行破産が生じたため，そうした側面からの預金減少はかなりの規模に達している[7]。

銀行破産の結果として生ずる第4のケースを除けば，預金減少は経済不況(利潤率の低下)を直接的に反映した第1・第2のケースと，同じく経済不況を背景にもちながらも，私的銀行信用動揺の帰結として発生する第3のケースの2つに分類される。前者は実物経済主導の預金減少であるのに対し，後者は金融経済主導の預金減少といえる。

表 2-3 1930 年代初頭の預金動向   (単位=百万ドル)

	1929.12	1930.6	1930.12	1931.6	1931.12	1932.6	1932.12	1933.1
〈クラス別〉								
全加盟銀行	32,182	32,504	32,314	31,602	27,438	25,075	25,492	25,641
	(100.0)	(101.0)	(100.4)	(98.2)	(85.3)	(77.9)	(79.2)	(79.7)
ニューヨーク市銀行	7,313	7,444	7,528	7,232	6,414	5,957	6,877	7,050
	(100.0)	(101.8)	(102.9)	(98.9)	(87.7)	(81.5)	(94.0)	(96.4)
シカゴ市銀行	1,629	1,690	1,792	1,696	1,443	1,242	1,191	1,230
	(100.0)	(103.7)	(110.0)	(104.1)	(88.6)	(76.2)	(73.1)	(75.5)
準備市銀行	10,903	11,095	11,234	11,243	9,605	8,790	8,750	8,792
	(100.0)	(101.8)	(103.0)	(103.1)	(88.1)	(80.6)	(80.3)	(80.6)
地方銀行	12,336	12,276	11,760	11,432	9,976	9,087	8,674	8,598
	(100.0)	(99.5)	(95.3)	(92.7)	(80.9)	(73.7)	(70.3)	(69.5)
〈人口規模別〉								
1万5000人以上	26,238	26,738	26,804	26,803	23,228	21,256	21,889	22,091
	(100.0)	(101.9)	(102.2)	(102.2)	(88.5)	(81.0)	(83.4)	(84.2)
1万5000人未満	5,943	5,766	5,510	4,800	4,210	3,819	3,603	3,550
	(100.0)	(97.0)	(92.7)	(80.8)	(70.8)	(64.3)	(60.6)	(59.7)

出所) *Annual Report of the Federal Reserve Board*, 1929-33

　では恐慌期に商業銀行の預金はどのような推移をたどったのであろうか。加盟銀行の預金は 1933 年 1 月末までに 20.3% 減少していたが，預金動向はおよそ次の 3 つの時期に区分される(表 2-3)。第 1 期は預金減少率が 1.8% にすぎず，余り大きな変化を示さなかった 30 年初〜31 年央の時期である。この時期にはシカゴ，準備市銀行はそれぞれ 4.1%，3.1% の預金増加を示していたが，地方銀行が 7.3% の大きな減少を示している。これを人口基準(1万5000人)で所在銀行を区分すれば傾向は一層明瞭であり，大都市地域の銀行では 2.2% の預金増加に対し，農村地域では 19.2% の預金減少を記録している。農村地域の預金減少は恐慌期の農業不況の深化を反映しており，その意味で 20 年代の延長線上にあったとみてよいであろう。これを地域別の預金動向でみれば，この時期に 10% 以上の預金を喪失していたのはアトランタ(−10.5%)，セントルイス(−13.5%)，ダラス(−12.2%)の各連邦準備地区であった。預金は加盟銀行全体でほぼ横ばいであるので，これらの預金は都市地域の銀行へ流出していったものと思われる。このようにこの時期の加盟銀行預金は全体としては余り変化していなかったものの，実物経済悪化を反映して，農村地域の銀行は第 1・第 2 ケースの預金減少を経験していただけでなく，信用不安による都市地域への預金流出(第 3 のケース)にも見

舞われている。

　第2期は大都市地域の銀行が大量の預金を喪失した1931年6月～32年6月の1カ年間である。加盟銀行は全体として20.3％の預金を失っているが，これを銀行クラス別にみれば，シカゴ(-27.9％)，準備市(-22.5％)，地方(-19％)，ニューヨーク(-17.4％)の順位となっている。これを人口規模別(1万5000人)にみれば，大都市地域銀行は-21.2％，農村地域銀行は-16.5％となっている。さらにこのことを連邦準備地区別にみれば，シカゴ(-26.7％)，クリーヴランド(-25.5％)，ニューヨーク(-21.8％)，フィラデルフィア(-21.7％)，サンフランシスコ(-20.7％)という大銀行の所在する地域は20％以上の預金減少率となっており，この時期の預金減少は大都市地域を中心としていたことがわかる[8]。

　預金減少を通貨流通量との関連でみれば，連邦準備券は1930年1月～31年6月の期間に2％増加したにすぎないが，31年6月～32年6月には63％の顕著な増加を示している。このことは31年6月までの地方銀行レベルの預金減少は通貨増加とならずに，都市部銀行への預金移転となっていたが，31年6月以降の預金減少は預金から通貨への転換をともなっていたことを示している。つまりこうした通貨増加は必ずしも取引に必要な流通通貨の増加ではなく，銀行不信にもとづく退蔵通貨需要であった。通貨の額面構成の変化をみれば，日常的な取引に主に使用される20ドル以下の低額面券は同期間に6％しか増加していなかったが，50ドル以上の高額面券は60％の増加(9.32→15.13億ドル)を示しており，そうした推測を裏付けるものとなっている(図2-1)[9]。したがってこの時期の特徴として，大都市地域の銀行がこれまでの第1・第2のケースの預金減少にとどまらず，第3のケースの預金減少に見舞われてきたことがあげられるであろう。

　第3期は預金が2.3％増加し，信用不安が沈静化したかにみえる1932年6月～33年1月の時期である。この時期の預金変動率を銀行クラス別にみれば，ニューヨーク(+18.3％)，準備市(0％)，シカゴ(-0.1％)，地方(-5.4％)となっている。そうした預金動向を反映して，通貨流通量は33年1月までは横ばいあるいは減少傾向をみせており，信用不安は解消されたかにみえる。だが表面的には銀行・通貨動向は比較的「安定」していたかにみえるが，その背後では都市及び州単位での預金引出の制限，モラトリアムが進行しており，3月4日の全国銀行休業日を迎えることになる。

図 2-1 通貨の額面構成

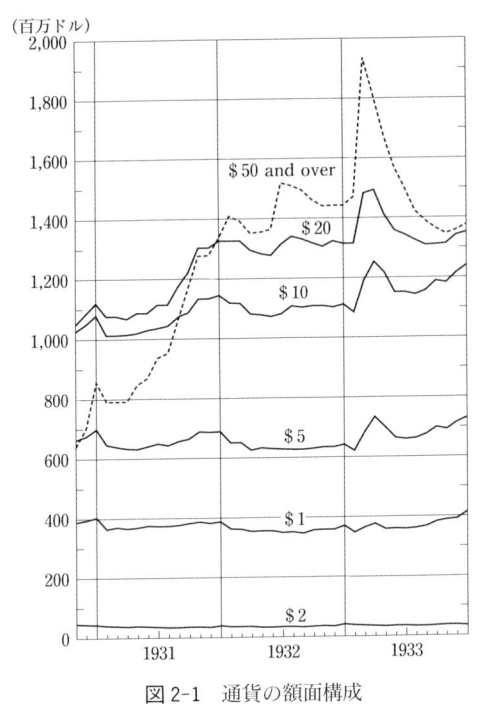

出所) *Annual Report of the Federal Reserve Board*, 1933, p.5

第3節　大恐慌期の貸付・投資の動向

　恐慌期の銀行資産は主に次の2つの要因から縮小していく。第1は実物経済の悪化による商品・金融取引の減少を反映した資産縮小であり，第2は預金取付けによる資産の強制的整理を反映した資産縮小である。加盟銀行の資産総計は1929年末(359億3400万ドル)から32年末(274億6900万ドル)に23.6％低落している。この資産縮小は，投資が25.4％増加したのに対し，貸付は41.9％と大幅に減少したことによりもたらされている。この結果として加盟銀行の資産構成は大きく変化し，貸付の割合は72.8％から55.3％に17.5％下落したのに対し，投資は27.2％から44.7％に飛躍的に上昇している(表2-4)。

　さらに個々の資産項目に立ち入って資産変化の状況をみるならば，3つの性質

表 2-4　1930 年代初頭の貸付・投資

(単位＝百万ドル)

	総計	貸付 小計	証券担保	不動産担保	「その他」	投資 小計	政府証券	「その他」証券
全加盟銀行								
1929 年 12 月	35,934	26,150	10,505	3,191	12,454	9,784	3,763	5,921
	(100.0)	(72.8)	(29.2)	(8.9)	(34.7)	(27.2)	(10.8)	(16.5)
1932 年 12 月	27,469	15,204	5,447	2,861	6,895	12,266	6,540	5,726
	(100.0)	(55.3)	(19.8)	(10.4)	(25.1)	(44.7)	(23.8)	(20.8)
増加率	76.4	58.1	51.9	89.7	55.4	125.4	169.3	96.7
ニューヨーク市銀行								
1929 年 12 月	8,774	6,683	3,562	169	2,952	2,091	1,112	979
	(100.0)	(76.2)	(40.6)	(1.9)	(33.6)	(23.8)	(12.7)	(11.2)
1932 年 12 月	7,327	3,538	1,699	159	1,680	3,789	2,603	1,186
	(100.0)	(48.3)	(23.2)	(2.2)	(22.9)	(51.7)	(35.5)	(16.2)
増加率	83.5	52.9	47.7	94.1	56.9	181.2	234.1	121.1
シカゴ市銀行								
1929 年 12 月	1,757	1,448	828	21	599	309	116	193
	(100.0)	(82.4)	(47.1)	(1.2)	(34.1)	(17.6)	(6.6)	(11.0)
1932 年 12 月	1,045	631	333	19	279	414	228	186
	(100.0)	(60.4)	(31.9)	(1.8)	(26.7)	(39.6)	(21.8)	(17.8)
増加率	59.5	43.6	40.2	90.5	46.6	134.0	248.3	96.4
準備市銀行								
1929 年 12 月	12,029	9,085	3,569	1,538	3,978	2,944	1,368	1,576
	(100.0)	(75.5)	(33.1)	(12.8)	(29.7)	(24.5)	(11.4)	(13.1)
1932 年 12 月	9,489	5,541	1,965	1,379	2,197	3,948	2,234	1,714
	(100.0)	(58.4)	(20.7)	(14.5)	(23.2)	(41.6)	(23.5)	(18.1)
増加率	78.9	61.0	55.1	89.7	55.2	134.1	163.3	108.8
地方銀行								
1929 年 12 月	13,375	8,936	2,545	1,462	4,929	4,439	1,267	3,172
	(100.0)	(66.8)	(19.0)	(10.9)	(36.9)	(33.2)	(9.5)	(23.7)
1932 年 12 月	9,607	5,493	1,450	1,304	2,739	4,114	1,474	2,640
	(100.0)	(57.2)	(15.1)	(13.6)	(28.5)	(42.8)	(15.3)	(27.5)
増加率	71.8	61.5	57.0	89.2	55.6	92.7	116.3	83.2

出所）*Banking & Monetary Statistics*, pp. 72-103

の異なるグループを見いだすことができる。第1の資産グループは，絶対額及び資産に占める比率の両者において下落していた資産項目である。このグループに属するのは証券担保貸付と「その他」貸付である。次に第2の資産グループは，絶対額で減少していたが，資産に占める比率で上昇していた資産項目である。このグループに属する資産は不動産担保貸付と政府証券以外の「その他」証券投資である。最後の第3の資産グループは，絶対額・比率の双方で増加した資産項目

である。このグループに属する資産は政府証券投資であった。

以上の3つのグループの資産の大恐慌期における推移を検討することを通じて，銀行破産を招いた資産劣化の原因を考察しよう。

1．絶対額・比率ともに減少した資産

(1) 証券担保貸付

1920年代に株式投機の有力な媒介契機として機能した証券担保貸付は，恐慌期において絶対額で最大の収縮を経験した資産である。この資産はブローカーズ・ローンと顧客貸付の2形態からなるが，その割合は1：3で，顧客貸付が大きな比率を占めている。証券担保貸付は全体として29年末～32年末におよそ1/2に減少しており，資産に占める比率は29.2％から19.8％に約10％の大幅な低落を示している。2つの証券担保貸付は縮小率が異なっており，ブローカーズ・ローンは75.7％の大幅な縮小をみていたが，顧客貸付は40％の低落にとどまっている(図2-2)[10]。

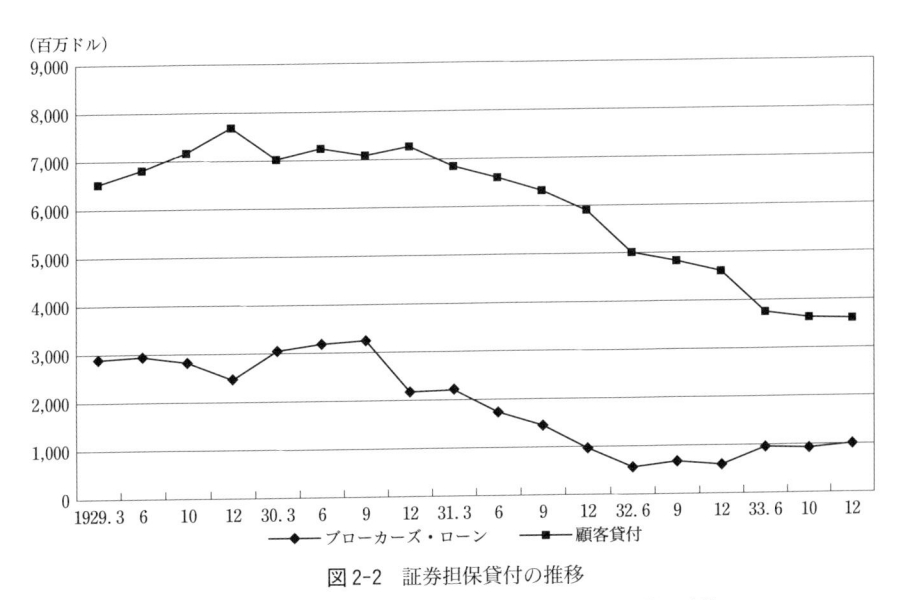

図 2-2 証券担保貸付の推移

出所) *Annual Report of the Federal Reserve Board*, 1932, p. 130; 1933, p. 174

次に銀行クラス別にこの資産の整理状況をみよう。1929年末の証券担保貸付の総資産に対する割合は、ニューヨーク(40.6%)、シカゴ(47.1%)、準備市(33.1%)、地方(19%)であり、この資産は各クラスの銀行により広汎に保有されていた。だが証券担保貸付は恐慌期に大幅に縮小しており、絶対額・比率の低落はニューヨーク(−52%、−17.4%)、シカゴ(−59.8%、−15.2%)、準備市(−45%、−12.4%)、地方(−43%、−3.9%)となっている。証券担保貸付のこうした縮小は一面では株式恐慌以降の株式取引の減少を、他面では預金引出圧力のもとで準備金を確保する重要な手段として大幅に整理されていったことを反映していた。

さらに証券担保貸付の連邦準備地区別の動向をみよう。証券担保貸付はニューヨーク(43%)、シカゴ(14%)の2連邦準備地区で57%、クリーヴランド(9.7%)、ボストン(7.8%)、フィラデルフィア(7%)、サンフランシスコ(5.8%)の4地区を加えれば87%となる。この資産は先に各クラスの銀行で広く保有されてきたとしたが、地域的には6連邦準備地区の銀行に集中していることがわかる。しかも資産を多く保有していた銀行において、恐慌期の減少率が高い。とりわけニューヨーク大銀行が預金引出請求にさいしてより多く依存した資産は証券担保貸付であった。

ではこの資産整理は銀行に資本損失をもたらしたのであろうか。証券担保貸付の3/4は株式担保であり[11]、株価が恐慌期に暴落していたことを考慮すれば、この疑問は現実味をおびてくることであろう。しかし証券担保貸付はかなりの程度まで「流動性」を維持しえたといわれている。その理由として、第1にこの資産はコール・ローン、タイム・ローンという短期貸付の形態で保有されていたことである。担保となっている株式銘柄の株価が下落を開始するやいなや、債権者である銀行は直ちに貸付を回収することが可能であった。第2に株価が下落したとしても、債務者に追加担保を要求することにより、担保に差し入れられた証券の価値が貸付額を下回るというアンダーマージンの状態はめったに招来されなかったとされる[12]。

かくてニューヨーク大銀行を中心とした都市部の銀行は、株価の下落により生ずる資本損失の負担を債務者に転嫁しながら、取付けに対応すべき支払準備金をこの資産の清算によって確保していた[13]。その意味で「証券担保貸付は一般的に

満足すべき状態で恐慌の試練にたえた」[14]といえるだろう。

ただし同じ証券担保貸付とはいえ，公開市場におけるブローカーズ・ローンとは異なり，顧客貸付は銀行の親密な取引先との相対取引であり，そうした関係から資本損失を被る場合もあった。例えば持株会社への貸付（シカゴ市銀行によるインサル系企業への融資，クリーヴランド市銀行によるイートン・グループ，バン・スバリゲン・グループへの融資），自行役員に対する貸付（ナショナル・シティ・バンク(NY)，チェス・ナショナル・バンク(NY)の役員貸付）などで，不良債権化したケースがあげられる[15]。

(2)「その他」貸付

「その他」貸付は1929年末で資産総計の34.7％(124億5400万ドル)を占める最大の収益資産であった。これは地域的に地方(40％)，準備市(32％)，ニューヨーク(24％)，シカゴ(5％)の順位で分布しており，農業貸付の比率が高い地方銀行が「その他」貸付のウエイトが最も高い銀行クラスとなっている。「その他」貸付は加盟銀行全体で恐慌期に絶対額で45％(124億5400万→68億9500万ドル)，資産に占める比率で9.6％減少していたが，いずれのクラスの銀行もほぼ同様な傾向を示している。「その他」貸付のそうした減少は一方では商取引の減少を反映していたとともに，預金請求に直面した銀行が支払準備を確保するためにこの資産を強制的に清算した結果でもあった。

銀行が支払準備を確保するために依存したもう一つの資産である証券担保貸付と比較すれば，次のような銀行クラス別の特徴がみられる。中央準備市銀行では証券担保貸付の清算に依存する割合が高く，「その他」貸付と証券担保貸付の資産に占める割合の低下はニューヨークでそれぞれ10.7％，17.4％，シカゴで7.4％，15.2％である。準備市銀行はほぼ両者が均衡しており，「その他」貸付(9.9％)の清算が若干ながら証券担保貸付(9％)を上回っていた。上記の2つのクラスの銀行とは対照的に，地方銀行は「その他」貸付(8.4％)の清算が証券担保貸付(3.9％)を上回っている。このことは証券担保貸付との関係が相対的に希薄であった地方銀行において，預金引出の危機に直面したさいに頼ることができる唯一の方策が「その他」貸付の清算であったことを物語っている。

「その他」貸付清算のかなりの部分が銀行主導による貸付縮小という強制的性

格を有していたとするならば，それは恐慌期に支払手段としての貨幣を渇望する中小企業に大きな打撃を与え，大量の企業破産を誘発する契機となったであろう[16]。だが「その他」貸付の清算による預金取付けへの対応は同時に銀行に対して損失を招いている。貸付の回収は借入企業の倒産及び取引関係にある企業の連鎖倒産を誘発し，銀行貸付の「減価」は銀行収益を圧迫するからである。「その他」貸付の比率がとりわけ高かった地域(連邦準備地区)はダラス(56%)，アトランタ(51%)，カンザスシティ・リッチモンド(48%)，ミネアポリス(41%)であり，これらの地域はほぼ農業地域であった。農業恐慌は農民だけでなく，農業所得に依存する周辺の中小企業にも影響を及ぼし，商工企業を取引先とする都市部の銀行の破産を準備している。オマハ，カンザスシティ，デンヴァーのような大都市部の銀行の商業貸付は総資産の1/2を占め，そうした農業恐慌の影響を強く受けることになる[17]。

2．絶対額で減少・資産比率で増加した資産

(1) 不動産担保貸付

不動産担保貸付は貸付資産のなかで最も縮小率が低かった資産である。不動産担保貸付は1929年末(31.91億ドル)から32年末(28.61億ドル)の期間に絶対額で10.3%低落したにすぎず，そのため資産に占める比率を8.9%から10.3%に上昇させている[18]。資産規模を1/2にまで低落させていた上述の証券担保貸付・「その他」貸付と対照的な資産整理の在り方は恐慌期における不動産担保貸付の地位を如実に示しているといえる。

不動産担保貸付は加盟銀行資産総計の10%を占めており，不動産貸付の担保別内訳は農地不動産で12%，都市不動産で88%である。不動産貸付はすべてのクラスの銀行によって均等に保有されていたわけでなく，ニューヨーク，シカゴの中央準備市銀行は1～2%の保有にすぎなかった。だが準備市銀行・地方銀行の不動産担保貸付比率はかなり高水準であり，1932年末の準備市銀行の比率は14.5%であり，地方銀行の13.6%を上回っている。

準備市銀行は不動産貸付の93%を都市不動産担保形態で保有しており，1920年代の住宅ブームを金融面から積極的に支持していた銀行グループであった[19]。次に準備市銀行のなかで都市不動産貸付比率の高い地域を表2-5に拠りながらみ

表 2-5 連邦準備地区別の不動産担保貸付

(単位＝百万ドル)

	加盟銀行総計	ボストン	ニューヨーク	フィラデルフィア	クリーヴランド	リッチモンド	アトランタ	シカゴ	セントルイス	ミネアポリス	カンザスシティ	ダラス	サンフランシスコ
〈1929〉													
全体 小計	3,191	277	551	230	493	70	81	583	126	49	44	40	647
農地	338	7	12	14	28	18	23	82	27	28	22	17	110
その他	2,803	270	539	216	465	52	58	501	99	21	22	23	537
準備市 小計	1,538	91	43	58	305	13	35	315	55	3	17	16	586
農地	110				2		4	5	2	1	6	3	85
その他	1,428	91	43	58	303	13	31	310	53	2	11	13	501
地方 小計	1,462	186	340	172	188	56	46	247	71	46	26	24	61
農地	276	7	12	13	26	18	19	75	25	27	16	14	25
その他	1,186	179	328	158	162	38	27	172	46	19	11	10	36
〈1932〉													
全体 小計	2,862	229	548	229	431	70	72	412	98	42	46	49	635
農地	356	8	13	15	29	17	23	53	18	21	24	21	113
その他	2,505	222	535	215	402	53	49	359	79	21	22	27	522
準備市 小計	1,379	46	42	71	279	12	32	231	45	5	19	20	576
農地	121			1	3	1	7	4	3	1	7	5	89
その他	1,258	46	42	70	277	12	25	226	43	4	12	15	487
地方 小計	1,304	183	347	158	152	58	40	162	53	37	27	28	59
農地	234	8	13	14	26	17	17	47	16	20	17	16	24
その他	1,070	176	334	145	126	41	24	115	37	17	10	12	35

出所）*Banking & Monetary Statistics*, pp. 688-914

よう。29年末に加盟銀行の都市不動産貸付は，ニューヨーク・サンフランシスコ（各19.2%），シカゴ（17.9%），クリーヴランド（16.6%）連邦準備地区により約3/4を保有されている。このうちニューヨーク地区不動産貸付の大部分は地方銀行により保有されているので，これを除外すれば，残りの3地区の準備市銀行が不動産ブームに大きく関与していたことになろう。

　この3地区の準備市銀行の資産総計に占める不動産担保貸付の割合（1932年）はサンフランシスコ（25.2%），シカゴ（24.7%），クリーヴランド（16.3%）といずれも高い比率を示している。「商業銀行と都市不動産金融との緊密な関係は実際上合衆国の2つの地域，つまり五大湖工業地帯（特にアクロン，クリーヴランド，トレド，デトロイト，シカゴ郊外銀行）とカリフォルニアに局限されている。ここでは都市不動産貸付の比率は全州の収益資産の25%に達しており，個々の市あるいは大銀行，例えばデトロイト，クリーヴランド，ロサンゼルスにおいては約40%の高さに達」[20]していた。

　1929年恐慌の進行はこれらの資産価値に大きな影響を及ぼしている。企業利潤の損失への転化，及び大量失業・賃金の大幅な下落は，営業用・居住用建物の如何を問わず，空室率を上昇させ（25%），また家賃を40～50%も低落させている[21]。そうした結果として不動産価格は29年と比較して31年末に約25%の低下を示し，とりわけホテル・大事務所用建物，高級アパートの価格下落は30～40%に達していた[22]。銀行は都市不動産担保貸付から多大な資本損失を被ることになり，30年に1.95億ドル，31年に2.95億ドルの帳簿価格の切下げを余儀なくされている[23]。

　さらに深刻な事態が進行していた。不動産抵当市場が完全に崩壊したため，債務支払不履行となった不動産抵当物件は抵当流れ処分に付そうにも資産を強制売却できず，銀行は貸付価値を回収できない事態に陥っている。都市不動産担保貸付は全く凍結状態におかれることになった。かくて「アメリカ銀行制度の困難は総資産に対する都市不動産担保貸付との関わりの割合に比例していた。実際に都市不動産担保貸付を1/3以上保有している大銀行のどれもが恐慌より生き残ることができなかった——この経験律の最近の証明はデトロイトとクリーヴランドの大銀行によって準備」[24]されている。

　他方，農地不動産担保貸付は1929年末に不動産貸付の12.2%，銀行資産に占

める比率は1%にすぎず，加盟銀行全体からすればほとんど無視しうる規模にすぎない。だが農業地域を主要な営業基盤としている地方銀行の視点からみれば，農地不動産の71%は地方銀行により保有されており，ミネアポリス，ダラス，カンザスシティの3地区における農地不動産貸付は都市不動産貸付を上回っている。したがって銀行資産に占める比率は低かったとはいえ，農業抵当負債の約60%を占めていた東北中央区，西北中央区の諸州の銀行では農業恐慌の先鋭化にともない，これらの資産も回収不能な債権に転化していった。農村地域ではそうした抵当債権の強制売却を阻止する農民運動が組織され，農地不動産貸付は「凍結」されている[25]。

かくて農地不動産，都市不動産のいずれにおいても，不動産担保貸付は抵当市場の崩壊によって凍結状態となり，銀行は預金請求に対応する準備金をこの資産に依存しえない状態となっていた。

(2)「その他」証券投資

政府証券を除外した「その他」証券投資は恐慌期に絶対額をわずかに減少させたにすぎず，資産総計に占める比率を4.3%上昇させていた資産項目である(表2-6)。不動産担保貸付と同様に，こうした動向は銀行にとって「その他」証券投資が清算の困難であった資産であったことを物語っている。

加盟銀行の「その他」証券投資は1929年末に証券投資の約6割，総資産の16.5%を占めていた。その構成は「その他」債券(主に工業債)(25%)，州・自治体債(23.5%)，公益事業債(15.3%)，鉄道債(13.3%)，株式(12.3%)，外国証券(10.6%)からなっている。このうち資産を絶対額・比率ともに上昇させていた証券は州・自治体債と鉄道債であり，それ以外の証券は絶対額・比率ともに低落させていた。絶対額での増加率は州・自治体債で25.7%(13.93→17.51億ドル)，鉄道債で10%(7.86→8.64億ドル)であり，恐慌期にもかかわらず，シカゴを除く他クラスの銀行によってそうした投資方針が採用されていた。

ニューヨーク市銀行は証券投資のそうした趨勢を最もよく代表していたグループである。ニューヨーク市銀行は貸付の大幅な減少を政府証券及び「その他」証券という投資証券の増加により相殺している。「その他」証券投資は1.2倍増加しており，株式，「その他」債券を除くすべての証券投資が増加を示している。

表 2-6 加盟銀行の「その他」証券投資 (単位＝百万ドル)

	1929.12 金額	%	1932.12 金額	%	1929→32 金額	%
全加盟銀行						
小　計	9,784	100.0	12,265	100.0	1.25	
政府証券	3,863	39.5	6,540	53.3	1.69	13.8
「その他」証券合計	5,921	60.5	5,725	46.7	0.97	−13.8
州・自治体債	1,393	23.5	1,751	30.6	1.26	7.1
鉄道債	786	13.3	864	15.1	1.10	1.8
公益事業債	906	15.3	853	14.9	0.94	−0.4
「その他」債券	1,478	25.0	1,188	20.8	0.80	−4.2
株　式	559	9.4	470	8.2	0.84	−1.2
外国証券	629	10.6	450	7.9	0.72	−2.8
ニューヨーク市銀行						
小　計	2,091	100.0	3,789	100.0	1.81	
政府証券	1,112	53.2	2,603	68.7	2.34	15.5
「その他」証券合計	979	46.8	1,186	31.3	1.21	−15.5
州・自治体債	222	22.7	436	36.8	1.96	14.1
鉄道債	142	14.5	198	16.7	1.39	2.2
公益事業債	65	6.6	103	8.7	1.58	2.0
「その他」債券	214	21.9	212	17.9	0.99	−4.0
株　式	192	19.6	80	6.7	0.42	−12.9
外国証券	89	9.1	111	9.4	1.25	0.3
シカゴ市銀行						
小　計	309	100.0	414	100.0	1.34	
政府証券	116	37.5	228	55.1	1.97	17.5
「その他」証券合計	193	62.5	186	44.9	0.96	−17.5
州・自治体債	96	49.7	75	40.3	0.78	−9.4
鉄道債	13	6.7	7	3.8	0.54	−3.0
公益事業債	16	8.3	25	13.4	1.56	5.2
「その他」債券	37	19.2	55	29.6	1.49	10.4
株　式	7	3.6	8	4.3	1.14	0.7
外国証券	15	7.8	9	4.8	0.60	−2.9
準備市銀行						
小　計	2,944	100.0	3,948	100.0	1.34	
政府証券	1,368	46.5	2,234	56.6	1.63	10.1
「その他」証券合計	1,576	53.5	1,714	43.4	1.09	−10.1
州・自治体債	448	28.4	594	34.7	1.33	6.2
鉄道債	159	10.1	201	11.7	1.26	1.6
公益事業債	174	11.0	171	10.0	0.98	−1.1
「その他」債券	396	25.1	374	21.8	0.94	−3.3
株　式	212	13.5	217	12.7	1.02	−0.8
外国証券	135	8.6	109	6.4	0.81	−2.2
地方銀行						
小　計	4,439	100.0	4,114	100.0	0.93	
政府証券	1,267	28.5	1,474	35.8	1.16	7.3
「その他」証券合計	3,172	71.5	2,640	64.2	0.83	−7.3
州・自治体債	627	19.8	646	24.5	1.03	4.7
鉄道債	471	14.8	457	17.3	0.97	2.5
公益事業債	650	20.5	554	21.0	0.85	0.5
「その他」債券	831	26.2	547	20.7	0.66	−5.5
株　式	148	4.7	165	6.3	1.11	1.6
外国証券	389	12.3	221	8.4	0.57	−3.9

出所）*Banking & Monetary Statistics*, pp.72-103

つまり州・自治体債は2倍(2.22→4.36億ドル)、公益事業債は1.6倍(0.65→1.03億ドル)、鉄道債は1.4倍(1.42→1.98億ドル)、外国証券は1.2倍(0.89→1.11億ドル)に増加している。

準備市銀行はニューヨーク市と同一の投資動向を示しており、「その他」証券投資を1.09倍増加させ、1932年末に加盟銀行全体の「その他」証券の3割を保有している。なかでも州・自治体債及び鉄道債は1.3倍の増加を示しており、投資比率をそれぞれ6.2%、1.6%上昇させている。準備市銀行では州・自治体債、「その他」債券の形態で「その他」証券を保有するケースが一般的であり、2つの債券は「その他」証券の56.5%を占めている。州・自治体債の保有比率が高い連邦準備地区はサンフランシスコ(57.6%)、カンザスシティ(46.8%)、シカゴ(33.7%)であり、「その他」債券はダラス(42.9%)、リッチモンド(34.3%)、アトランタ(33.8%)、クリーヴランド(31.1%)であった。また準備市銀行は他クラスの銀行と比較して株式投資の比率(12.7%)が最も高いという特徴がある。なかでもセントルイス(33%)、ニューヨーク(28.8%)、アトランタ(23.1%)、ボストン(22%)連邦準備地区において、株式投資の比率が顕著であった。

シカゴ市銀行、地方銀行は上述の2つのクラスの銀行と異なり、恐慌期に「その他」証券投資を絶対額で減少させている。シカゴの減少率は4%にすぎず、「その他」証券の7割は主に州・自治体債、「その他」債券で保有されている。他方、地方銀行の減少率は17%と大きく、このクラスの「その他」証券投資は全加盟銀行の54%から46%に低落している。地方銀行はこの資産の最大の保有者であったが、主要な投資証券は「その他」債券(26.2%)、公益事業債(20.5%)であった。さらに外国証券(3.89億ドル)は「その他」証券投資の12.3%を占めており、加盟銀行全体の62%を保有している。外国証券投資の比率が高い連邦準備地区はクリーヴランド(14.2%)、ニューヨーク(13.8%)、ボストン(13.4%)、フィラデルフィア(13.3%)であった。地方銀行にとって「その他」証券は「その他」貸付(37%)に次ぐ資産であったが、それはまた証券価格変動のリスクを受けやすい脆弱な資産でもあった[26]。

「その他」証券投資は恐慌の初期には増加傾向をみせていたが、1931年第2四半期から減少に転じている。資産減少の第1の理由として、31年に入ってから債務不履行債が大量に発生してきたという債務者側の事情である。とりわけ20

年代にアメリカ証券市場で起債された外国債券においてこの傾向が顕著であり，中南米債は76～77％，ヨーロッパ債は50.6％の債務不履行率を示していた[27]。さらに第2の理由として，31年央からの産業恐慌の激化にともなう預金支払請求の激増という事態に直面した銀行による債券の強制的売却があげられる。銀行は預金引出に対応するため，従来のように証券担保貸付・商業貸付を整理するのみならず，債券を清算することを余儀なくされてきたのである。

銀行からのそうした債券の強制売却は債券市場の需給関係を悪化させ，債券価格の大幅な下落を招いている。政府債を除く債券価格は1930年6月以降から低落を開始し，29年末～32年6月の価格下落は外国債(49.7％)，鉄道債(49.5％)，「その他」債券(40.5％)，公益事業債(25.1％)，州・自治体債(24.6％)のほぼ全債券できわめて大きなものであった。銀行が保有する債券は2～3年で満期となる短期物が大部分を占めていたとはいえ[28]，銀行は債券価格の下落によって現実の資本損失(債券売却)，また帳簿上の評価損失(保有債券)を被ることになる[29]。

そうした資本損失は自己資本から控除されるため，銀行は預金請求という流動性の危機とともに，自己資本の不足という二重の信用危機に見舞われている。通貨監督官はそうした事態に対処するため，第1章で述べたように，銀行の保有する証券の評価基準を緩和する措置をとっている。1931年9月から政府債及び上位4ランクまでの社債に関して，市場価格の変動にかかわらず帳簿価格で記載することを認めている。さらにニューヨーク州銀行監督官は32年に評価基準を一層緩和し，中級債(Bランク)も帳簿価格での記載を許可している[30]。

そうした政策当局者の監査基準の「緩和」により，銀行は信用危機のピークを切り抜けることが可能となる。「もし市場価格の動向が1932年にバランス・シートに完全に現れることを認められていたならば，証券価格の下落は合衆国の全銀行の証券ポートフォリオを20％あるいは40億ドル減価させ，銀行の資本金・剰余金総計の1/3を消去していた」[31]と思われる。しかし現実には「加盟銀行は投資に関して1931年に2.64億ドル，1932年にこの額の2倍の帳簿価格の切下げ」[32]をしていたにすぎず，銀行の投資資産価値は現実の市場価格に比較して「水増し」表示されることになった。

だが検査基準「緩和」の恩恵を享受できたのは政府債・上位ランクの債券を保有する銀行であり，外国債・不動産抵当債・第2級鉄道債のような「不良」債券

により多く投資している銀行には，恩恵は少なかった。地方の農村銀行，小都市の銀行はそうした性格の証券投資を多く保有していたため，債券価格の暴落によって苦境に立たされている[33]。

3．絶対額・比率ともに増加した資産

　加盟銀行の連邦債投資は絶対額・資産に占める比率の両側面で増加した唯一の資産である。それは1929年末（38.63億ドル）から32年末（65.40億ドル）の期間に絶対額で69.3％，資産に占める比率で13.8％増加している。この資産が増加した背景には，民間需要縮小を相殺する収益資産としての側面，及び預金請求の増加に対応する「第2線準備」の補強としての側面の2つが考えられる。

　連邦債投資は1929年末には収益資産の10.8％を占めており，中央準備市銀行・準備市銀行・地方銀行の各クラスにほぼ3等分されていた。だが恐慌期に増加した連邦債発行への対応は異なっており，資産に占める比率の増加は中央準備市銀行で22.1％，準備市銀行で12.4％，地方銀行で5.8％の増加となっている。ニューヨーク市銀行はとりわけ連邦債投資に傾斜しており，それは1932年末に総資産の35.5％を占めている。加盟銀行の連邦債投資額の4割はニューヨーク市銀行のみで保有されている状況にあり，連邦政府の赤字金融はニューヨーク大銀行に大きく依存することになった。ニューヨーク大銀行は銀行間預金の「受け皿」となっており，連邦債投資の増加は地方からの預金引出への対応という側面があった。シカゴ市銀行もニューヨークと同様に，中西部地域銀行のコルレス先銀行となっていたが，連邦債投資比率は21.8％であり，連邦債投資額の3.5％を占有するにすぎなかった。

　準備市銀行はニューヨーク市銀行に次ぐ連邦債投資比率（23.5％）を示しており，連邦債投資額の1/3を保有している。連邦準備地区別にみれば，ニューヨーク（11.6％）・シカゴ（14.7％）を除けば，ほほどの地区も20％以上の比率を示している。特にサンフランシスコ（5.33億ドル），クリーヴランド（4.66億ドル），フィラデルフィア（2.32億ドル），ボストン（2.08億ドル）の4地区で全体の64％を占めており，地方銀行と中央準備市銀行の中間的地位にある準備市銀行の特徴を映し出している（表2-7）。

　地方銀行は銀行間預金の最終的出し手であるため，連邦債投資の比率は15.3％

表2-7 連邦準備地区別の連邦債投資 (単位=百万ドル)

	全加盟銀行		ボストン		ニューヨーク		フィラデルフィア		クリーヴランド		リッチモンド		アトランタ	
	金額	%	金額	%	金額	%	金額	%	金額	%	金額	%	金額	%
〈1929.12〉														
合計	3,863	10.8	216	8.4	1,343	10.9	193	7.2	406	11.8	124	9.7	115	10.3
中央準備市	1,228	11.7			1,112	12.8								
準備市	1,368	11.4	66	6.1	36	6.7	71	6.5	284	13.9	50	10.3	52	9.0
地方	1,267	9.5	150	10.1	195	6.5	123	7.7	122	8.7	74	9.4	63	11.7
〈1932.12〉														
合計	6,540	23.9	428	22.0	2,966	29.5	410	17.4	591	22.4	201	20.8	178	21.1
中央準備市	2,832	33.8			2,604	35.5								
準備市	2,234	23.5	219	28.5	41	11.6	232	23.8	466	27.3	121	28.8	91	20.0
地方	1,474	15.3	208	17.7	321	13.6	177	12.8	125	13.4	81	14.8	87	22.3

	シカゴ		セントルイス		ミネアポリス		カンザスシティ		ダラス		サンフランシスコ	
	金額	%	金額	%	金額	%	金額	%	金額	%	金額	%
〈1929.12〉												
合計	408	8.3	115	8.6	135	14.8	181	14.9	132	14.1	495	15.5
中央準備市	116	6.6										
準備市	132	8.8	47	6.3	58	19.0	95	13.9	60	13.4	417	16.5
地方	160	9.6	67	11.2	77	12.7	86	16.3	71	14.6	79	12.0
〈1932.12〉												
合計	512	17.6	189	21.3	110	16.7	214	24.6	141	21.8	601	22.3
中央準備市	228	21.8										
準備市	137	14.7	127	25.3	42	18.2	143	28.3	82	23.6	533	23.3
地方	147	15.9	61	15.8	67	15.7	71	19.5	59	20.0	68	16.5

注) %は貸付・投資に占める連邦債の割合
出所) *Banking & Monetary Statistics*, pp. 688-927.

にすぎなかった。地方銀行は預金請求に対し銀行間預金の引出によって対応が可能であったことが,「第2線準備」としての連邦債比率の低率に反映されているといえる。地方銀行のなかではアトランタ(22.3%),ダラス(20%),カンザスシティ(19.5%)連邦準備地区が比較的高い投資比率を示していたが,絶対額ではニューヨーク,ボストン,フィラデルフィア,シカゴ,クリーヴランドの5地区で66%を占めている。

　連邦債への投資額が増加しただけでなく,連邦債の満期構成の短期化も重要な変化として指摘できる(表2-8)。連邦債への投資は1929～32年に26.77億ドル増加しているが,内訳をみれば,Noteの増加が53.4%(11.29億ドル),Billが20.4%(5.46億ドル)に対し,Bondは37.4%(10.02億ドル)である。Bondへの投

表2-8　連邦債投資の期間別構成　(単位＝百万ドル)

	合計	Bill	Note	Bond
全加盟銀行				
1929年12月	3,863	249	520	3,094
1932年12月	6,540	795	1,649	4,096
ニューヨーク市銀行				
1929年12月	1,112	58	166	889
1932年12月	2,603	511	971	1,121
シカゴ市銀行				
1929年12月	446	3	19	94
1932年12月	228	127	12	89
準備市銀行				
1929年12月	1,368	91	165	1,112
1932年12月	2,234	126	445	1,664
地方銀行				
1929年12月	1,267	97	171	999
1932年12月	1,474	31	221	1,222

出所) *Banking & Monetary Statistics*, pp. 72-103

資比率は29年には80％であったが，32年末には63％に低落している。こうした連邦債投資の短期化現象が強く現れたのは中央準備市銀行であり，Bondの比率はニューヨークで43.1％，シカゴで39％にまで低下している[34]。これは先に指摘したように，銀行間預金の「受け皿」としての中央準備市銀行の性格からもたらされる帰結であり，資本損失なしに「現金」化しうる「第2線準備」として位置づけられていたといえる。

　準備市銀行，地方銀行では連邦債投資の満期構成は顕著な変化をみせていない。Bondの比率は準備市銀行で81.3％から74.5％へ微落し，地方銀行では78.8％から82.9％へ逆に上昇を示している。こうしたことからこれらのクラスの銀行では連邦債投資は収益資産としての性格がより強く現れているといえる。とはいえ連邦債の価格が下落し，資本損失を招く事態となれば，「第2線準備」としての性格が失われる。それは公信用の動揺であり，銀行は危険な準備ポジションを余儀なくされるだろう。

　以上大恐慌期の銀行資産動向の分析を通じて銀行破産に導いた諸要因を検討してきた。アメリカ大企業の企業金融は主として内部資金と証券市場からの資金調

達に依存しているため，実物経済の悪化(大企業の利潤率低下)は商業銀行の負債面で預金引出圧力として，資産面で銀行借入金の債務不履行としてではなく，社債の債務不履行・債券価格の下落として現象してくる。大企業の信用を直接に体現したそうした投資証券の価格下落を除けば，商業銀行の資産は主として大企業の資本蓄積の周辺に位置する中小企業・農業・消費者向け融資及び州・自治体債，外国証券の価格変動から影響を受けることになる。産業恐慌は最初に大企業の周辺部分に打撃を与え，徐々に大企業に波及していく形態をとるが，そのことは銀行資産の劣化を通じて決済システムの動揺をもたらし，大企業の資本蓄積に反作用していく。

　銀行資産は公開市場で売買され，一定の流動性のある投資証券と，銀行のおかれた立地条件に大きく左右され，顧客との相対取引で取引条件が決定される貸付資産に分かれる。前者の投資証券価値は証券市場における価格変動により決定されるため，証券を保有するすべての銀行に共通して影響する要因である。債務不履行率は恐慌期に鉄道債・公益事業債・産業債の国内債券だけでなく，州・自治体債及び外国債券などすべての債券で上昇しており，その価格下落はとりわけ二三流証券により多く投資していた銀行に大きな資本損失を招いている。

　他方ユニット・バンク制度が支配的なアメリカにおいて，後者の貸付資産は地域の産業的配置に大きく規定されるため，銀行破産の原因を銀行集中の進んでいる諸国のように一律に論ずることは困難である。人口数の少ない農村地域・小都市に立地する地方銀行の苦境を招いたのは，農業恐慌の進展にともなう「その他」貸付・農地不動産担保貸付の質的劣化といえる。また大都市に立地し，地域の有力銀行である準備市銀行においては，都市の郊外化にともなう住宅建設に資金を供給した都市不動産担保貸付の質的劣化が破綻の有力な要因となっている。ニューヨークは国内金融の中心地であると同時に，ロンドンと並ぶ国際金融センターであるため，ニューヨーク大銀行の資産劣化は主として国際金融業務と証券関連業務(証券担保貸付，証券投資)からもたらされている。

　以上のように実物経済面における利潤率の悪化が銀行資産の劣化を招いた基本的原因といえるが，これとは対照的に「貨幣的要因」を強調するのがM.フリードマン・A.J.シュワルツの見解である。フリードマン・シュワルツも〈投資証券の減価→資本損失→銀行破産→マネーストックの減少→投資証券の強制売却〉

として銀行破産の原因に投資証券の価格下落を強調している。しかし投資証券の減価を招く要因は，実物経済面(債務不履行の増加)にではなく，貨幣面(銀行取付けによる証券の強制売却)にあるとするのが，フリードマン・シュワルツ説の大きな特徴である[35]。つまり「経済的変化は貨幣的変化の結果」[36]であり，貨幣的変化は独立変数とするのである。したがって連銀による通貨供給こそが銀行破産の悪循環を断ち切る有効な処方箋となる。

こうした見解には幾つかの疑問が提起されるであろう。第1に"Bad Bank"(実物経済の悪化を反映した資産の劣化)は銀行破産にとり"マイナーな要因"とするため，論理の初発点となる銀行取付け(預金→銀行券)が何故に発生するのかが解明されていない。P. テミンが指摘するように，フリードマン・シュワルツには貨幣供給の論理だけあり，貨幣需要の分析が欠如しているといえる[37]。第2に連銀の貨幣供給が銀行破産を阻止し，実物経済を安定させるとするが，貨幣供給がどのような媒介経路を通じて銀行破産，実物経済に作用するのかが説明されていない。連銀の貨幣供給はさしあたり金融市場における貨幣資本の需給関係＝利子率に影響を与えるのであり，実物経済(利潤率)における過剰資本を反映した銀行不良債権の存在を除去するものではない。

アメリカ銀行制度はユニット・バンクを基調としていたため，銀行集中の進んでいた資本主義諸国と比較して，銀行が景気変動に対するクッションとして機能することが相対的に少なかった。したがって大量の銀行破産が資産の清算及び預金凍結・預金損失を媒介して恐慌の進行に大きな影響を及ぼしていた[38]。とはいえ銀行破産の主要側面は実物経済面における不均衡(過剰実物資本)を反映した過剰信用の整理・淘汰の過程であることを看過してはならないだろう。

1) B. H. Beckhart & J. G. Smith, *Source and Movements of Funds*, The New York Money Market (ed. by B. H. Beckhart), Vol. 2, 1932, rep., AMS Press, NY, 1971, p. 28.
2) 1914年連邦準備法においては，要求払預金の準備率は中央準備市銀行(18%)，準備市銀行(15%)，地方銀行(12%)，定期預金の準備率は5%であった(*ibid*., p. 19)。D. M. デイリーは国法銀行の定期預金比率上昇の原因として，①定期預金の低い支払準備率，②銀行業のデパートメント化，③個人富裕層・企業による一時的余剰資金の定期預金化，をあげている(D. M. Dailey, National Banks in the Savings Deposits Field, *Journal of Business*, Vol. 4-1, Jan. 1931, pp. 59-61)。
3) 「その他」貸付には商工企業への貸付以外に農業への短期貸付，消費者への貸付も含ま

れており，商業貸付は全体の7割を占めていた(平田喜彦『アメリカの銀行恐慌 1929〜33年——その過程と原因分析』立正大学経済研究所，1969年，74〜75頁)。なお平田氏の著書はこれまで日本でなされた銀行恐慌の原因に関する最も包括的な研究である。

4)「銀行貸付が縮小していった通常の過程は，配当を超過する収益によってか，あるいは新株発行を通してである。多くの場合，これらの手段により長期負債は縮小していた。貸借対照表における長期負債，特に銀行貸付の項目の存在は弱さの徴候であるとみなす特殊な状況が生じてくることになった」(L. Currie, The Decline of the Commercial Loan, *Quarterly Journal of Economics*, Vol. 45, Aug. 1931, p. 705)。

5) *ibid*., p. 706.

6) National Industrial Conference Board, Inc., *The Banking Situation in the United States*, 1932, rep., Arno Press, NY, 1980, p. 89.

7) 1930〜33年の期間に預金者が被った損失は13億ドルに及んでいた(M. Friedman & A. J. Schwartz, *A Monetary History of the United States 1867-1960*, Princeton University Press, Princeton, 1963, p. 351)。

8) *Banking & Monetary Statistics*, pp. 688-927.

9) *ibid*., p. 415；J. B. ハバートは通貨増加をもたらした要因として次の4点を指摘している。①銀行の手持現金需要，②外国への通貨輸出，③銀行破産により生ずる小切手に代替する通貨需要，④退蔵通貨需要(J. B. Hubbard, Hoardings and The Expansion of Currency in Circulation, *Review of Economic Statistics*, Vol. 14, 1932, pp. 34-37)。

10) 銀行以外の「その他」源泉(製造大企業，投資トラスト，個人資本家，外国銀行，その他外国業者)からのブローカーズ・ローンは株式市場の大崩落とともに急速に回収されていたが，ニューヨーク大銀行がブローカーズ・ローンを増加させ，それらの回収を事実上肩代わりしたため，ブローカーズ・ローンは1930年半ば頃まで減少を示していない(H. P. Willis and J. M. Chapman, ed., *The Banking Situation*, Columbia University Press, NY, 1934, pp. 623-630)。

11) R. W. Goldschmidt, *The Changing Structure of American Banking*, George Routledge and Sons, Ltd., London, 1933, p. 92.

12)「証券担保貸付の現金への転換可能性の一層の証明は，国法銀行が証券担保貸付を1926年6月の51.14億ドルから32年6月の31.82億ドルに縮小しえたという事実にみられる。さらにその転換可能性のみならず，この貸付は安全性をも維持していた。というのは株価が激しく下落した1930年末においてさえ，担保価値が市場価値の110%に満たない証券担保貸付の比率は18のニューヨーク大銀行で4%，26の国内大銀行で6%にすぎなかったからである」(G. W. Edwards, Control of The Security-Investment System, *HBR*, Vol. 12-1, Oct. 1933, p. 10)。

13) 資本損失の負担について，M. パリイは証券担保貸付と証券投資を対比させて次のように述べている。「証券投資の場合には，銀行は自ら市場変動のリスクのすべてを引き受ける。証券担保貸付の場合には，リスクは顧客によって引き受けられる。しかるに銀行は支配的利子率で利子を受け取るのみであり，また貸付価値を担保の現実の市場価格の一定部分に固定することによって，損失の危険を最小限にする」(M. Palyi, Economic Signifi-

cance of Bank Loans for Stock-Market Transaction, *Journal of Business*, Vol. 5-1, Jan. 1932, p. 28)。
14) R. W. Goldschmidt, *op. cit*., p. 91.
15) C. D. Bremer, *American Bank Failures*, Columbia University Press, NY, 1935, pp. 103-104.
16) 1930年代の中小企業の金融的困難については，山崎広明「1930年代におけるアメリカの中小企業金融問題」(『経済貿易研究』第3号，1966年4月)，を参照。
17) 小都市・農業地域において，農業貸付は平均して総貸付のおよそ25％を形成している。州法銀行・農業ベルト地帯の銀行においては，その比率は典型的に50％の高さに及んでいた。オクラホマ，カンザスシティ，デンヴァーのような大都市でさえも，総貸付の約1/2が農業貸付と報告されていた(R. W. Goldscmidt, *op. cit*., p. 56)。
18) 不動産担保貸付は資産の凍結のために清算されず，絶対額の減少も銀行破産による統計記録からの消滅によって説明される(*ibid*., p. 81)。
19) 都市不動産担保貸付に占める商業銀行全体の比率は約20％であり，相互貯蓄銀行(18.9％)，生命保険会社(17.8％)，建築貸付組合(28.7％)などの金融機関も1920年代の住宅ブームを支えるのに貢献していた(C. E. Pearsons, Credit Expansion, 1920 to 1929 and its Lessons, *Quarterly Journal of Economics*, Vol. 45, Nov. 1930, pp. 96-105)。
20) R. W. Goldschmidt, *op. cit*., p. 83.
21) E. Clark, ed., *The Internal Debts of the United States*, The Macmillan Company, NY, 1933, p. 83.
22) R. W. Goldschmidt, *op. cit*., p. 81.
23) *ibid*., p. 82.
24) *ibid*., p. 84.
25) 農地不動産担保貸付の場合には，農地不動産に対する需要の側面からのみでなく，農民の政治的圧力によっても，抵当流れ処分に付すことが全く不可能な状態となっていた(A. M. Schlesinger, Jr., *The Age of Roosevelt*, Vol. II, The Coming of the New Deal, Houghton Mifflin Co., Boston, 1957, 佐々木専三郎訳『ローズヴェルトの時代 II──ニューディール登場』ぺりかん社，1963年，36～38頁)。ニューディール期になれば連邦機関(連邦土地銀行，土地銀行コミッショナーなど)が農地不動産の最大の購入主体となり，銀行の「凍結」資産を流動化していった(W. A. Morton, The Country Bank, *HBR*, Vol. 17-4, Summer 1939, pp. 408-412)。
26) 「より市場性の少ないそしてより不確実な投資に向かう傾向は特に小銀行の場合に観察される」(H. P. Willis and J. M. Chapman, ed., *op. cit*., p. 540)。また地方銀行では預金に占める定期預金の比率が高く，そのことがより高い利回りを求めてリスクの高い「その他」証券投資に向かわせることになった(W. H. Steiner & O. Lasdon, National Bank Security Holdings, 1914-31, *Journal of Business*, Vol. 6-2, Apr. 1933, pp. 107-108)。
27) 外債の債務不履行の状況については，J. W. Gantenbein, *Financial Questions in United States Foreign Policy*, Columbia University Press, NY, 1939, 町田義一郎訳『アメリカ対外政策に於ける金融問題』(千倉書房，1942年)202～208頁，に詳しい。

28)「商業銀行の保有債券の大部分は 2〜3 年で満期になる証券から構成されている。多くの銀行は実質上そのポートフォリオに 5 年以上の証券を保有していない」(R. W. Goldschmidt, *op. cit*., p. 103)。

29)「商品・証券・不動産の市場価値の低落は貸付の背後にある担保の価値をそこなう。しかしこの価値の減価は主に顧客によって，そして二次的に銀行によって担われた。しかし投資価値の減価は銀行に直接に掛かってくる」(G. W. Edwards, Liquidity and Solvency of National Banks, 1923-33, *Journal of Business*, Vol. 7-2, Apr. 1934, p. 169)。

30) W. H. Steiner and others, ed., *The Security Markets*, Twentieth Century Fund, NY, 1935, pp. 119-120.

31) R. W. Goldschmidt, *op. cit*., p. 106.

32) *ibid*., p. 107.

33)「1932 年と 33 年に地方銀行の純資本金の大部分は政府証券以外の証券における激しい損失によって減少した」(G. W. Edwards, *op. cit*., p. 171)。

34) 連邦政府により「不況の赤字の大部分が短期債によって金融」されており，Bond の発行は 1931 年 9 月〜33 年 8 月に市場から姿を消していた(C. C. Abbott, The Government Bond Market in the Depression, *Review of Economic Statistics*, Vol. 17-4, May 1935, pp. 14-15)。連邦債発行の短期化現象は連邦債を消化する銀行側の要求(「第 2 線準備」としての連邦債)から説明されるだろう。

35) M. Friedman & A. J. Schwartz, *op. cit*., pp. 353-357.

36) *ibid*., p. 391.

37) P. Temin, *Did Monetary Forces Cause the Great Depression?* W. W. Norton & Company, Inc., NY, 1976, p. 30.

38) B. S. バーナンキは不況を深化させた要因として銀行の遂行する金融仲介機能の低下を強調している(B. S. Bernanke, *Essays on the Great Depression*, Princeton University Press, Princeton, 2000, Chap. 2, Nonmonetary Effects of the Financial Crisis in the Propagation of the Great Depression)。

第3章　銀行恐慌の推移

　大恐慌期の銀行破産は1930年〜33年3月の長期間にわたり継続し，その意味でアメリカ大恐慌は大量の銀行破産により特徴づけられる。銀行破産は1920年代においても発生していたが，30年代初頭の銀行破産は20年代より量的に増加したのみならず，産業恐慌の深化に対応して破産銀行の大規模化が進行していた。本章では30年代初頭の銀行恐慌を3つの時期に分け，それぞれの特徴について考察することにする。

第1節　銀行恐慌の特徴

　1920年代のアメリカは「永遠の繁栄」を謳歌していたにもかかわらず，大量の銀行破産に見舞われている[1]。21〜29年の銀行破産は銀行数で5411行，20年初に対する破産率で18.7％に達している(表3-1)。だが30年代初頭の銀行恐慌は産業恐慌の世界的規模での進行という事態を背景としていただけに，20年代をはるかに上回る規模で展開されている。銀行破産は30〜33年の4カ年間に銀行数で8812行を数え，破産率で30年初の37.3％に及んでいる。この結果，アメリカの商業銀行数はピークの2万9788行(1921年)から1万4288行(1940年)にほぼ半減するに至っている。

　1930年代の銀行破産状況を銀行クラス別にみれば，73.8％(6502行)が非加盟州法銀行，22.1％(1947行)が国法銀行，4.1％(363行)が加盟州法銀行となっており，連邦準備制度非加盟の州法銀行が破産銀行の最大のシェアを占めている。これを30年初の銀行数に対する破産比率でみれば，非加盟銀行が43％，加盟州法銀行が32.4％，国法銀行が26.3％となる。20年代の破産率はそれぞれ22.7％，

表 3-1 クラス別の銀行破産数及び預金

(預金単位＝千ドル)

	1921	1922	1923	1924	1925	1926	1927	1928	1929
合計									
銀行数	461	343	623	738	579	924	636	479	628
預金額	163,299	89,274	147,828	202,423	160,004	250,981	194,992	139,440	222,931
加盟銀行									
国法銀行									
銀行数	52	49	90	122	118	123	91	57	64
預金額	20,777	20,197	34,244	64,890	55,574	43,998	45,547	36,483	41,614
州法銀行									
銀行数	19	13	32	38	28	35	31	16	17
預金額	17,363	7,113	12,559	13,645	9,883	23,466	17,942	10,247	16,459
非加盟州法銀行									
銀行数	390	281	501	578	433	766	514	406	547
預金額	125,159	61,964	101,025	123,888	94,547	183,517	131,503	92,710	164,858

	1930	1931	1932	1933	1921-29	1930-33
合計						
銀行数	1,292	2,213	1,416	3,891	5,411	8,812
預金額	821,834	1,669,075	698,382	3,583,417	1,571,172	6,772,708
加盟銀行						
国法銀行						
銀行数	161	409	276	1,101	766	1,947
預金額	170,446	439,171	214,150	1,610,549	363,324	2,434,316
州法銀行						
銀行数	27	107	55	174	229	363
預金額	202,399	293,957	55,153	783,399	128,677	1,334,908
非加盟州法銀行						
銀行数	1,104	1,697	1,085	2,616	4,416	6,502
預金額	448,989	935,947	429,079	1,189,469	1,079,171	3,003,484

出所) *Federal Reserve Bulletin*, Dec. 1937, p. 1209, p. 1213

16.7％, 9.5％ であったから, 30年代の銀行恐慌ではいずれのクラスの破産率も上昇しており, 資産規模の比較的大きな国法銀行の破産率がとりわけ顕著に増加していることが注目される。

このことをさらに資産規模別の銀行破産状況から確認しよう(表 3-2)。資産100万ドルを基準としてとれば, 資産100万ドル以上の銀行破産は1920年代には破産銀行数の5.4％(292行)にすぎなかったが, 30年代には15.1％(1325行)にまで増加している。いずれのクラスの銀行においても破産規模は大きくなっているが, とりわけ国法銀行(14.5→28.6％), 加盟州法銀行(14→39.4％)において顕

表 3-2 資産規模別の銀行破産

(資産単位=千ドル)

資産規模	1921-29		1930-33	
	支払停止数	%	支払停止数	%
-150	2,313	42.7	2,909	33
150- 249	1,123	20.8	1,526	17.3
250- 499	1,151	21.3	1,797	20.4
500- 999	532	9.8	1,245	14.1
1,000- 1,999	201	3.7	665	7.6
2,000- 4,999	74	1.4	427	4.9
5,000- 9,999	13	0.2	136	1.5
10,000-49,999	4	0.1	88	1.0
50,000-			9	0.1
合 計	5,411	100	8,812	100

出所) *Federal Reserve Bulletin*, Dec. 1937, p. 1217

著となっている。

次に人口規模別の銀行破産状況をみよう(表3-3)。国法銀行の最低資本金額は人口規模により規制されており,人口5万人以上の都市所在銀行は最低資本金が20万ドル以上を要求されるため,比較的規模の大きな銀行が営業している。人口5万人以上の都市所在銀行の破産率は1920年代で4%(216行)であったのに対し,30年代は8.5%(747行)に急増している。とりわけ国法銀行は20年代(11行)から30年代(147行)に顕著な増加を示しており,20年の営業銀行数(684行)との比率でも,1.6%から21.5%の上昇を示している。

このように1930年代の銀行恐慌は資産規模の比較的大きな大都市部の銀行においても生じており,それは連邦準備制度非加盟銀行のみならず,多数の加盟銀行(国法,州法銀行)までもが銀行破産の波に飲み込まれていったことを意味していた。このことをさらに地域別の銀行破産状況により検証してみよう(表3-4)。銀行破産が大量に発生した地域としては,西北中央区(30%),東北中央区(28.8%)があげられ,2つの地区で破産銀行数の約6割を占めている。これを破産預金でみれば,中部大西洋区(20.1%),東北中央区(39.1%)の2地区が約6割を占めており,中小規模銀行の多い西北中央区は預金の10.4%を占めるにすぎない。20年代の破産銀行数の3/4は西北中央区(47.4%),南部大西洋区(17.4%),西南中央区(11.4%)の農業地域において生じていたことを考えれば,30年代の銀

表 3-3 人口規模別の銀行破産

人口数	1921-29 支払停止数	%	1930-33 支払停止数	%
-500	2,108	39.0	2,496	28.3
500- 999	1,089	20.1	1,690	19.2
1,000- 2,499	1,080	20.0	1,725	19.6
2,500- 4,999	437	8.1	858	9.7
5,000- 9,999	224	4.1	567	6.4
10,000-24,999	200	3.7	504	5.7
25,000-49,999	57	1.0	225	2.6
50,000-99,999	65	1.2	195	2.2
100,000-	151	2.8	552	6.3
合　計	5,411	100	8,812	100

出所) *Federal Reserve Bulletin*, Dec. 1937, p.1220

表 3-4 地域別の銀行破産

	1921-29 破産数	%	1920年初銀行に対する破産率	1930-33 破産数	%	1930年初銀行に対する破産率
New England	10	0.2	1.4	131	1.5	19.0
Middle Atlantic	41	0.8	1.6	692	7.9	23.3
East North Central	375	6.9	7.0	2,533	28.8	48.1
West North Central	2,567	47.4	28.5	2,647	30.0	42.5
South Atlantic	944	17.4	29.8	917	10.4	39.8
East South Central	200	3.7	11.0	549	6.2	32.2
West South Central	614	11.4	18.9	741	8.4	29.0
Mountain	530	9.8	33.7	300	3.4	32.2
Pacific	130	2.4	9.4	302	3.4	30.7
合　計	5,411	100	18.7	8,812	100	37.3

出所) *Federal Reserve Bulletin*, Dec. 1937, p.1211

行破産がアメリカ工業地帯へ大きく重心を移動させていたことを知ることができる。

　さらに地域別銀行破産を州次元で考えることにしよう。銀行破産が多かった州としては、イリノイ州(817行)、アイオワ州(785行)、ミズーリ州(560行)、ウィスコンシン州(505行)、ミシガン州(470行)、ネブラスカ州(409行)、インディアナ州(407行)、ペンシルヴェニア州(401行)があげられる。ペンシルヴェニアを除いて、いずれの州も1930年初の1/2の規模にまで営業銀行数を縮小さ

せており，これらの地域で激しい銀行淘汰が行われていたことを示している。このうちアイオワ・ネブラスカ・ミズーリ州は20年代においても銀行破産を頻発させていた州であり，その意味では連続性がみられるが，その他の諸州では30年代に破産数を急増させており，大恐慌の影響を強く受けたものといえる。

　他方，1930年代の銀行破産数が20年代を下回っていた州もあり，それらの州としてはノースダコタ(20年代＝427行，30年代＝183行)，ミネソタ(419行，306行)，サウスダコタ(392行，177行)，ジョージア(322行，109行)，オクラホマ(264行，162行)など14州があげられる。これらの諸州では20年代にすでに農業不況及び自動車の普及・流通機構の変革などの影響を受けていた地域であり，アメリカ全体での産業的「繁栄」にかかわらず，地域の商業銀行が存立する基盤を喪失させていたものである[2]。その意味でこれらの諸州では大恐慌により銀行の整理・淘汰が加速されたとはいえ，20年代に進行していた過剰銀行整理の延長線上にあったといってよいだろう。

第2節　銀行恐慌の推移

　銀行恐慌は産業恐慌の深化とともにその規模を拡大させていったが，破産数，破産預金の動向から，1930年代初頭の銀行恐慌は大きく3つの時期に区分される(図3-1)。第1次銀行恐慌は30年11～12月であり，この2カ月間に608の銀行が破産に追い込まれている。30年1～10月の破産銀行数は合計して742行であり，1カ月あたり破産数は74行にすぎなかったのであるから，30年末の銀行破産の波は一つの劃期をなしているといえる。

　銀行破産を預金の見地からみれば，1930年1～10月は準備制度加盟銀行(国法銀行，加盟州法銀行)の破産預金に占める比率は25％にすぎなかったが，30年11～12月には55％にも及んでいる。比較的規模の大きな銀行が準備制度に加盟しているため，1行あたり平均破産預金は38.4万ドルから336.3万ドルに著増している。とりわけ加盟州法銀行は破産数で15行にすぎなかったが，平均破産規模は1306万ドルに上昇しており，この時期の銀行破産の中心をなしていた。

　第2次銀行恐慌はヨーロッパ金融恐慌に端を発して銀行破産の激増した1931年6月～32年1月の時期である。この時期に破綻した銀行の主力は依然として

図 3-1 銀行破産の月別推移

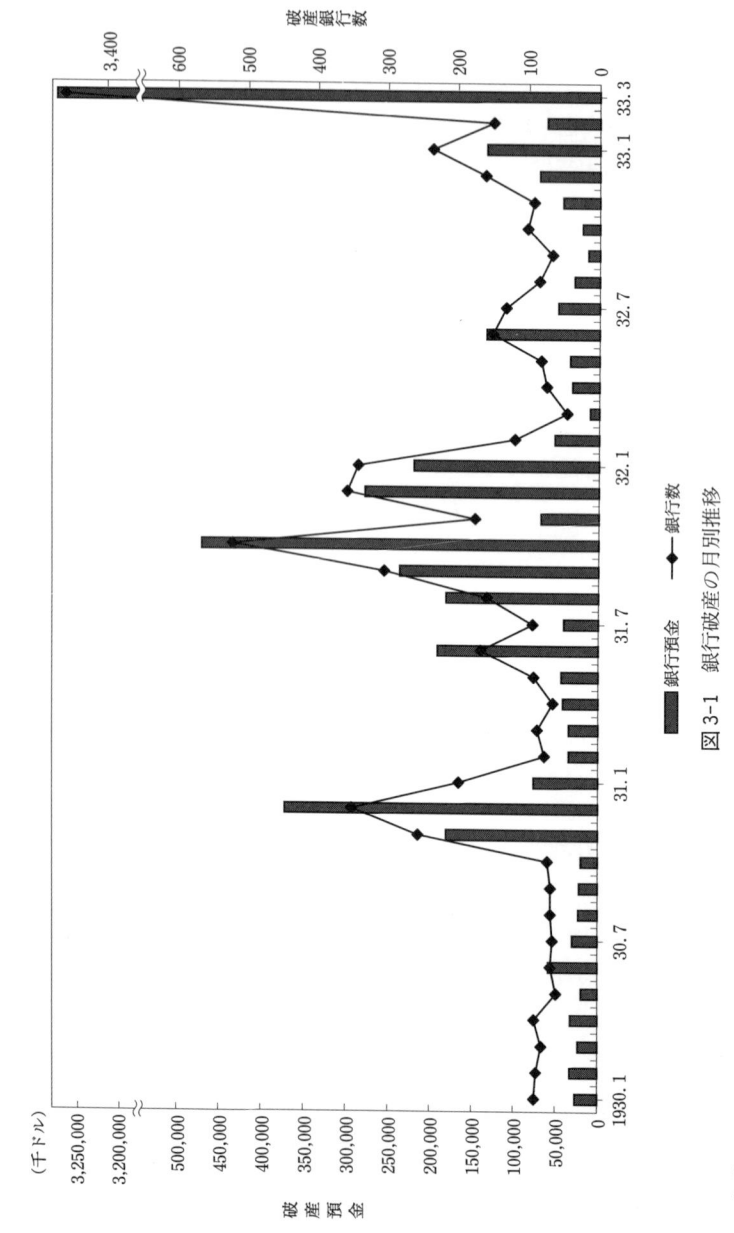

出所）*Federal Reserve Bulletin*, Sept. 1937, pp. 907-910

非加盟銀行(1627行)であったとはいえ，国法銀行(389行)，州法銀行(104行)の加盟銀行が破産数の23%，破産預金の48%を占めるようになっている。1行あたり破産預金規模も国法銀行で113万ドル，加盟州法銀行で271万ドルとなり，都市部の大銀行にまで破産の波が押し寄せていた。つまり連邦準備制度は1913年に発足して以降，「最後の貸手」としての力量を問われる厳しい試練の時期を迎えたのである。

　第3次銀行恐慌は1933年2月14日のミシガン州銀行休業令に始まり，3月4日のニューヨーク州の州銀行休業令で頂点に達した時期である。3月6日には大統領により全国銀行休業令が発せられ，13日に銀行再開が開始されるまでの9日間，アメリカの銀行は全国的規模で営業停止される状況となる。3月13〜15日に銀行再開が順次に許可されていくが，再開が許可されなかった銀行は銀行数で27%(4559行)，預金で12%(41.8億ドル)に及んでいる。これを銀行クラス別の不許可銀行割合でみれば，国法銀行では24%(1400行)，加盟州法銀行で28%(221行)，非加盟銀行で28%(2938行)となっている。いずれのクラスの銀行においても24〜28%に相当する銀行がたんなる流動性の危機からでなく，資産の劣化に起因する自己資本不足により営業を再開することが困難な状況にあった。

　以下では第1次〜第3次銀行恐慌のより具体的な推移についてみることにしよう。

1．第1次銀行恐慌(1930年11〜12月)

　1929年10月の株式恐慌により株価が下落していたものの，30年10月までの銀行破産は主に農業地域の銀行において生じており，その意味で20年代の銀行破産の延長線上にあった。だが30年末の銀行破産は破産数で増加したのみならず，破産の対象銀行もそれまでと異なる傾向をもっていた。銀行破産は2つの中心をもっており，一つは南部で銀行チェーン網を形成していたコールドウェル・グループ(Caldwell & Company)の破綻を契機にした銀行破産であり，もう一つはニューヨーク市に本店を構える合衆国銀行(Bank of United States)の破綻を契機とする銀行破産である。

(1) コールドウェル・グループの破綻

コールドウェル・グループはナッシュヴィル(Tenn.)に本拠を構える投資会社，ロジャーズ・コールドウェル社及びバンク・オブ・テネシー(Bank of Tennessee)を核にした銀行チェーンである。銀行チェーンはテネシー州に11行，アーカンソー州に55行を有しており，その支配資産は1億3131万ドルに及んでいる[3]。コールドウェル・グループは多数の銀行を支配していたにとどまらず，保険会社・新聞社・多数の産業企業を翼下におく一大コンツェルンでもあった[4]。

さらにコールドウェル・グループは1930年5月にケンタッキー州で銀行チェーンを形成するバンコ・ケンタッキー(Banco Kentucky, Louisville)と株式交換方式で合併している[5]。バンコ・ケンタッキーはオハイオ州で2行，ケンタッキー州で3行の銀行を支配しており，5行の資産は9743万ドルであった。このようにコールドウェル・グループは南部を中心とした一大銀行グループを形成しており，かつナッシュヴィル，ルイヴィルは南部の中小銀行の有力なコルレス先であったため，その経済的影響力は大きかった。

だがそうしたコンツェルンの形成は支配の中枢をなす投資銀行，R.コールドウェル社及びその「機関銀行」化していたバンク・オブ・テネシーの資産の「固定化」を招くことになる。1930年に入ってから進行した預金流出は銀行危機を招き，基幹銀行の破綻をきっかけに，以下のような銀行破産の連鎖が生じている[6]。

11. 8	Bank of Tennessee (Nashville, Tenn.)	資産1207万ドル(1929年末)
11.12	Holston-Union National Bank (Noxville, Tenn.)	1654万ドル
11.15	Union Planters National Bank (Memphis, Tenn.)	3854万ドル
11.16	National Bank of Kentucky (Louisville, Ky.)	5470万ドル
	Louisville Trust Co. (Louisville, Ky.)	2518万ドル
11.17	American Exchange Trust Co. (Little Rock, Ark.)	2041万ドル
11.20	Central Bank & Trust Co. (Ashville, N.C.)	1867万ドル

11月の2週間にこれらの銀行とコルレス関係をもつ銀行を含め，約120の銀行が支払を停止している。コールドウェル翼下にあったフォース・ファースト・ナショナル・バンク(Tenn., 資産4108万ドル)は1931年11月にアメリカン・ナショナル・バンク(Tenn.)により救済合併され，子会社のユニオン・プランターズ・ナショナル・バンクも同様な運命をたどっている。再編されたルイヴィ

ル・トラストを除いて，上記の銀行はすべて清算処理され，姿を消している[7]。

(2) 合衆国銀行の破綻

　1930年末の第1次銀行恐慌のもう一つの中心はニューヨーク市における資産2億7656万ドルの大銀行，合衆国銀行(BUS)の破産であった。BUSは29年末に全米28位の大銀行であり，30年代の銀行恐慌の全期間を通じて破産・清算を余儀なくされた銀行のなかで最大規模の銀行であった。

　BUSはロシア系ユダヤ移民であり，繊維業者として成功していたJ.マーカスにより1913年に州法銀行として設立されている[8]。BUSは19年に連邦準備制度に加盟し，27年末までに1億775万ドルの資産，9454万ドルの預金及び7支店を有する銀行に成長している。だが中央準備市で営業しながら，BUSは全国的な影響力を有するマネーセンター・バンクとしてではなく，ニューヨークの地域大銀行としての性格を有していた。

　J.マーカスの死後(1927年7月)，経営権を掌握したB.マーカスは合併を通じて拡張を推し進めていく経営政策をとっている。BUSが取得した銀行は次の通りである。

　1928.5　Central Mercantile Bank & Trust Co. (1：1.5)
　1928.8　Cosmopolitan Bank (1：1)
　1929.4　Colonial Bank (8.02343：1)
　　　　　Bank of the Rockaways
　1929.5　Municipal Bank & Trust Co. (3.5：1)

　BUSは短期間に5銀行を吸収合併し，資産を2億7656万ドル，預金を2億2567万ドル，資本金を2525万ドル有し，ニューヨーク市域に58支店を展開する巨大銀行に成長している。さらにBUSは証券子会社，シティ・フィナンシャル社(City Financial Co., 1927年8月)を始めとして多数の子会社を設立し(58社)，28年11月に子会社を統括する持株会社としてバンカス社(Bankus Corp.)が設立され，同株はBUSとのユニット株として発行されている[9]。先の銀行合併は被合併銀行株とBUS・バンカス社のユニット株との株式交換を通じてなされており，株式ブームによるBUSの株価上昇が合併を成功させる前提条件をなしていた。

BUS のそうした急膨張はまた破綻の種子を内に含んでいた。株価が全般的に上昇し続けていたにもかかわらず，BUS 株価は 1929 年 4 月をピーク (242 ドル) にして下落を始めており，BUS は子会社への融資を通じて株価を維持することを余儀なくされている。さらに BUS は同行経営者が行っていた株式投機のための資金を供給しており，株価下落はそうした融資の回収を困難としていった。

第 2 の破綻要因は貸付の 45% に及ぶ不動産融資への大きな関与である[10]。とりわけ BUS によるミュニシパル・バンク・トラスト及び子会社，ミュニシパル・ファイナンスの合併は同行の不動産金融への傾斜を決定的にし，すでに低落基調にあった不動産市場の崩壊から大きな影響を受けることになる。

1930 年 9 月の州銀行検査により BUS の経営困難が表面化し，州銀行監督局は BUS を他行と合併させることにより事態の収拾を図ろうとした。最初の合併プランはバンク・オブ・マンハッタン・トラストとの間でなされたが，株式交換比率で合意に達することができなかった[11]。次の合併プラン (ハリソン・プラン) は 30 年 11 月 22 日にまとめられ，同じユダヤ系の 4 銀行を大合同させるものであった。つまりマニュファクチュアラーズ・トラスト，パブリック・ナショナル・バンク・トラスト，インターナショナル・トラストの 3 行と BUS が合同することにより，ニューヨーク市第 4 位の大銀行 (預金 7 億ドル) を誕生させるプランであった[12]。だがこの合併プランは手形交換所加盟銀行による新規資金 (3000 万ドル) の供給による支援を不可欠の条件としていたが，大銀行はそうした支援を拒否したため，12 月 11 日に BUS はその門戸を閉鎖せざるをえなかった[13]。

破産した BUS を再建しようとする幾つかの動きがみられた。第 1 は 1932 年 2 月の株主・預金者諮問委員会議長，J. A. H. ホプキンスが提案したカヒル・プラン (Cahill Plan)，第 2 は 32 年 11 月に S. ウンターマイヤーが提案したプラン (Untermyer Plan) であり，両プランとも旧銀行の経営者・株主からの出資により新銀行を設立しようとするものであった[14]。だがいずれも必要とされる資金規模に達せず，BUS は最終的に清算される運命をたどっている。

BUS の破綻はニューヨークの銀行界に衝撃を与え，一部の銀行は高まる信用不安による預金取付けにより苦境に立たされている。イースタン・エックスチェンジ・バンク (Eastern Exchange Bank) とワールド・エックスチェンジ・バンク (World Exchange Bank) は 12 月 18 日，20 日に相次いでアンダーライター

ズ・トラスト(Underwriters Trust Co.)により救済合併されている。さらに23日にはチェルシー・バンク・トラスト(Chelsea Bank & Trust Co.)の窓口が閉鎖された。

　BUSを救済するための銀行合同計画に名前をあげられていた銀行も信用危機に見舞われている。そのうちマニュファクチュアラーズ・トラストとパブリック・ナショナル・バンク・トラストは手形交換所への加盟を許可されることで，ニューヨーク大銀行からの信用補完を受け，この危機を乗り切ることができた。インターナショナル・トラストは1931年9月にコンチネンタル・バンク・トラストに救済合併されている。このようにBUSの破綻に発するニューヨーク銀行界の動揺は最終的に2行が窓口閉鎖を迫られたものの，他銀行による救済合併あるいはニューヨーク大銀行による信用補完によって切り抜けることができた。

　1930年12月の銀行破産はニューヨークにおけるよりも，11月にコールドウェルの破綻に連鎖して生じていた地域で再発していた。12月の銀行破産が大量に生じていた連銀地区はセントルイス(97行)，リッチモンド(62行)，シカゴ(53行)地区である。つまり破産の多かった州はアーカンソー(12行)，ノースカロライナ(33行)，ミシシッピ(25行)であり，ニューヨーク(BUS)というよりも，11月のコールドウェルの影響を引きずっていたといえる[15]。

2．第2次銀行恐慌(1931年央～32年1月)

　1931年6月からのヨーロッパ金融恐慌の進展は実物経済面において企業利潤率の一層の低落を，貨幣・金融面において退蔵通貨需要の増加と利子率の上昇をもたらした。それは不動産担保貸付の「凍結化」と証券価格の下落による銀行資産の質的悪化をもたらし，銀行破産を多発させている。

　1931年央からの銀行破産は破産銀行数で量的に増加しただけでなく，破産規模の大規模化がみられる。まず月別平均破産数をみれば，それは30年11～12月を除く30年1月～31年5月では84行であったが，31年6月～32年1月では260行へ約3倍に増加している。さらに破産預金規模は前期で41万ドルであったのに対し，後期では94万ドルに倍増している。つまり銀行破産は従来の農業地帯に加えて，ニューイングランド，西部大西洋，東北中央部地域における工業地帯の大規模銀行にまで波及していたのである。

そこで工業地帯を襲った銀行危機の実状を主要な工業都市についてみよう[16]。

（1）イリノイ州

イリノイ州は厳格なユニット・バンク制度を採用しているため，恐慌期の資産悪化は直接的に銀行破産の多発として現れてくる。イリノイ州における1931年6月～32年1月の銀行破産は249行に及んでおり，それは全州の12％を占めていた。またこの時期の特徴は中小銀行の破綻にとどまらず，中央準備市であるシカゴの大銀行にまで信用危機が及んでいたことである。

シカゴ市

シカゴにおける郊外人口の急増は不動産金融を提供する郊外銀行の簇生をもたらし，銀行数は66行（1914年）から337行（28年）へ5倍に増加していた。不動産金融は不動産担保貸付あるいは再購入契約を付帯した不動産担保証券の売却の形態でなされたが，不動産価値の低下は郊外銀行及びチェーン銀行関係にあるシカゴ大銀行の資産内容の悪化を招いている[17]。

シカゴにおける1931年6月の信用危機は2つの中心をもっていた。一つはフォーマン一族によって支配されるシカゴ市第4位の銀行であるフォーマン・スティト・ナショナル・バンク（資産2億350万ドル）の危機である。同行は郊外の14銀行を支配する銀行チェーンを形成していたが[18]，グループの不動産融資への深い関与が同行を経営危機に陥れている。だがフォーマン銀行を破産に追いやり，預金者に犠牲を課すことはシカゴの金融システムを危機に追いやる危険性があり，ここにシカゴ手形交換所加盟銀行による損失の共同保証のもとで救済合併が行われている[19]。

シカゴにおける銀行不安のもう一つの震源は同じく郊外銀行と深い関わりのあった第2位の銀行，ナショナル・バンク・オブ・リパブリック（4億7855万ドル），第5位のセントラル・トラスト・オブ・イリノイであった。C.G.ドーズの主導のもと，両銀行は合併して新銀行，セントラル・リパブリック・バンク・トラストを形成し，信用危機を回避することに成功している[20]。

このようにシカゴの1931年6月危機は，より信用力の高い銀行が信用不安のある銀行を救済合併することで，とりあえず収束することになった。

（2）オハイオ州

　第2次銀行恐慌はアメリカの重工業の中心地帯であるオハイオ州を襲っている。オハイオ州の銀行破産はこの期間に99行に及んでおり，とりわけ1931年8月(19行)，10月(24行)，12月(14行)に集中している。以下主要都市の銀行破産の状況についてみよう。

トレド市

　オハイオ州の自動車都市であるトレドは激しい預金取付けにあい，1931年6月に資産規模第4位のセキュリティ・ホーム・トラスト(資産3367万ドル)，8月に最大の銀行であるオハイオ・セィヴィング・バンク(7468万ドル)，第3位のコマース・ガーディアン・トラスト(3401万ドル)及びアメリカン・バンク(221万ドル)の窓口が相次いで閉鎖されている。この金融危機を切り抜けた銀行は第2位のトレド・トラスト(5843万ドル)とファースト・ナショナル・バンク(1297万ドル)であり，しかも後者は33年3月に再開を許可されずに再編を余儀なくされたので，結局無傷で生き残った銀行はトレド・トラスト1行にすぎなかった。

アクロン市

　タイヤ製造会社の集中する「タイヤ都市」であるアクロンの銀行界も大きな打撃を被っている。アクロンの上位3行は信用危機に対処するため合併し，1行となっている。まず1931年1月にトップ・バンクであるファースト・シティ・トラスト・セィヴィング・バンク(資産4795万ドル)がオハイオ・スティト・バンク・トラスト(1299万ドル)を吸収合併し，さらに11月には第2位の銀行，セントラル・デポジッターズ・バンク・トラスト(3645万ドル)と合併し，ファースト・セントラル・トラストを形成している[21]。この新銀行形成にあたって31年10月に設立されたアクロン信用公社が重要な役割を遂行することになる。

ヤングスタウン市

　鉄鋼都市であるヤングスタウンでも1931年秋に激しい預金取付けにあい，主要銀行が窓口を閉鎖することを余儀なくされている。31年10月にダラー・セィヴィング・トラスト(資産2731万ドル)，ファースト・ナショナル・バンク(2476万ドル)，シティ・トラスト・セィヴィング・バンク(1873万ドル)が相次いで支払を停止し，ヤングスタウンで営業する商業銀行はコマーシャル・ナショナル・

バンク (1045万ドル), マホーニング・ナショナル・バンク (644万ドル) の2行にすぎなかった。

(3) ペンシルヴェニア州

　ペンシルヴェニアでは1931年6月～32年1月に114行の銀行破産が発生しており，特に31年9～10月 (81行) に破産が集中している。同州の金融中心地であるフィラデルフィアとピッツバーグの銀行破産状況についてみよう。

フィラデルフィア市

　フィラデルフィア銀行界では上位銀行は比較的安定していたものの，信用危機は中堅以下の銀行において生じている。フィラデルフィアではすでに1930年12月にバンカーズ・トラスト (資産4336万ドル) が取付けにより破綻していたが，31年10月以降には下記のような銀行が相次いで破綻している。

Franklin Trust	資産5175万ドル
Penn Colony Trust Co.	2425万ドル
Central Trust & Savings Co.	1554万ドル
United Security Trust Co.	1424万ドル
Olney Bank & Trust Co.	1015万ドル

　フランクリン・トラストは1930年末のバンカーズ・トラスト危機のさいにも預金取付けを受けていたが，フィラデルフィア・ナショナル・バンクを中心とする大銀行の支援を受けることで危機を乗り越えることができた[22]。だが9月の激しい預金取付けに遭遇し，10月6日に窓口を閉鎖することを余儀なくされている。

　フランクリン・トラストの破綻は連鎖的にフィラデルフィアにおける他の中堅銀行，インティグリット・トラスト (資産8345万ドル)，コンチネンタル・エクィタブル・タイトル・トラスト (2167万ドル) の信用危機を招いている。しかしこうした規模の銀行を破綻に追いやれば，フィラデルフィアの金融システムは崩壊に瀕すると危惧されたため，手形交換所のリーダーシップのもとに，大銀行が救済に乗り出している。その結果，コンチネンタル・エクィタブルの預金はペンシルヴェニア社 (Pennsylvania Company for Insurances on Lives & Granting Annuities) に譲渡され，インティグリット・トラストは大銀行の預金保証を得る

ことで危機を乗り越えることに成功している[23]。

ピッツバーグ市

　ピッツバーグの信用危機の中心をなしていたのは市内銀行のなかで第6位の地位(資産6376万ドル)を占めるバンク・オブ・ピッツバーグであった。ピッツバーグ手形交換所加盟銀行は預金引出圧力にさらされた同行を救済する計画をたてたものの，A. メロンの反対により失敗に終わり，窓口を閉鎖することを余儀なくされている[24]。17銀行がバンク・オブ・ピッツバーグの破綻と同時に連鎖的に破産していたが，同行の預金は破綻預金の67%を占めていた。

　バンク・オブ・ピッツバーグの破綻はピッツバーグの他の大銀行の信用を動揺させるには至らなかったとはいえ，1万7000名の預金を長期間「凍結」させることは危険といえた。かくて第3位の大銀行，ファースト・ナショナル・バンク(9385万ドル)がバンク・オブ・ピッツバーグの資産(1400万ドル)を購入し，バンク・オブ・ピッツバーグの預金者にその預金の50%を利用可能としている。残りの預金はレシーバーによる資産清算の進行に応じて支払われることになった[25]。

(4) マサチューセッツ州

　1931年秋の信用危機はこれまで比較的信用が安定していたニューイングランド地域にまで波及している。ニューイングランド地域の銀行破産はこの時期に集中しており，31年9月(1行)，10月(5行)，12月(26行)，32年1月(3行)で35行の破綻をみている。このうち24行はマサチューセッツ州により占められている。

ボストン市

　ボストンの上位大銀行は恐慌期を無事切り抜けていたが，中小銀行の破綻が1931年12月〜32年1月に生じている。信用危機の嚆矢をなしたのが31年12月のフェデラル・ナショナル・バンク(資産3713万ドル)であり，同行が支配していたボストン郊外の8銀行が連鎖的に破産している[26]。この時期に破産した銀行は下記の通りである。

　　Federal National Bank　　資産3713万ドル
　　Boston National Bank　　758万ドル

Engineers National Bank　388万ドル
Chalestown Trust Co.　380万ドル

　アトランティック・ナショナル・バンク（1億4218万ドル）はボストンで第4位の大銀行であったが，この信用危機の渦に巻き込まれている。この銀行はボストン手形交換所加盟銀行であり，その破綻は他銀行を連鎖的に信用不安に陥れることは必至といえた。手形交換所を中心とした必死の救済政策により，ボストンは信用危機から脱却することができた[27]。

3．第3次銀行恐慌(1933年2～3月)

(1) 金融危機の沈静化

　中西部工業地帯の銀行を襲った銀行破産の波は，復興金融公社(RFC，1932年2月)による銀行救済融資及びグラス・スティーガル法によって可能となった大規模な国債買オペ政策によって沈静化することになる。銀行破産は32年2～11月に平均92行にまで減少し，第2次銀行恐慌期の1/3の規模にまで落ち着いてきた。

　銀行破産数が1932年6～7月に一時的に増加しているが，それは電力会社，インサル公益事業帝国の崩壊(32年4月)がシカゴ銀行界に与えた影響によっていた。シカゴの大銀行はインサルと密接な関係をもっていたため，預金者による大量の預金取付けを招いている。なかでも31年夏に3行の合併で形成されたセントラル・リパブリック・バンク・トラストがその標的となり，預金が2億4000万ドルから1億ドル(6月25日)にまで大幅に低落している[28]。銀行の実質的なオーナーであるC. G. ドーズはRFC総裁の職務を急遽辞任し，銀行建て直しに奔走したが，自力再建は不可能な状況にあった[29]。だが中西部の有力コルレス先銀行である同行の破綻は金融危機を招くおそれがあり，RFCが融資を行うことでセントラルを救済している。32年6月の信用危機にさいして支払停止を余儀なくされたシカゴの銀行は次の通りである。

Peoples Trust & Savings Bank　　　資産 3284万ドル
Peoples National Bank & Trust　　1719万ドル
Kasper American State Bank　　　1682万ドル
Central Manufacturing District Bank　1390万ドル

Reliance Bank & Trust Co.	1251万ドル
Home Bank & Trust Co.	1203万ドル
Hyde Park-Kenwood National Bank	1127万ドル
North Avenue State Bank	1032万ドル
Woodlawn Trust & Savings Bank	1012万ドル

(2) デトロイトの銀行危機

　一旦沈静化したかにみえた銀行破産は1932年12月より再び増加し始め，破産数は32年12月(153行)，33年1月(237行)，2月(148行)と3桁台に転じている。こうした破産数をみるさいに，モラトリアム，あるいは預金引出の制限を課していた州・自治体が増加していたことを考慮しなければならないだろう。つまり預金引出の圧力が増加しており，州政府あるいは自治体単位であれ，地域の銀行システムを維持するため預金引出に公的制約が課せられるようになっていた[30]。

　デトロイトの銀行危機はそうした状況を背景にして発生している。デトロイトは自動車産業の本拠地であるが，その金融界はデトロイト・バンカーズ・グループとガーディアン・デトロイト・ユニオン・グループの2大グループによって支配されていた。後者のグループに属するユニオン・ガーディアン・トラストは恐慌の深化とともに資産の劣化(不動産担保貸付)と預金の引出という困難に際会していた[31]。同行は1931年末に早くもバンカーズ・トラスト(NY, 1000万ドル)，コンチネンタル・イリノイ・ナショナル・バンク・トラスト(Chicago, 500万ドル)からの融資によりかろうじてその流動性を維持する状況にあった[32]。同行は32年7月にRFCより1300万ドルの救済融資を受けている。だが同行への信用不安は続き，33年1月26日のRFC貸付内容の詳細な公表を契機として，激しい預金取付けに見舞われている[33]。同行の預金は2000万ドルに対し，流動的資産は600万ドルにすぎない状況にあった。

　かくてガーディアン・グループは同行だけでなく，グループ全体を救済するため，既存の1300万ドルに加えて，新たに5000万ドルの追加融資をRFCに求めている。RFCの資産検査によれば，もし4100万ドルの資金が提供されるならば同行は救済されるが，同行の担保資産価値は最大限に見積もって3700万ドルにすぎないとされた。そこでデトロイトの金融危機を回避するために政府により次のような救済計画が提案されている。第1に同行に750万ドルの預金を有する

フォードを始め，GM，クライスラーの大口預金者はその預金を据え置くこと，第2にRFCの融資でなお不足する残額の400万ドル，及び抵当会社を設立する200万ドルの資本を私企業の出資によって充足すること[34]。

だが同行の最大株主であり，すでに多額の資金を援助しているフォードは私企業の負担によって銀行を救済する政府の救済計画を拒否し，もし同行が閉鎖されるならば，ファースト・ナショナル・バンクから2500万ドルの預金を引き出す意向を示した。かくてガーディアン・グループの運命は一にRFCの対応に掛かっていたが，H.フォードと上院議員J.クーゼンスの不仲もあり，RFCは「充分かつ適切な担保」という融資条件を逸脱することができなかった[35]。結局ユニオン・ガーディアン・トラストはその窓口を閉鎖することを余儀なくされ，ミシガン州は破滅的な預金取付けを回避するため2月14日より8日間の州銀行休業令を発動している。

（3）州銀行休業の連鎖・波及

州銀行休業令はすでに1932年10月末にはネヴァダ州で，33年2月4日にはルイジアナ州で発効されていたものの，それはいずれも局地的・一時的なものとされていた。ミシガン州の場合も無事再開されると思われていたが，銀行休業が延長されるに及んで，預金取付けは全国に波及していった。銀行休業，預金支払制限が実施された主要州は下記の通りである[36]。

```
2月14日　ミシガン
   23日　インディアナ
   25日　メリーランド
   27日　アーカンソー
   28日　オハイオ
3月 1日　アラバマ，ケンタッキー，テネシー，ネヴァダ
3月 2日　アリゾナ，カリフォルニア，ルイジアナ，ミシシッピ，オクラホマ，オレゴン
3月 3日　ジョージア，アイダホ，ニューメキシコ，テキサス，ユタ，ワシントン，
         ウィスコンシン
3月 4日　コロラド，コネチカット，デラウェア，フロリダ，イリノイ，アイオワ，
         カンザス，メイン，マサチューセッツ，ミネソタ，ミズーリ，モンタナ，
         ネブラスカ，ニューハンプシャー，ニュージャージー，ニューヨーク，
         ノースカロライナ，ノースダコタ，ペンシルヴェニア，ロードアイランド，
```

サウスダコタ，ヴァーモント，ヴァージニア，ウェストヴァージニア，ワイオミング

　銀行休業令が宣言されると，当該州では旧預金の一定割合(大部分の州では5%)だけしか引き出せないが，新預金は信託預金として受け入れられ，無条件に引き出すことが可能であった。したがって預金引出を制限された休業州の預金者(個人，企業)はまだ営業を継続している他州の銀行から預金を引き出すことになる[37]。こうした関連で銀行休業は近隣州に順次波及していき，ニューヨーク市銀行の預金といえども，そうした信託預金と比較すれば，安全な預金保管所とはいえなくなる。

　州単位の詳細な資料を利用できる90主要都市の州報告加盟銀行(以下報告銀行と略)に限定して，商業銀行信用の動揺過程についてみよう(表3-5)。報告銀行は1933年2月1日に158.44億ドルの預金を保有していたが，2月1日〜3月8日に

表3-5　州報告加盟銀行の預金・連銀借入・連銀預ヶ金

(単位＝百万ドル)

	預　金	連銀借入	連銀預ヶ金
90市			
1933年2月 1日	15,844	50	1,891
2月 8日	15,654	36	1,864
2月15日	15,495	52	1,684
2月22日	15,159	65	1,722
3月 1日	14,311	414	1,518
3月 8日	13,520	1,066	1,302
ニューヨーク市			
1933年2月 1日	6,721		967
2月 8日	3,566		924
2月15日	6,392		775
2月22日	6,183		782
3月 1日	5,739	183	683
3月 8日	5,230	632	618
ニューヨーク市外			
1933年2月 1日	9,123	50	924
2月 8日	9,088	36	940
2月15日	9,103	52	909
2月22日	8,976	65	940
3月 1日	8,552	231	835
3月 8日	8,290	434	684

出所) *Annual Report of the Federal Reserve Board*, 1933, pp. 190-197

表 3-6　銀行間預金

(単位＝百万ドル)

	ニューヨーク市			ニューヨーク市外		
	債　務	債　権	純債務	債　務	債　権	純債務
1933年2月 1日	1,655	78	1,577	1,723	1,638	85
2月 8日	1,537	75	1,462	1,734	1,560	174
2月15日	1,418	73	1,345	1,643	1,403	240
2月22日	1,176	72	1,104	1,459	1,141	318
3月 1日	898	62	836	1,172	747	425
3月 8日	690	53	637	1,023	536	487

出所) *Annual Report of the Federal Reserve Board*, 1933, p. 199

14.7％に相当する23.24億ドルの預金を喪失している。預金の趨勢をニューヨーク市とニューヨーク市以外の銀行(市外銀行)に区別すれば，前者では22.2％(67.21→52.3億ドル)預金を減少させていたのに対し，市外銀行は9.1％(91.23→82.9億ドル)の減少にとどまっている。銀行休業が早く宣言される州の預金は凍結されるため，市外銀行からの預金流出が比較的小さく現れてくるとはいえ，ニューヨーク市銀行の預金減少はきわめて大きかったことがわかる。

ニューヨーク市銀行はさらに中央準備市銀行として全国の多数の銀行から預金を受け入れている(表3-6)。預金取付けを受けていた地方銀行，準備市銀行は支払準備を確保するため，ニューヨーク市のコルレス先銀行から預金を回収している。市外銀行は一方で準備市銀行として他銀行からの預金引出(7億ドル)を受けると同時に，主に中央準備市銀行(シカゴ，ニューヨーク)から預金を引き出しており(11.02億ドル)，ネットで4億ドルの預金回収となっている。ニューヨーク市銀行はそうした報告銀行及び地方銀行からの預金引出圧力にさらされ，銀行間預金は2月1日(16.55億ドル)〜3月8日(6.9億ドル)に58％の減少を示している。

かくてニューヨーク市銀行は全国的な預金取付けを反映した銀行間預金の減少(9.65億ドル)，及び市内預金の減少(14.91億ドル)という二重の圧迫を受けて苦境に陥ることになる。では24.56億ドルの預金を短期間に喪失したニューヨーク市銀行はどのように対応したのであろうか。第1にニューヨーク市銀行は貸付・投資を8.1億ドル清算しており，そのうち1/2は「その他」貸付，残りの1/2は政府証券投資の両資産で生じている(表3-7)。第2にニューヨーク市銀行は連銀借入に大幅に依存することを余儀なくされており，3月8日にはそれは6.32億ド

表 3-7　州報告加盟銀行の貸付・投資

(単位＝百万ドル)

	総　計	貸　付			投　資		
		小　計	証券担保	「その他」	小　計	政府証券	「その他」証券
90市							
1933年2月1日	16,756	8,782	3,751	5,031	7,974	4,971	3,003
2月8日	16,622	8,646	3,696	4,950	7,976	4,982	2,994
2月15日	16,617	8,701	3,694	5,007	7,916	4,934	2,982
2月22日	16,315	8,500	3,693	4,807	7,815	4,836	2,979
3月1日	15,900	8,281	3,727	4,554	7,619	4,631	2,988
3月8日	15,728	8,310	3,759	4,551	7,418	4,427	2,991
ニューヨーク市							
1933年2月1日	7,222	3,521	1,643	1,878	3,701	2,600	1,101
2月8日	7,073	3,405	1,606	1,799	3,668	2,572	1,096
2月15日	7,078	3,472	1,614	1,858	3,606	2,522	1,084
2月22日	6,809	3,274	1,621	1,653	3,535	2,452	1,083
3月1日	6,512	3,079	1,640	1,439	3,433	2,338	1,095
3月8日	6,412	3,121	1,668	1,453	3,291	2,186	1,105
ニューヨーク市外							
1933年2月1日	9,534	5,261	2,108	3,153	4,273	2,371	1,902
2月8日	9,549	5,241	2,090	3,151	4,308	2,410	1,898
2月15日	9,539	5,229	2,080	3,149	4,310	2,412	1,898
2月22日	9,506	5,226	2,072	3,154	4,280	2,384	1,896
3月1日	9,388	5,202	2,087	3,115	4,186	2,293	1,893
3月8日	9,316	5,189	2,091	3,098	4,127	2,241	1,886

出所)　*Annual Report of the Federal Reserve Board*, 1933, pp. 190-196

ルに達している。こうした必死の防戦にもかかわらず，ニューヨーク市銀行の支払準備(連銀預金)は2月1日(9.67億ドル)から3月8日(9.18億ドル)まで0.49億ドルの減少を示していた。

　ニューヨーク市銀行のこうした流動性逼迫は金融市場における利子率上昇として現れてきている。コールレート(更新)は1％から4.75％に，BA利子率は0.25％から3.43％に急上昇を示している。さらに短期財務省証券(3カ月)は0.18％の低利子率から4.26％に急上昇しており，支払手段確保のための資産の強制的売却がいかに強いものであったかを示している。

　では金融市場の逼迫に対し中央銀行はどのように対応したのであろうか。連銀信用は2月1日～3月4日に16.41億ドル増加しているが，そのうち4.78億ドルは連銀の主導権にもとづいた公開市場における手形(3.86億ドル)・政府証券(0.92億ドル)の買オペであったにすぎず，残りの11.63億ドルは加盟銀行の側か

表 3-8 連銀信用 (単位＝百万ドル)

	手形割引	手形購入	政府証券
1933年2月 1日	269	31	1,764
2月 8日	253	31	1,784
2月15日	286	31	1,809
2月21日	327	180	1,834
2月27日	450	317	1,839
2月28日	582	336	1,866
3月 1日	712	384	1,836
3月 2日	980	393	1,849
3月 3日	1,408	417	1,856
3月 4日	1,432	417	1,856

出所) *Federal Reserve Bulletin*, Apr. 1933, p. 215

らの手形割引の形態をとっている(表 3-8)。連銀は銀行からの支払手段需要の急増に対し，公定歩合を 1933 年 3 月 3 日に 2.5％ から 3.5％ に引き上げている。つまり 31 年 9～10 月における連銀政策への対応と同様に，「銀行はより高い利子率で割り引きし，かつ市場に証券を投げ売りすることを余儀なくされ」ていた[38]。

(4) 連銀信用の危機

　銀行恐慌の激化するなかで，商業銀行を支援する立場にある連銀も全体の準備率を 45.1％ にまで低下させ，法定準備率(40％)に接近している(表 3-9)。「最後の貸手」としての連銀の政策行使を制約する事態を生み出した諸要因を考えよう。

　第 1 は国内における流通貨幣量の増加である(表 3-10)。流通貨幣量は 2 月 1 日(56.52 億ドル)～3 月 4 日(74.85 億ドル)に 18.33 億ドル増加しており，しかも「これらの通貨需要の 1/4 は 2 月 27 日に始まる 1 週間に生じ，1/2 強は 3 月の最初の 3 日間に集中していた」[39]。流通貨幣量の増加が特に著しかった連邦準備地区はニューヨーク，シカゴ，クリーヴランドの 3 地区であり，それはこれらの地区における商業銀行の預金取付けの激しさにほぼ照応していた。

　流通貨幣増加の 8 割は連邦準備券の形態をとっている。つまり連邦準備券の流通高は 14.35 億ドル増加しており，それは 2 月初の流通高(27.3 億ドル)のじつに 5 割に相当していた。連邦準備券の額面別構成をみれば，低面額券も増加しているものの，この時期に最も増加していた額面は 50 ドル以上の高額面券である(図 2-1)。不況期の低額面券の増加は銀行店舗の欠如した地域，あるいは銀行の信頼

表3-9 連銀の準備ポジション （単位＝百万ドル）

	現金準備	連邦準備券	預金	超過準備	準備率(%)
1933年2月1日	3,457	2,730	2,540	1,476	65.6
2月8日	3,442	2,773	2,500	1,458	65.3
2月15日	3,387	2,891	2,376	1,399	64.3
2月21日	3,305	3,000	2,399	1,265	61.2
2月27日	3,178	3,268	2,265	1,078	57.4
2月28日	3,126	3,417	2,236	977	55.4
3月1日	3,067	3,580	2,157	880	53.5
3月2日	2,997	3,769	2,178	727	50.4
3月3日	2,810	4,103	2,094	435	45.3
3月4日	2,802	4,165	2,053	416	45.1

出所）*Federal Reserve Bulletin*, Apr. 1933, p. 215

表3-10 流通貨幣量 （単位＝百万ドル）

	総計	連邦準備券	金流通 小計	金貨	金証券
1933年2月1日	5,652	2,730	1,071	480	591
2月8日	5,705	2,773	1,076	487	589
2月15日	5,854	2,891	1,093	497	596
2月21日	5,988	3,000	1,115	516	599
2月27日	6,350	3,268	1,185	557	628
2月28日	6,545	3,417	1,221	572	649
3月1日	6,719	3,580	1,239	586	653
3月2日	6,960	3,769	1,279	600	679
3月3日	7,414	4,103	1,381	623	758
3月4日	7,485	4,165	1,389	626	763

出所）*Federal Reserve Bulletin*, Apr. 1933, p. 215

が動揺していた地域における小切手に代わる代替通貨としての需要であった。しかしこの時期の高額面券の著増は1931年秋の信用不安時に生じたのと同様，大口預金者による退蔵目的で行われていたことを物語っている[40]。連邦準備券の増加は発券準備に40％の金準備を要求するため，間接的に金準備率の低下をもたらす。

だがこの時期に国内通貨の増加は連邦準備券だけでなく，金貨・金証券の形態もとっていた。金流通の増加は2月1日(10.71億ドル)から3月4日(13.89億ドル)に3.18億ドルに及んでおり，その内訳は金貨で1.46億ドル，金証券で1.72億ドルとなっている。

さらに中央銀行への不安は国内金流出にとどまらず，金輸出・イヤマーク金の増加という事態にまで進展していく。国外金流出は2月1日〜3月4日に約3億ドルに達しており，しかも「外国勘定にイヤマークされた金は主に外国残高の逃避よりも，合衆国からの資本逃避を表現していた」[41]のである。この時期に生じた資本流出の大部分はイギリス向けであり，ドル為替相場の下落，ポンド相場の上昇を見越した為替投機を誘因としていた。為替投機に動員されたドル資金の大部分は"外国勘定にイヤマークされた金"の増加という形態をとっている。ポンドは1931年9月に兌換を停止していたが，イングランド銀行はポンド為替相場の騰貴を抑制するため，為替平衡勘定（EEA）の買い上げたドルを為替損失回避のため金にイヤマークしたからである。

以上のように預金から国内外への金転換は総計すれば約6億ドルの規模に達しており，2月末の金準備（43.8億ドル）と比較すれば小規模とはいえ，発券のための金準備を減少させることにより，連銀の準備率を45.1％にまで低下させている。これは連銀全体としてみた準備率であるが，ニューヨーク連銀の準備率低下はより危機的状況にあった。アメリカ中央銀行制度は12の連銀からなる分権的形態をとっているため，準備金は12の連銀間に分散して保有されている。こうしたアメリカの特殊な事情は実質的に中央銀行として機能するニューヨーク連銀に大きな負荷を掛けることになる。

第1にニューヨーク市銀行への預金引出圧力が最も大きく，そのことは巨額の連邦準備券発行を余儀なくさせることで，ニューヨーク連銀の準備率低下を著しいものとしていた。第2は国内外への金流出の負担がニューヨーク連銀に集中したことである。第3は預金引出に対応するためニューヨーク市外銀行がニューヨーク市のコルレス先銀行から銀行間預金を引き出すことで，国内的に連銀間で金移動が生ずることである。これはアメリカに特有な準備金の分散現象であり，ニューヨーク連銀はそうした事態に対し，他の連銀への政府証券の売却・手形の再割引によって，連銀間の準備金の再分配に努力せざるをえない。2月28日〜3月2日にニューヨーク連銀は1.55億ドルの手形・政府証券を他連銀に売却している。そのうち0.1億ドルはボストン，1.45億ドルはシカゴ連銀に売却されている。シカゴ連銀はニューヨーク連銀への金再配分に結果するそうした購入に積極的ではなく，3月3日には購入を拒否するに至っている。かくてニューヨーク連

銀の準備率は3月3日に法定準備率(40%)を大きく割り込み，24%にまで低落している[42]。

政策当局者がそうした事態に対処するためにとりうる方策は次の3つであった——①法定準備率の停止，②正貨支払の停止，③全国銀行休業[43]。連邦準備局は3月3日に連邦準備法第11条(C)にもとづき30日間の準備率の停止を勧告している。だが準備率の停止は退蔵者に金・通貨を支払う義務になんら変更を加えるものでなかったため，他の方策と併用しなければ効果がないとされた。②の方策も連銀からの金流出を阻止しうるが，そのことは全国的な銀行取付けを激化させることになるので望ましくないとされた。したがって③の全国銀行休業が連銀によって最善の方策とされたのであるが，3月3日はフーヴァーからローズヴェルトへの大統領交代という政治的空白期にあたっていたため，この方策の採用も政治的に不可能となっていた。

そこで主要州が州銀行休業を宣言することにより，全国銀行休業に代替する効果が意図されることになる[44]。3月4日には連銀の所在するニューヨーク，イリノイ，マサチューセッツ，ペンシルヴェニア，ニュージャージーが銀行休業を宣言し，さらに「信用制度の軸点」たる12連銀もこれに追随して銀行休業を決定した。かくてアメリカ信用制度は中央銀行・私的銀行を問わず実質的にモラトリアムの状態におかれたのであり，3月6日に「対敵通商法」にもとづいて発布された全国銀行休業令はそうした州単位の銀行休業を国家的規模で追認するとともに，新たに兌換停止と金輸出禁止を規定していた。そして信用制度の全面的崩壊はそれなしに機能しえない商品取引所，証券取引所を閉鎖に導くことになり，アメリカ資本主義は文字通り国家的規模の「休息期間」を迎えることになった。

1）以下の銀行破産に関する資料に関しては，Bank Suspensions, 1921-1936, *Federal Reserve Bulletin*, Sept. 1937; Dec. 1937, に拠る。
2）H. P. Willis & J. M. Chapman, ed., *The Banking Situation*, Columbia University Press, NY, 1934, p. 325；1920年代の銀行集中に関しては，中村通義「アメリカにおける銀行の集中」(北海道大学『経済学研究』第18号，1961年3月)，平田喜彦「アメリカにおける商業銀行の集中——1920年代(1)」(立正大学『経済学季報』第13巻3・4号，1964年1月)；「アメリカにおける銀行集中と銀行構造——1920年代」(立正大学『経済学季報』第15巻1・2号，1966年2月)，を参照。
3）Hearings before a Subcommittee of the Committee on Banking and Currency,

House of Representatives, *Branch, Chain and Group Banking*, Vol. 1 Part 2, 1930, p. 181.
4) J. B. McFerrin, *Caldwell and Company—A Southern Financial Empire*, Vanderbilt University Press, Nashville, 1969, Chap. XII.
5) *ibid.*, pp. 126-140.
6) *ibid.*, pp. 176-188.
7) *ibid.*, pp. 230-240.
8) P. B. Trescott, The Failure of the Bank of United States, 1930, *Journal of Money, Credit and Banking*, Vol. 24-3, Aug. 1992, p. 388.
9) *Moody's Bank & Finance*, 1930, pp. 1428-29.
10) 不動産担保貸付の比率はニューヨーク市銀行で平均して12％であったから，BUSの不動産担保貸付(45％，9000万ドル)は異常に突出していたといえる(J. L. Lucia, The Failure of the Bank of United States: A Reappraisal, *Explarations in Economic History*, Vol. 22, 1985, p. 405)。
11) P. B. Trescott, *op. cit.*, p. 392；BUSを合併する計画は1929年にJ＆Wセリグマン社，30年春にアーヴィング・トラスト社によって進められたが，いずれも失敗に終わっている(B. A. Wigmore, *The Crash and Its Aftermath—A History of Securities Markets in the United States, 1929-1933*, Greenwood Press, Westport, 1985, p. 124)。
12) J. L. Lucia, *op. cit.*, p. 409.
13) ニューヨーク大銀行が合併プランに反対した理由として，J. L. ルシアは次のような5点をあげている。①巨額な不動産保有から将来発生する損失，②合併銀行の株主による訴訟の危惧――BUS株を固定価格で再購入するという約束で新株が販売されていたこと，③株主が広汎に分散しているため，2/3の委任状を確保することの困難，④BUSの経営者は自行株を他銀行より高く評価させようとしたこと，⑤BUS経営者への不信(*ibid.*, p. 410)。
14) *Moody's Bank & Finance*, 1933, pp. 705-707.
15) E. Wicker, A Reconsideration of Causes of the Banking Panic of 1930, *Journal of Economic History*, Vol. 40-3, Sept. 1980, pp. 582-583.
16) 第2次銀行恐慌に関しては，R. W. Goldschmidt, *The Changing Structure of American Banking*, George Routledge and Sons, Ltd., London, 1933, pp. 227-232; E. Wicker, *The Banking Panics of the Great Depression*, Cambridge University Press, Cambridge, 1996, pp. 62-107，を参照。
17) E. Wicker, *op. cit.*, pp. 69-70.
18) *Branch, Chain and Group Banking*, Vol. 1 Part 1, p. 166.
19) F. C. James, *The Growth of Chicago Banks*, Vol. 2, Harper & Brothers Publishers, NY, 1938, pp. 1000-02.
20) *Moody's Bank & Finance*, 1932, p. 2749.
21) *ibid.*, 1932, pp. 1656-57.
22) *CFC*, Vol. 133, Oct. 10, 1931, p. 2379.

23) インティグリット・トラストを救済するための大銀行の支援に関しては，N. B. Wainwright, *History of The Philadelphia National Bank*, Wm. F. Fell Co., Philadelphia, 1953, pp. 252-253.
24) バンク・オブ・ピッツバーグを救済するために400万ドルの資金が必要とされ，うち300万ドルは他銀行により，残り100万ドルをメロン系の大銀行(Union Trust Co., Mellon National Bank)により拠出されることが期待されていた。しかしフーヴァー大統領の要請にもかかわらず，銀行のオーナーであるメロン財務長官の拒否により，救済計画は実を結ぶことなく終わっている(D. E. Koskoff, *The Mellons—The Chronicle of America's Richest Family*, Thomas Y. Crowell Company, NY, 1978, p. 269)。
25) *CFC*, Vol. 133, Nov. 28, 1931, p. 3576；バンク・オブ・ピッツバーグの預金者は1940年末までに100％の預金配当を受け取っている(*Moody's Bank & Finance*, 1941, p. 1921)。
26) J. H. Taggart, *The Federal Reserve Bank of Boston*, Bankers Publishing Company, Boston, 1938, p. 201.
27) *Moody's Bank & Finance*, 1933, pp. 408-410.
28) F. C. James, *op. cit.*, Vol. 2, p. 1037.
29) J. S. Olson, *Herbert Hoover and The Reconstruction Finance Corporation 1931-1933*, The Iowa State University Press, Ames, Iowa, 1977, p. 58.
30) *Federal Reserve Bulletin*, Dec. 1937, p. 1206.
31) 「1933年2月までに，ユニオン・ガーディアン・トラストの資産の72％は凍結されていた」(S. E. Kennedy, *The Banking Crisis of 1933*, University Press of Kentuchy, Kentucky, 1973 p. 80)。
32) *ibid.*, p. 81.
33) 緊急救済・土木建築法により，RFCは毎月大統領ならびに上下院に対してRFCの営業・経費報告書を提出し，同時に貸付先の名称・金額・利率を表示する一覧表を添付することになった。かくて1932年8月22日に7月21日以降の貸付内容が公表されることになった。その後1933年1月6日に7月21日以前の貸付内容を公表すべきとの決議案が下院を通過し，1月26日に公表されることになった(H. R. Neville, *The Detroit Banking Collapse of 1933*, Occasional Paper No. 2, Bureau of Business and Economic Reserch, Michigan State University, Michigan, 1960, p. 49)。
34) A. A. Ballantine, When All The Banks Closed, *HBR*, Vol. 26-2, Mar. 1948, pp. 135-136.
35) RFC融資は9000万ドルの抵当資産によって担保されていたが，抵当資産を市場価値で評価すれば3500万ドルにすぎず，将来の市場価値で評価すれば7500～8000万ドルと見積もられた(*ibid.*, p. 52)。しかしクーゼンス上院議員は将来価値で評価することに反対し，もしRFCがそうした評価方法でガーディアン・グループに融資するのであれば，議会で追及する意志を表明していた(S. E. Kennedy, *op. cit.*, pp. 86-87)。
36) F. A. Bradford, *Money and Banking*, 4th ed., Longmans, Green, NY, 1937, p. 376.
37) *Annual Report of the Federal Reserve Board*, 1933, pp. 9-10.
38) M. Friedman & A. J. Schwartz, *A Monetary History of the United States 1867-*

1960, Princeton University Press, Princeton, 1963, p. 326.
39) *Federal Reserve Bulletin*, Apr. 1933, p. 211.
40) *Annual Report of FRS*, 1933, p. 5.
41) M. Nadler & J. I. Bogen, *The Banking Crisis—The End of an Epoch*, Dodd, Mead & Company, NY, 1933, p. 156.
42) L. V. Chandler, *American Monetary Policy 1928-1941*, Harper & Row, NY, 1971, pp. 219-220.
43) *ibid.*, p. 220.
44) 州知事による州銀行休業令は法的には国法銀行に対し及ばないとされたため，2月21日に通貨監督官に州法銀行に許された特権を国法銀行に拡大する権限を付与する決議が議会に提案され，25日に大統領の署名を得て施行されている(S. E. Kennedy, *op. cit.*, p. 97)。

第4章　銀行救済政策の展開
―― 復興金融公社融資と連銀買オペ政策の意義 ――

　1931年央からの銀行破産の激増,とりわけ重工業地帯の大銀行に波及した信用不安の高まりに対し,フーヴァー政権は強い危機感をいだき,31年10月7日に銀行対策に関する声明を発表している[1]。フーヴァーにより提案された銀行対策は2つの主要部分からなっており,第1は預金取付けにより苦境にある銀行に対し流動性を供給する政策であり,第2は対外的短期資本流出による「自由金」の不足により生じている中央銀行信用への制約を除去する政策である。

　支払準備が枯渇している銀行を救済するための政策として具体化されたのが,全国信用公社(National Credit Corporation)及び復興金融公社(RFC)の設立である。他方「自由金」不足による発券の制約を打開するためにとられた政策は,グラス・スティーガル法による連邦準備券発行担保規定の改正である。本章では兌換制下でとられたフーヴァー政権による銀行救済政策の展開及びその意義と限界について考察することにする。

第1節　全国信用公社の設立

1. 全国信用公社の機構

　フーヴァーの呼びかけに応えて,全国信用公社は1931年10月12日にニューヨーク大銀行の主導により,各地の手形交換所組合銀行の賛成を得,デラウェア州法にもとづいてニューヨーク市に設立された。公社の取締役会は有力都市の手形交換所役員から次のように選出されている[2]。

　会　長　G.M.レィノルズ(コンチネンタル・イリノイ・ナショナル・バン

ク・トラスト，シカゴ市)
頭　取　M. N. バックナー(ニューヨーク・トラスト社，ニューヨーク市)
副頭取　D. G. ウィング(ファースト・ナショナル・バンク，ボストン市)
　　　　W. W. スミス(ファースト・ナショナル・バンク・イン・セントルイス，セントルイス市)

取締役会のもとに7名からなる執行委員会が設けられ，ニューヨーク・トラスト社を代理機関として運営されることになる。公社の仕組みはおよそ次のようになっている[3]。

① 理事会は各連邦準備地区より選出される12名の理事により構成される。資本金は額面100ドルの株式12株からなり，12名の理事が各1株を引き受ける。

② 運転資金は10億ドルを限度とする社債の発行により調達される。各銀行は預金の2%に相当する社債を引き受け，公社は社債引受銀行に対してのみ融資をなすことができる。

③ 連邦準備地区内に社債引受銀行からなる幾つかの銀行組合が組織され，組合内に設けられた貸付委員会が銀行からの借入申込み及び担保の審査を行い，公社に対し融資の申請をする。公社の融資は直接には銀行組合に対し行われる。したがって銀行組合が公社に対し債務を負い，債務に対し組合の構成員である各銀行が責任を分担する。

④ 銀行組合への融資はその構成員である全銀行の社債引受額を限度とする。

銀行組合は43州における400の手形交換所によって組織され，預金の2%に相当する4億5000万ドルの社債を引き受けている[4]。だが実際には銀行組合は当初社債の払込をせず，ニューヨーク大銀行が貸付申請のあった銀行組合に対し繋ぎの資金を提供していた[5]。公社は1931年1月末までに575銀行からなされた750の融資申請に対し，1億5500万ドルの融資を実行している[6]。

公社は1932年1月になって銀行組合に対し社債の払込を請求し，1億3500万ドルを徴収している。だが後述するようにRFCが融資を開始するに及んで，公社の活動を代替するようになり，社債払込金の徴収は3度で中止となり，それ以降は逆に応募された社債の償還が行われていく[7]。

以上のように，公社の活動は1931年10月～32年1月の短期間に集中してお

り，その意味で RFC の活動が開始されるまでの〝繋ぎ〟の役割を遂行していたといえる。公社は預金引出圧力を受けている銀行に対し，連銀再割引の対象とならない銀行資産を担保にして一時的に融資を供与することにより，銀行破産の頻発により高まった信用不安を抑止しようと企図していた。その意味で公社は「最後の貸手」としての連銀が遂行しえない役割を一定程度まで果たしていたといえる。

2．全国信用公社の限界

だが公社は民間金融機関の「相互扶助的プラン」[8] として発足したことによって，救済機関としての限界を当初から有していた。つまりそれは一私的銀行資本の救済が他の私的銀行資本に全面的に依存している，という公社の本質に関わる限界である。相互扶助的性格の故に生ずる制約とは次のようなものである。第 1 に借入銀行にとって，融資申請が各地の貸付委員会の審査を経なければならないことにより，自行の資産内容を競争銀行にさらすことを余儀なくされる。第 2 に貸手銀行にとっては，公社の貸付は直接に銀行組合に対してなされるが故に，当該銀行組合の構成員たる各銀行が債務に対し連帯して責任を分担しなければならない。第 3 にある地区の貸付総額はその地区の社債応募額を超過できず，私的資本の範囲内とはいえ全米的規模での遊休貸付資本の「流動化」を期待しえなかった[9]。公社は当初は社債引受銀行に対し現金の拠出を要請しておらず，貸付の資金はニューヨーク銀行団からの借入に依存しており，その限りでは資金の全国的流動化の役割を遂行していた。だが 1932 年 1 月に社債代金の拠出が行われるため，資金の流動化は結果的に銀行組合に参加する貸付銀行から借入銀行へという狭い範囲の流動化に終わっていたといえる。

以上のように全国信用公社は私的銀行資本の危険負担において銀行救済を実施しようとする限りにおいて，救済機関として本来的に限界をもたねばならない宿命にあったといえる。さらに公社の活動は銀行家の次のような反対により，その限界を露わにしている。「銀行家たちは閉鎖銀行の資産を担保として貸し付け，あるいはニューヨーク・ボストン・フィラデルフィア連邦準備地区において打撃となっていた〝債券あるいは不動産価値の減価による支払不能〟に直面している銀行に流動性を供給するために貸し付けることを拒否した。また彼らは鉄道債の

状態を支援するためにプールを形成するという大統領の要請を実行不可能として拒絶した」[10]。

連銀信用を受けることができない銀行を救済するとしながら，公社が実際に救済できる銀行の範囲はきわめて狭いものに限定されることは明らかであった。公社の貸付が開始された1931年11月には，銀行破産数は175行，破産銀行預金は68万ドルにとどまり，銀行破産は一時的に沈静したかのようにみえたが，12月に入ると銀行破産は再び大規模化してきた。したがって公社は「預金者の恐怖を沈静化させる心理的トリック」[11]としての役割さえも一時的にしか果たしえなかったといえるだろう。

第2節　復興金融公社による銀行救済融資

1．RFCの機構

かくて銀行破産を沈静化させるために全国信用公社に代わるべき新たな組織が要請されるに至った。それはすでに1931年10月6日の大統領声明で「戦時金融公社」に相当する金融機関として言及されていたものであり，32年1月22日に公布された法律にもとづいて，2月2日に設立されたRFCとして実現されることになった。

RFCの当初の主要規定は次のようになっている[12]。

① 本店をワシントンD.C.におき，代理店あるいは支店を設置できる。
② 理事会は7名の理事からなり，3名は職権理事(財務長官，連邦準備局総裁，農地貸付局長)，残り4名は大統領により任命される。
③ RFCの資本金は5億ドルであり，その全額は政府により引き受けられる。RFCはさらに資本金の3倍に相当する社債を発行できる。社債は元利ともに政府により保証され，1)政府による買入れ，2)貸出金の払渡し，3)公衆への売却という3つの方法で発行される。ただし連銀がRFCに対し手形の割引または社債の買入れをすることは禁止される。
④ 開業銀行及び閉鎖銀行に対し直接貸し出すことができる。ただし閉鎖銀行への貸出は総額2億ドルを限度とする。

⑤　貸出は RFC の定める形式・金額・利率によるが，その全額を適当な方法によって担保される必要がある。ただし外国証券は担保証券から除外される。
⑥　1 銀行に対する貸出は RFC の資本金・社債発行額の合計額の 5% を超過できない。また貸出期間は 3 カ年とし，延長しても最大 5 カ年を超えることができない。

この当初規定は 1932 年 7 月 21 日に成立した緊急救済・建築法により下記のように修正されている[13]。
①　社債の発行限度額は資本金の $6\frac{3}{5}$ 倍とする。
②　理事会は職権理事を財務長官のみとし，残り 6 名の理事は大統領により任命される。
③　銀行の重役・職員が RFC の理事である場合，あるいは 12 カ月以前に理事であった場合，RFC より貸出を受けることができない。
④　毎四半期営業報告のほかに，毎月大統領及び上下院に対し，業務・経費状況，貸出先の名称，個々の貸出の金額及び利率を報告する。

RFC が全国信用公社の有していた限界を乗り越えて銀行救済融資を展開するには，RFC 自らが信用リスクを負担することが可能となるような資金的条件を整備することが必須の条件となる。この必要条件は，RFC が政府金融機関として設立され，また融資元本が政府によって全額供給されることによって満たされた[14]。つまり RFC の資本金は全額政府により出資され，また社債は公衆に売却されることなしに「1932 年度において全発行債は財務省によって購入され」[15]ていた。かくて当初から 20 億ドルの貸付元本を保有する一大金融機関が私的金融機関とは一線を劃して，32 年 2 月より大規模な救済融資を展開することになった。

2．RFC の救済融資

図 4-1 に示されるように，RFC の銀行融資は発足後半年の期間に集中してなされている。借入銀行数は 1932 年 2〜7 月に 5437 行にのぼり，4〜7 月の借入数はいずれも 1000 行を上回っている。融資額の観点からみても 4〜7 月のいずれも 1 億ドルを超える融資を実行しており，7 月末の融資残高は 5 億ドルに達している。借入銀行数は 12 月末までに延べで 8438 行に及んでいたものの，融資の返済

(千ドル)

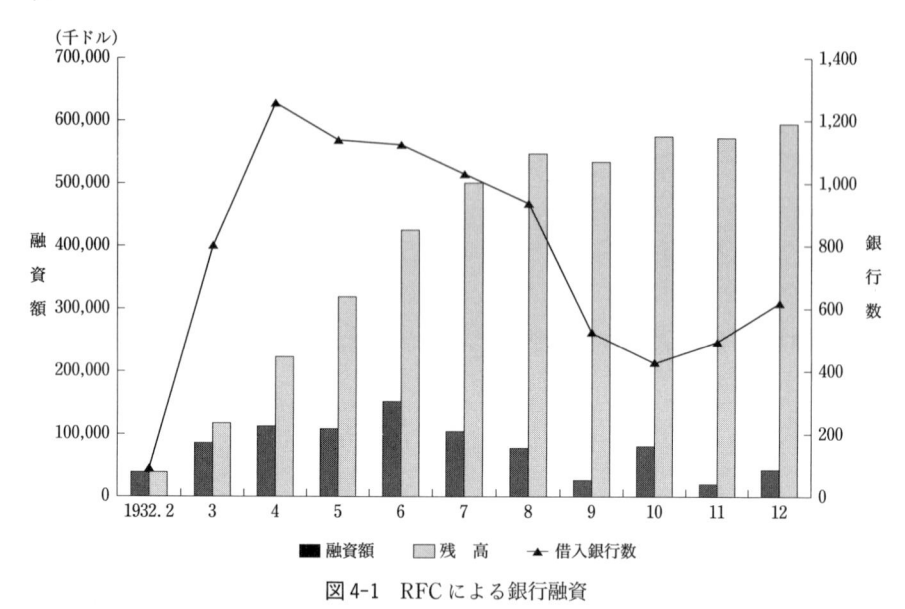

図4-1 RFCによる銀行融資

出所) *Report of RFC*, Fourth Quarter of 1932, p. 28, p. 31

もあり，融資残高は5億9461万ドルにとどまっていた[16]。銀行融資は開業銀行および閉鎖銀行の2種類の銀行に向けられていたが，全国銀行休業以前においては閉鎖銀行への融資は件数で6.6%(558件)，金額で5.4%(6687万ドル)にすぎず，圧倒的部分は開業銀行向けであった。つまり開業銀行への融資は7880件，貸出額は11億7732万ドルに及んでおり，32年におけるRFC融資の目的は預金取付けにあい苦境に立っていた銀行を救済し，ひいては預金者の信用不安を沈静化させることにおかれていた。

次にRFCの融資活動を人口規模別コミュニティの観点からみよう。表4-1にみられるように，融資件数の7割は人口規模5000人未満のコミュニティに所在する銀行に向けられている。これを人口5万人未満のコミュニティに所在する銀行にまで拡大すれば，じつに融資件数の9割は地方の中小銀行に向けられていたことになる。だが融資額でみれば少し異なった姿がみえてくる。人口5万人以下コミュニティ所在の銀行は融資額の4割を占めるにすぎず，人口50万人以上の大都市所在の銀行は銀行数で3.5%にすぎないものの，融資額の1/3を占めてい

表4-1　RFCによる人口規模別融資 (金額単位=千ドル)

人口	融資銀行数		融資額	
	銀行数	%	融資額	%
−5,000	3,962	71.0	168,350	17.7
5,000− 9,999	448	8.0	52,979	5.6
10,000− 24,999	423	7.6	82,373	8.7
25,000− 49,999	206	3.7	65,854	6.9
50,000− 99,999	174	3.1	121,478	12.8
100,000−199,999	116	2.1	92,505	9.8
200,000−499,999	55	1.0	50,204	5.3
500,000−999,999	97	1.7	168,893	17.8
1,000,000−	101	1.8	146,222	15.4
合　計	5,582	100.0	949,858	100.0

出所）*Report of RFC*, Forth Quarter of 1932, p.26

る。つまりRFCの融資は地方都市，大都市を問わず広汎な銀行に実行されていたが，融資額では大都市所在銀行に集中していたことになろう。

さらにRFCの活動を地域別にみることにしよう（表4-2）。借入銀行数は1932年2～12月に東北中央区(25.4％)，西北中央区(23.7％)，中部大西洋区(10.9％)の3地区に6割が集中している。これを州別の上位借入銀行数でみれば，①アイオワ(449行)，②イリノイ(396行)，③ウィスコンシン(359行)，④ペンシルヴェニア(346行)，⑤ミシガン(294行)が上位5州を占めている。これらの州はいずれも破産銀行数の多かった州と重なっており，RFCは信用の動揺している州に優先的に貸付資本を供給していたことになる。それはとりもなおさず，RFCが銀行資産を流動化するために融資を重点的に行ったのは大銀行の所在する州においてであったことを物語っている。

表4-3は1932年にRFCから援助を請うことになった銀行のうち上位10大銀行を示している。なかでも注目される銀行は，RFCの初代総裁を務めたC. G. ドーズが実質的なオーナーであるシカゴ市第3位の銀行であるセントラル・リパブリック・バンク・トラスト(融資額9000万ドル)，RFC融資を最初に申請したサンフランシスコ市のバンク・オブ・アメリカNTSA(6490万ドル)，デトロイト市第3位の銀行であり，後に33年2～3月の銀行恐慌の導火線となったユニオン・ガーディアン・トラスト(1298万ドル)であろう。中西部の大銀行はRFCの救済融資を受けることで流動性を維持していた姿を読み取ることができる。

表 4-2　RFC 融資の州別借入銀行数 (1932.2-12)

	借入銀行数	銀行総数(1932.1)	%		借入銀行数	銀行総数(1932.1)	%
合衆国全体	5,582	19,149	29.2	East South Central	516	1,379	37.4
New England	130	626	20.8	Kentucky	146	497	29.4
Maine	20	81	24.7	Tennessee	159	398	39.9
New Hampshire	10	66	15.2	Alabama	101	256	39.5
Vermont	31	81	38.3	Mississippi	110	228	48.2
Massachusetts	39	229	17.0	West South Central	487	2,102	23.2
Rhode Island	1	26	3.8	Arkansas	114	276	41.3
Connecticut	29	143	20.3	Louisiana	101	200	50.5
Middle Atlantic	610	2,555	23.9	Oklahoma	81	524	15.5
New York	137	834	16.4	Texas	191	1,102	17.3
New Jersey	127	455	27.9	Mountain	226	792	28.5
Pennsylvania	346	1,266	27.3	Montana	47	157	29.9
East North Central	1,419	4,175	34.0	Idaho	45	122	36.9
Ohio	186	772	24.1	Wyoming	13	78	16.7
Indiana	184	651	28.3	Cololado	47	233	20.2
Illinois	396	1,294	30.6	New Mexico	12	50	24.0
Michigan	294	589	49.9	Arizona	14	32	43.8
Wisconsin	359	869	41.3	Utah	39	88	44.3
West North Central	1,325	4,177	31.7	Nevada	9	32	28.1
Minnesota	237	866	27.4	Pacific	330	875	37.7
Iowa	449	935	48.0	Washington	128	286	44.8
Missouri	202	311	65.0	Oregon	72	199	36.2
North Dakota	89	246	36.2	California	130	390	33.3
South Dakota	112	263	42.6				
Nebraska	137	633	21.6				
Kansas	99	923	10.7				
South Atlantic	536	1,787	30.0				
Delaware	2	46	4.3				
Maryland	44	187	23.5				
District of Columbia	17	39	43.6				
Virginia	94	392	24.0				
West Virginia	98	218	45.0				
North Carolina	105	283	37.1				
South Carolina	38	114	33.3				
Georgia	92	321	28.7				
Florida	46	187	24.6				

出所）*Report of RFC*, Forth Quarter of 1932, pp. 12-13

表4-3　RFCの10大融資銀行(1932)　　　　(単位＝千ドル)

銀行名	所在地	融資額
Central Republic Bank & Trust Co.	Ill., Chicago	90,000
Bank of America NTSA	Cal., San Francisco	64,900
First Central Trust Co.	Ohio, Akron	18,135
Union Trust Co.	Ohio, Cleveland	14,000
Union Guardian Trust Co.	Mich., Detroit	12,983
Guardian Trust Co.	Ohio, Cleveland	12,272
Atlantic National Bank of Boston	Mass., Boston	10,000
East Tennessee National Bank	Tenn., Knoxvill	8,663
Baltimore Trust Co.	Md., Baltimore	7,402
Auburndale State Bank	Wis., Auburndale	7,000

出所）*CFC*, Vol. 136, Feb. 4, 1933, pp. 763-772

　以上のようにRFCは連銀信用を受けるに適格な資産を喪失した銀行に対し，「充分かつ適切な担保」(fully and adequately secured)を条件として融資することにより，一時的な流動性を供給していた。全国信用公社も同一の効果を意図していたものの，私的資本に依存するという公社の資金源泉は信用リスクをとることに大きな制約を課していた。だがRFCの資金源泉は公的資金(租税，国債)であり，そのことはRFCにかなりの程度まで信用リスクをとることを可能としていた。

　かくてRFC初代総裁，ドーズは貸出方針について次のように述べることができたのである。

　「復興金融公社は銀行その他に対して貸出をするにあたっては，担保物件の低落する市場価格にとらわれずに，その固有価値に充分の配慮をはらうのである。一時凍結状態にある多くの資産は，銀行の貸出にとって良好な保証物件ではないかもしれないが，復興金融公社の貸出にとっては良好な担保たりうるのである」[17]

　つまり市場価格の下落する不況期にありながら，RFCは金融システムの安定という政策目的にそって銀行救済融資を展開することが可能な資金的基盤を有していたことになる。RFCは公信用を媒介にして，〈健全銀行―(政府証券)―政府―(資本金・社債)―RFC―脆弱銀行〉という貸付資本の新たな循環軌道を形成することに成功したのである。脆弱銀行の凍結資産を健全銀行の遊休貨幣資本と結合させることで，RFCは〈銀行資産(特に「その他」証券投資，不動産担保貸

付）の減価→預金の収縮→銀行破産〉という螺旋的収縮過程を遮断する役割を果たすことになった。

3．RFCの限界

　しかしRFCはいかなる銀行に対しても無制限に貸付を実行していたわけでない。RFCの救済融資活動が活発に行われていた1932年においても，規模は小さくなったとはいえ銀行破産が継続していたところに，それは示されている。RFCは連銀信用を受けえない銀行を対象としていたとはいえ，「厳格な」貸付基準を設定することによって，それらの銀行を選別していたのである。この点に関してドーズ総裁は次のように述べている。

　「実際上はたして凍結の状態にある資産で復興金融公社より貸出を受けることができるか否かは，当該資産が数カ年間を経過すれば，いずれ流動化される見込みがあるかということに依存している。したがって永久に流動化の見込みのない不良資産は復興金融公社においても貸出の対象となりえない」[18]

　RFCはそうした担保に関する評価に加えて，融資の2倍に相当する担保物件を要求したとされている。さらに貸出利率においても借入銀行にとり重い負担となる利子率をとっており，RFCの国庫からの借入金利が3.5％の時に，銀行融資にさいして5.5％を徴収している。RFCのこうした貸付基準を満足させえないまでに資産内容を悪化させていた銀行は，担保不足の故に，破産の運命をたどっている[19]。

　RFC貸付の上述したような2側面は貸付元本の性格に起因するものである。つまり第1に貸付元本は公的資金から賄われることから，私的資本とは異なるリスクのとり方が可能となったことである。しかし第2に公債の発行にともなう連邦財政の膨張自体は兌換制下にあっては一定の限界を劃されることから，貸付の商業採算的性格を脱却することができなかったことである。かくてRFCの救済融資は，一方において大都市部の中枢部分にまで接近してきた銀行破産の大波を阻止して過剰信用を温存するとともに，他方において一定の貸付基準を設定することによって，それと抵触するような脆弱銀行を破産させ，過剰信用を価値破壊していくという2つの性格をあわせもっていたとできるだろう[20]。

　しかしRFCの救済融資によって営業を継続しえた前者の銀行といえども，景

気回復によって銀行資産価値が回復しえない限り,絶えず破産の脅威にさらされる。つまりその役割が救済融資に限定される限り,RFC は流動性不足に陥っている銀行を一時的に救済することが可能とはいえ,回収見込みのない「凍結」資産を保有し,新規の自己資本を調達する必要に迫られている銀行を救済することはできない。全国銀行休業後に営業再開を許可されなかった銀行は 4559 行にのぼっており,そのことは 1932 年時点において銀行界で求められていたものは自己資本の増強であったことを如実に示していた[21]。

第 3 節　グラス・スティーガル法と連邦準備銀行による大規模な公開市場操作

　1931 年央からの産業恐慌の激化はすでにみてきたように RFC の銀行救済融資を必然化させたのであるが,他方において同一の事態はアメリカ銀行制度をして新たな次元,つまり中央銀行信用次元における政策的対応を迫っていた。連銀は国民経済内部で「最後の貸手」として機能することを要請されていたまさにその時に,世界経済的関連から大量の金準備を喪失するという苦境におかれていた。

　中央銀行信用のそうした危機的事態に対しフーヴァー政権がとった対応は,国内的な銀行救済政策を遂行する政策的枠組みを形成することであった。以下ではグラス・スティーガル法による連邦準備法の改正及びその法的対応で可能となった連銀による政府証券の大規模な公開市場操作について考察しよう。

1. グラス・スティーガル法の成立

(1)「自由金」の不足

　銀行不安による大量の通貨退蔵は銀行の支払準備率を低下させ,流動的資産の強制的売却を余儀なくさせていた。とりわけニューヨークの市中大銀行は市内預金の引出に加え,市外銀行からの銀行間預金の引出及び国際的短期資本の流出に見舞われ,危機的状況に陥っている。大銀行の流動性の維持は「最後の貸手」としての連銀の対応に掛かってきていた。

　ここで連銀の足枷となったのは「自由金」の不足という事態であった(図 4-2)。連邦準備法では,連邦準備券に対し 40%,連銀預金に対し 35% の金準備を保有

図 4-2 自 由 金

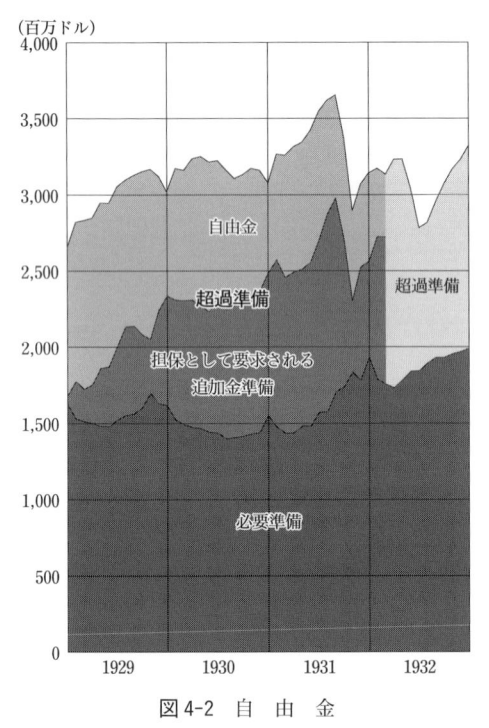

出所) *Annual Report of the Federal Reserve Board*, 1932, p. 17

すると規定されており，これらの法定準備を超える金準備が超過準備となる。さらに真正手形原理にもとづき商業手形が連邦準備券の発券担保として最大 60％ まで認められている。ただし商業手形が 60％ に満たない時には，不足分は金によって代替する必要が生ずる。したがって連銀の真の意味での発券余力は先の超過準備ではなく，商業手形の不足分を控除した残りの金準備（「自由金」）によって表示される。

　アメリカ銀行制度が危機に見舞われた 1931 年央～32 年 6 月における連銀をとりまく状況についてみよう。連銀の金融政策を規定するのは「信用制度の軸点」としての金準備の動向である。金準備は 31 年 6 月(49.56 億ドル)から 32 年 6 月(39.19 億ドル)に 10.37 億ドルの減少を示しており，その内訳は純金流出が 7.14 億ドル，イヤマーク金が 4.15 億ドルとなっている。連銀の準備率は大量の金流

表 4-4 銀行の対外短期債務

(単位＝百万ドル)

	総計	イギリス	フランス	オランダ	スイス	ドイツ	カナダ	ラテン・アメリカ	その他
1929年12月	2,673	302	924	99	105	205	342	188	608
1930年 6月	2,551	272	853	97	217	205	208	173	526
12月	2,335	215	799	122	222	161	217	131	468
1931年 6月	2,037	199	726	108	224	74	170	156	380
9月	1,945	153	685	112	233	82	146	143	391
10月	1,441	135	633	46	86	45	143	126	227
12月	1,304	105	549	45	66	41	148	103	247
1932年 1月	1,279	137	526	39	74	39	142	107	215
3月	1,116	174	360	37	98	39	130	108	170
6月	633	122	49	19	81	33	108	98	123
12月	734	171	72	14	82	30	89	118	158

出所) *Banking & Monetary Statistics*, pp. 574-575

出により31年6月(84.3％)から32年7月(56.3％)に28％の低下をみている。しかし連銀は金準備保有という点では依然として充分に余裕のある状況といえる。

だが連邦準備券の実際の発行は適格手形の不足を補充する金準備を控除した「自由金」の量によって制約される。1932年2月24日に連銀は13.92億ドルの超過準備を保有していたが，発券担保に充分な額の適格手形を保有していなかった。かくて連銀は発券担保として9.3億ドルの金を充当することを余儀なくされ，結果的に連銀が法定必要準備に抵触することなく使用しうる「自由金」は4.16億ドルにまで低下している[22]。この時点の国際的短期債務は11.94億ドルに達していたのであるから，「それ〔自由金〕はニューヨークにとどまっている外国中央銀行残高よりも少ない」[23]という危機的事態を迎えることになった(表4-4)。

さらに事態を複雑にしたのは，12の連銀が中央銀行資産を分散して保有していることである。自由金・適格手形はすべての連銀で均等に保有されておらず，特定の連銀に偏在していた。つまり自由金はニューヨークとシカゴ連銀によってほぼ7割を保有されていた。適格手形の保有も不均等に分散しており，連邦準備局は自由金の不足している連銀に政府証券と交換に移転するように指導している。だがこうした対策も配当を支払う必要上収益資産を手放すことになる連銀から強い抵抗を受けている[24]。「分権的」制度として創設されたアメリカ中央銀行制度は「最後の貸手」として機能すべき時期にその限界を露わにしたといえよう。

ここで連銀がとりうる政策は3つあった。第1は金本位制を犠牲にして金融緩

和政策を継続すること,第2は金融緩和政策を犠牲として金本位制を防衛すること,第3は連邦準備法に規定されている必要準備規定を変更すること[25]。連銀は第3の政策を採用することになる。

(2) グラス・スティーガル法の成立

こうして連銀が一方でヨーロッパへの大量の金流出に対応し,他方では国内の金融市場の逼迫した状態を緩和することを可能とするために,連邦準備法の改正が要請されるに至った。これは1932年2月27日に成立したグラス・スティーガル法によって実現されている。この法律は次の3条からなっている[26]。

① 連邦準備局メンバーのうち5名以上の同意のもとで,連銀は5行以上の加盟銀行グループに対し割引に適格でない担保に対して融資をなすことができる(連邦準備法第10条(A))。

② 連邦準備局メンバーのうち5名以上の同意のもとで,連銀は500万ドル以下の資本金を有する加盟銀行に対し割引に適格でない資産を担保にして融資をなすことができる(連邦準備法第10条(B))。

③ 連邦準備局の多数のメンバーの同意のもと,連邦準備券の発券担保に従来の適格手形に加え,政府証券が認められる(連邦準備法第16条修正)。

以上のうち②及び③は1933年3月3日までの時限立法であり,緊急時に対応するための政策とされていた[27]。第1の連銀による複数銀行グループへの融資は一度も利用されていない。しかし第2の融資は32年中にボストン,ニューヨーク,フィラデルフィア,クリーヴランド,アトランタ,ダラス,サンフランシスコの各連銀地区の50加盟銀行に適用され,2896.5万ドルが融資されている[28]。だが流動性の危機に見舞われた銀行への融資の主要部分は同月に設立されたRFCによって遂行されており,グラス・スティーガル法の最大の意図は政府証券を発券担保にすることで「自由金」を拡大させ,大規模な公開市場操作を展開させることであった。

2. 連邦準備銀行による政府証券買オペ政策の展開

(1) 買オペ政策の実施

グラス・スティーガル法の成立により連邦準備券の発券担保規定を拡大された

連銀は，連邦準備制度発足以来の大規模な政府証券買オペ政策を展開している。1932年2月27日〜8月10日の期間に，連銀は約11億ドルの政府証券を購入し，政府証券保有高は18.51億ドルに達している（図4-3）。大恐慌に入る前の29年7月の連銀信用の構成をみれば，手形割引・手形購入額は12.19億ドルに対し，政府証券は1.36億ドルにすぎなかった。だが大量の買オペ政策の結果，両者の比率は1：4と逆転し，連邦準備券は公信用の性格の色濃いものとなっている。

ところで連銀の金融緩和政策の大部分は1932年4〜6月の3カ月間に集中的になされている。この期間に実施された買オペは増加額の83％（9.16億ドル）を占めている。そして政府証券を発券担保としたのは32年5月5日が最初であり，ピークの7月6日にはそれは6.82億ドルに及んでいる。つまり連銀は政府証券買オペ額（18.01億ドル）のうち38％を発券担保として使用していたことになる[29]。

連銀によるこうした買オペ政策の推移は当時の政治的状況を反映していた。連銀が最も活発に買オペ政策を実施していた時期はアメリカ議会の第72会期と重なっており，連銀の金融政策は議会からの強い政治的圧力のもとにさらされている[30]。恐慌の深化にもとづく政治的・経済的対立の激化，とりわけ小農民の困窮を反映した議会における"インフレニスト"の台頭は，通貨量の管理によってドル購買力の安定を意図するゴールズボロー法案を1932年5月2日に下院で289対60の票決で通過させている。これは上院を通過しなかったものの，国法銀行券の流通量を増加させる住宅貸付銀行法に対するボロー・グラス修正案は7月22日に上下院を通過している[31]。これらの法案以外にも50以上にのぼる通貨膨張法案がこの会期に提案されており[32]，議会のこうした政治的雰囲気に代表されるアメリカの政治的力関係が連銀をして政治的現実と妥協させることになったといえる。つまり連銀は平価切下げ・政府紙幣の発行という最悪の政策選択の代替手段として，政府証券の買オペ政策を推進していった。その意味で32年に連銀によりとられた政策は33年3月の兌換停止以降のアメリカの"通貨実験"の前奏曲をなしていたといえる。

(2) 買オペ政策と金融市場

連銀の買オペ政策が実施された1932年2月末〜7月末の5カ月間に，金融市場では，①金準備の対外流出（3.8億ドル），②連邦準備券の増加（2.04億ドル），

104

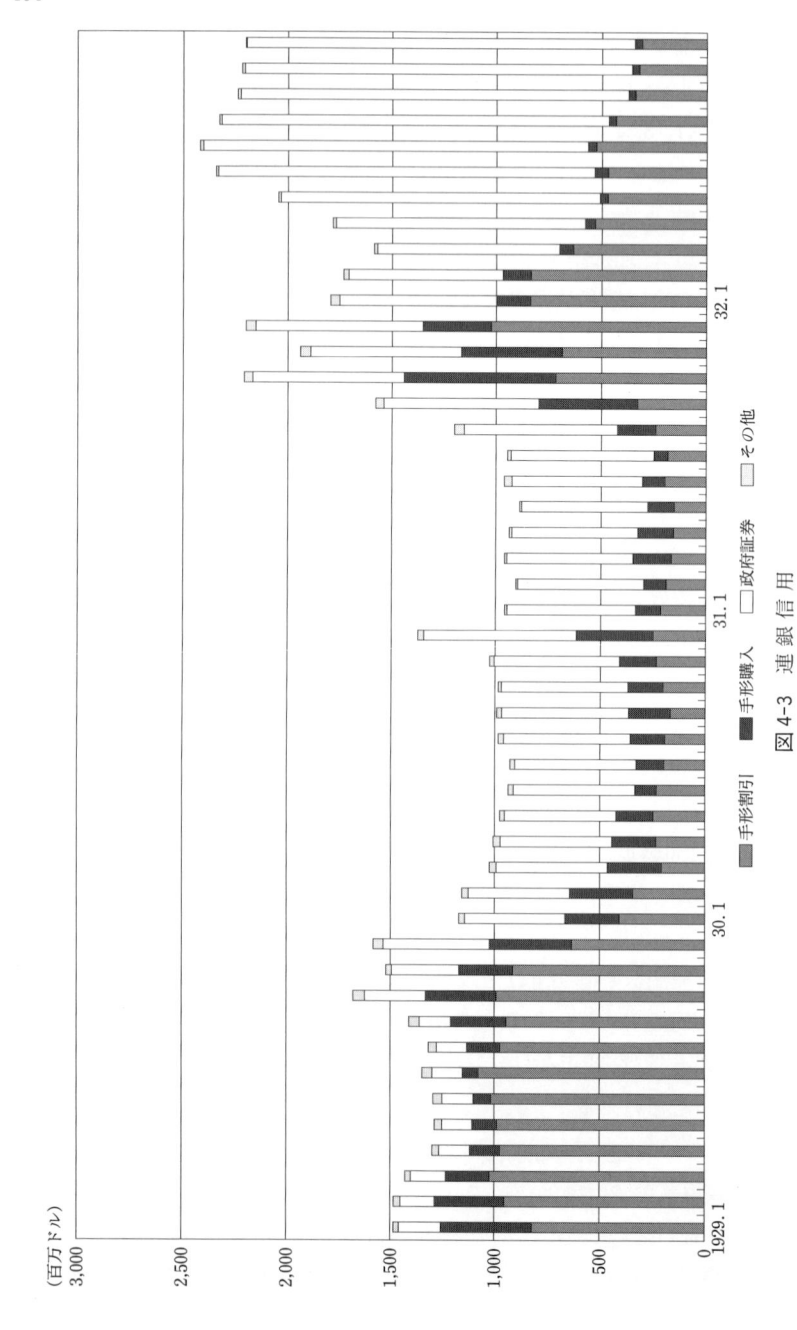

(百万ドル)

■ 手形割引　■ 手形購入　□ 連銀信用
□ 政府証券　□ その他

図 4-3　連銀信用

出所）*Annual Report of the Federal Reserve Board*, 1932, p. 51

③加盟銀行の連銀債務の縮小(3.83億ドル)という変化が生じていた。したがって連銀による約11億ドルの政府証券買オペは5.84億ドルに及ぶ市場利子率逼迫要因を相殺し，さらに加盟銀行に連銀債務の返済を可能にしていたことになる。まさに連銀の買オペ政策は「信用膨張を促進するよりも，信用収縮を阻止するのに役立っ」[33]ていたのである。

買オペ政策の効果は金融市場における利子率の低下として現れてくる。政府短期証券利回りは買オペ政策の動向に最も鋭敏に反応した利子率である。それは金融逼迫による強制売却により1932年1月には2.74%に上昇していたが，大規模な買オペが停止された8月末には0.06%にまで低下している。利回りの低下はその他の金融資産に広く及んでおり，一流銀行引受手形は3%から0.75%，コールレート(更新)は3.12%から2%，一流商業手形は4〜5%から$2〜2\frac{1}{2}$%へ低下している。

その他資産が大幅に収縮していった時に，こうした利子率の低下は「第2線準備」として政府証券の資産比率を高めていた商業銀行の経営に大きな影響を与えている。商業銀行は発行済み政府証券の3割を所有する最大の債権者である。資産に占める政府証券比率は1931年末に加盟銀行全体で17.4%，ニューヨーク市銀行で23.7%に達している。したがって政府証券の価格変動は銀行の資産価値，ひいては支払能力に大きな影響を及ぼすことになる。現実に31年下半期〜32年2月の政府証券価格の下落は銀行に大きな資本損失を招き，さらには政府証券の「第2線準備」としての地位を危うくする性格のものであった。ここに31年秋にその価格下落にかかわらず政府証券を額面で評価する，とする通貨監督官による資産査定基準の変更はニューヨーク大銀行にとり大きな意味を有していたといえる。

（3）連銀買オペ政策の意義

連銀の買オペ政策に関しては評価が分かれている。M. ナドラー・J. I. ボーゲンの次のような見解は消極的評価の代表的なものであろう。

「準備銀行の公開市場操作は利子率の著しい縮小をもたらすのに成功し，また公開市場を短期資金で充満させたが，それは最終的目的を遂行しえなかった。それは銀行信用量の増加をもたらさず，またビジネス活動の低落，証券・商品価格

の持続的な下落を停止させなかった」[34]

　公開市場操作が〈銀行貸付・投資の増加→企業投資の増加→商品・証券価格の上昇〉という経路を通じて実物経済に影響を及ぼすことができなかった，とするのが消極的評価の理由である。しかし公開市場操作の効果をそうした経路でのみ評価するのは妥当とはいえないだろう。

　これに対しS. E. ハリスは「1932年の経験から得られた利益は，資産清算率が減少し，またより危険なインフレ提案の拒否が可能となったことである」[35]として，積極的評価を与えている。つまり後者の政治的側面をさておくとすれば，銀行による資産の強制売却が抑制されたところに，ハリスは公開市場操作の意義を見いだしている。

　ここでは公開市場操作の意義をRFC融資との関連で検討しよう。既述したように，RFCは脆弱銀行の凍結資産を担保として救済融資を行うことにより，担保となった資産価値の下落と預金の収縮を阻止する役割を担っていた。財政資金（政府証券）を融資の源泉とすることにより，RFCは「劣悪」資産を担保とした融資から生ずるリスクを負担することが可能となったからである。だが1931年秋以降の金融不安の高まりは銀行の「第2線準備」としての政府証券の市場への強制売却→価格下落を招くことになった。政府証券の価格下落は一方ではニューヨーク大銀行を中心とした健全銀行に資本損失を，他方では公信用の動揺をもたらしている。ここに連銀による政府証券の買オペ政策が必然化されてくる。つまり連銀の買オペ政策は金融システム危機を回避し，また公信用を維持するという2つの目的を達成するために行われていた。

　かくて〈連銀→健全銀行→政府＝RFC→脆弱銀行〉という新しい資金循環が形成されることになる。連銀の政府証券購入額は11.1億ドルであったが，これはRFCによる救済融資額（11.28億ドル）とほぼ等しい金額であった。したがってRFCに救済融資資金を供給していたのは，政府債に投資していた銀行ではなく，実質的には連銀であったことになろう。つまり政策的に使用された資金の量的規模から判断すれば，〈連銀→脆弱銀行〉の資金の流れが残ることになる。連銀による資金供給こそが最終的に脆弱銀行の預金支払能力を支持していたことになる。銀行・RFCはその意味では連銀から資金が流れていく媒介機関としての役割を遂行していたにすぎない。

だがそうした迂回的な資金の流れは救済融資体制の観点から評価する時，重要な意味を付与される。連銀は適格資産を担保として融資し，RFC は連銀再割引を受けえない「劣悪」資産を担保に融資を行うという担保の性格に対応した救済融資の分業体制が構築されることにより，連銀信用の質的劣化を招くことなく救済融資を展開することが可能となったからである。また RFC は資産の評価を通じて融資対象銀行を選別し，過剰信用を整理・淘汰する役割をも担っていた。このように，私信用(商業手形)が動揺する恐慌期に，政府証券を連邦準備券の発券担保として認めることにより，兌換制下で実施できる限度いっぱいまで救済融資を展開できる枠組みが形成されたのであるが，ここにも新たな次元での問題点が生じてくる。それは救済融資の二重機構のもとで RFC の限界(貸付担保の評価)と連銀の限界(金準備)が必ずしも一致する保証がないことである。これは次節でみる 1933 年 2～3 月の銀行恐慌に関わる論点となる。

第 4 節　1933 年 2～3 月の信用恐慌

連銀と RFC による救済融資体制は銀行破産の波を一時沈静化させたかにみえたが，1933 年 2～3 月には州銀行休業が相次ぎ，最終的には 3 月 4 日に全州で銀行休業令が発動されている。私的銀行信用の動揺が従来のように局地的・部分的にとどまらず，アメリカ銀行制度の中枢をなすニューヨーク大銀行にまで波及し，そして金の内外への流出をもたらした理由とは何であったろうか。以下では 1933 年信用恐慌の性格を銀行恐慌と貨幣恐慌の 2 つの側面から考察しよう。

1．銀行恐慌

前章でみたように，ミシガン州銀行休業の発端をなしたのは，デトロイトにおけるユニオン・ガーディアン・トラストの救済プランの失敗であった。RFC は同行に対する融資の不足額を自動車資本の預金据置きなどの協力で補おうとしたが，それが不成功に終わり，ミシガン州の銀行休業に発展したものである。

1933 年 2 月初旬の時点ではアメリカの私的銀行総体でみればまだ支払準備に余裕があり，政府＝RFC は公信用を媒介にして強大銀行(ニューヨーク大銀行)の遊休貨幣資本を脆弱銀行(ユニオン・ガーディアン)に注入することが可能な状

況にあった。モルガン商会を中心としたニューヨーク大銀行はこの切迫した時点で望んでいた政策もそうした方向にそったものであった。「ウォール街23番地の建物において望まれている解決策は，救済の必要な銀行全部に，無担保融資をおこなうことを復興金融会社に許可する措置であった」[36]。また12連銀の準備率も2月初に65.6%であったから，政府証券の買オペ政策を実施することで，市場に貸付資本を追加的に供給しえただろう。

　このように1933年2月初の金融部面の客観的条件から判断すれば，政府によって採用される政策的余地はかなり広汎に存在していたといえる。しかし連銀・RFCの二元的な救済融資体制はそうした政策的余地を最大限に利用することを困難にしていた。つまり二元的救済融資体制はRFCの限界（商業主義的貸付方針）と連銀の限界（金準備）を乖離させる可能性を内包しており，それが33年2～3月の銀行恐慌において現実化したのである。

　RFCは財政資金を貸付源泉とすることでかなりのリスクをとることが可能となったものの，「永久に流動化の見込みのない不良資産」に対しては融資できないなど，商業主義的貸付方針をとっている。これはRFCの資金源である政府証券の市中消化は兌換制のもとで限界があり，「回転基金」として機能することを宿命づけられていたRFCは〈貸付―返済〉の還流性を重視せざるをえなかったからである。したがってRFCの貸付基準は兌換を維持するために設定した銀行選別の基準であったが，問題はその基準に中小銀行だけでなく，ユニオン・ガーディアン・トラストのような大銀行までもが抵触してきたことである。

　ユニオン・ガーディアンの救済をめぐっては，J. クーゼンス上院議員（ミシガン州選出）とH. フォードの不和・対立が大きな影響を与えたとされるが，それを個人的次元で解釈することは当を得ていないだろう。クーゼンスは上院通貨・銀行委員会のメンバーであり，シカゴのセントラル・リパブリック・バンク・トラストへのRFC融資を厳しく批判していたことからわかるように，かねてよりRFC融資の担保価値について厳格に評価することを主張してきた人物であった[37]。つまりクーゼンスはRFCの有する2側面のうち「商業主義」的側面を具現化していたといえるのであり，そこに銀行危機に際会して救済融資といえども無担保主義にまで踏み込むことができなかった時代的制約をみることができるであろう。

またRFCの貸付内容の詳細が1933年1月26日に公表されたことが全国的銀行恐慌を招いた要因として指摘されている。それは確かに預金者の不安を醸成したのは事実であるが，全国銀行休業へ導いた決定的要因とまではいえないだろう[38]。そうした理解とは反対に，大銀行が貸付を受けるのに充分な担保を保有していなかったが故にRFCの救済融資を受けえなかったこと，そして政府＝RFCは大銀行さえも破産に委ねることになったこと，そうした事情が預金者の信用不安を高め，大銀行信用の動揺→ニューヨーク・シカゴ市の巨大銀行の信用動揺を引き起こすことになったと解すべきであろう。

2．貨幣恐慌

　1933年2～3月における信用恐慌の理解を複雑にしているのは，恐慌の最終局面において連邦準備券流通が増加していただけでなく，金流出も生じていたことである。預金に対する不安は退蔵目的の高額面連邦準備券流通を増加させており，その限りでは中央銀行信用はいまだ動揺していないことになろう[39]。では同時期に生じていた金流出はどのように理解されるのであろうか。

　2月1日～3月4日に連銀の金準備は約6億ドル減少しており，それは1月末の金準備(45.53億ドル)の約13％に相当していた。金流出の第1の特徴は国内への流出が1/2を占めていたことである。アメリカの貨幣制度は金貨本位制を採用していたことから，国内的退蔵需要は金貨・金証券の形態をとることは当然予想される事態であろう。

　さらに第2の特徴は連銀からの金流出の1/2が国外金輸出及び外国勘定へのイヤマークの形態をとっていたことである。アメリカの対外短期債務は1931年6月～32年6月に大幅に減少しており，33年2月1日にはわずか7.64億ドルにすぎない。これらは国際金融中心地としてのニューヨークで保有されている外国中央銀行の運転資金としての性格をもっており，その水準から大幅に低下する可能性は小さかった。したがって先の対外的金流出の大部分は国内資本の対外流出によって説明される。最後の局面で連銀が最も危惧したのは国内資本の対外流出の行方であり，その考慮が連銀をして全国的銀行休業と兌換停止に踏み切らせた最大の原因となっている。

　では国内外で金を流出させていた国内資本の狙いとは何であったのであろうか。

アメリカの国際収支は基本的に黒字基調であり，国際短期債務も最低の運用残高にまで減少していたことから，経済的観点からドル為替相場が低落することは予想されない[40]。にもかかわらず国内資本が金の形態で退蔵貨幣を所有しようとしたのは，フーヴァーからローズヴェルトへの大統領の交代期に遭遇したという政治的背景が指摘される。それは3月4日に就任が予定されていた次期大統領，ローズヴェルトの貨幣政策の不確定，つまりドルの平価切下げをするかもしれないという危惧から生じていた[41]。

次期政権が平価切下げをするかもしれないという危惧は恐慌期の政治的・経済的状況に規定されていただけに，それはかなり確実性をおびたものであった。すでにみてきたように，連銀の大規模な政府証券買オペ政策は小農民の窮乏化を反映した議会における"インフレニスト"の台頭によって提案された過激な通貨政策（政府紙幣の発行，平価切下げなど）を回避する代替手段として行われていた。アメリカ政府は資本蓄積構造を維持していくために，小農民を体制内に包摂するような政策を発動せざるをえない状況におかれていた[42]。イギリスの1931年9月のポンドの兌換停止と為替相場の下落がアメリカ農産物の国際競争力を低下させていたことを考えれば，ドル為替相場の切下げは農業恐慌対策として有力な一手段となるであろう[43]。こうした政治的・経済的状況は国内資本をしてドル切下げによる投機的利益を得るために，ドル預金の金兌換へと誘導していったと考えられる[44]。

1) *Federal Reserve Bulletin*, Oct. 1931, pp. 551-553.
2) *CFC*, Vol. 133, Oct. 24, 1931, p. 2705.
3) *Federal Reserve Bulletin*, Oct. 1931, pp. 555-557.
4) *CFC*, Vol. 134, Mar. 26, 1932, p. 2269.
5) *ibid*., Jan. 9, 1932, p. 241.
6) *ibid*., Jan. 30, 1932, p. 783.
7) 金融研究会『アメリカ復興金融会社の機能概要』（金融研究会，1936年）15頁。
8) M. Nadler & J. I. Bogen, *The Banking Crisis, The End of an Epoch*, Dodd, Mead & Company, NY, 1933, p. 103.
9) *ibid*., pp. 101-104.
10) S. E. Kennedy, *The Banking Crisis of 1933*, University Press of Kentucky, Kentucky, 1973, p. 34.

11) M. Nadler & J. I. Bogen, *op. cit.*, p. 102.
12) *Federal Reserve Bulletin*, Feb. 1932, p. 89, pp. 94-99.
13) *ibid.*, Aug. 1932, pp. 520-527.
14) RFCの資金はすべて政府によって供給されたにもかかわらず，RFC社債というクッションをおいた理由に関して，加藤栄一氏は財政的側面から次のように述べておられる――RFC社債の買入れは財政支出ではなく国庫金の運用となることにより，RFCに関する財政支出は5億ドルの資本金支出のみとなり，連邦財政の赤字を少なく見せることができるという「予算トリック」にあった(加藤栄一「ニューディールの緊急支出について」東北大学『経済学』第28巻1号，1966年7月，4頁)。
15) J. F. Ebersole, One Year of The Reconstruction Finance Corporation, *Quarterly Journal of Economics*, Vol. 47, May 1933, p. 470.
16) RFCの救済融資額のうち，約1.5億ドルは全国信用公社から引き継がれた部分であった(R. W. Goldschmidt, *The Changing Structure of American Banking*, George Routledge and Sons, Ltd., London, 1933, p. 233)。
17) *CFC*, Vol. 134, Jan. 30, 1932, p. 782；金融研究会，前掲書，136～137頁。
18) 同上書，136～137頁。
19) 「あまりにも見込みのないポジションにある銀行は当初から援助を否定されていた」(R. W. Goldschmidt, *op. cit.*, p. 234)。
20) J. F. エバーソルはRFCの選別融資について次のように述べている。「承認された担保にもとづく貸付を通して銀行預金を選択的に保証することは，一般的保証よりも望ましいと考えられた。また承認された担保にもとづく鉄道への貸付は直接的な政府引受あるいは所有よりも望ましいと考えられた。すべての銀行・鉄道の負債が引き受けられないことは，損失が援助されない銀行・鉄道によって引き受けられねばならないことを意味していた。しかし主要会社への援助を通した一般的状況への支援はできる限り多くの負債の清算を遅延させると期待された。その結果きたるべき景気回復から最大限の利益を享受する機会が与えられることになろう」(J. F. Ebersole, *op. cit.*, p. 234)。
21) F. W. フォード(Lincoln National Bank of Newark, N.J., 頭取)は1932年3月初に，銀行が優先株を発行するプランをフーヴァー大統領に提案し，支持を得ている。しかし通貨監督官，J. W. ポールは銀行に自己資本を注入する提案に反対し，実現に至らなかった。RFCが32年1月22日に成立したばかりであり，優先株購入という新たな立法化がRFCによる銀行融資の実施に悪影響を与えることをポールは危惧したからである(F. G. Awalt, Recollections of the Banking Crisis in 1933, *Business History Review*, Vol. 43-3, Autumn 1969, pp. 364-365)。
22) 「自由金」の詳細に関しては，*Federal Reserve Bulletin*, Mar. 1932, pp. 124-144; *Annual Report of the Federal Reserve Board*, 1932, pp. 16-18, を参照。
23) W. A. Brown, Jr., *The International Gold Standard Reinterpreted, 1914-1934*, National Bureau of Economic Research, Inc., NY, 1940, p. 1227.
24) L. V. Chandler, *American Monetary Policy 1928-1941*, Harper & Row, NY, 1971, p. 187.

25) W. A. Brown, Jr., *op. cit.*, p. 1228.
26) *Annual Report of the Federal Reserve Board*, 1932, pp. 191-192.
27) グラス自身は「真正手形理論」を信奉する立場から連邦準備法の改正に否定的であったが, 渋々ながら法案のスポンサーとなることに同意している(L. V. Chandler, *op. cit.*, pp. 188-189)。
28) *Annual Report of the Federal Reserve Board*, 1932, p. 21.
29) L. V. Chandler, *op. cit.*, p. 197.
30) 「もし議会からの直接的・間接的圧力が存在しなかったならば, その控え目な計画も決して主要な計画に拡大しなかったし, あるいは遂行されさえしなかっただろう。ハリソンは4月4日の執行委員会で明白に,「議会によるある種の過激な金融立法の機先を制する唯一の方法は我々自身の計画を一層より早く進めることである」と語っていた」(M. Friedeman & A. J. Schwartz, *A Monetary History of the United States 1867-1960*, Princeton University Press, Princeton, 1963, p. 384)。
31) この修正法は国法銀行券発行の適格担保となる政府証券を2%利子付き債券から$3\frac{3}{8}$%にまで拡大している。これにより国法銀行券の発行可能性は30.89億ドル増加したが, 国法銀行券の発行額は資本金を超過しえないという別な条項のため, 銀行が実際に発行しうる国法銀行券は資本金(15.7億ドル)から流通国法銀行券(6.7億ドル)を控除した9億ドルにすぎなかった(J. D. Paris, *Monetary Policies of the United States, 1932-1938*, Columbia University Press, NY, 1938, pp. 90-97)。
32) 1932年における議会の動向に関しては, A. W. Crawford, *Monetary Management under the New Deal*, 1940, rep., Da Capo Press, NY, 1972, Chap. 1; P. Studenski & H. E. Krooss, *Financial History of the United States*, Mcgraw-Hill Book Company, NY, 1952, pp. 369-371, を参照。
33) M. Friedman & A. J. Schwarz, *op. cit.*, p. 386.
34) M. Nadler & J. I. Bogen, *op. cit.*, pp. 120-121.
35) S. E. Harris, *Twenty Years of Federal Reserve Policy including an Extended Discussion of the Monetary Crisis, 1927-1933*, Vol. 2, Harvard University Press, Cambridge, 1933, p. 702.
36) A. M. Schlesinger, *The Age of Roosevelt*, Vol. I, The Crisis of the Old Order, 1919-1933, Houghton Mifflin Co., Boston, 1957, 救仁郷繁訳『ローズヴェルトの時代 I──旧体制の危機』(ぺりかん社, 1962年)379頁。
37) S. E. Kennedy, *op. cit.*, pp. 86-87; デトロイトの銀行救済に直接関与したA. A. バランタイン財務次官は"全国銀行休業"を必然的なものとしてとらえず, 2人の政治家(クーゼンス上院議員, ローズヴェルト次期大統領)の「個性」という歴史的偶然性によって引き起こされたとしている(A. A. Ballantine, When All The Banks Closed, *HBR*, Vol. 26-2, Mar. 1948, pp. 141-142)。
38) 1933年2月のデトロイトの銀行恐慌に至る原因として, H. R. ネヴィルはクーゼンス上院議員とフォードの不和と並んで, RFC融資の個別的公表を強調している(H. R. Neville, *The Detroit Banking Collapse of 1933*, Occational Paper No. 2, Michigan

第 4 章　銀行救済政策の展開　　113

State University, Michigan, 1960, pp. 43-51)。

39) 連邦準備局『年報』は 1933 年信用恐慌に関して次のような性格規定を与えている。「1933 年 2～3 月の恐慌は通貨恐慌ではなく、銀行恐慌であり、また通貨の不足によってではなく、銀行の支払能力への信頼喪失によって、また不況によって引き起こされたあらゆるクラスの財産価格の低落の結果生ずる銀行資産の減価によって引き起こされた」(*Annual Report of the Federal Reserve Board*, 1933, p. 1)。

40) 1933 年 2～3 月のアメリカ信用恐慌の特徴は、国際的短期資本の流出による金準備の減少→兌換停止のコースを歩んだドイツ、イギリスと異なり、主に国内資本によるドル投機の結果として金準備の減少→兌換停止のコースをたどったことである。したがって信用恐慌の国内的性格を強調する論者が多かったのは当然であろう。例えば、吉富勝『アメリカの大恐慌』(日本評論社、1965 年)316 頁、平田喜彦『アメリカの銀行恐慌　1929～33 年——その過程と原因分析』(立正大学経済研究所、1969 年)60 頁、を参照。

41)「次期政権は平価切下げをするというルーマーは私的銀行・その他のドル保有者による外国通貨の投機的蓄積、金・イヤマークの増加に導いた」(M. Friedman & A. J. Schwarz, *op. cit*., p. 326)。

42) 農村部のインフレーション要求に関しては、秋元英一『ニューディールとアメリカ資本主義——民衆運動史の観点から』第 1 章第 3 節「インフレーション要求の台頭」(東京大学出版会、1989 年)、を参照。

43) 柴田徳太郎氏は次のように「再建国際金本位制の崩壊」という国際的要因を強調されている。「外国短資にせよ国内資金にせよ、3 度にわたる資金流出の原因であったドル不信は、国内の恐慌だけからで生ずるとは考えられないからである。つまり、基軸通貨ポンドが金本位制を離れ再建国際金本位制が事実上崩壊したことを抜きにして、ドル切り下げのうわさの波及を語ることはできないと言える」(柴田徳太郎『大恐慌と現代資本主義』東洋経済新報社、1996 年、171 頁)。しかし〈再建国際金本位制の崩壊〉と〈ドル切り下げのうわさ〉という 2 つの関連について、充分な説明は与えられていない。

44) グラス上院議員はローズヴェルトから次期財務長官の要請を受けたが、平価切下げをしないという確約を得ることができなかったため、就任を拒否している。こうした事情が、ローズヴェルト政権は平価切下げをするというルーマーに一層の裏付けを付与している(B. A. Wigmore, Was the Bank Holding of 1933 Caused by a Run on the Dollar? *Journal of Economic History*, Vol. 47-3, Sept. 1987, p. 744)。

第 II 部　銀行恐慌と預金者保護

第5章　救済型銀行合併と預金者

　銀行合併が銀行業の資本集中に果たす役割は大きい。しかし第1章でみたように，アメリカにおいては銀行合併に地域的制約が課せられているため，ヨーロッパ諸国のように全国的規模での銀行集中は進行しなかった。本章ではそうした地域的制約のなかで，銀行合併が銀行再編に果たした役割を銀行救済との関連に焦点をあてて検討することにする。

第1節　銀行合併と資本集中

1．銀行合併の2類型

　企業合併がアメリカ産業企業の資本集中と巨大化に果たした役割が大きかったように，アメリカ大銀行の成立も幾度となく繰り返された銀行合併の所産といえる。しかしアメリカでは支店制度に対する厳しい法的制約のため，州規模での支店制度の展開が認められていたカリフォルニア州を除けば，銀行合併は主として大都市内部における銀行集中として実現されている。本店所在地における支店設置を認可していた州に属するニューヨーク，デトロイトなどの大銀行は他銀行の合併により独立銀行を支店に転換する形態で拡張が行われたが，厳格なユニット・バンク制度を維持していたシカゴ，セントルイスなどの大都市所在の銀行では，合併は支店の拡張をともなうことがなく，資産及び資本金規模を拡大する手段して位置づけられた。その意味でアメリカ銀行制度は都市部において銀行集中がかなり進んでいたとはいえ，他の先進諸国におけるように銀行合併を梃子にして全国的規模の支店制度を展開する形をとらなかった。

アメリカ商業銀行は1920年代の好況期に規模の拡大，経営の多角化などを意図してかなり積極的な銀行合併政策を展開している。そうした銀行合併は主として株式交換を通してなされる場合が多いため，株式市場における株価の動きが合併の趨勢に大きな影響を与える。ニューヨーク株式市場は29年10月の大崩壊を転機に株価を大きく下落させ，産業企業の合併に暗い影を投げかけたように，主として店頭市場で取り引きされていた銀行株もまたかつての"金縁証券"としての地位を喪失し，株価の大幅な下落を経験している。銀行株をとりまくそうした状況の変化は大恐慌期の銀行合併に影響を及ぼしている。

合併の成否を決定するのは一般的には合併に参加する企業の資産収益性であり，収益性の評価は合併企業の株式交換比率に反映されることにより，対等合併か，あるいは吸収合併かという合併の性格が決定される。つまり企業資産価値が市場の実勢に合わせる形で再評価され，それは株主の保有する擬制資本価値の増減としてだけでなく，新会社における株主構成及び経営権の異動をともなうことになる。

銀行合併においても，それが株式銀行企業である限り，そうした合併の一般的法則が作用するであろう。しかし商業銀行は多数の企業・個人顧客に対し決済業務，金融業務，信託業務という多様な機能を提供しており，そうした特殊性は銀行合併に他産業における合併とは異なる性格を付与する。それは銀行合併においては金融システムの維持という収益性以外の要因が大きく作用するからである。ここに「救済型」の銀行合併が銀行業における合併のなかで特異な地位を占めることになる。

2．1930年代の銀行合併

アメリカの商業銀行数は1929年末(2万3695行)から40年末(1万4288行)に39.7％の低落をみており，40年末の銀行数はピークをなしていた21年(2万9788行)のほぼ1/2の規模にまで縮小している。

銀行数のそうした変動をもたらした要因を検討してみよう(表5-1)。1930年代にプライベート・バンクの動向が商業銀行数に及ぼした影響はネットで49行の純増にすぎないので，20年代(+245行)と比較して，それはほとんど無視しうる規模といえる。したがって銀行数増加に寄与した要因としては，新規設立(1511

表5-1 商業銀行数の変動要因

	1930	1931	1932	1933	1934	1935	1936	1937	1938	1939	1940	合計
〈銀行数の増加要因〉												
新規設立	153	105	93	323	511	101	62	62	39	30	32	1,511
プライベート・バンクからの転換	6	2	7	11	7	9	4	5			3	54
支払停止銀行の再開	155	275	279	150	116	40	13	6	1		2	1,037
不許可銀行の再開				547	636	47	3		1			1,234
合 計	317	383	392	1,128	206	82	82	41	46	37	54	2,768
〈銀行数の減少要因〉												
支払停止	1,292	2,213	1,416	3,891	44	34	43	58	52	41	22	9,106
合 併	769	798	433	322	231	160	176	186	100	119	96	3,390
任意清算	68	99	101	89	104	91	56	56	68	37	49	818
プライベート・バンクへの転換	1		4									5
合 計	2,135	3,111	1,963	4,354	379	288	275	300	220	197	169	13,391

注) 増加・減少要因から「分類不能」を省略
出所) *Banking & Monetary Statistics*, pp. 52-53

行)が38%と最大のシェアを占め，次いで不許可銀行の再開(1234行)が31%，破産銀行の再開(1037行)が26%と続いている。つまり20年代は新規設立が73%を占めて最大の増加要因となっていたが，30年代は2つの銀行再開を合わせれば57%を占めており，不況期特有の問題がそこに反映されている。33年以降の新規設立に分類されている銀行のかなりの部分は，経営悪化していた銀行を再編するために設立された銀行により占められており[1]，好況期のように銀行利潤率の上昇に引きつけられた新規設立とは性格を異にしていた。

次に銀行数を減少させた要因としては，銀行破産(9106行)が68%を占める最大の要因であり，次いで銀行合併(3390行)が25%，任意清算(818行)が6%と続いている。これを1920年代の構成要因と比較すれば，破産のウエイトが高まり(54→68%)，合併のウエイトが低下した(40→25%)ところに30年代の特徴がみられる。このように破産比率上昇はどのグループの銀行にも共通しているとはいえ，国法銀行においては合併(1112行)が破産(1963行)に劣らない規模を有しており，銀行合併が恐慌期にも一定の役割を果たしていたことを窺わせる。他方，非加盟銀行の破産(6774行)は合併(2077行)の3倍以上の規模であり，小規模銀行においては破産が銀行数減少の最大の要因であったことを物語っている。

3．大銀行の合併動向

　アメリカ商業銀行を代表する大銀行(資産1000万ドル以上)において，銀行合併はどのような意義を有していたのであろうか。1930年代に銀行合併により旧銀行名を消失した銀行数は138行であり，銀行破産数に匹敵する規模となっている。このことは不況期における銀行合併と破産の密接な関係を暗示しており，金融システムのうえで重要な役割を遂行している大銀行が破産・合併いずれの道をたどるのかは地域経済，さらには国民経済へ及ぼす影響という観点からみれば大きく異なるからである。

　合併を法的な形式からみれば，一銀行による他銀行の吸収合併が84行であり，52行は26の新銀行の設立とそれへの継承の形態をとっている。さらに合併に参加した銀行数を時期的に区分すれば，合併は1930年(57行)，31年(36行)の2年間に67.4％が集中しており，32年以降の合併動向は低調となり，32年(18行)，33年(12行)，34～40年(15行)となっている。こうした合併の傾向は産業企業の場合と共通しており，合併が株式交換を通じてなされる場合が多いため，株式市場における動向が合併の波を規定する有力な要因となる。株価下落がまだ比較的小さな規模にあった30年には，20年代の銀行合併の余波が継続していた時期といえるだろう。

　銀行合併の特徴としてさらに，資産規模のより大きな銀行が合併に参加していることが指摘できる。合併に参加した銀行のうち，28行は資産規模5000万ドル以上の銀行により占められ，さらにそのうち資産規模1億ドル以上の銀行は16行に及んでいる。最大規模の合併銀行は1930年5月にチェス・ナショナル・バンク(NY)に吸収されたエクィタブル・トラスト(10億140万ドル)，30年11月にバンク・オブ・アメリカ・オブ・カリフォルニアとともにバンク・オブ・アメリカNTSA(SF)を形成したバンク・オブ・イタリー(SF，10億551万ドル)である。銀行破産においても5000万ドル以上の大銀行がその波に飲み込まれていたとはいえ，その数においては少数であり，銀行合併における規模の大きさが注目される。

　合併は現金による株式取得と株式交換という2つの方法により遂行されるが，基本的には株式の取得を通じてなされるのが一般的である。いずれの場合におい

ても被合併銀行の株主は，その金額に大小があるとはいえ，合併後においても投下資本価値を維持することになるが，その資本価値は前者では貨幣形態で，後者では擬制資本（合併銀行の株式）形態で保有される。だが形式的に銀行合併の形態をとっていても，被合併銀行の株主になんらの対価も与えられないケースがあり，そうした救済型の銀行合併が銀行業における特殊性を典型的に反映したものといえる。

以下では大恐慌期の主要な銀行合併を株式交換を通じた積極的な銀行合併と「救済型」の銀行合併という2つのタイプに分けて考察する。

第2節　積極的な銀行合併

銀行合併は現金による株式取得としてよりも，その大部分は株式交換を通じて実現されている。株式交換には合併に参加する銀行の資産評価が反映されるのが一般的であり，合併が規模の拡大あるいは業務の多角化などの積極的な意図をもってなされる場合には被合併銀行の株式は高く評価され，逆に救済的側面が強くなれば，被合併銀行の株式は低い評価しか受けることができない。

株式交換による銀行合併のうち，積極的な目的を有した合併は41件，参加銀行は61行を数えており，合併サンプルのなかでは最大のグループをなしている（表5-2）。このうち18件（参加銀行38行）は新銀行の設立による旧銀行の継承の形態をとっており，残りの23件は他銀行へ吸収合併されていた。こうした合併が最も活発になされたのは1930年であり，27件（参加銀行38行）の合併が同年に集中している。その意味で積極的目的をもってなされた銀行合併は株式市場の動向と密接に関連していたといえる。

以下では積極的な目的をもって行われた銀行合併に属する代表的な事例を取り上げよう。

1．チェス・ナショナル・バンク（New York, N.Y.）による銀行合併

恐慌期のニューヨーク大銀行再編の中心となったのはチェス・ナショナル・バンクであった。同行は1920年代にも活発な銀行合併を展開しており，株式交換を通じて下記の銀行を取得していた[2]。

表 5-2 積極

被合併銀行	所在地	資産
National Bank of Baltimore	Md., Baltimore	22,772
Commercial National Bank	Ill., Peoria	14,388
Merchants & Illinois National Bank	Ill., Peoria	10,401
Murray Hill Trust Co.	N.Y., New York	14,089
Peoples-First National Bank	S.C., Charleston	12,817
American Trust Co.	Mass., Boston	30,602
East End Savings & Trust Co.	Pa., Pittsburgh	12,326
Colonial Trust Co.	Pa., Philadelphia	50,705
Guardian Trust Co.	Mich., Detroit	23,328
Union Trust Co.	Mich., Detroit	50,666
Market Street Title & Trust Co.	Pa., Philadelphia	18,184
Liberty National Bank	Mo., Kansas City	12,540
City National Bank & Trust Co.	Ohio, Dayton	20,176
Dayton Savings & Trust Co.	Ohio, Dayton	21,946
North Ward National Bank	N.J., Newark	15,686
Equitable Trust Co. of NY	N.Y., New York	1,013,971
Interstate Trust Company	N.Y., New York	85,735
Bank of Detroit	Mich., Detroit	54,793
Central National Bank of NY	N.Y., New York	18,706
Niagara Falls Trust Company	N.Y., Niagara Falls	17,935
Home Bank & Trust Co.	Ohio, Toledo	12,316
Security Savings Bank & Trust Co.	Ohio, Toledo	24,015
American-Traders National Bank	Ala., Birmingham	29,480
First National Bank of Birmingham	Ala., Birmingham	47,814
Marine National Bank of Milwaukee	Wis., Milwaukee	13,584
National Exchange Bank	Wis., Milwaukee	11,590
Drovers & Mechanics National Bank	Md., Baltimore	21,231
Continental Trust Company	Md., Baltimore	12,144
Maryland Trust Co.	Md., Baltimore	13,292
Central National Bank	Pa., Philadelphia	52,041
Penn National Bank	Pa., Philadelphia	24,251
Worcester County National Bank	Mass., Worcester	35,105
Broadway National Bank & Trust Co.	N.Y., New York	10,684
Bank of Italy National Trust & Savings Association	Cal., San Francisco	1,055,113
Bank of America of California	Cal., Los Angeles	358,352
Fourth & First National Bank	Tenn., Nashville	54,034
Federal-American National Bank	Washington, D.C.	14,546
Merchants Bank & Trust Company	Washington, D.C.	10,257
Seward National Bank & Trust Co.	N.Y., New York	10,124
Old National Bank	Ind., Fort Wayne	11,046
First & Tri-State National Bank & Trust	Ind., Fort Wayne	32,671
First Citizens Trust Company	Ohio, Columbus	41,106
Bank of America National Association	N.Y., New York	500,175
First Bank & Trust Co.	N.Y., Utica	29,960
Citizens Trust Company of Utica	N.Y., Utica	30,992

的な銀行合併 (単位＝千ドル)

合併時期	株式交換比率	合併銀行
1930. 1	1株：5.25株	Union Trust Co.
1930. 1	1株：1株	Commercial Merchants National Bank & Trust
1930. 1	1株：1株	Commercial Merchants National Bank & Trust
1930. 2	1株：2株	Bank of America NA
1930. 3	1株：1株	Peoples State Bank of SC
1930. 3	1株：$3\frac{1}{3}$株	First National Bank of Boston
1930. 3	1株：1株	Peoples-Pittsburgh Trust Co.
1930. 3	1株：2株	Pennsylvania Co. for Insurance
1930. 3	1株：1株	Union Guardian Trust Co.
1930. 3	1株：1株	Union Guardian Trust Co.
1930. 3	1株：3.5株	Integrity Trust Co.
1930. 3	1株：1株	Fidelity National Bank & Trust Co.
1930. 3	1株：1株	Union Trust Co.
1930. 3	1株：1株	Union Trust Co.
1930. 5	1株：6株	Fidelity Union Trust Co.
1930. 5	4株：5株	Chase National Bank
1930. 6	0.32株：1株	Chase National Bank
1930. 6	1株：1.2株	Guardian Detroit Bank
1930. 6	1株：1株＋現金45ドル	Bank of Manhattan Trust Co.
1930. 6	1株：2株	Power City Trust Co.
1930. 6	1株：2.5株＋現金10ドル	Security-Home Trust Co.
1930. 6	1株：1.0937株	Security-Home Trust Co.
1930. 7	1株：$2\frac{10}{11}$株	new First National Bank of Birmingham
1930. 7	1株：8株	new First National Bank of Birmingham
1930. 7	1株：1.2株	Marine National Exchange Bank
1930. 7	1株：5株	Marine National Exchange Bank
1930. 7	10株：11株	new Maryland Trust Co.
1930. 7	1株：$6\frac{2}{3}$株＋現金10ドル	new Maryland Trust Co.
1930. 7	1株：7株	new Maryland Trust Co.
1930. 7	1株：1株	Central-Penn National Bank
1930. 7	1株：1株	Central-Penn National Bank
1930. 8	1株：$2\frac{1}{3}$株＋現金5ドル	Worcester Bank & Trust Co.
1930. 9	1株：1.5株	Broadway & Plaza Trust Co.
1930.11	1株：1株	Bank of America NTSA
1930.11	5株：1株	Bank of America NTSA
1930.11	1株：2.5株	American National Bank
1930.11	1株：5株	Federal-American National Bank & Trust Co.
1930.11	1株：2株	Federal-American National Bank & Trust Co.
1931. 5	1株：1株	Bank of Manhattan Co.
1931. 6	1株：1株	Old First National Bank & Trust Co.
1931. 6	1株：0.625株	Old First National Bank & Trust Co.
1931. 9	1株：1株	Ohio National Bank
1931.11	1株：0.6株＋現金0.4ドル	National City Bank of NY
1931.11	1株：$1\frac{1}{3}$株	First Citizens Bank & Trust Co.
1931.11	1株：$1\frac{10}{65}$株	First Citizens Bank & Trust Co.

〈表5-2 続き〉

被合併銀行	所在地	資産
Utica Trust & Deposit Co.	N.Y., Utica	20,679
Peoples Wayne County Bank	Mich., Detroit	310,454
First National Bank in Detroit	Mich., Detroit	180,777
National Bank of Commerce	Mich., Detroit	117,054
Guardian Detroit Bank	Mich., Detroit	64,366
Anglo & London Paris National Bank	Cal., San Francisco	165,369
Anglo-California Trust Company	Cal., San Francisco	77,909
Colonial-Northeastern Trust Co.	Pa., Reading	11,926
Teree Haute National Bank & Trust Co.	Ind., Terre Haute	15,680
First-Mckeen National Bank & Trust Co.	Ind., Terre Haute	10,800
Dollar Savings & Trust Company	W.Va., Wheeling	18,179
Essex County Trust Co.	N.J., East Orange	12,449
Camden Safe Deposit & Trust Co.	N.J., Camden	30,797
West Jersey-Parkside Trust Co.	N.J., Camden	10,289
Portland National Bank	Me., Portland	13,538
First National Bank	Me., Portland	11,834

注）資産は1929年末の数字
出所）*Moody's Bank & Finance*

1921　Metroporitan Bank
1925　American Foreign Banking Corp.
1926　Mechanics & Metals National Bank
1927　Mutual Bank
1929　Garfield National Bank
　　　National Park Bank

　こうした合併の結果，チェスの資本金は1500万ドル(1920年1月)から1億500万ドル(29年末)，資産は5億1800万ドルから17億1483万ドルに飛躍的に増加している[3]。しかしチェスが経験した合併のうちで最大の合併は30年6月のエクィタブル・トラスト(資産10億1397万ドル)及びインタースティト・トラスト(8574万ドル)の合併であり，この結果，チェスは資産26億9733万ドルを有する銀行になり，ナショナル・シティ・バンク，ギャランティ・トラスト社を凌駕して，アメリカ最大銀行の地位を占めることになった[4]。
　この合併は株式交換を通じてなされ，その交換比率は次の通りである。

　Chase：Equitable＝4株：5株
　Chase：Interstate＝0.32株：1株

合併時期	株式交換比率	合 併 銀 行
1931.11	1株：0	First Citizens Bank & Trust Co.
1931.12	1株：1株	First Wayne National Bank
1931.12	1株：1株	First Wayne National Bank
1931.12	1株：1株	Guardian National Bank of Commerce Co.
1931.12	1株：1株	Guardian National Bank of Commerce Co.
1932. 6	1株：4株	Anglo-California National Bank
1932. 6	1株：8株	Anglo-California National Bank
1932. 6	1株：1.2株	Berks County Trust Co.
1932.11	1株：2.27株	Terre Haute First National Bank
1932.11	1株：2.27株	Terre Haute First National Bank
1934. 1	1株：1$\frac{1}{9}$株	Wheeling Dollar Savings & Trust Co.
1935. 9	1株：4株	Fidelity Union Trust Co.
1938. 4	1株：2株	Camden Trust Co.
1938. 4	1株：1株	Camden Trust Co.
1939.12	1株：2株	First Portland National Bank
1939.12	1株：1株＋現金10ドル	First Portland National Bank

　3銀行の株式額面は20ドルであるので，エクィタブル，インターステイトの両銀行にとりこの交換比率は不利にみえるが，配当・株価を考慮すれば，チェスの株式を取得する株主にとり必ずしもそうともいえないであろう。3銀行は1929年に株式分割を行い，額面はいずれも100ドルから20ドルに変化していたが，株価はチェス（135～285ドル），エクィタブル（74～110ドル），インターステイト（28～70ドル）においてかなりの格差をもっている。したがってエクィタブル，インターステイトの株主にとり，取得した株式を市場で売却した場合には，より大きな果実を手にすることが可能であった。合併と株式市場との緊密な関連はここにも示されている。

　チェスの合併の意図はその後のグループ再編において示されている。チェス・グループの銀行業務はチェス・ナショナル・バンク，信託業務は新エクィタブル・トラスト，国際業務はチェス銀行により担われることになった。チェス銀行はエッヂ法にもとづき1930年5月に設立されており，エクィタブルのパリ，メキシコシティの支店，またエクィタブル・イースタン・バンキング（エクィタブルの子会社）の極東における支店（上海，香港，天津）を引き継いでいる[5]。

2. ナショナル・シティ・バンク(New York, N.Y.)による銀行合併

　ナショナル・シティ・バンクは1929年末に22億624万ドルの資産を有するアメリカ第1位の銀行であった。同行の合併戦略は主に国際金融業務と信託業務の拡充に向けられている。同行の主要な合併は以下の通りである[6]。

1915	International Banking Corp.
1921	Commercial National Bank
	Second National Bank
1925	Bank of Haiti
1926	Peoples Trust Co.
1929	Farmers Loan & Trust Co.
1931	American Colonial Bank of Puerto Rico
	Bank of America NA

　ナショナル・シティの国際金融業務拡充はインターナショナル・バンキング，バンク・オブ・ハイチ，アメリカン・コロニアル・バンク・オブ・プエルトリコの合併により実現されている。また同行は1929年6月にファーマーズ・ローン・トラスト(資産2億5092万ドル)を合併し，両行の信託部門をシティ・バンク・ファーマーズ・トラストに，ファーマーズの銀行部門はナショナル・シティに移管された。ファーマーズの株主は合併にあたり1株につき5株のナショナル・シティ株及び現金4.67ドルを取得している[7]。かくてナショナル・シティ・バンクの資本金は4000万ドル(1920年)から1億1000万ドル(29年6月)に増加することになり，銀行，信託，証券(National City Co.)のフル・サービスを提供するアメリカ最大の金融機関となっている。

　大恐慌期に入れば一転して，同行の合併は低調に推移しており，唯一の大合併は1931年11月のバンク・オブ・アメリカNA(資産4億3794万ドル)の獲得であった。この合併はバンク・オブ・アメリカ1株(額面25ドル)に対し0.6株のナショナル・シティ株(額面20ドル)プラス現金0.4ドルの割合で株式交換がなされ，同時にナショナル・シティ・バンクはバンク・オブ・アメリカの子会社であるバンカメリカーブレアー社をも取得している[8]。この株式交換比率は両銀行の1株あたり配当の差(バンク・オブ・アメリカ＝2ドル，ナショナル・シティ・バンク＝4ドル)を反映しており，バンク・オブ・アメリカ株をナショナ

ル・シティ・バンク株のほぼ1/2に評価したことになる。この取引の結果としてバンク・オブ・アメリカの持株会社であるトランスアメリカ社は総株数の8.7%を保有するナショナル・シティ・バンクの最大株主となっている[9]。

ところでこの合併はA.P. ジアニーニに主導された西部資本によるニューヨーク進出の挫折という側面をもっていた。ジアニーニは早くも1919年にニューヨークでイースト・リバー・ナショナル・バンクを，またその持株会社としてバンキタリを設立し，後者はバンク・オブ・イタリーの株主により支配されていた。バンキタリはその後コマーシャル・エックスチェンジ・ナショナル・バンク（2626万ドル）を，さらに1928年には1812年の創業というニューヨークの古い銀行であるバンク・オブ・アメリカ（1億9459万ドル）を獲得し，ボウリー・イースト・リバー・ナショナル・バンク（1億644万ドル）を加えて，新バンク・オブ・アメリカNAが誕生したのである[10]。28年10月にバンキタリに代えてトランスアメリカ社（Transamerica Corporation）がカリフォルニア，ニューヨーク2州にまたがる持株会社として設立され，その存在はニューヨークの既成大銀行にとり脅威となっていた。だがバンク・オブ・アメリカの経営者内部における足並みの乱れ[11]，州際業務に対する規制当局からの批判に加え，カリフォルニアにおけるバンク・オブ・アメリカNTSA自身の経営悪化などにより，バンク・オブ・アメリカNAをナショナル・シティ・バンクへ売却することにより，カリフォルニア資本は東部からの撤退を余儀なくされていった。

3．バンク・オブ・アメリカNTSA (San Francisco, Cal.)の形成

1904年にイタリア移民の銀行としてサンフランシスコに創設されたバンク・オブ・イタリーは既存銀行の合併あるいは支店の新設を通じてカリフォルニア州全域に支店網を築き上げ，その勢力を拡大していた。バンク・オブ・イタリーは27年3月に系列銀行であるアメリカン・リバティ・バンク（136支店，資産2億ドル）を合併し，あわせて州法銀行から国法銀行に転換した。この銀行（Bank of Italy NTSA）は支店276，資産6億7500万ドルを有し，ナショナル・シティ・バンク，チェス・ナショナル・バンクに次いで合衆国第3位の銀行となった[12]。

他方ジアニーニは1928年12月にロサンゼルスのマーチャント・ナショナル・トラスト・セィヴィング・バンク，サンフランシスコのユナイティド・セキュリ

ティ・バンク・トラストを合併させ，新銀行バンク・オブ・アメリカ・オブ・カリフォルニア(Bank of America of California)を設立した。この銀行は支店を138，預金を3億5797万ドル擁し，ニューヨークのギャランティ・トラスト社に次ぐ，国内第2位の州法銀行となった[13]。

この2銀行はさらに1930年11月に合併し，バンク・オブ・アメリカNTSAを形成，290の支店と資産11億7143万ドルを有する合衆国第5位の銀行となる[14]。かくて30年末の時点でジアニーニが支配することになった銀行はバンク・オブ・アメリカNTSAに加え，法的制約により参加しなかった支店・銀行を継承した州法銀行バンク・オブ・アメリカ・オブ・カリフォルニア，バンク・オブ・アメリカNA (NY)となり，それらは28年10月にデラウェア州で設立された持株会社トランスアメリカ社の支配下におかれている。トランスアメリカ社が支配する銀行の資産総計は16億7020万ドルに及んでいた。

ところがアメリカ銀行界を襲った1931年後半～32年前半の信用危機は同行を窮地に陥れることになる。産業不況の深化は貸付債権の不良化をもたらし[15]，同行に対する信用不安は31年6月(9億800万ドル)から32年3月26日(6億1718万ドル)に2億9082万ドルの巨額の預金流出を惹起した。同行は流動資産，政府証券の売却によりこの流動性危機に対応しようとしたものの，それも限界に達し，かくて債券・株式・不動産を担保にしてニューヨーク銀行団(1900万ドル)，全国信用公社(750万ドル)，復興金融公社(RFC)(4000万ドル)，連銀(7290万ドル)から借入を余儀なくされている[16]。バンク・オブ・アメリカNTSAの信用危機は公的融資がなければ破産の運命をたどるまでに切迫しており，こうした経過のなかで同行はナショナル・シティ・バンクへのバンク・オブ・アメリカNAの売却とニューヨークからの撤退を余儀なくされたのであった。

4．デトロイトにおける銀行合併

デトロイトは自動車産業の発展と並行して急膨張を遂げ，人口は1900年(28万5704人)から20年(99万3678人)に3.5倍，さらに20年から30年(156万8662人)に58％の増加をみ，デトロイトは合衆国第4位の大都市に成長している。デトロイトの自動車産業に依存する比率は56.5％と異常に高く，そうした特定産業への高い依存は恐慌期の自動車生産の大幅な縮小とともに，デトロイト

の銀行に大きな打撃を与えている[17]）。

　ミシガン州は本店所在市における支店設置を認めており，デトロイトはシカゴ連銀地区で最も支店制度を発達させていた都市である。デトロイトにおける銀行支店は1918年（122支店）から30年（307支店）に2.5倍に増加しており，なかでもピープルズ・ウェイン・カウンティ・バンクは152支店と半数を占めている[18]）。こうした支店制度の発展は自動車産業の工場及び労働者のデトロイト郊外への拡散と関連しており，デトロイト大銀行は企業・個人顧客の銀行サービス需要に応えるため，営業領域を郊外地域にまで拡大する必要に迫られたのである。

　さらにデトロイト銀行界を特徴づけるのは他都市にないほど高い銀行集中を実現したことであり，デトロイトは2大銀行グループにより支配されることになった。デトロイトにおけるグループ銀行化の動きは1928年5月に持株会社ユニオン・コマース社により開始され，同社は29年12月にガーディアン・デトロイト・グループ（29年5月設立）と株式交換で合併し，ガーディアン・デトロイト・ユニオン・グループが成立した。このグループはデトロイト及びメトロポリタン地域の資産7億2125万ドルを有する32の金融機関を支配していた[19]）。他方持株会社デトロイト・バンカーズ社は株式恐慌が勃発して3カ月後の30年1月に設立され，資産2億4773万ドルを有するデトロイト大銀行5行を含む12の金融機関を支配するデトロイト・バンカーズ・グループが結成された[20]）。

　デトロイトの銀行はさらにグループ内外で合併を行ったため，デトロイト大手商業銀行数は13行（1929年）から4行（32年）にまで減少している。まずガーディアン・グループでは，ガーディアン・デトロイト・バンクが30年6月にバンク・オブ・デトロイト（資産5800万ドル）を合併し，さらに31年12月にナショナル・バンク・オブ・コマースと合併し，資産1億9927万ドル，38支店を有するガーディアン・ナショナル・バンク・オブ・コマースが誕生している[21]）。

　またデトロイト・バンカーズ・グループの中心をなしているファースト・ウェイン・ナショナル・バンク（資産3億2261万ドル）は恐慌期に入ると次々と有力銀行を合併・吸収していった。同行は30年5月にペニンシュラー・スティト・バンク（9922万ドル），バンク・オブ・ミシガン（6980万ドル），31年3月には独自のグループを形成していたアメリカン・スティト・バンク（5410万ドル）を吸収合併しており，31年12月にはグループ内のもう一つの有力銀行，ファース

表5-3 消極

被合併銀行	所在地	資産
Peninsular State Bank	Mich., Detroit	52,964
Bank of Michigan	Mich., Detroit	96,614
National Security Bank & Trust Co.	Pa., Philadelphia	14,155
Kensington Trust Co.	Pa., Philadelphia	17,118
Beacon Trust Company	Mass., Boston	44,606
Farmers & Merchants National Bank	Md., Baltimore	10,786
American Trust Company	N.Y., New York	70,770
Ohio State Bank & Trust Co.	Ohio, Akron	12,987
National Bank of the Republic of Chicago	Ill., Chicago	478,547
Central Trust Company of Illinois	Ill., Chicago	177,960
Chicago Trust Company	Ill., Chicago	14,800
Straus National Bank & Trust Co.	N.Y., New York	18,989
International Trust Company	N.Y., New York	32,223
First-City Trust & Savings Bank	Ohio, Akron	47,954
Central Depositors Bank & Trust Co.	Ohio, Akron	36,450
Chatham Phenix National Bank & Trust Co.	N.Y., New York	328,641
Liberty National Bank & Trust Co.	N.Y., New York	24,057
Norfolk National Bank of Commerce & Trust Co.	Va., Norfolk	33,916
Commonwealth Trust Co.	N.J., Union City	11,088
Merchants Trust Co.	N.J., Union City	9,549

注) 資産は1929年末の数字，ただしMerchants Trust Co.の資産は1930年末の数字
出所) Moody's Bank & Finance

ト・ナショナル・バンクと合併し，資産5億8235万ドル，180支店を擁するデトロイト最大の銀行，ファースト・ウェイン・ナショナル・バンクが誕生した[22]。かくてデトロイトはこの2大銀行により資産の93%を支配されるアメリカ大都市のなかで最も銀行集中度の高い都市となっていた。そして2大銀行はいずれも国法免許を取得したため，それまで州法銀行が優勢であったミシガン州の銀行地図は塗り替えられている[23]。

第3節 救済型銀行合併——(1) 株式交換による銀行合併

　銀行合併の性格も銀行に対する信用不安が高まり，破産件数が増大するにつれて変化してくる。1930年の銀行合併の大部分は20年代の延長線上にあり，規模拡大あるいは業務の拡大を意図したものにより占められていた。だが31年央からの銀行合併は信用不安の高まりのなかで防衛的性格が色濃くなり，株式交換の

的な銀行合併 (単位＝千ドル)

合併時期	株式交換比率	合 併 銀 行
1930. 5	5株:4.1株	Detroit Bankers Co.
1930. 5	4株:3株	Detroit Bankers Co.
1930. 7	2.5株:1株	Kensington Security Bank & Trust Co.
1930. 7	1株:1株	Kensington Security Bank & Trust Co.
1930. 7	2株:1株	Atlantic National Bank
1930. 8	10株:3.5株	Union Trust Co.
1930.11	5株:3株	Bank of Manhattan Co.
1931. 1	2株:1株	First-City Trust Savings Bank
1931. 7	$9\frac{1}{6}$株:1株	Central Republic Bank & Trust
1931. 7	3株:2株	Central Republic Bank & Trust
1931. 7	1株:0	Central Republic Bank & Trust
1931. 9	1株:1.4株	Continental Bank & Trust
1931. 9	8株:1株	Continental Bank & Trust
1931.11	1株:1株	First-Central Trust
1931.11	4.4株:1株	First-Central Trust
1932. 1	1株:0.675株	Manufacturers Trust Co.
1932. 4	180株:1株	Harriman National Bank & Trust
1933.10	2株:1株	National Bank of Commerce
1939. 6	1株:0.25株	Commonwealth-Merchants Trust Co.
1939. 6	1株:0.4株	Commonwealth-Merchants Trust Co.

形態をとり，被合併銀行の旧株主も新銀行にとどまるとはいえ，それは実質的には救済合併となんら変わりないものに変質していく。以下ではそうした消極的性格を有した銀行合併の代表例を考察しよう（表5-3）。

1. セントラル・トラスト・オブ・イリノイによるナショナル・バンク・オブ・リパブリックの合併(Chicago, Ill., 1931.7)

　イリノイ州は支店を認めない厳格なユニット・バンク制度を採用しているため，シカゴ大銀行（ループ銀行）の資金規模増加はシカゴ市内における預金，中西部地域のコルレス銀行からの銀行間預金及び銀行合併の3つの経路を通じて実現されている。このうち中西部地域のコルレス銀行からの預金はシカゴの少数大銀行に集中しており，とりわけコンチネンタル・イリノイ・ナショナル・バンク・トラスト，ファースト・ナショナル・バンクの2大銀行がその2/3を，残りの3行が1/3を占有していた。

ハリス・トラスト・セィヴィング・バンク及びノザン・トラストの2行は例外的に合併を経験しておらず，もっぱら市内の預金増加により成長している[24]。だが他のループ銀行の規模拡大は主に数度にわたる合併により成し遂げられており，1897～1929年に合併の結果消滅したシカゴ銀行数は，州法銀行で57行，国法銀行で30行にのぼっている[25]。チェーン・バンク及びグループ・バンクの形成が支店禁止州における銀行勢力拡大の有力な手段であり，イリノイ州でも12グループ(資産12億529万ドル)が形成されていたものの，デトロイト，ミネアポリスのような発展をみることはなかった[26]。ループ銀行では，フォーマン・グループが14銀行，ファースト・ナショナル・バンクが7銀行，セントラル・トラストが3銀行，ナショナル・バンク・オブ・リパブリックが5銀行を支配していたにすぎず，中西部地域における銀行間預金の受け皿としての立場がそうしたグループの大規模な結成を抑制させる要因となっていた[27]。

ループ銀行は1929年末に21行を数えていたが，次の7大銀行(5国法銀行，2州法銀行)がシカゴ銀行界を支配するという寡占状態が形成されていた[28](表5-4)。

Continental Illinois National Bank & Trust Co.	資産11億7660万ドル
National Bank of the Republic of Chicago	4億7855万ドル
First National Bank of Chicago	4億5931万ドル
Foreman-State National Bank	2億350万ドル
Central Trust Co. of Illinois	1億7796万ドル
Harris Trust & Savings Bank	1億565万ドル
Northern Trust Company	6940万ドル

シカゴ郊外の銀行はシカゴの外延的発展にともなって生ずる不動産(個人住宅，商業用)需要に応えたため，貸付に占める不動産担保融資の比率は高い数字を示していたが[29]，ループ銀行のそれは低水準にあった。だがループ銀行はチェーン，グループ銀行あるいは銀行間預金との関連で郊外銀行と密接な関係にあり，恐慌の深化にともなう不動産価値の低落はループ銀行にも深刻な打撃を与えている。シカゴの銀行は1931年に入ると預金取付けに見舞われ，とりわけシカゴ郊外の銀行と密接な関係を有していたフォーマン・スティト・ナショナル・バンク，ナショナル・バンク・オブ・リパブリック，セントラル・トラストが大きな圧力にさらされていた。かくて7大銀行のうちフォーマン・バンクは後述するように

ファースト・ナショナル・バンクに吸収され，ナショナル・バンク・オブ・リパブリック及びその子会社シカゴ・トラストはC. G. ドーズが率いるセントラル・トラストに吸収・合併され，新銀行セントラル・リパブリック・バンク・トラストを31年7月に形成した。合併にさいしての株式の交換比率は次の通りである[30]。

Central Trust (額面100ドル)　　　　　　　　　3株：2株
National Bank of the Republic (額面20ドル)　$9\frac{1}{6}$株：1株

シカゴ・トラストは1929年7月にリパブリックにより全株式を取得されていたため，セントラル・リパブリック株はセントラルとリパブリックの株主に交付されている。だが株式の交換比率はリパブリックに不利な条件となっており，新銀行の株式はリパブリック(6万株)，セントラル(8万株)となり，セントラル優位な株主構成となっている。その結果として取締役会において，名誉会長(C. G. ドーズ)，会長(J. E. オーティス)，頭取(P. R. クラーク)のポストが旧セントラル側により占められている[31]。このように合併にさいし2行の旧株式は低く評価され，資本金は2250万ドル(2行合計)から1400万ドルに減少している。合併にさいし両行の不良資産が清算会社(Central Illinois Co., National Republic Co.)に移されているため，そうした差益は不良資産の整理に充てられている。したがってこの合併は「任意型と強制型の境界線上にある」[32]とされるように，20年代のように規模拡大あるいは業務多角化を意図したものというよりも，信用危機を回避するための救済的側面が強かった[33]。

だが合併にさいして一定の不良資産を整理したものの，それは充分なものとはいえず，その後の実体経済の悪化，とりわけ1932年4月のインスル公益事業帝国の崩壊は新銀行，セントラル・リパブリックを新たな信用危機の渦中に巻き込むことになる。銀行の実質的なオーナーであるドーズはRFC総裁を急遽辞任し，銀行建て直しに奔走したが，自力再建は不可能であった[34]。

しかしシカゴの銀行にはかってのように信用危機にある銀行を自力で救済合併するだけの余裕を喪失していた。だがセントラル・リパブリックが破綻すれば，シカゴの全銀行が閉鎖を余儀なくされることは必定であった。こうしてセントラルを救済するために，RFCは1億1800万ドル(帳簿価値)の担保に対し9000万ドルの融資を実行し，シカゴの諸銀行は外国証券を担保に500万ドルを融資し

(単位=千ドル)

表 5-4　シカゴ銀行界の動向

銀行名	資産 1929	資産 1940	動向
Continental Illinois National Bank & Trust Co.	1,176,603	1,620,004	
National Bank of the Republic of Chicago	478,547	—	合併(1931.7)→Central Republic Bk. & Tr. Co.→再編(1932.10)→City National Bk. & Tr.
First National Bank of Chicago	459,309	1,238,292	
Foreman-State National Bank	203,501	—	合併(1931.6)→First National Bank
Central Trust Co. of Illinois	177,960	—	合併(1931.7)→Central Republic Bk. & Tr. Co.→再編(1932.10)→City National Bk. & Tr.
First Union Trust & Savings Bank	147,649	—	合併(1933.7)→First National Bank
Harris Trust & Savings Bank	105,652	338,283	
Northern Trust Company	69,395	422,600	
City National Bank & Trust Co.	—	184,637	
Chicago Title & Trust Co.	42,001	37,329	
Foreman-State Trust & Savings Bank	36,521	—	合併(1931.6)→First National Bank
Peoples Trust & Savings Bank of Chicago	32,844	—	清算(1932.6)
Drovers National Bank	22,847	37,889	
Stock Yards National Bank of Chicago	21,878	—	合併(1933.1)→Live Stock National Bank
North-Western Trust & Savings Bank	21,601	8,635	再編(1934.8)→Milwaukee Avenue National Bank
Peoples National Bank & Trust Co.	17,190	—	清算(1932.6)
Kasper American State Bank	16,816	3,300	閉鎖(1932.6)→再編(1935.1)
Madison & Kedzie State Bank	16,043	10,048	再編(1930.2)→再編(1934)→Merchants National Bank
West Side Trust & Savings Bank	15,272	—	清算(1933.12)
Straus National Bank & Trust Co. of Chicago	14,998	84,434	銀行名変更(1933.1)→American National Bk. & Tr.
Chicago Trust Co.	14,800	—	合併(1931.7)→Central Republic Bk. & Tr. Co.→再編(1932.10)→City National Bk. & Tr.
Mid-City Trust & Savings Bank	14,624	14,054	再編(1933.5)→Mid-City National Bank
Lake View Trust & Savings Bank	14,434	37,961	
Boulevard Bridge Bank of Chicago	14,265	22,025	銀行名変更(1933.3)→National Boulevard Bank

135

Sheridan Trust & Savings Bank	14,091	—	清算 (1931. 6)
Cosmopolitan State Bank	13,919	—	清算 (1933. 2)
Central Manufacturing District Bank	13,900	—	清算 (1932. 6)
Washington Park National Bank	13,757	—	清算 (1931. 6)
Mercantile Trust & Savings Bank	13,563	23,281	銀行名変更 (1939. 7) →Mercantile National Bank
American Trust & Safe Deposit Co.	12,976	—	再編 (1932. 1) →清算 (1933. 8)
Union Bank of Chicago	12,870	—	合併 (1930. 1) →Chicago Bank of Commerce
Reliance Bank & Trust Co.	12,513	—	清算 (1932. 6)
Citizens State Bank	12,355	—	清算 (1931. 3)
Home Bank & Trust Company	12,032	—	清算 (1932. 6)
Pioneer Trust & Savings Bank	11,967	26,986	
Liberty Trust & Savings Bank	11,808	15,700	銀行名変更 (1934. 8) →Liberty National Bank
Garfield State Bank	11,755	—	清算 (1931. 6)
Personal Loan & Savings Bank	11,631	12,373	銀行名変更 (1940) →Industrial National Bank
Hyde Park-Kenwood National Bank of Chicago	11,272	—	清算 (1932. 6)
Lake Shore Trust & Savings Bank	11,117	18,387	
Security Bank of Chicago	10,350	—	清算 (1933. 3)
North Avenue State Bank	10,319	—	清算 (1932. 6)
Chicago City Bank & Trust Co.	10,200	31,560	
Stock Yards Trust & Savings Bank	10,158	—	合併 (1933. 1) →Live Stock National Bank
Woodlawn Trust & Savings Bank	10,118	—	清算 (1932. 6)

出所) *Moody's Bank & Finance*

た[35]。この融資額はセントラルの全預金者に対しペイオフできる資金規模であった。さらに1932年10月に，セントラルは流動性資産と預金を引き継ぐシティ・ナショナル・バンク・トラスト及び不良資産(9573万ドル)とRFC融資(7024万ドル)を引き継ぐセントラル・リパブリック・トラストの2銀行に継承されている[36]。シティの資本金は400万ドルであったが，旧株主に対し3.5株に1株の割合で1株125ドルで売却されている。したがって旧株主が新銀行の株主となっており，ドーズは新銀行の取締役会会長，クラークが頭取となっている[37]。

セントラル・リパブリックは1934年11月にレシーバーの手に渡り，40年末までに株主への賦課金徴収(1050万ドル)及び資産売却収入(3782万ドル)でRFC借入金のおよそ1/2を返済している。だがRFC借入金は40年末になお4185万ドル残っており，それはRFCにとり実質的に回収困難な債権となっている[38]。つまりシティ・ナショナル・バンクへ継承された預金の約1/2は担保となる資産価値に裏付けられていたのではなく，RFC融資によって初めて可能となったのであり，その意味でRFCによって注入された資金は形式的には「融資」であったとしても，実質的には「自己資本」の注入と変わらないといえる。

イリノイ州は厳格なユニット・バンク制度を採用していたため，大恐慌はシカゴ銀行界に大きな打撃を与えている。1929年末のシカゴ市では資産1000万ドル以上の銀行は45行を数えたが，実質的に資本構造に変化がみられない銀行は16行にすぎなかった。他方16行は清算に追いやられ，9行は合併で消滅しており，シカゴ大銀行の1/2以上は姿を消していた。

2．ファースト・シティ・トラストによるセントラル・デポジッターズ・バンクの合併(Akron, Ohio, 1931. 11)

アクロンはタイヤ製造会社の工場が集中して立地する"タイヤ都市"として知られている。1929年末にアクロンで営業する主要銀行は次の4行である(表5-5)。

First-City Trust & Savings Bank	資産4795万ドル
Central Depositors Bank & Trust Co.	3645万ドル
Ohio State Bank & Trust Co.	1299万ドル
Dime Savings Bank	1109万ドル

このようにアクロンの銀行界は比較的中小規模の銀行により担われていた。こ

表5-5 アクロン銀行界の動向 (単位=千ドル)

銀 行 名	1929	1940	動 向
First-City Trust & Savings Bank	47,954	—	合併(1931.11)
Central Depositors Bank & Trust Co.	36,450	—	合併(1931.11)
First-Central Trust Co.	—	36,671	再編(1934.1)
Ohio State Bank & Trust Co.	12,987	—	合併(1931.1)
Dime Savings Bank	11,092	20,838	
Firestone Park Trust & Savings Bank	7,578	19,632	
Commercial Bank & Trust Co.	6,405	—	清算(1933.3)
Akron Morris Plan Bank	*	1,731	銀行名変更(First Industrial Bank)
Goodyear State Bank	—	5,455	新規設立(1933.4)

注) *はデータ不明
出所) *Moody's Bank & Finance*

　のことはタイヤ製造大企業の資金調達は証券市場に依存していたこと，また銀行取引においてもオハイオ州の最大都市であるクリーヴランド大銀行との関係が密接であったことを示している。

　大恐慌期の自動車産業の不振はタイヤに依存する度合いが高いアクロンの銀行に大きな打撃を与えている。ファースト・シティ・トラスト・セィヴィング・バンクとセントラル・デポジッターズ・バンク・トラストはいずれも1929年9月に2つの銀行の合併により成立しており，これによりアクロンは2大銀行により代表されることになった[39]。だが31年1月に早くもオハイオ・スティト・バンク・トラストとファースト・シティの合併が行われている。合併条件は，2株のオハイオ株(額面100ドル)に対し1株のファースト・シティ株(50ドル)が交換されることになっており，この合併は明らかにファースト・シティによるオハイオ・スティトの吸収合併としての性格をもっていた[40]。合併によりファースト・シティの資本金は350万ドルから375万ドルに25万ドル増加したにすぎず，ゼネラル・タイヤ(General Tire & Rubber Co.)の影響下にあったオハイオ・スティトはファースト・シティの管理下におかれることになった[41]。

　さらにアクロンの信用危機は第2位の銀行，セントラル・デポジッターズをも巻き込むことになり，ファースト・シティは1931年11月に4.4株のセントラル株(額面25ドル)に対し1株のファースト・シティ株(50ドル)を交換することにより，新銀行ファースト・セントラル・トラストを形成した[42]。だが今回の信用危機はファースト・シティへの不信にまで発展しており，そうした株式交換によ

る新銀行の形成により信用不安が沈静化する次元を超えていた。アクロン銀行界への不信を払拭し，預金支払への信頼を回復させるためには，新規資金が供給されねばならなかった。

アクロンの信用不安を回復させるのに大きく寄与したのは，銀行サービスを必要とするアクロンの産業企業であった。1931年10月19日にアクロン信用公社(Credit Corporation)が設立され，アクロンの主要企業は1500万ドルの新規資金を提供している[43]。このうち200万ドルは資本金に，残りの1300万ドルは銀行の不動産抵当資産を再割引する資金として使用された[44]。この機関はフーヴァー大統領により設立された全国信用公社にならって，地方で最初に設立された信用公社であった[45]。さらに新規資金を供給したのは旧経営陣であり，旧銀行の取締役は個人の資格で50万ドルの株式に応募することになり，かくて新銀行の株式構成は次のようになっている[46]。

First-Cityの株主	375万ドル
Central Depositorsの株主	125万ドル
2銀行の経営者	50万ドル
アクロン信用公社	200万ドル

新銀行の経営陣においては会長H. ウィリアムズ(旧ファースト・シティ)，副会長G. D. ベーツ(旧ファースト・シティ)及びG. H. ダン(旧セントラル)の旧銀行経営者が継続したものの，29名の取締役のうち，13名はアクロン信用公社に資金を提供した産業経営者により占められ，ファースト・セントラルの信用はまさにアクロンの産業企業全体により支えられていることを示していた[47]。

アクロンでは大恐慌期に清算された銀行は1行(Commercial Bank & Trust Co.)にとどまっていたとはいえ，上位3行が合併により1銀行に集約されるという大きな変化を経験していた。また合併銀行であり，アクロン最大銀行であるファースト・セントラル・トラストは結局1934年1月に公的資金を受け入れることにより再編成され，旧銀行の預金者は預金の75%を削減されるという大きな犠牲を強いられている。こうして40年のアクロン銀行界では，1行の新規設立(Goodyear State Bank)をみていたものの，ファースト・セントラル(3667万ドル)，ダイム・セィヴィング(2083万ドル)，ファイアーストーン・パーク(1963万ドル)という新しい3行体制となっていた。

3．マニュファクチュアラーズ・トラストによるチャタム・フェニックスの合併(New York, N.Y., 1932.1)

チャタム・フェニックス・ナショナル・バンク・トラスト(資産3億2864万ドル)は1932年1月にマニュファクチュアラーズ・トラスト(MTC)(資産5億823万ドル)により吸収・合併されたが，この合併はエクィタブル・トラスト，バンク・オブ・アメリカNAに次ぐニューヨーク第3位の合併規模であった。

チャタムは1911年にチャタム・ナショナル・バンク(1850年)とフェニックス・ナショナル・バンク(1864年)の合併により成立した古参銀行であり，25年3月にメトロポリタン・ナショナル・バンク・トラストと合併し，現在の銀行名となっている。同行はニューヨーク市内に14支店を有し，資産規模(3億2864万ドル)では合衆国第29位にランクされている大銀行である。同行は29年9月に投資会社チャタム・フェニックス・アライド社(資産5000万ドル)と証券子会社チャタム・フェニックス社を設立している[48]。

同行は恐慌期に激しい預金流出に見舞われ，預金残高は1929年末(2億3919万ドル)から31年末(1億5019万ドル)に37%減少させている。同行は31年8月に投資会社の利権をアトラス・ユーティリティ社に売却するなどして対応しようとしたものの，ついに32年1月にMTCに吸収されることにより，破産の危機を回避することになる。2銀行の合併は株式交換により遂行され，その交換比率は1：0.675であり，合併銀行における株主構成では旧MTC株主で110万株，チャタム株主で54.7万株となり，チャタムの株主にとり厳しい内容となっている[49]。

だがチャタムを吸収合併したMTCの側も多くの問題を抱えていた。MTCは1905年にブルックリンの小銀行(Citizens Trust Co. of Brooklyn)として設立されたが，その後ブルックリン，ニューヨークの多数の銀行を吸収・合併し，29年末には資産5億823万ドル，45支店を有する合衆国第15位の大銀行(州法)に成長していた[50]。合衆国銀行(Bank of United States)の預金取付けに端を発したニューヨーク銀行界の混乱のなかで，MTCの支配権を有していたゴールドマン・サックスは30年11月に合衆国銀行(資産2億7656万ドル)，パブリック・ナショナル・バンク・トラスト(2億568万ドル)，インターナショナル・トラス

ト（3222万ドル）とによる4行の大合同計画を発表するものの，それはニューヨーク大銀行の協力を得ることができず，失敗に終わっている[51]。これにより信用不安は合衆国銀行にとどまらず，合同計画に参画した他行にも波及し，MTC，パブリック・ナショナルの両行は30年12月11日にニューヨーク手形交換所への加盟を認可されることにより，ニューヨーク大銀行の支援を得ている[52]。さらにMTCの支配権がゴールドマン・サックスからバンカーズ・トラスト出身のH. D. ギブソンに移行していった背景には，ゴールドマン・サックスが株式市場の崩壊により弱体化し，MTC株を売却することで資金を調達する必要に迫られていたことがある[53]。

　ニューヨーク手形交換所への加盟にさいして，MTCは不良資産の評価下げ及び1000万ドルの特別偶発準備金積立てをニューヨーク大銀行から要求されていた[54]。だがMTCの不良債権問題はそれによりすべて解消されたのではなく，MTCはチャタムとの合併にさいし両行の不良資産（3000万ドル）を清算会社ハーロン・ホールディング社（Huron Holding Corp.）に移し，この清算会社の運転資金として400万ドルの社債を引き受け，社債は帳簿上で1ドル記載している。またMTCの株主も額面を25ドルから20ドルに切り下げて減資を余儀なくされ，資本金・剰余金合計は合併前の8101万ドルから合併後の6012万ドルに2089万ドル減少させている[55]。だが不良債権を処理するためのそうした資本金額の減少は過小資本構造を招き，MTCは1934年にRFCに資本証券を売却し，資本金を充実させることを余儀なくされている。

第4節　救済型銀行合併――（2）株式交換をともなわない合併

　次の銀行合併は株式交換をともなわず，株主はなんらの対価も受けとらない形式の合併である。つまり吸収される銀行は厳しい経営危機にあり，株主は既存投資資本を放棄しても，破産を回避する唯一の手段として合併の道を選択する。だがこうした合併は合併銀行の側からすれば2側面を有し，合併により規模の拡大が達成されるものの，不良資産を抱える銀行を合併・吸収することは合併銀行にとり負担をともなう。不況が深化すればするほど合併のメリットが少なくなり，地域の金融システム維持という別な側面が大きな意味を有するようになる。

こうした救済型の銀行合併はすでに1930年にフィラデルフィア(Bankers Trust Co. による Bank of Philadelphia & Trust Co. の合併),ノックスヴィル(East Tennessee National Bank による City National Bank の合併)においてみられたが,31～32年になれば,それは銀行合併の主要部分を占めるようになる(表5-6)。その意味でこのタイプの銀行合併は私的銀行の枠内で金融システムを維持しようとするぎりぎりの努力を示すものといえる。

こうした救済型の銀行合併は30件に及んでおり,株式交換による銀行合併に匹敵する規模で行われていた。合併の主要目的は被合併銀行における預金者の信用不安を回避することであり,そのことを通じて他銀行への預金取付けの波及を遮断するところにあった。したがって被合併銀行の預金債務を合併銀行に継承することが重要なポイントとなるが,それは預金債務全額を継承する場合と,被合併銀行の不良債権が大きい場合には合併銀行の負担が大きくなるため,預金債務の削減がなされる場合も生じてくる。

以下では救済型合併の代表的事例を検討しよう。

1. デトロイトにおける救済合併
――ピープルズ・ウェイン・カウンティ・バンクによるアメリカン・スティト・バンク・オブ・デトロイトの合併(Detroit, Mich., 1931.3)

アメリカン・スティト・バンクは1929年末に26支店を営業し,さらにデトロイト市及び郊外の13銀行を支配するミシガン州第3位のグループ銀行(資産5400万ドル)を形成していた[56]。同行は30～31年に系列下にあるギャランティ・スティト・バンク(527万ドル),ミシガン・スティト・バンク(357万ドル)を相次いで合併したものの,不動産不況の影響で同行からの預金流出が激化し,2600万ドルの要求払預金に対し,同行の現金準備は700万ドルを数えるにすぎなかった[57]。

かくてデトロイト手形交換所加盟銀行は1931年3月に経営危機に追い込まれたアメリカン・スティト・バンク(4000万ドル)の預金をその資本金に比例して保証することにより,一層の信用不安の拡大を阻止することになる。なぜなら「一旦公衆の信用が失われたなら,最強の銀行でさえもその門戸を閉鎖するように脅かされるか,あるいは強制されていた」[58]からである。結局この銀行危機は

表5-6 救済型の銀行合併

(単位=千ドル)

被合併銀行	所在地	資産	合併時期	合併銀行
Bank of Philadelphia & Trust Co.	Pa., Philadelphia	26,283	1930. 7	Bankers Trust Co.
Cosmopolitan Bank & Trust Co.	Ohio, Cincinnati	10,840	1930. 7	Fifth Third Union Trust
City National Bank	Tenn., Knoxville	16,401	1930. 11	East Tennessee National Bank
Brighton Bank & Trust Co.	Ohio, Cincinnati	15,703	1930. 12	Central Trust Co.
Pearl-Market Bank & Trust Co.	Ohio, Cincinnati	13,448	1930. 12	Central Trust Co.
New Orleans Bank & Trust Co.	La., New Orleans	15,216	1930. 12	Interstate Trust & Bank Co.
American State Bank of Detroit	Mich., Detroit	53,332	1931. 3	Peoples Wayne County Bank
Dollar Savings & Trust Co.	Pa., Pittsburgh	16,693	1931. 3	Peoples-Pittsburgh Trust Co.
Foreman-State Trust & Savings Bank	Ill., Chicago	36,521	1931. 6	First National Bank of Chicago
Broadway Merchants Trust Co.	N.J., Camden	16,470	1931. 6	Camden Safe Deposit & Trust Co.
Foreman-State National Bank	Ill., Chicago	203,501	1931. 6	First National Bank of Chicago
Union Bank of Chicago	Ill., Chicago	12,870	1931. 9	Chicago Bank of Commerce
Cedar Rapids National Bank	Iowa, Cedar Rapids	14,145	1931. 10	Merchants National Bank
Public National Bank & Trust Co.	Tex., Houston	10,994	1931. 10	National Bank of Commerce
Continental-Equitable Title & Trust Co.	Pa., Philadelphia	21,671	1931. 12	Pennsylvania Co. for Insurance
City National Bank	Mich., Lansing	11,224	1931. 12	Capital National Bank
Franklin-American Trust Co.	Mo., St. Louis	41,812	1931. 12	First National Bank in St. Louis
Lancaster Trust Co.	Pa., Lancaster	17,550	1932. 1	Fulton National Bank of Lancaster
First National Bank	Ohio, Youngstown	24,755	1932. 1	Union National Bank
Commercial National Bank	Ohio, Youngstown	10,500	1932. 1	Union National Bank
Midland Bank	Ohio, Cleveland	41,257	1932. 1	Cleveland Trust Co.
Dime Bank-Lincoln Trust Co.	Pa., Scranton	21,305	1932. 2	First National Bank (Scranton)
Atlantic National Bank of Boston	Mass., Boston	142,178	1932. 5	First National Bank (Boston)
Merchants National Bank	Conn., New Haven	11,994	1932. 6	First National Bank (New Haven)
First National Bank of Chattanooga	Tenn., Chattanooga	31,448	1932. 12	Chattanooga National Bank
Manhattan Savings Bank & Trust Co.	Tenn., Memphis	10,830	1933. 3	Union Planters National Bank & Trust
Central National Bank	Cal., Oakland	34,130	1933. 4	Central Bank of Oakland
Whitney Trust & Savings Bank	La., New Orleans	33,998	1933. 4	Whitney National Bank
Lawyers Trust Co.	N.Y., New York	29,648	1933. 8	Lawers Country Trust Co.
City Savings Bank & Trust Co.	La., Shreveport	12,059	1933. 8	First National Bank (Shreveport)
First National Bank of Hoboken	N.J., Hoboken	16,679	1934. 12	First National Bank of Jersey City
Bank of Sicily Trust Co.	N.Y., New York	18,773	1938. 4	Banco di Napoli Trust
Banca Commerciale Italiana Trust Co.	N.Y., New York	33,141	1939. 2	Manufacturers Trust Co.

注) 資産は1929年末の数字
出所) *Moody's Bank & Finance*

ピープルズ・ウェイン・カウンティ・バンクによる預金の継承として収束することになり[59]，デトロイト銀行界の2大銀行グループによる支配は一層強まることになった。だがこのことは反面では不動産不況の深化がますます2大銀行グループに集約されてくることを意味し，現実にデトロイトの信用危機は33年銀行恐慌の発火点をなすことになる。

2．シカゴにおける救済合併
――ファースト・ナショナル・バンク・オブ・シカゴによるフォーマン・スティト・ナショナル・バンクの合併(Chicago, Ill., 1931.6)

フォーマン・ブラザーズ・バンキング社は1897年にジハード・フォーマン・バンク(1862年)の事業を引き継いで設立され，1923年に国法銀行(Foreman National Bank)に転換している。同行は29年12月にスティト・バンク・シカゴと合併し，資産2億350万ドルを有するシカゴ第4位の大銀行となっている[60]。同行はフォーマン一族により支配された銀行チェーンの中心をなす銀行であり，29年末に14の銀行を支配していた[61]。

1930年代の不動産不況の深刻化はフォーマン・グループの郊外銀行だけでなく，親銀行であるフォーマン・スティト・ナショナル・バンクの信用を動揺させていた。シカゴの銀行は顧客から再購入するという長年の慣行のもとに不動産証券を市場で売却していたが，同行は預金者に対して証券を売却していたため，他銀行のように恐慌期にその慣行を放棄できず，このことがフォーマン・グループを危機に陥らせることになる[62]。フォーマン・バンクの経営者・大株主は追加資本を拠出することによりこの危機的事態を乗り切ろうとしたが，追加資本は資産内容の悪化していたフォーマン・グループの郊外銀行を救済するには不足していた。かくてフォーマン・バンクが自助努力で再建するプランは放棄されている[63]。

しかしフォーマン・バンクを破産に追いやることはシカゴの金融システムを危機に陥れる危険性があり，ここにファースト・ナショナル・バンクがフォーマン・バンクの預金を引き継ぐことになる[64]。1905年のウォルシュ・バンクの破綻[65]，21年のFt. デァボーン・バンク(Ft. Dearborn Bank)の破綻とコンチネンタル・コマーシャル・バンクによる預金継承の時と同様に[66]，今回の救済においてもシカゴ手形交換所加盟銀行は協同してフォーマン危機に対応する計画を作成

している。つまりファースト・ナショナル・バンクはフォーマン・バンクの預金・資産を引き継ぐものの，不良資産の償却により発生する損失を補填するため，ループ銀行はその資産規模に応じて1000万ドルの預金保証枠を提供した。さらにフォーマン・グループの経営者・大株主は2500万ドルの預金保証枠を提供し，その見返りにファースト・ナショナル・バンクはフォーマン株主に対しファーストにとどまる商業預金の1%，貯蓄預金の2%を支払うことになった[67]。

1931年5〜6月のシカゴにおける信用危機はフォーマン・バンクの預金をより安全と思われるファースト・ナショナル・バンクに移転することにより，ひとまず回避されている。

3．ボストンにおける救済合併
――ファースト・ナショナル・バンクによるアトランティック・ナショナル・バンク・オブ・ボストンの合併(Boston, Mass., 1932.5)

アトランティック・ナショナル・バンクは1828年にマサチューセッツ法により設立されたボストンにおける歴史ある銀行であり，1864年に国法銀行のチャーターを取得し，その後多数の銀行を吸収合併してきた。同行は1929年末に7つのローカル支店と1億4218万ドルの資産を有するボストン第4位の銀行に成長している。同行は30年7月にさらにビーコン・トラスト社(資産3600万ドル)を2：1の株式交換で合併し，30年末の資産規模は1億6141万ドルに達することになった[68]。

ボストンは他の大都市に比較して，銀行恐慌の影響は軽微な地域といえた(表5-7)。だが1931年9月のイギリスの金本位制からの離脱後から，ボストン市内の預金流出が激しくなり，31年12月15日のフェデラル・ナショナル・バンク(資産3713万ドル)の破綻は，それは手形交換所のメンバーでなかったものの，ボストンの信用状況に広汎な影響を及ぼしている。まず同行が株式保有を通じて支配していたボストン郊外の8銀行が連鎖破産し，次いで12月17日にコンチネンタル・ナショナル・バンク，32年4月にエックスチェンジ・トラスト(1095万ドル)が破産を余儀なくされている[69]。

アトランティックもボストンを襲ったそうした信用危機の渦に巻き込まれることになった。同行の預金は1930年末(1億3465万ドル)から31年末(9886万ド

表5-7 ボストン銀行界の動向 　　　　　　　　　(単位＝千ドル)

銀　行　名	1929	1940	動　　向
First National Bank	697,862	939,646	
National Shawmut Bank	271,117	265,698	
New England Trust Co.	161,214	49,542	
Atlantic National Bank of Boston	142,178	—	合併(1932.5)
Boston Five Cents Savings Bank	101,695	140,789	
Provident Institution for Savings	97,747	132,493	
State Street Trust Co.	71,765	113,005	
Merchants National Bank	69,418	127,710	
Home Savings Bank	62,649	74,970	
Suffolk Savings Bank	60,324	60,857	
Second National Bank	49,476	121,460	
Beacon Trust Co.	44,606	—	合併(1930.8)
Federal National Bank	37,133	—	清算(1931.12)
Franklin Savings Bank	34,335	41,309	
American Trust Co.	30,602	—	合併(1930.3)
Old Colony Trust Co.	27,822	10,382	
National Rockland Bank	27,657	42,957	
United States Trust Co.	27,450	11,944	
Boston Safe Deposit & Trust Co.	26,331	52,063	
Webster & Atlas National Bank	19,193	19,546	
Lee, Higginson Trust Co.	13,553	—	清算(1932)
Exchange Trust Co.	10,948	—	清算(1932.4)
Bank of Commerce & Trust Co.	8,967	—	合併(1932.1)
Boston National Bank	7,577	—	清算(1931.12)
Kidder Peabody Trust Co.	5,742	—	合併(1936.6)
Day Trust Co.	4,657	21,740	
Banca Commerciale Italiana Trust Co.	4,166	—	清算(1937.11)
Engineers National Bank	3,881	—	清算(1931.12)
Charlestown Trust Co.	3,798	—	清算(1931.12)
Harris Forbes Trust Co.	2,667	—	合併(1933.12)
Stabile Bank & Trust Co.	1,768	1,860	
Fiduciary Trust Co.	＊	4,464	
Union Savings Bank	＊	27,106	
Warren Institution for Savings	＊	35,462	
Pilgrim Trust Co.	—	12,447	新設(1933.2)

　注）資産は1929年末の数字，＊はデータ不明
　出所）*Moody's Bank & Finance*

ル）のわずか1年間に27％減少し，さらに32年に入ればそれは一層加速し，32年5月(6431万ドル)までの半年に満たない期間に35％の預金減少を示していた。同行はそうした預金引出に対応するため資産を強制的に整理している(1億912万ドル→5733万ドル)。さらに同行は信用不安の原因となった不良資産を償却す

るため，株式額面を切り下げて減資差益(592.5万ドル)を創出し，さらに新規株式を1株20ドルで発行し，その1/2を資本金，他の1/2を不良資産償却に充てている。したがって同行の資本金は額面切下げをした前後で大きく変化していなかったものの(987.5万ドル→900万ドル)，1098万ドルが株式資本から償却の原資に使用されている[70]。

だが大量の預金引出にアトランティック独力で対応するには限界があり，同行は次の3つの源泉から援助を受けている。それは第1にボストン連銀からの借入(1931年末＝792万ドル)，第2に設立されたばかりのRFCからの借入(978万ドル)，第3にボストン手形交換所証券会社(Clearing House Securities Corp.)からの7000万ドルの借入であった[71]。

アトランティックの破綻はボストンの他銀行からの預金引出を招くことは必至と思われたため，ボストン大銀行の連携による救済が模索されたものの，協力が得られず，結局ボストン最大の銀行たるファースト・ナショナル・バンクが単独でアトランティックの救済にあたることになった[72]。ファースト・ナショナルはアトランティックの預金，手形業務，他行からの銀行間預金，健全な証券を引き継ぎ，アトランティックの11支店のうち3支店を引き継ぐことになった。他方，アトランティックの2926名の株主は4853万ドルの非流動的資産を受け継ぎ，その資産清算から得られた資金からファーストへの負債が支払われることになる。だが資産清算によってもファーストが被った損失を回復しえない時には，株主は出資額分の追加責任の義務を負っていたが，1936年11月に最終的にレシーバーに1株1.5ドル支払うことで，二重責任の義務を免れている[73]。

ファースト・ナショナル・バンクは1929年12月にオールド・コロニー・トラストを合併し，ボストンの銀行資産の1/2(6億9786万ドル)を占有するガリバー銀行となっており，ボストン内外の20銀行と提携するグループ・バンクを形成していた。同行は恐慌期にも30年3月にアメリカン・トラスト(資産3060万ドル)，32年1月にジャマイカ・プレーン・トラスト(資産624万ドル)を合併している[74]。ファーストの資産状況は比較的健全であり，預金の1/2に相当する現金・政府証券を保有するなど高い流動性を有していたため，アトランティックからファーストへの預金継承はボストンの信用不安を解消させるに充分といえた[75]。

以上のように地域の有力銀行が破綻に瀕し，そのまま放置すれば地域の金融システムが崩壊すると危惧された時，預金者を保護する救済政策が手形交換所の範囲内で発動されている。それにはシカゴ，デトロイトのように手形交換所加盟銀行が共同して損失を負担する形をとりながら地域の大銀行が破綻銀行の預金を引き受ける場合，あるいはボストンのように加盟銀行の協力が得られないなかで地域の最大銀行が単独で損失を負担する形で預金を引き受ける場合がある。いずれの場合も脆弱銀行の預金が信用の安定した地域における大銀行の預金に振り替わることで，信用危機を回避している点では同一である。

　上記の都市以外でも 1931 年 12 月のセントルイスにおけるファースト・ナショナル・バンク・イン・セントルイスによるフランクリン・アメリカン・トラスト（資産 4181 万ドル）の預金引受，また 32 年 1 月のクリーヴランドにおけるクリーヴランド・トラストによるミッドランド・バンク（4126 万ドル）の預金引受があり，先のボストンの事例と性格的に類似した救済合併といえる。

1) *Federal Reserve Bulletin*, Nov. 1937, pp. 1084-86.
2) *Moody's Bank & Finance*, 1930, pp. 1820-21.
3) *CFC*, Vol. 130, June 7, 1930, p. 3994.
4) *Moody's Bank & Finance*, 1932, p. 1687.
5) *ibid*., 1932, p. 1687.
6) *ibid*., 1932, p. 1730.
7) *ibid*., 1930, p. 946.
8) *ibid.,* 1932, p. 1730.
9) トランスアメリカ社はナショナル・シティ・バンクの単独最大株主(8.7%)となったものの，同行の取締役への受入れを拒否されている(M. James & B. R. James, *Biography of a Bank: The Story of Bank of America N.T. & S.A.*, Harper & Brothers, NY, 1954, 三和銀行国際経済研究会訳『バンク・オブ・アメリカ――その創業と発展』東洋経済新報社，1960 年，435 頁)。
10) *Moody's Bank & Finance*, 1930, p. 1411；前掲邦訳書，第 20 章参照。
11) 持株会社トランスアメリカ社の支配権をめぐって現経営陣，ウォーカーと創業者であるジアニーニが対立し，1932 年 2 月 15 日のウィルミントン(Del.)での株主総会でジアニーニが勝利を収めた(前掲邦訳書，第 23〜24 章)。
12) 前掲邦訳書，255〜256 頁。
13) 前掲邦訳書，302 頁。
14) 前掲邦訳書，406〜408 頁。

15) 連邦銀行検査官による1931年2月の報告によれば，過去8カ月の延滞債権は5600万ドルから9200万ドルに，焦付き債権は300万ドルから1100万ドルに増加していたとされる。そうした資産内容の悪化は主としてロサンゼルスのマーチャント・ナショナル・バンクから引き継いだ資産から発生していた（前掲邦訳書，412頁）。
16) 前掲邦訳書，463〜467頁；バンク・オブ・アメリカNTSAはRFCからの最初の借入銀行であり，2月15日〜7月14日に6度の貸付を申請し，貸付額は累計6490万ドルに達している。なお同行は1933年1月6日までにRFC貸付のうち5765万ドルを返済しており，同時点の借入額は684万ドルにまで縮小していた（*CFC*, Vol. 136, Feb. 4, 1933, p. 764）。
17) G. W. Woodworth, The Detroit Money Market, *Michigan Business Studies*, Vol. 5-2, University of Michigan, 1932, pp. 193-197.
18) *ibid*., pp. 232-234.
19) *ibid*., p. 238.
20) A. M. Woodford, *Detroit and Its Banks*, Wayne State University Press, Detroit, 1974, pp. 157-162.
21) *Moody's Bank & Finance*, 1932, p. 1200.
22) *ibid*., 1932, pp. 1738-39.
23) G. W. Woodworth, *op. cit*., p. 210.
24) M. Palyi, *The Chicago Credit Market*, University of Chicago Press, 1937, rep., Arno Press, NY, 1975, pp. 231-232.
25) R. G. Thomas, *The Development of State Banks in Chicago*, 1930, rep., Arno Press, NY, 1980, p. 422.
26) M. Palyi, *op. cit*., pp. 201-202.
27) *ibid*., p. 209.
28) R. G. Thomas, *op. cit*., pp. 478-481.
29) 例えばJ. ベイン・チェーンには16の銀行が参加していたが，その平均資産規模は175万ドルであり，それらは不動産投機の機関として機能していた。メンバーのうち4銀行では不動産担保貸付の割合は50％を超えており，他銀行も38％を上回っていた（M. Palyi, *op. cit*., p. 207）。
30) *Moody's Bank & Finance*, 1932, p. 2749.
31) *ibid*., 1932, p. 2749.
32) M. Palyi, *op. cit*., p. 237.
33) 「もしフォーマン銀行に取付けが生ずるならば，パニックはセントラル・トラスト，リパブリックの両行をも破滅させるだろう。しかし2銀行が合併すれば，その銀行は容易に危機を乗り越えることができるであろう」(F. C. James, *The Growth of Chicago Banks*, Vol. 2, Harper & Brothers Publishers, NY, 1938, p. 1003)。
34) J. S. Olson, *Herbert Hoover and The Reconstruction Finance Corporation 1931-1933*, The Iowa State University Press, Ames, Iowa, 1977, p. 58.
35) セントラル・リパブリックを救済する当初のプランは，ニューヨーク銀行団がシカゴ市

第5章　救済型銀行合併と預金者　149

銀行に1000万ドル，シカゴ市銀行が500万ドル，RFCが8000万ドルを融資するものであった。しかしニューヨーク銀行団の融資は実現せず，RFCはその分を肩代わりして9000万ドルを融資することになった（J. H. Jones, *Fifty Billion Dollars—My Thirteen Years with the RFC, 1932-1945*, The Macmillan Company, NY, 1951, pp. 77-78）。

36) *Moody's Bank & Finance*, 1934, pp. 1048-49.
37) F. C. James, *op. cit.*, p. 1040；セントラル・リパブリックの救済は形式的には〈開業銀行へのRFC融資→新銀行への預金の継承〉という形態をとっているが，実質的には全国銀行休業後に頻繁に採用された〈閉鎖銀行への融資→新銀行への預金継承〉という再編方法を先取りしたものといえる。差違は新銀行の自己資本が民間から調達されていたことである。
38) *Moody's Bank & Finance*, 1941, p. 434.
39) *ibid.*, 1930, p. 64, p. 977.
40) *ibid.*, 1931, p. 2444.
41) W. オニールはGeneral Tire & Rubberの社長であると同時に，オハイオ・スティト・バンクの会長でもあった（*CFC*, Vol. 131, Dec. 13, 1930, p. 3821; Vol. 132, Jan. 17, 1931, p. 441）。
42) *Moody's Bank & Finance*, 1932, pp. 1656-57.
43) アクロン信用公社に資金を供給した会社は次の通りである。Goodyear Tire & Rubber, B. F. Goodrich, Firestone Tire & Rubber, General Tire & Rubber, Seiberling Rubber, Indiana Tire & Rubber, Saalfield Publishing, International Lead Refining（以上Akron），Colonial Salt, Canton & Youngstown RR, Pittsburgh Glass, Quarker Oats（*CFC*, Vol. 133, Oct. 24, 1931, pp. 2713-14）。
44) *ibid.*, Nov. 14, 1931, p. 3202.
45) *ibid.*, Oct. 24, 1931, p. 2714.
46) *ibid.*, Nov. 14, 1931, p. 3202；*Moody's Bank & Finance*, 1932, pp. 1656-57.
47) *CFC*, Vol. 133, Nov. 14, 1931, p. 3202.
48) *Moody's Bank & Finance*, 1930, p. 164.
49) *ibid.*, 1932, p. 1741.
50) *ibid.*, 1930, p. 779.
51) *CFC*, Vol. 131, Nov. 29, 1930, p. 3474；この合併構想が破綻した背景には，反ユダヤ主義（Anti-Semitism），つまり合併を主導したMTC＝ゴールドマン・サックスに対する反感があったとされる（M. Friedman & A. J. Schwartz, The Failure of the Bank of United States: A Reappraisal, *Explorations in Economic History*, Vol. 23-2, Apr. 1986; A. P. O'Brien, The Failures of the Bank of United States: A Defense of Joseph Lucia, *Journal of Money, Credit, and Banking*, Vol. 24-3, Aug. 1992）。
52) *CFC*, Vol. 131, Dec. 11, 1930, p. 3745.
53) ゴールドマン・サックス・トレーディング社は1929年2月にファイナンシャル・インダストリアル・セキュリティズ社の獲得を通じてMTCの利権を掌中にしている。だが恐慌期の株価下落のなかで借入金を抱えていた同社は保有株を売却し，資金を調達する必要

に迫られていた。かくてH. D. ギブソンは31年1月にGSTCから27.7万株のMTC株を市場価格で購入することになり，730万ドルの対価を支払っている(*Moody's Bank & Finance*, 1933, p. 768)。

54) *ibid.*, 1931, p. 58.
55) *ibid.*, 1932, p. 1740.
56) *ibid.*, 1930, p. 1132.
57) A. M. Woodford, *op. cit.*, p. 164.
58) G. W. Woodworth, *op. cit.*, pp. 223-224.
59) *ibid.*, p. 223.
60) *Moody's Bank & Finance*, 1930, p. 551.
61) Hearings before a Subcommittee of the Committee on Banking and Currency, House of Representatives, *Branch, Chain and Group Banking*, Vol. I Part 1, 1930, p. 166.
62) F. C. James, *op. cit.*, Vol. 2, p. 996.
63) *ibid.*, p. 998.
64) *ibid.*, pp. 1000-02.
65) R. G. Thomas, *op. cit.*, pp. 425-426.
66) *ibid.*, pp. 449-450.
67) F. C. James, *op. cit.*, Vol. 2, pp. 1001-02.
68) *Moody's Bank & Finance*, 1930, p. 77.
69) J. H. Taggart, *The Federal Reserve Bank of Boston*, Bankers Publishing Company, Boston, 1938, p. 201.
70) *Moody's Bank & Finance*, 1933, p. 409.
71) *ibid.*, 1933, p. 410.
72) N. S. B. Gras, *The Massachusetts First National Bank of Boston 1784-1934*, Harvard University Press, Cambridge, 1937, p. 200.
73) *Moody's Bank & Finance*, 1937, p. 643.
74) *ibid.*, 1932, p. 574.
75) N. S. B. Gras, *op. cit.*, pp. 200-201.

第6章　銀行清算と預金者損失

　銀行業は多数銀行の「協同」のうえに成り立っており，そのことは一面では信用創造による貨幣節約として，他面では信用連鎖の崩壊→信用恐慌として発現してくる。信用恐慌は産業部面の過剰資本に対応する過剰信用の整理過程を反映しているが，銀行相互間の決済・信用関係は信用恐慌の発現を一銀行の破綻にとどめず，多数銀行の破綻にまで連鎖波及させる危険性を有している。ここに金融システムの維持と過剰信用の整理・淘汰という2つの命題間に対立が生じてくる。

　1930年代初頭のアメリカでは，ユニット・バンク制度という銀行構造の特殊性と相まって，多数の銀行が破産に追いやられ，激しい「金融デフレ」を経験していた。本章では30年代をそれ以前の「自由放任」時代と，第2次世界大戦以後との過渡期として位置づけ，銀行清算が実施された具体的形態及び清算により預金者が被った損失を検討することにする。さらに信用危機にさいしてとられた金融の「協同性」を維持するためになされた私的銀行による「自助努力」及びその限界について注目することにしたい。

第1節　銀行清算の方法

　預金の支払停止を余儀なくされた破綻銀行は清算と再編の2つの方向で処理されていく。1930～33年の破綻銀行(8812行)のうち，84%(7406行)は清算，16%(1406行)が再編の道をたどっている[1]。つまり銀行が破綻した場合の処理方法としては，連邦預金保険制度の実施前にあっては，圧倒的に清算方式が採用されており，銀行の株主・預金者という私的関係者による利害調整と損失負担により処理されていた。では銀行はどのような手続きで清算されていたのであろうか。

1. 清算の担い手

　アメリカ銀行制度は国法銀行と州法銀行に二元化されており，銀行の監督は前者で通貨監督官，後者で各州の銀行監督官(Bank Commisionner)に委ねられている。国法銀行が破綻した場合には，通貨監督官がレシーバーを任命する権限を有していた。1864年国法銀行法においては，国法銀行券の償還との関わりでレシーバーが任命されていたが，国法銀行券は連邦債の預託により保証されていたため，レシーバーを任命する必要性は存在しなくなっていた。だが商業銀行の破綻は預金支払不能により発生するようになれば，預金者への債務支払のために資産清算，株主からの追加出資徴収の必要が生じ，1876年の国法銀行法改正により，通貨監督官にレシーバー任命の権限が付与されている[2]。

　通貨監督官のオフィスには破産銀行局(Division of Insolvent Banks)が設けられ，レシーバー専門の職員が破綻銀行の清算を行う体制が確立された。1930年代初頭からの大量銀行破綻の発生はレシーバーによる資産売却を困難としていったが，32年2月に通貨監督官は債券売却を集中して行う部局をニューヨーク市に設立し，債券価格の動向に配慮して流動的資産を売却する政策を採用している[3]。また地方的な銀行資産についても，資産売却が資産価格の一層の下落を招くため，凍結資産を長期間かけて売却・資産回収をすることを余儀なくされていた。

　他方，州法銀行の破綻はその他の一般会社の破綻と同様に扱われ，レシーバーは裁判所により任命されていた。この場合州検査官の役割は裁判所にレシーバーを申請するだけであり，州法銀行の資産清算は裁判所の監督のもとに個別的になされ，統一性を欠いていた。そのため州法銀行の清算コストは高く，不必要に長期間を要すると批判されている。こうして徐々に州法の改正がなされ，1933年までに連邦ルールを採用する州が多くなり，州検査官が直接に清算を担当したり，レシーバーを任命する権限を付与されるようになる。連邦預金保険制度の発足は，国法・州法銀行を問わず，破綻処理行政の統一と集中化を実現することになった。つまり預金保険制度の加盟銀行が破綻した場合，最大の債権者は連邦預金保険公社(FDIC)であり，通貨監督官，州検査官は自動的にFDICをレシーバーに任命することになったからである[4]。

2. 清 算 方 法

　銀行が支払不能となった場合，レシーバーが任命され，レシーバーによる長期間かけた資産清算の結果として，預金者に債権が回収されてくる。レシーバーによる資産清算は預金凍結と資産売却による資産価格下落をもたらし，不況を一層悪化させるように作用する。銀行合併はそうした銀行破綻にともなう地域経済への影響を回避する手段として利用されてきたが，合併銀行の負担が重くなれば，この方策に依存することも困難となってくる。

　銀行恐慌期にはレシーバーによる資産清算方式と並んで，新たな清算方式が登場してきている。新たな清算方式の特徴はレシーバーによる全資産の売却→預金の返済にともなう悪影響を軽減するところにあった。第1の方法はスポーケィン・プラン(Spokane Plan)と呼ばれるもので，破綻銀行の資産をクラスA資産(健全資産)とクラスB資産(不健全資産)に分類し，購入銀行がクラスA資産及び同額の預金を引き継ぎ，レシーバーがクラスB資産の清算を担当する。破綻銀行の預金者は健全資産に見合う預金額(現金)と，クラスB資産から将来回収される金額への請求権(預金証書)を受け取ることになる[5]。

　このプランは1928年に初めて利用されたが，銀行恐慌期になれば，多くの銀行破綻にさいして利用されるようになった[6]。その利点として，閉鎖銀行施設の支店としての活用，コミュニティにおける銀行サービスの維持，預金の利用可能性の増加などがあげられている。この清算方式の採用のためには健全資産を引き継ぐべき「受け皿」銀行が必要となるが，そのために銀行法を改正する動きもみられた。例えばマサチューセッツ州では不動産投資額を預金の70％以内に制限していたが，破綻銀行の健全資産が引き継がれない事態を回避するため，貯蓄銀行の投資制限条項が緩和されている[7]。

　第2の清算方法はニューヨーク方式と呼ばれるものである。ニューヨーク市では通貨監督官・州銀行監督官に代わり，マニュファクチュアラーズ・トラスト(MTC)が破綻銀行(国法，州法)の清算機関に指名され，資産清算の役割を遂行していた[8]。MTCによる銀行資産の清算も，恐慌の深化とともに次の2段階に発展している。第1段階では銀行が破綻した場合，破綻銀行の取締役及び2/3の株主の同意を得たうえで，MTCは破綻銀行の資産を担保にして預金全額に相当

する金額を融資する。破綻銀行の預金者は預金残高の 100% を最も利便のよい MTC の支店で利用することができ，旧取引銀行に代わり MTC との間で金融関係を継続することが可能となる。破綻銀行の資産が清算されると，それは MTC からの貸付の返済及び清算費用に充てられ，残りの資産は破綻銀行の清算委員会に戻されることになる。

　この清算方式は預金全額を MTC により継承されるという点で銀行合併による預金継承方式に近似した性格をもっているが，株主が MTC に席を占めることができないという点において，差違を有していた。しかしそうした清算方式の採用はニューヨーク市における金融システムを維持し，預金者の信用不安を回避するのに効果があったとはいえ，清算銀行たる MTC にとりリスクの高い方法といえる。MTC が破綻銀行の預金者に預金全額を前払いするところにそのリスクが現れており，資産回収額が預金前払額を大きく下回る場合には，MTC は大きな損失を負担することを余儀なくされる。1931 年 7～8 月の破綻銀行の清算において，ミッドウッド・トラスト (Midwood Trust Company)，ブルックリン・ナショナル・バンク・オブ・ニューヨーク (Brooklyn National Bank of N.Y.) は資産回収により預金全額を保証されたとはいえ，その他銀行の資産清算は預金を全額保証するのに充分なものとはいえなかった。したがって資産回収前に預金を全額保証するこの清算方式では，MTC が回収しえない不良債権の損失を負担する危険を抱えることになる。

　恐慌が深化すればするほど，資産回収により預金全額を払い戻しする可能性が低下してくる。しかし破綻銀行の預金が資産回収されるまで凍結される事態となれば，ニューヨーク市においても銀行に対する信用不安が高まってこざるをえない。こうしたジレンマを回避するために，第 2 のニューヨーク方式が採用されている。それは資産規模の如何を問わず，銀行破綻と同時に破綻銀行預金の 50% までを融資し，預金者にその範囲で即時的な預金利用を可能とさせるものであった。預金保証が 100% から 50% に縮小したとはいえ，資産回収が預金の 50% に達するかいなかは不明であるため，この場合にも清算銀行は損失負担のリスクを負うことになる。こうして MTC 単独でのリスク負担を回避するため，21 のニューヨーク大銀行が破綻銀行預金の 50% を共同で保証し，リスクを分担する仕組みが形成されている。この大銀行のなかにはモルガン商会 (J. P. Morgan) 及

びスパイアー商会（Speyer and Company）の２つの投資銀行も参加していた[9]。

かくてMTCは銀行監督官に代わり銀行清算の役割を担うことにより，新しい支店及び新規顧客を獲得し，資産規模を拡大することが可能となった反面，預金負債を継承することにより引き受けた資産により，損失を被る危険性をも同時に抱えることになった。MTCが1932年１月にチャタム・フェニックス・ナショナル・バンク・トラストを合併するにさいし，不良資産（3000万ドル）を清算会社（Huron Holding Corp.）に移し，減資を余儀なくされた背景には，MTCが担っていた清算銀行としての役割と密接な関連があったといえる[10]。

第２節　銀行清算と預金者の損失

レシーバーの手に委ねられた支払停止銀行の一部は営業再開を許可されるが，大部分は清算の道をたどっている。いずれの場合も資産損失の負担は株主・預金者により担われる。預金者は銀行清算の過程でどのような損失を被っていたのであろうか。

１．預金者の損失

FDICの試算によれば，1865〜1940年の76年間に商業銀行の資産が被った損失は約150億ドルと見積もられている。このうち2/3（102億ドル）は営業銀行の収益から控除されており，銀行が景気変動のクッションとしての役割を遂行している。残りの1/3は株主と預金者により負担され，株主は25億ドル，預金者が22億ドルの負担を引き受けていた[11]。

預金者損失を考慮するさいには，政府預金，郵便預金などの公的預金及び信託基金から構成される担保預金と，一般預金者からなる無担保預金を区別する必要がある。1934年６月時点で総預金に占める担保預金の比率は国法銀行で12.7％，州法銀行で10.6％となっており，ほぼ９割の預金は無担保預金となっている。担保預金は特定の担保によって保証されているため，その損失は無視しうる規模とされている[12]。したがって無担保預金者が資産内容悪化にともなう損失を負担する主要な預金者となる。

そこで損失率を無担保預金者についてみよう。国法銀行の預金者の損失率は

1865～1920年に20％，21～30年で44％となっている。他方，州法銀行預金者の損失率は21～30年で42％となっている。つまり国法，州法を問わず，商業銀行預金者の損失率は20年代においてすでに40％を超えている[13]。

さらに恐慌期の損失率を『通貨監督官年報』でみよう。これは当該年度中に清算を完了した国法銀行を対象としたものであるが，それによれば預金者損失率は1930年(47.1％)，31年(51.2％)，32年(33.6％)，33年(46.6％)となり，32年を除けば，損失率が20年代よりも高くなっており，ほぼ50％に近い数字となっている[14]。このことは恐慌期に入れば，レシーバーによる資産清算が困難となり，大きな損失をともなっていたことを示している。

2．大銀行の預金者損失

ではどのような資産規模の銀行が清算処理されていったのであろうか。表6-1は1930～33年3月に清算された資産規模1000万ドル以上の銀行を示している。これをみれば，清算処理された銀行は資産規模1000～2000万ドル・クラスの銀行が圧倒的に多く，ほぼ8割がこの2つのクラスに属している。この表に掲載されていない資産1000万ドル以下の銀行の大部分が清算されていたという事実を勘案すれば，清算という銀行破綻処理は資産規模の比較的小さな銀行においてとられていたということができる。他方，資産規模5000万ドル超の銀行はわずかに9行であり，さらに全国銀行休業日以前に対象を限定すれば，5行が清算されていたにすぎない。このことは資産規模の大きな銀行が経営危機に陥り，かつ地域の金融システムを危うくするような場合には，支払停止→清算よりも，脆弱銀行の他銀行への吸収合併の道がとられていたことを示している。

次に清算処理された場合，預金者はどのような損失を被ることになったのであろうか。預金者への配当は，①二重責任制にもとづく株主への追徴，②資産回収の2つの要因に依存しているが，株主による追加負担に余り期待できないため，その多くは資産回収の如何に掛かることになる。だが大恐慌期には借手の支払能力低下による貸付資産の質的悪化，及び証券価格下落による売却損あるいは帳簿価格の潜在的損失が発生するため，そうした資産回収は困難を極めることが予想される。さらに銀行の資産回収が資産価格の下落を招き，そのことがまた銀行の資産回収率を低下させるという螺旋的過程(「金融デフレ」現象)が進行する。

表6-1には1940年末の預金者配当率が示されているが，それには資産回収を継続している銀行も多く含まれており，最終的な配当率を示すものでないことに留意すべきであろう。そうした預金者の損失率は最終的に個別銀行の資産内容に掛かっており，市場性のある有価証券であれば比較的現金化が容易であるが，地域性を色濃く有する不動産担保融資の流動化は困難であり，大きな損失を覚悟しなければならない。20年代における預金者の損失率は平均して40％程度であったので，それを基準とすれば，預金者が40％以上の損失を被った銀行は37行であり，損失が40％未満であった銀行は41行であった。

預金者に100％預金を払い戻した銀行は13行あり，そのうち11行は全国銀行休業日前に支払停止した銀行であった。また2つの銀行では資産回収額が預金払戻しを上回り，株主に配当金が支払われている。配当金はニューヨーク市のブルックリン・ナショナル・バンク(資産1018万ドル)で18.4ドル(額面50ドル)，ミシシッピ州ジャクソン市のマーチャント・バンク・トラスト(資産1150万ドル)で20ドル(額面100ドル)であった。

他方，資産内容の悪化のため，預金者にほとんど債務を返済しえない銀行があった。商業預金に対する返済率が低かった銀行としては，ホーム・バンク・トラスト(Ill.，資産1203万ドル，0％)，ローレンス・トラスト(Mass.，資産1193万ドル，0％)，エックスチェンジ・トラスト(Mass.，資産1094万ドル，5％)，シチズンズ・スティト・バンク(Ill.，1235万ドル，5％)，ステネック・トラスト(N.J.，2247万ドル，8％)があげられる。このうち，マサチューセッツ州のローレンス・トラスト及びエックスチェンジ・トラストは貯蓄預金への債務返済が優先されたため，資産回収が商業預金への返済にまで至らなかった事例である[15]。

第3節　全国銀行休業日以前の大銀行の清算

全国銀行休業日以前には，破産銀行の多数は清算されていったとはいえ，清算された銀行は中小規模の銀行であり，大銀行は比較的少なかった。そこで本節では銀行休業日以前に清算処理されていった大銀行に焦点をあてて検討するが，大銀行破綻の代表例として，ニューヨーク，フィラデルフィア両市の場合を対象と

表 6-1　商業銀行の清算　　　　　　　　　　　　(単位＝千ドル)

銀 行 名	所 在 地	資　産 (1929)	破産 時期	預金者 配当率
Bank of Bay Biscayne	Fla., Miami	15,513	1930. 6	*
National Bank of Kentucky	Ky., Louisville	54,702	1930. 11	*
American Exchange Trust Co.	Ark., Little Rock	20,620	1930. 11	50.0
Central Bank & Trust Company	N.C., Ashville	18,675	1930. 11	*
Holston-Union National Bank of Knoxville	Tenn., Knoxville	16,734	1930. 11	52.0
Bank of Tennessee	Tenn., Nashville	12,066	1930. 11	*
Bank of United States	N.Y., New York	276,562	1930. 12	72.5
Bankers Trust Company of Philadelphia	Pa., Philadelphia	43,359	1930. 12	55.0
First Trust & Savings Bank	Ind., Hammond	10,455	1931. 2	40.0
Steneck Trust Co.	N.J., Hoboken	22,470	1931. 6	8.0
North-Western Trust & Savings Bank	Ill., Chicago	21,601	1931. 6	50.0
Security-Home Trust Co.	Ohio, Toledo	33,666	1931. 6	55.0
Pontiac Commercial & Savings Bank	Mich., Pontiac	20,001	1931. 6	70.0
Sheridan Trust & Savings Bank	Ill., Chicago	14,091	1931. 6	20.0
Washington Park National Bank	Ill., Chicago	13,757	1931. 6	70.0
Garfield State Bank	Ill., Chicago	11,755	1931. 6	44.0
Guaranty Trust Co. of Detroit	Mich., Detroit	20,514	1931. 7	43.0
Northwestern Trust Co.	Pa., Philadelphia	14,748	1931. 7	50.0
Ohio Savings Bank & Trust Co.	Ohio, Toledo	74,677	1931. 8	67.5
Commercial Savings Bank & Trust Co.	Ohio, Toledo	18,874	1931. 8	65.0
United States National Bank	Cal., Los Angeles	17,530	1931. 8	80.0
American Union Bank	N.Y., New York	17,259	1931. 8	77.5
Bank of Europe Trust Co.	N.Y., New York	17,799	1931. 8	80.0
International-Madison Bank & Trust Co.	N.Y., New York	13,840	1931. 8	74.0
Globe Bank & Trust Co.	N.Y., Brooklyn	13,180	1931. 8	95.0
Midwood Trust Company	N.Y., Brooklyn	12,372	1931. 8	100.0
National Bank of North Hudson	N.J., Union City	10,728	1931. 8	61.5
Brooklyn National Bank of NY	N.Y., Brooklyn	10,185	1931. 8	100.0
Bank of Pittsburgh National Association	Pa., Pittsburgh	63,139	1931. 9	100.0
First National Bank	Tex., El Paso	15,180	1931. 9	46.7
Fidelity Trust Company	Mich., Detroit	11,880	1931. 10	60.0
Franklin Trust Company	Pa., Philadelphia	51,754	1931. 10	35.0
Union Trust Co.	Ohio, Dayton	21,946	1931. 10	99.0
Central Trust & Savings Co.	Pa., Philadelphia	15,539	1931. 10	56.0
United Security Trust Co.	Pa., Philadelphia	14,239	1931. 10	40.0
Exchange National Bank	Pa., Pittsburgh	12,296	1931. 10	85.0
Merion Title & Trust Co.	Pa., Ardmore	11,465	1931. 10	20.0
Olney Bank & Trust Co.	Pa., Philadelphia	10,147	1931. 10	40.0
Federal National Bank	Mass., Boston	37,133	1931. 12	45.0
Standard Trust Bank	Ohio, Cleveland	22,390	1931. 12	37.5
Laurence Trust Co.	Mass., Laurence	11,931	1931. 12	0.0
Peoples State Bank of S.C.	S.C., Charleston	30,915	1932. 1	18.4
City Bank & Trust Company	Conn., Hartford	30,763	1932. 1	80.0
Commercial National Bank	N.C., High Point	10,696	1932. 1	88.0

〈表6-1 続き〉

銀 行 名	所 在 地	資　産 (1929)	破産 時期	預金者 配当率
Rockford National Bank	Ill., Rockford	11,842	1932. 2	72.0
First Iowa State Trust & Savings Bank	Iowa, Burlington	10,115	1932. 2	79.0
Exchange Trust Company	Mass., Boston	10,948	1932. 4	5.0
Citizens State Bank	Ill., Chicago	12,355	1932. 5	5.0
Chicago Bank of Commerce	Ill., Chicago	12,726	1932. 6	62.0
Peoples Trust & Savings Bank of Chicago	Ill., Chicago	32,844	1932. 6	100.0
Mechanics Bank of New Haven	Conn., New Haven	21,027	1932. 6	35.0
Peoples National Bank & Trust Co.	Ill., Chicago	17,190	1932. 6	63.0
Central Manufacturing District Bank	Ill., Chicago	13,900	1932. 6	45.0
Reliance Bank & Trust Co.	Ill., Chicago	12,513	1932. 6	51.0
Home Bank & Trust Co.	Ill., Chicago	12,032	1932. 6	0.0
Hyde Park-Kenwood National Bank of Chicago	Ill., Chicago	11,272	1932. 6	63.5
North Avenue State Bank	Ill., Chicago	10,319	1932. 6	80.0
Woodlawn Trust & Savings Bank	Ill., Chicago	10,118	1932. 6	43.5
New Jersey National Bank & Trust Co.	N.J., Newark	26,499	1932. 6	100.0
Lincoln Trust Company	Neb., Lincoln	10,542	1932. 7	100.0
Duquesne National Bank	Pa., Pittsburgh	12,095	1932. 11	90.0
Union Savings Bank & Trust Co.	Iowa, Davenport	24,142	1932. 12	56.0
Atlantic City National Bank	N.J., Atlantic City	11,710	1933. 1	8.4
Commercial National Bank	Washington, D.C.	20,392	1933. 2	70.0
Peoples Savings & Trsut Co.	Ill., Moline	14,474	1933. 2	100.0
Cosmopolitan State Bank	Ill., Chicago	13,919	1933. 2	40.0
First National Bank	Mich., Detroit	485,847	1933. 3	100.0
Guardian National Bank	Mich., Detroit	161,933	1933. 3	100.0
First National Bank	Pa., Johnstown	17,691	1933. 3	＊
Westchester Trust Co.	N.Y., Yonkers	13,037	1933. 3	65.5
Merchants Bank & Trust Co.	Miss., Jackson	11,505	1933. 3	100.0
Security Bank of Chicago	Ill., Chicago	10,350	1933. 3	100.0
Mercantile Bank & Trust	N.Y., New York	26,088	1933. 3	94.0
Bank of Saginaw	Mich., Saginaw	21,506	1933. 3	80.0
Independence Trust Company	N.C., Charlotte	10,431	1933. 3	100.0
Guardian Trust Company	Ohio, Cleveland	178,191	1933. 3	55.0
American Bank & Trust Co. of Richmond	Va., Richmond	24,532	1933. 3	65.0
Harriman National Bank & Trust Co.	N.Y., New York	56,288	1933. 3	100.0
Chattanooga National Bank	Tenn., Chattanooga	20,508	1933. 3	85.0
West Side Trust & Savings Bank	Ill., Chicago	15,272	1933. 3	19.0
Interstate Trust & Banking Co.	La., New Orleans	16,927	1933. 3	50.0
Commercial National Bank & Trust Co.	Pa., Philadelphia	28,909	1933. 3	50.0
Mechanics Trust Co of N.J.	N.J., Bayonne	12,330	1933. 3	47.0

注1）預金者配当率は1940年末の数値(%)，＊はデータ不明
　2）Union Trust Co. の資産は合併前の Dayton Savings & Trust Co. の1929年の数字
出所）*Moody's Bank & Finance*

1．ニューヨークにおける銀行清算

（1）合衆国銀行の清算

　合衆国銀行(BUS)の預金者・株主は清算によりどのような損失を被ったのであろうか。まず注目されるのは，BUSの破綻が決定されると同時に，ニューヨーク手形交換所加盟銀行は信用不安を沈静化させるため，預金者に対し預金残高の50％まで保証する対応を示していたことである。BUSの預金者は41万3000名に及んでいただけに，元本の1/2とはいえ，預金の即時的な現金化はニューヨーク市における金融システム不安の拡大を抑止するのに大きな効果があった。だがニューヨーク大銀行は金融システムを維持することに成功できる反面，保証した預金額まで損失のリスクを負うことになる。

　だがBUSの資産価値は預金の1/2以上をカバーしていたため，結果的に大銀行はBUSの預金保証からの損失リスクを現実化させるに至らなかった。預金者への配当支払状況をみれば，1931年＝45％，32年＝10％，34年＝5％，35年＝5％，37年＝5％，38年＝2.5％，42年＝2.5％，44年＝1.125％となっている[16]。つまり預金者への配当累計は76.125％であり，大銀行の融資分は資産回収及び株主に対する賦課金(403万ドル)により返済されている[17]。それにしてもBUSの清算が完了するには，30年12月から44年5月までの14カ年の期間を要したことになる。

（2）ハリマン・ナショナル・バンク・トラストの清算

　ニューヨークでBUSに次いで規模の大きかった銀行破産は，ハリマン・ナショナル・バンク・トラスト(Harriman National Bank & Trust)であった。

　ハリマン・ナショナル・バンクは1932年4月にニューヨーク市において2支店をもって営業していたリバティ・ナショナル・バンク(資産2406万ドル)を合併している。リバティの資産はニューヨーク大銀行のなかでは比較的小規模であり，この合併は実質的にリバティの預金をハリマンに移転することにより，預金者の信用不安を沈静化するところに，その主要な意図があったといえる。だが問題は吸収合併の主体となったハリマン自体も信用不安を抱えていたことであ

る。すなわちハリマンの預金残高も29年末(4360万ドル)から31年末(3217万ドル)に26％減少しており，リバーティほどではなかったものの，かなりの預金流出に悩まされていた。さらにこの預金流出の流れは合併後においても止まらず，同行預金は32年6〜12月の半年間に11.5％(3389→2998万ドル)の減少を示している。

　ハリマン・ナショナル・バンクは1906年にニューヨーク州法によりナイト・デイ・バンク(Night & Day Bank)として創業され，11年3月に国法銀行に転換している。ハリマンの資産は29年末で5629万ドルであり，ニューヨーク市銀行界において第33位を占める規模であった[18]。同行の創業者かつ頭取であったJ. W. ハリマンは1株あたり配当(額面100ドル)を22〜29年(20％)，30年(20％＋33.3％の株式配当)，31年(20％)に高水準に維持する政策をとっており，そのため株価は29年(1200〜2250ドル)，30年(1300〜1850ドル)，31年(1390〜1550ドル)に恐慌期にかかわらず高い水準にとどまっていた。しかしこうした高株価は子会社のハリマン・セキュリティ社による株価操作により維持されており，操作の資金は親銀行からの借入金に依存していたため，32年からの株価下落(1390〜70ドル)はハリマンの信用不安を惹起することになる[19]。

　銀行検査により銀行が厳しい信用危機にあることが判明した後，通貨監督官はハリマンの閉鎖を検討したが，他銀行への連鎖・波及を危惧したニューヨーク手形交換所加盟銀行はハリマンの存続を求めた。交換所加盟銀行はハリマンの預金支払に保証を与えることで1932年8月の信用危機を乗り切り，さらに33年2月に第2回目の預金保証を与えている。つまり32年半ばからのハリマンは20のニューヨーク手形交換所加盟大銀行の信用保証のもとで生き延びることになった[20]。

　しかし全国銀行休業日以降，政府による銀行救済計画が全面化してくるとともに，損失の分担による民間銀行の自主的救済が後景に退き，ハリマンの救済合併プランも具体化することなく，清算に追い込まれている[21]。通貨監督官はハリマンに預金保証をした手形交換所加盟銀行に対し937.5万ドルの支払を求めたが，ナショナル・シティ・バンク，バンカーズ・トラスト，バンク・オブ・マンハッタン・トラスト，ファースト・ナショナル・バンク，フィフス・アベニュー・バンクの5行が支払を拒否したため，訴訟を提起している[22]。しかし最終的にはす

べての加盟銀行が不足資金の支払に応じることになり，株主の二重責任制にもとづく賦課金(114万7900ドル)を加えて，ハリマンの預金者は1939年12月までに残りの50％の預金を回収することができた。つまり1万1000名の預金者は33年7月に700万ドルのRFC融資を原資として預金の50％を受け取り，34年7月(16％)，35年11月(10％)，36年4月(3.75％)，37年8月(10.25％)，39年12月(10％)の配当で，預金全額を払い戻されている[23]。

(3) その他ニューヨーク市銀行の清算

全国銀行休業日以前に破綻したニューヨークの銀行は，上述したBUS，ハリマン・ナショナル・バンク・トラストを除けば，資産規模の比較的小さな銀行により占められている(表6-2)。ニューヨーク市で銀行破綻が続出したのはヨーロッパで金融恐慌が勃発した1931年7～8月であったが，政策当局者，ニューヨーク手形交換所加盟銀行がこの信用危機に対処するためにとった政策がニューヨーク方式と呼ばれる清算方法であった。この方法でMTCにより清算された銀行は次の10行である[24]。

Lebanon National Bank	1929年末資産 200万ドル，	預金者配当 100％
Midwood Trust Company	1237万ドル，	100％
Brooklyn National Bank of NY	1019万ドル，	100％
Midtown Bank of NY	523万ドル，	100％
Bryant Park Bank	306万ドル，	100％
Globe Bank & Trust Co.	1318万ドル，	95％
Times Square Trust Co.	843万ドル，	95％
Bank of Europe Trust Co.	1780万ドル，	80％
American Union Bank	1726万ドル，	77.5％
International-Madison Bank & Trust Co.	1384万ドル，	74％

ニューヨーク州銀行監督官により閉鎖された銀行はMTCに資産・預金が移転され，閉鎖銀行の預金者はMTCの支店で預金の全額あるいは1/2を引き出すことが可能であった。こうした資産回収以前の預金保証はMTCあるいは連帯保証した手形交換所加盟銀行に損失負担のリスクを負わせることになるが，結果的には10行の資産回収額は50％を上回ったため，そのリスクは顕在化することがなかった。これら銀行の資産規模はいずれも2000万ドル以下にすぎず，たとえ損

表6-2　ニューヨーク市における銀行清算

(単位＝千ドル)

銀　行　名	資産(1929)	破産時期
Bank of United States	276,562	1930.12
Harriman National Bank & Trust Co.	56,288	1933. 3
Banca Commerciale Italiana Trust Co.	33,141	1939. 2
Chelsea Bank & Trust Company	26,088	1933. 3
Federation Bank & Trust Co.	19,844	1931.10
Bank of Europe Trust Co.	17,799	1931. 8
American Union Bank	17,259	1931. 8
International-Madison Bank & Trust Co.	13,840	1931. 8
Globe Bank & Trust Co.	13,180	1931. 8
Midwood Trust Company	12,372	1931. 8
Brooklyn National Bank of NY	10,185	1931. 8
Times Square Trust Co.	8,434	1931. 8
Midtown Bank of NY	5,229	1931. 8
Prisco State Bank	4,217	1931. 7
National Bank of Yorkville	4,070	1936. 5
Berardini(M) State Bank	3,449	1931.10
World Exchange Bank	3,316	1930.12
Bryant Park Bank	3,059	1931. 8
Kingsborough National Bank	2,370	1940. 6
Dunbar National Bank	2,331	1939
Lebanon National Bank	2,005	1931. 7
Washington Square National Bank	1,600	1932. 6
Fort Greene National Bank	1,215	1937. 8
Columbus Bank	993	1932. 3

出所）*Moody's Bank & Finance*

失を被ったとしても，ニューヨーク大銀行はそれを吸収するに足る体力を有していたことが，そうした方式を可能とした背景といえる。いずれにしても資産（健全な取引先）と預金（最低50％）がMTCに移り，銀行破産による信用不安を最小限にする仕組みが形成されていた。その意味で預金者の被る損失額が不確定であることを除けば，ニューヨーク方式は救済型の銀行合併にきわめて近く，資産・預金を他銀行に移転させることにより，預金者の信用不安を鎮めることができたのである。

　以上のように，1930～33年3月のニューヨーク銀行界で破産・清算の道をたどった銀行は比較的少なく，また資産規模からしてその多くは中小銀行により占められていた。その意味でマネーセンター・バンクとしてのニューヨークの金融システムは恐慌期にも揺らぐことはなかった。全体的にはそうした評価ができる

とはいえ，BUSとハリマン・ナショナル・バンク・トラストの破綻はニューヨークの銀行史上でもかってない規模のものであり，前者は早い時期に破綻→清算を余儀なくされたが，後者は大銀行の預金保証を得ることで全国銀行休業日まで営業を存続するという対照的な経緯をたどっている。

2．フィラデルフィアにおける銀行清算

ペンシルヴェニア州の金融中心地はフィラデルフィア市とピッツバーグ市であるが，いずれも1931年秋に激しい信用危機に見舞われている。ペンシルヴェニア州は本店所在地に限り支店設置を認可していたものの，銀行業の集中は余り進んでおらず，多数の中小規模の銀行が営業していた。ペンシルヴェニア州で29年末に営業していた銀行数は851行であったが，そのうち30～33年に破産した銀行は213行であり，4行に1行が銀行恐慌期に姿を消している。

フィラデルフィアでは1920年代後半に銀行集中が進行し，5行が29年末に1億ドル以上の資産を有していた。これらの上位銀行の地位は30年代を通じても変化しておらず，その意味で銀行構造の変化は中堅以下の銀行クラスで生じている（表6-3）。フィラデルフィアでは30年半ばまで株式交換による銀行合併が依然として進行しており，30年7月にはセントラル・ペン・ナショナル・バンク（セントラル・ナショナルとペン・ナショナルの合併），ケンジントン・セキュリティ・バンク・トラスト（ケンジントン・トラストとナショナル・セキュリティ・バンク・トラストの合併）の新銀行が発足していた。だがバンカーズ・トラスト（Bankers Trust Co. of Philadelphia）によるメトロポリタン・トラスト（30年6月），バンク・オブ・フィラデルフィア・トラスト（30年7月）の合併は性格を異にしており，いずれも株式交換は行われず，預金債務・資産が継承されていたにすぎない。その意味でこれは救済合併に近いものといえる。

バンカーズ・トラストは1926年に設立された若い銀行であり，数次の合併により資産規模を拡大し，30年9月には5549万ドルの資産と4507万ドルの預金（9万8200名の預金者）を有するまでに成長していた[25]。バンカーズはバンク・オブ・フィラデフィア・トラストの2366万ドルの預金を継承したものの，年末までに売却された資産は1011万ドルにすぎず，残りの資産の多くは回収困難なものであった[26]。こうしてフィラデルフィア第10位の銀行，バンカーズ・トラ

ストは信用危機に見舞われることになる。フィラデルフィアの大銀行は信用不安の高まりを阻止すべく，バンカーズに2000万ドルの資産を担保にして900万ドルの救済融資を実施したものの，12月22日に州銀行監督官により窓口を閉鎖されている[27]。

預金者委員会が同行の再編に努力したものの実を結ばず，1931年9月に清算が決定された。バンカーズの預金者は1万名にのぼり，預金者への配当支払は31年11月(20%)，32年9月(10%)，34年12月(15%)になされたものの，40年末に預金者は55%を受け取ったにすぎなかった[28]。

フィラデルフィアの信用危機は1931年9月に再燃し，多数の銀行が激しい預金取付けに遭遇することになる。フィラデルフィア大銀行は信用危機を回避するため，流動性危機に陥っていたこれらの銀行に資産を担保にして，多額の救済融資を実行している。だがそうした援助にかかわらず，銀行破綻は中堅銀行にまで波及していった。まず31年10月6日にフランクリン・トラスト(Franklin Trust Company，資産5175万ドル)が厳しい預金取付けの前に，閉鎖を余儀なくされている。フランクリンは30年末のバンカーズ・トラスト危機のさいにも預金取付けを受けていたが，この時はなんとか信用不安を沈静化させることに成功したものの[29]，今回の危機を切り抜けることができなかった。フランクリン・トラストの預金者は40年末までに預金の35%を払い戻されたにすぎない。

次いで信用危機に見舞われたのは資産8345万ドルの大銀行，インティグリット・トラスト(Integrit Trust Company)であった。フランクリンの破綻はインティグリットの預金者に動揺を与え，その破綻から1カ月に満たない間に，インティグリットは1000万ドルの預金を喪失している。しかしインティグリットのような規模の銀行を破綻に追いやれば，フィラデルフィアの金融システムは崩壊に瀕すると危惧されたため，手形交換所のリーダーシップのもとに，主要大銀行及び投資銀行，ドレクセル社(Drexel & Company)は協調して救済にあたることになる。大銀行はインティグリットの預金に相当する5000万ドルの信用プールを形成することで，インティグリットの救済に成功した[30]。

インティグリットは1934年5月に400万ドルの優先株を復興金融公社(RFC)に，300万ドルの優先株を銀行シンジケート団に売却し，銀行構造を再編している。だが30年代後半になってもインティグリットの経営は好転せず，40年1月

表6-3 フィラデルフィア銀行界の動向

(単位=千ドル)

銀 行 名	資 産 1929	資 産 1940	動 向
Philadelphia National Bank	358,423	672,490	
Philadelphia Savings Fund Society	284,187	379,538	
Pennsylvania Company for Insurances on Lives & Granting Annuities	200,237	308,418	
Fidelity-Philadelphia Trust Co.	122,865	158,203	
Corn Exchange National Bank & Trust Co.	115,283	157,150	
Girard Trust Company	88,309	153,932	
Integrit Trust Company	83,450	—	他行への預金継承(1940.1)
First National Bank of Philadelphia	81,295	126,717	
Real Estate-Land Title & Trust Company	81,286	47,223	
Western Savings Fund Co.	69,085	118,630	
Tradesmens National Bank & Trust Co.	56,105	69,921	
Central National Bank	52,041	—	合併(1930.7)→Central-Penn National Bank
Central-Penn National Bank of Philadelphia	—	90,268	
Provident Trust Company of Philadelphia	51,791	75,878	
Franklin Trust Company	51,754	—	清算(1931.10)
Colonial Trust Co.	50,705	—	合併(1930.3)→Pennsylvania Company for Insurances on Lives & Granting Annuities
Bankers Trust Co. of Philadelphia	43,359	—	清算(1930.12)
Beneficial Savings Fund Society	37,996	53,830	
Ninth Bank & Trust Company	33,986	24,186	
Commercial National Bank & Trust Co.	28,909	—	清算(1933.3)
Germantown Trust Company	28,184	26,308	
Liberty Title & Trust Co. (Pa.)	26,339	14,820	
Market Street National Bank	26,339	46,418	

Bank of Philadelphia & Trust Co.	26,283	—	合併 (1930. 7) →Bankers Trust Co. of Philadelphia
Penn Colony Trust Co.	24,251	—	清算 (1931. 12)
Penn National Bank	24,251	—	合併 (1930. 7) →Central-Penn National Bank
Continental Equitable Title & Trust Co.	21,671	—	清算 (1931. 12)
Mitten Men & Management Bank & Trust Co.	20,580	9,670	
National Security Bank & Trust Co.	20,580	—	合併 (1930. 7) →Kensington Security Bank & Trust Co. →再編
Saving Fund Society of Germantown	19,608	44,781	
Northern Trust Company	18,994	18,744	
Market Street Title & Trust Co.	18,184	—	合併 (1930. 3) →Integrit Trust Company→他行への預金継承 (1940. 1)
Industrial Trust Company	18,050	13,662	
Kensington Trust Co.	17,118	—	合併 (1930. 7) →Kensington Security Bank & Trust Co. →再編
Central Trust & Savings Co.	15,539	—	清算 (1931. 10)
Northwestern Trust Co.	14,748	—	清算 (1931. 7)
Second National Bank of Philadelphia at Frankford	14,723	9,574	
Frankford Trust Company	14,630	15,113	
United Security Trust Company	14,239	—	清算 (1931. 10)
Real Estate Trust Co. of Philadelphia	13,609	14,753	
Finance Company of Pennsylvania	12,081	12,740	
North Philadelphia Trust Co.	11,524	10,934	
Northwestern National Bank & Trust Co.	10,735	5,123	再編 (1934. 6) →Northwestern National Bank
Kensington National Bank of Philadelphia	10,235	5,516	再編 (1934. 6) →Security Bank & Trust
Olney Bank & Trust Co.	10,147	—	清算 (1931. 10)

出所) *Moody's Bank & Finance*

にRFCの資金援助をともなう他行への預金継承が次のように行われている[31]。
① 商業預金(2500万ドル)はファースト・ナショナル・バンクによって継承。
② 貯蓄預金(1000万ドル)はウェスタン・セィヴィング・ファンド・ソサィアティによって継承。
③ 上記の銀行はインティグリットから現金性資産(1400万ドル)のみを購入し，継承預金と資産の差額はFDICからの資金援助(2100万ドル)によって埋められる。

かくて5万2643名の預金者を擁するインティグリットは預金の67％に及ぶRFCの資金援助を得ることで，預金を全額保護されることになった。

フィラデルフィアではさらにアデルフィア・バンク・トラスト(資産330万ドル)が1931年11月に，ペン・コロニー・トラスト(資産2425万ドル)が12月に破綻するが，いずれも自主清算の道を選んでおり，預金者は100％の配当を受けている。またコンチネンタル・エクィタブル・タイトル・トラスト(Continental Equitable Title & Trust Co.)は資産2167万ドル規模の銀行であったが，その全預金は12月28日にペンシルヴェニア社(Pennsylvania Company for Insurances on Lives & Granting Annuities)に引き受けられることで保護されることになった[32]。この場合にもフィラデルフィアの大銀行はペンシルヴェニア社の被る損失に対し860万ドルの連帯保証を行うことで，コンチネンタル・エクィタブルの破綻から生まれる預金者の信用不安を回避することに成功している[33]。フィラデルフィア銀行界はこれ以降全国銀行休業日まで大きな破綻銀行を出すことなく推移し，33年3月に破綻・清算された銀行はコマーシャル・ナショナル・バンク・トラスト(2891万ドル)1行にすぎなかった。

第4節　全国銀行休業日以降の銀行清算

1932年2月以降になれば，銀行破産の波も沈静化してきたが，それは必ずしも銀行の資産内容が好転していたことを意味しなかった。かくて全国銀行休業日以降に，不良債権を抱えた多数の銀行が再開を許可されることなく，実質的に清算処理されていった。そうした銀行のなかには，中小規模の銀行とともに，都市部の大銀行も含まれていた。以下では，休業日以降に実質的に清算された大銀行

の事例として，デトロイト，クリーヴランドの銀行を取り上げよう。

1. デトロイトにおける銀行清算

大恐慌期におけるデトロイト市の銀行数は大きく減少していたが，それは2大銀行グループによる銀行合併＝再編成によるところが大きく，銀行破産の結果として清算された銀行は比較的少ない（表6-4）。1933年2月のミシガン州銀行休業以前に破産した銀行は次の通りである。

1930. 4	Standard Trust Co.	（資産219万ドル）	
1931. 4	Michigan State Bank	（資産329万ドル）	
1931. 6	Metropolitan Trust Co.	（資産308万ドル）―預金者配当＝100％	
1931. 7	Guaranty Trust Co. of Detroit	（資産2051万ドル）―預金者配当＝43％	
1931.10	Fidelity Trust Co.	（資産1188万ドル）―預金者配当＝60％	

このようにデトロイトの銀行破産は1931年に集中しており，いずれも資産規模の小さな銀行により占められていた。アメリカン・スティト・バンク（資産5333万ドル）も31年初に信用危機に見舞われたが，デトロイト手形交換所加盟銀行による損失の共同負担のもとに，ピープルズ・ウェイン・カウンティ・バンクが吸収・合併することにより，預金者が保護されていた[34]。

だが不況の深化は自動車産業に大きく依存するデトロイト銀行界に大きな打撃を与え，2大銀行グループの中心をなすファースト・ナショナル・バンク（デトロイト・バンカーズ・グループ），ガーディアン・ナショナル・バンク・オブ・コマース，ユニオン・ガーディアン・トラスト（ガーディアン・デトロイト・ユニオン・グループ）までも破産に追いやることになる。1933年銀行恐慌の発火点をなしたのはユニオン・ガーディアン・トラストであった。

（1）Union Guardian Trust Co.

全国銀行休業日後の3月14日にデトロイトで再開を許可された銀行は5行であり，そのうち商業銀行サービスを提供する銀行はデトロイト・セイヴィング・バンク（Detroit Savings Bank），コモンウェルス・コマーシャル・スティト・バンク（Commonwealth Commercial State Bank）のわずか2行にすぎなかった。デトロイトを代表する3大銀行は再開許可を得ることができず，再編・清算を迫

表 6-4 デトロイト銀行界の動向

(単位=千ドル)

銀 行 名	資 産 1929	1940	動 向
Peoples Wayne County Bank	310,454	—	合併(1931.12)→First Wayne National Bank→銀行名変更(1932.10)→
First National Bank in Detroit	180,509	—	First National Bank-Detroit→清算(1933.3)
National Bank of Commerce	117,054	—	合併(1931.12)→Guardian National Bank of Commerce
Bank of Michigan	96,614	—	合併(1930)→Peoples Wayne County Bank
Guardian Detroit Bank	64,366	—	合併(1931)→Guardian National Bank of Commerce
Union Guardian Trust Co.	61,658	6,005	再編(1934.1)
Bank of Detroit	54,793	—	合併(1930.6)→Guardian Detroit Bank
Detroit & Security Trust Co.	53,555	17,749	
American State Bank of Detroit	53,332	—	合併(1931.3)→Peoples Wayne County Bank
Peninsular State Bank	52,964	—	合併(1930.5)→Peoples Wayne County Bank
Detroit Savings Bank	51,414	222,732	銀行名変更(1936.1)→Detroit Bank
Union Trust Co.	50,666	—	合併(1930.4)→Union Guardian Trust→再編
Bankers Trust Co. of Detroit	31,839	1,322	再編(1937.12)
Guardian Trust Co.	23,328	—	合併(1930.4)→Union Guardian Trust→再編
Commonwealth Commercial State Bank	23,187	—	銀行名変更(1938.1)→Commonwealth Bank
Commonwealth Bank	—	89,412	
Guaranty Trust Co. of Detroit	20,514	—	清算(1931.7)
Industrial Morris Plan Bank of Detroit	20,144	21,539	
United Savings Bank	19,055	28,943	
Fidelity Trust Company	11,880	—	清算(1931.10)
Guaranty State Bank	5,049	—	合併(1930)→American State Bank
Equitable & Central Trust Co.	5,029	2,708	
Michigan State Bank	3,289	—	清算(1931.4)
Michigan Industrial Bank	3,248	—	
Metropolitan Trust Co.	3,080	—	清算(1931.6)
Standard Trust Co.	2,192	—	清算(1930.4)
National Bank of Detroit	—	627,377	新設
Manufacturers National Bank	—	186,531	新設
Wabeek State Bank	—	25,665	新設

注) Union Guardian Trust Co. の資産(1929)は1930年末の数字
出所) Moody's Bank & Finance

られている。

　ユニオン・ガーディアン・トラストは1934年1月に信託業務のみを行う会社として再建されることになった。旧株主は株式資本を喪失したのみならず，二重責任制により100％の賦課金が課せられている。旧ユニオンの資産は2つに分けられ，80万ドル相当の資産が新しい信託会社の資本金に現物出資され，残余資産は清算会社（Collateral Liquidation, Inc.）に移されて清算されることになる。旧ユニオンの預金者・債権者は〝預金者・債権者信託〟勘定の発行する債務証書を保有し，信託勘定が保有する，①旧ユニオンの残余財産，②新ユニオンの株式，③旧ユニオン株主への賦課金への請求権を有していた。

　旧ユニオンへの債権として認められた金額は3661万ドルであり，大口債権者はRFC（1201万ドル），フォード・モーター（750万ドル），デトロイト市（360万ドル），州ハイウエー局（86万ドル）などであり，この4大債権者は債権の65％を占めていた。このうちRFC融資が唯一の担保付き債権であり，債権請求権で優先権を有していたが，1934～36年の3カ年にRFCに償還された金額は300万ドルにすぎなかった。清算処理を予定していた残余財産は4300万ドルであったから，この実績から，旧ユニオンの資産劣化がかなりの程度まで進んでおり，RFC融資の回収が困難な状況にあることがわかる[35]。

　このようにユニオン・ガーディアン・トラストは信託会社として再編されたとはいえ，資産規模が1932年末（5092万ドル）から40年末（549万ドル）に1/10の規模にまで縮小しており，実質的に清算とほとんど変わらない状況といえる。このことはやはり専業の信託会社として再編されたデトロイト・トラスト（Detroit Trust，1933年12月），バンカーズ・トラスト（Bankers Trust Co. of Detroit，1937年12月）についても妥当するだろう。資産規模は前者で38％（4674→1775万ドル），後者で4％（3206→132万ドル）となっており，デトロイトの信託業務はその後の合併により最終的にデトロイト・トラストに集約されている[36]。

（2）2大銀行の清算

　ミシガン州が銀行休業に入ってからも，残りの大銀行を再開する努力がなされていた。RFCは2大銀行を救済するため，ファースト・ナショナル・バンクに1億ドル，ガーディアン・ナショナル・バンク・オブ・コマースに3500万ドル

を融資するという新たなプランを発表した。だが資産検査の結果，RFCの融資限度額は7800万ドルにすぎないことが判明したものの，H.フォードが2つの新銀行の開業に不足する資金(825万ドル)を提供することを約束したため，デトロイトに2つの新銀行，ピープルズ・ナショナル・バンク(旧ファースト・ナショナル)とマニュファクチュアラーズ・ナショナル・バンク(旧ガーディアン・ナショナル)が誕生すると思われた。

　しかしこのフォード・プランは幾つかの理由で実現しなかった。その理由としては，デトロイト銀行界の主導権がフォードにより握られることへの反発などがあげられるが，決定的な事態はニューヨークの大銀行により供与されていた2000万ドルの融資が更新されないという決定であった。かくてデトロイトを代表する2大銀行は全国銀行休業日後も窓口を再開することができず，清算処理されることになる[37]。

　資産清算にあたって利用されたのがスポーケィン方式であり，1933年3月24日にファースト・ナショナルとガーディアン・ナショナルの健全資産及びそれに相当する預金を引き継ぐ「受け皿」銀行としてナショナル・バンク・オブ・デトロイト(National Bank of Detroit)が形成されている。新銀行の資本金は2500万ドルであったが，そのうち1250万ドルの優先株はRFC，1250万ドル(50万株)の普通株はGMにより引き受けられた[38]。また設立時(33年4月12日)における新銀行の資産は2億386万ドル，預金は1億7886万ドルであり，これは清算された2つの旧銀行の資産合計(5億8800万ドル)，預金合計(4億8146万ドル)の35％，37％にすぎなく，残りの資産・預金がレシーバーのもとで清算されていくことになる。

　だが閉鎖銀行の資産を清算するには長期間を要するため，預金者の預金債権がこの間凍結される状態となり，また預金の損失率が不確定であることから，預金者の信用不安は継続する。とりわけ預金者の多数を占める小口預金者においてそうした信用不安が強いため，レシーバーは不安を沈静化させるべく，小口預金者にペイオフを実施する必要が生じてくる。かくてガーディアン・ナショナルでは1000ドル以下の11万6000名の預金者に，ファースト・ナショナルでは300ドル以下の60万名の預金者に対し預金の全額が支払われている[39]。いずれの場合も大口預金者との協定により，小口預金が大口預金に優先して支払われている。

だが小口預金の即時的ペイオフは資産回収に先行してなされるため，両者の時間的ギャップを埋める繋ぎ資金が必要となるが，RFCによる閉鎖銀行資産を担保にした融資が資産回収に先立つ預金の先行的支払を可能とする条件となる。RFCは資産を担保にしてファースト・ナショナルに1億4341万ドル，ガーディアン・ナショナルに2450万ドルを融資しており，これらの融資はレシーバーによる清算が進むにつれて返済されていく[40]。

　ファースト・ナショナル預金者への配当は1933年末に50％，35年末に70％に達している。同行のRFC借入残高は資産回収により35年末に4630万ドルにまで縮小していたが，レシーバーは36年3月にマニュファクチュアラーズ・ナショナル・バンクから期間3年，2.5％の金利条件で3510万ドルの融資を受け，その資金でRFCからの借入金を全額返済している[41]。だがレシーバーは40年に預金者に対し残された20％配当を実施し，預金者への債務を完済するにさいし，再びRFCから3160万ドルを借り入れている。同行の33年2月〜40年末のレシーバー勘定によれば，優先的債務者(4570万ドル)，無担保債務者(3億3566万ドル)への支払合計は3億8136万ドルであり，債務支払の主要な原資となったのが株主賦課金からの徴収額(1858万ドル)，資産売却からの回収額(3億4675万ドル)，RFC借入(3160万ドル)であった。つまり同行は預金者に対し100％預金を払い戻していたが，そのうち8.3％はRFC融資によって可能となっている。RFC融資は40年末に残されている9689万ドルの資産及び537万ドルの株主賦課金から将来返済されることになる[42]。

　他方，ガーディアン・ナショナルの預金者は1933年末までに60％の配当を受け取っている。同行は預金者への配当のために，RFCから1700万ドル，郵便貯金制度から725万ドルの融資を受けていた[43]。ガーディアンの資産清算を一層進めるため，残余資産5751万ドルが35年8月に清算会社，ガーディアン・デポジッターズ社(Guardian Depositors Corp.)に移管され，債権者は同社の回収資産に対する参加証書を付与されている。この清算プランに同意しない債権者に対しては19％の最終配当(1770万ドル)が交付され，彼らの債権回収は87％にとどまっている。RFCはガーディアンの清算組織の変更にともなう資金需要に対処して新たに700万ドルを融資している。この清算会社は持株会社ガーディアン・デトロイト・ユニオン・グループの株主への賦課金(400万ドル)及び資産清

算により，参加証書を保有する4500名の預金者に対し残り32%の配当(2494万ドル)を支払うことができた[44]。

このように2大銀行は清算されたものの，預金者はほぼ預金の全額を回収することができた。それ以前の銀行清算は預金者に大きな負担を課していたことを考えれば，これは全国銀行休業日以降の政府の銀行政策によるところが大きいといわねばならない。デトロイト市は1929年に資産5000万ドル以上の銀行を11行擁していたが，40年にはナショナル・バンク・デトロイト(6億2738万ドル)，デトロイト・セィヴィング・バンク(2億2273万ドル)，マニュファクチュアラーズ・ナショナル・バンク(1億8653万ドル)，コモンウェルス・バンク(8941万ドル)の4行体制に収斂していた。そのうち2行が旧銀行の清算の過程で誕生した銀行であるところに，デトロイト市銀行界を襲った打撃の大きさを推し量ることができる[45]。

2．クリーヴランドにおける銀行清算

クリーヴランドの銀行はオハイオ州金融界の中心をなしており，中西部地域の重工業地帯において，シカゴの銀行と並ぶ重要な地位を占めている。それは1929年末の資産でみれば，クリーヴランド市銀行の全米ランキングは，ユニオン・トラスト(23位)，クリーヴランド・トラスト(25位)，ガーディアン・トラスト(40位)となっており，クリーヴランドはたんなる地域的金融機関でないことが窺える(表6-5)。クリーヴランドの銀行は重工業企業との密接な関係を築くことで資金規模を拡大することができたものの，恐慌期に入れば，クリーヴランド系企業への貸付，郊外に拡大する労働者に対する住宅建築用の不動産担保金融がこれらの銀行の足枷に転じていく[46]。

もともと銀行集中が進んでいたため，クリーヴランドの銀行数は相対的に少なく，したがって破産・清算の経路をたどった銀行は多くない。クリーヴランドを信用危機が襲ったのは1931年秋頃からであった。規模の大きな最初の銀行破産は31年12月のスタンダード・トラスト(資産2239万ドル)であり，この銀行は30年3月にエンジニアーズ・ナショナル・バンクなど3行が合併して設立されたばかりであった[47]。この銀行の破綻はさらに同市第6位の銀行(手形交換所加盟銀行)，ミッドランド・バンク(資産4126万ドル)の預金取付けに波及していっ

表6-5 クリーヴランド銀行界の動向　　　　　　　　　　　（単位＝千ドル）

銀 行 名	資産 1929	資産 1940	動　向
Union Trust Company	352,275	47,159	再編(1938.2)→Union Bank of Commerce
Cleveland Trust Company	316,508	457,780	
Guardian Trust Company	178,191	—	清算(1933.3)
Society for Savings	109,212	125,624	
Midland Bank	41,257		合併(1932.1)→Cleveland Trust
National City Bank of Cleveland	35,298	240,900	
Standard Trust Bank	22,390		清算(1931.12)
Lorian Street Savings & Trust Co.	14,025	6,770	銀行名変更(1934.12)→Lorian Street Bank
Morris Plan Bank of Cleveland	7,945	12,839	
North American Trust Co.	5,538	327	再編(1934.9)
Central United National Bank	5,278	176,325	銀行名変更(1936.2)→Central National Bank
American Savings Bank Co.	4,526	6,359	
Cleveland Savings & Loan Co.	4,366	3,813	
Ohio Mutual Savings & Loan Co.	3,085	751	
Merchants Trust & Savings Bank	2,881	—	清算(1930.9)
Guarantee Title & Trust Co.	2,034	—	清算(1934)

出所）*Moody's Bank & Finance*

　た。同行の預金は30年末(4116万ドル)から31年末(2844万ドル)に30％の減少をみており，この銀行を破産に追いやることはクリーヴランド大銀行の信用危機に直結する性格をもっていた。かくてミッドランド・バンクはクリーヴランド・トラストに吸収合併されることで，預金者の動揺を回避しようとした。ミッドランドの資産・預金は移転されたものの，株式は償却されていることからわかるように，これは明らかにクリーヴランド・トラストによる救済合併といえるものであった[48]。

　だが資産の劣化による信用不安に襲われていたのはミッドランド・バンクにとどまらず，クリーヴランドの中核をなす大銀行も同様であった。1931年の1カ年間の預金喪失はユニオン・トラストで27％(3億129万ドル→2億2087万ドル)，ガーディアン・トラストで22％(1億5719万ドル→1億2313万ドル)に及んでおり，信用危機は対岸の火事とはいえなかった。預金の取付けに対応するため，クリーヴランドの銀行はRFC借入を余儀なくされており，借入額もユニオ

ン・トラスト(1400万ドル)，ガーディアン・トラスト(1227万ドル)で巨額にのぼっていた。これらの銀行はいずれも銀行休業日以降に清算あるいは再編されていく[49]。

ガーディアン・トラストはクリーヴランドで清算された最大規模の銀行であり，預金者は1940年末までに預金元本の55%を受け取ったにすぎない。預金者への配当支払の最大原資は資産売却であるが，ガーディアンの資産(1億1295万ドル)のうち，売却で現金化された資産は5621万ドルにすぎず，40年末の残存資産は3796万ドルであった。預金支払の第2の原資は株主への賦課金であるが，賦課対象額(700万ドル)に対し，8割(567万ドル)が徴収されている。

ガーディアンの預金者のうち，10ドル未満の預金者は銀行閉鎖と同時に支払われており，さらに1933年7月に第1回の配当(20%)がなされている。この預金者への支払はRFC及びナショナル・シティ・バンクからの借入金(2695万ドル)によりなされ，それは資産売却で回収された資金から返済されている。その後預金者はRFC借入金を原資にして35年末に第2回配当(10%)，37年6月に第3回配当(20%)，40年11月に第4回配当(5%)を受け取っている。RFC借入金はその後の資産売却で返済されているため，40年末にはガーディアンの借入金は存在していない。したがってガーディアンの40年末のバランス・シートは，未払債務が2502万ドルに対し，未回収資産額は3796万ドルとなっている[50]。

クリーヴランド最大の銀行であるユニオン・トラストの場合には，ガーディアンとは異なった道をたどっている。ユニオンは閉鎖と同時に預金者に35%の配当を支払い，すでに預金回収制限期に引き出し可能とされた預金(5%)と合わせれば，ユニオンの預金者は窓口閉鎖にかかわらず，40%の預金を手にしたことになる。払戻しの原資はガーディアンと同様に，RFC及びナショナル・シティ・バンクからの借入金(4724万ドル)であり，借入金は資産回収により返済されている。ところで33年8月におけるユニオン資産の評価によれば，健全資産(1860万ドル)，スロー資産(1億546万ドル)，不良資産(1709万ドル)，損失(4151万ドル)となっており，回収が困難な資産が非常に高い割合を占めている[51]。

預金者に45%の配当(4500万ドル)が支払われた時点で，ユニオンの再編プランがまとまり，新銀行ユニオン・バンク・オブ・コマース(Union Bank of Commerce)が1938年2月に設立されている。ユニオン・バンクが旧銀行から4611万ドルの流動的資産を継承し，ユニオン・プロパティズ(Union Properties, Inc.)が8005万ドルの不良債権を引き継ぎ，資産の回収にあたることになった。預金者は新銀行の開業とともに50ドル未満の預金を払い戻され，さらに35％が新銀行の要求払預金として利用可能となり，残りの20％をユニオン・プロパティズに対する債権として保有している。つまり旧銀行預金者は38年時点で80％の預金を払い戻されたことになる[52]。

ユニオン・バンクの資本金は500万ドルであり，400万ドルの普通株(4万株)と100万ドルの優先株(1万株)からなっている。このうち新銀行が調達した新規資金はRFCにより購入された優先株及び市場に売却された1000株の普通株の合計，110万ドルにすぎなかった。残りの普通株(3万9000株)は預金債権者により保有されており，預金が実質的に株式に振り替えられた形となっている[53]。

このようにユニオン・トラストは新銀行に再編されたとはいえ，1940年末の資産は29年の13％(4716万ドル)にすぎず，クリーヴランド銀行界の地位を第5位にまで低下させている。これに対し，ナショナル・シティ・バンクが資産を最も増加させていた銀行であり(3530万ドル→2億4090万ドル)，クリーヴランド・トラストに次ぐ第2位の座を占めることになった。これはナショナル・シティがユニオン・トラスト及びガーディアン・トラスト預金者の「受け皿」銀行として機能したからであり，2行の取引先，預金者がナショナル・シティに移動した結果として，そうした急成長が可能となったといえる。

破綻銀行が清算される場合，債権者(預金者)に支払われる配当の原資は株主に対する追徴金と資産の売却金の2つであるが，大部分は後者の資産売却に依存している。資産売却→預金払戻しとして行われる一般的な銀行清算においては，次のようなプロセスを経ることで実物経済の悪化を招くことになる。第1に資産の売却には長期間を要するため，預金の「凍結」が需要(投資，消費)の収縮として作用する。第2にレシーバーによる資産清算は，健全資産・不良資産を問わず，破綻銀行の全資産について行われるため，貸出の強制回収，投資証券の市場への強制売却を通じて，不況を深化させていく。つまり銀行清算の過程は，実物経済の悪化→金融経済の悪化→実物経済の悪化という螺旋的過程を通じて実現されて

いく。

　だがレシーバーによるそうした清算過程は経済構造に余りに大きな不況的影響をもたらすようになれば，私的資本の枠内ではあるが，清算の「デフレ」的側面を緩和させようとする動きが登場してくる。第1の清算方法はスポーケィン・プランであり，破綻銀行の資産を健全資産と不良資産に分離し，健全資産(及びそれに相当する預金額)を他銀行に移転し，不良資産だけをレシーバーが清算していく方法である。これは健全な取引先を既存の信用関係に維持することにより，清算の不況的側面を緩和しようとするものである。この方法はFDICのもとで資金援助をともなう銀行合併，さらにP&A方式に発展していくことになる。

　第2の清算方法はニューヨーク方式であり，レシーバーの役割を担うMTCが資産回収に先行して一定額の預金(1/2)を解放する方法である。先行的なそうした預金解放は預金者の信用不安を和らげるとともに，市場の収縮に対する一定の歯止めともなるであろう。だが資産回収額が預金の前払額を上回る保証はないため，「受け皿」銀行，あるいは連帯保証をしたニューヨーク手形交換所加盟銀行が損失のリスクを負うことになる。したがって預金の先行的解放は地域における私的資本の負担でなされる限りでは一定の限界があるといえる。FDICによる預金保証はそうした私的資本の限界を突破する試みであり，全商業銀行から拠出された基金により預金の一定額を先行的に解放しようとするものである。

　以上みてきたように，1930年代の銀行恐慌期に銀行の清算方式が多様化していたが，それは「金融デフレ」の進行を阻止すべく，私的資本自らが生み出した清算方式であった。信用恐慌による価値破壊の進展という観点からも，この銀行恐慌期の清算方式はそれまでのレシーバーによる清算方式とFDICによる清算方式の過渡期の性格を有していたといえる。

1) *Federal Reserve Bulletin*, Nov. 1937, p. 1087.
2) C. B. Upham & E. Lamke, *Closed and Distressed Banks*, The Brookings Institution, Washington, D.C., 1934, pp. 18-19.
3) *ibid*., p. 24.
4) *ibid*., p. 56.
5) *ibid*., p. 70.
6) スポーケィン・プランは1928年にすでに利用されていたが，29年1月にワシントン州スポーケィン市の資産1139万ドルの銀行，Exchange National Bank of Spokaneの清

算に利用されてから，その方法はスポーケイン方式として知られることになった(S. E. Kennedy, *The Banking Crisis of 1933*, University Press of Kentucky, Kentucky, 1973, p. 193)。
7) C. B. Upham & E. Lamke, *op. cit.*, p. 73.
8) 清算機関としてのマニュファクチュアラーズ・トラストと並んで，アーヴィング・トラスト(Irving Trust)は1929年1月～34年7月の期間，裁判所から常任レシーバーに任命されている(*Moody's Bank & Finance*, 1934, p. 478)。
9) C. B. Upham & E. Lamke, *op. cit.*, p.75；ニューヨーク手形交換所加盟銀行は次の19行である。Bank of the Manhattan, Bank of NY & Trust, Bankers Trust, Central Hanover Bank & Trust, Chase National Bank, Chemical Bank & Trust, Commercial National Bank & Trust, Continental Bank & Trust, Corn Exchange Bank & Trust, Fifth Avenue Bank, First National Bank, Guaranty Trust, Irving Trust, Manufacturers Trust, Marine Midland Trust, National City Bank, New York Trust, Public National Bank & Trust, Title Guarantee & Trust (J. Peterson, *Sixty-Five Years of Progress and A Record of New York City Banks*, 1935, rep., Arno Press, NY, 1980, p. 128).
10) *Moody's Bank & Finance*, 1932, p. 1740.
11) *Annual Report of FDIC 1940*, pp. 61-63.
12) *Annual Report of FDIC 1934*, pp. 82-83.
13) *ibid.*, p. 87.
14) *Annual Report of Comptroller of Currency*, 1930-34.
15) 貯蓄預金に対しては，ローレンス・トラストで68.5%，エックスチェンジ・トラストで70%が支払われている。
16) M. Friedman & A. J. Schwartz, The Failure of the Bank of United States: A Reappraisal, *Explorations in Economic History*, Vol. 23-2, Apr. 1986, p. 203.
17) 預金者への配当には二重責任制度にもとづく株主に対する賦課金が含まれており，株主に対して額面(25ドル)の1/2が賦課されたものの，徴収された金額は32%(403万ドル)にすぎなかった(*Moody's Bank & Finance*, 1935, pp. 158-159)。
18) *ibid.*, 1933, p. 411.
19) ハリマンは銀行検査で証券子会社が親銀行の株式を保有していることを隠蔽するため，不正な経理操作をしていたとして起訴されている(*CFC*, Vol. 136, Apr. 15, 1933, p. 2546)。
20) *CFC*, Vol. 137, Dec. 30, 1933, pp. 4619-20.
21) *Moody's Bank & Finance*, 1934, pp. 2369-70.
22) *CFC*, Vol. 137, Dec. 30, 1933, p. 4620.
23) *Moody's Bank & Finance*, 1941, p. 424.
24) *ibid.*, 1934, p. 1762.
25) *Moody's Bank & Finance*, 1931, p. 1980.
26) *CFC*, Vol. 131, Dec. 20, 1930, pp. 3995-96.
27) *Moody's Bank & Finance*, 1931, p. 1980.

28) バンカーズ・トラストの預金債務は1940年末で1233万ドルに対し,実質資産価値は428万ドル(帳簿価値＝1245万ドル)にすぎなかった。さらにバンカーズは預金者配当のためにRFCから300万ドル借り入れていたが(34年12月),その債務は40年末に57万9623ドル残っている(*Moody's Bank & Finance*, 1941, p. 422)。

29) フランクリン・トラストはフィラデルフィア・ナショナル・バンク及び投資銀行ドレクセル社を中心とする大銀行の支援を受けることで,1930年末の危機を乗り切っている(*CFC*, Vol. 133, Oct. 10, 1931, p. 2379)。

30) インティグリット・トラストを救済するためのフィラデルフィア大銀行の支援に関しては,N. B. Wainwright, *History of The Philadelphia National Bank*, Wm. F. Fell Co., Philadelphia, 1953, pp. 209-211, を参照。

31) *Moody's Bank & Finance*, 1940, pp. 252-253.

32) *ibid*., 1932, p. 496.

33) N. B. Wainwright, *op. cit*., pp. 210-211.

34) G. W. Woodworth, The Detroit Money Market, *Michigan Business Studies*, Vol. 5-2, University of Michigan, 1932, p. 223.

35) *Moody's Bank & Finance*, 1934, p. 2624; 1936, p. 1730.

36) ユニオン・ガーディアン・トラストは1943年にデトロイト・トラストに吸収・合併されており,またエクィタブル・トラストとバンカーズ・トラストが48年に合併し,バンカーズ・エクィタブル・トラストとなっている。さらに2つの信託会社は51年に合併し,デトロイト・トラストとなっている(A. M. Woodford, *Detroit and Its Banks: The Story of Detroit Bank & Trust*, Wayne State University Press, Detroit, 1974, pp. 210-211)。

37) S. E. Kennedy, *op. cit*., pp. 98-102.

38) *ibid*., pp. 193-195.

39) *Moody's Bank & Finance*, 1934, pp. 2368-69.

40) *ibid*., 1935, pp. 744-745; 1936, p. 256.

41) *ibid*., 1937, p. 205.

42) *ibid*., 1941, p. 431.

43) *ibid*., 1934, p. 2369.

44) *ibid*., 1941, p. 431.

45) マニュファクチュアラーズ・ナショナル・バンクは次の5銀行の健全資産及び預金負債を継承するために1933年7月に設立された。資本金300万ドルはフォードにより拠出されている。Highland Park State Bank, Dearborn State Bank, Guardian Bank of Dearborn, Wayne County Bank, Peoples Wayne County Bank (*Moody's Bank & Finance*, 1935, p. 135).

46) クリーヴランドにおける産業と銀行の関係については,呉天降「両大戦間期のアメリカの投資会社に関する一考察——イートン・グループとクリーブランドの銀行・産業との関係をめぐって(1926〜30年)」(『証券研究』第60巻,1980年5月),を参照。

47) *Moody's Bank & Finance*, 1932, p. 2632;なおスタンダード・トラストの預金者に対する配当は1940年末で37.5％にとどまっていた。

48) ミッドランド・バンク株式の75%は経営者及びその関係者により保有されており，主要株主は信用危機に陥るや，同行をクリーヴランド・トラストに合併することに合意した。ミッドランド・バンクの頭取，J. シャーウィンはクリーヴランド・トラストの副頭取となっている (*CFC*, Vol. 134, Jan. 16, 1932, p. 455)。
49) 2大銀行以外でRFCから融資を受けていたクリーヴランドの銀行は次の通りである。Bank of Cleveland (27.5万ドル)，Lorian Street Savings & Trust (37万ドル)，North American Trust (120万ドル)。
50) *Moody's Bank & Finance*, 1941, p. 424.
51) *ibid*., 1934, p. 565.
52) *ibid*., 1938, pp. 242-243.
53) ユニオン・バンクの普通株のうち，3万3574.1株は預金証書保有者のトラスティにより，5425.9株はユニオン・プロパティズにより保有された。なお優先株は1940年5月に回収されている (*ibid*., 1941, p. 114)。

第7章　復興金融公社と不許可銀行の再編

　全国銀行休業令により銀行業務を一時停止した銀行は1933年3月13日以降に順次再開を許可されていったが，一部の銀行は資産内容の悪化により再開を許可されなかった。これらの不許可銀行は復興金融公社(RFC)の援助により順次に再開を果たしていく。ここにRFCは開業銀行への資金援助という従来の役割から，閉鎖銀行を再開させるという新たな役割を担うことになった。本章では不許可銀行の再編において公的資金が果たした役割について考察することにする[1]。

第1節　銀行再編の枠組み

1．銀行保全法の成立

　初期の国法銀行制度下では，支払不能となり，レシーバーの管理下におかれることになった銀行の多くは再開されることなく，清算されるのが一般的であった。だが1893年恐慌は多数の銀行破産を惹起することにより産業不況を深刻化させたという反省のうえに立って，政府は平常時に経営を継続することができる銀行に対し，銀行業務を再開する機会を与える政策に転換している[2]。

　しかし1933年3月の全国銀行休業日以前までは，「破産国法銀行の再編は例外的な手続き」[3]にとどまっていた。表7-1にみられるように，1921〜32年に支払停止した銀行は1万817行であったが，同期間に業務を再開した銀行は15%(1614行)にすぎない。とりわけ連邦準備制度加盟銀行において再開の比率は低く，それは2030行の支払停止銀行のわずか10%(203行)にすぎなかった。これに対し小規模銀行が多数を占める非加盟銀行においては再開の比率が若干高くな

表 7-1　銀行の支払停止と再開

(単位＝千ドル)

		1921	1922	1923	1924	1925	1926	1927	1928	1929	1930	1931	1932	合　計
全銀行														
支払停止	銀行数	506	367	646	775	618	976	669	499	659	1,352	2,294	1,456	10,817
	預金	172,188	93,043	149,601	210,151	167,555	260,378	199,329	142,580	230,643	853,363	16,900,669	715,626	20,095,126
再開	銀行数	97	118	69	111	81	162	129	53	69	159	276	290	1,614
	預金	24,437	45,452	17,348	31,523	22,931	59,962	43,144	22,555	28,586	63,013	157,159	276,194	792,304
加盟銀行														
支払停止	銀行数	71	62	122	160	146	158	122	73	81	188	516	331	2,030
	預金	38,140	27,310	46,803	78,535	65,457	67,464	63,489	46,730	58,073	372,845	733,126	269,303	1,867,275
再開	銀行数	10	27	14	19	10	14	10	5	5	6	31	52	203
	預金	2,669	11,230	4,803	7,116	3,756	7,516	6,959	5,974	1,910	3,053	52,470	71,666	179,122
非加盟銀行														
支払停止	銀行数	434	305	524	615	472	818	547	426	578	1,164	1,778	1,125	8,786
	預金	134,048	65,733	102,798	131,616	102,098	192,914	135,840	95,850	172,570	480,518	957,541	446,323	3,017,849
再開	銀行数	87	91	55	92	71	148	119	48	64	153	245	238	1,411
	預金	21,768	34,222	12,545	24,407	19,175	52,446	36,185	16,581	26,676	59,960	104,689	204,528	613,182

出所）*Annual Report of the Federal Reserve Board*, 1934, p.167

り，支払停止銀行(8786行)の16.1%(1411行)が再開を果たしている。

このように法的な手続きによる銀行再開は限られていたとはいえ，そうした数字に表れない銀行再開への努力がなされていたことにも注目すべきであろう。銀行を清算するか，再編するかの選択を迫られた時，株主及び預金者は任意の基礎上で再編を頻繁に行っている。また第5章ですでにみたように，地域の金融システムを揺るがすような大銀行の信用危機にさいしては，他銀行への合併の形態で事態は処理され，再編(再開)として表面化しないケースも多かった。こうしたことを考慮すれば，支払停止に陥った銀行が業務を継続する割合はもう少し高くなると予想されるが，いずれも私人が損失を負担することで再開が果たされていた点では共通している。

ところが全国銀行休業日以降になれば一転して，銀行再編の比率が上昇してくる。緊急銀行法が1933年3月9日に議会を通過するが，その第2部に銀行保全法が規定されていた[4]。通貨監督官はこの法律により破綻銀行に対し銀行保全官を任命し，銀行の資産及び暖簾(Goodwill)の維持にあたらせる権限を与えられた[5]。つまり銀行保全法は破綻銀行の処理に対する連邦政策の一大転換を象徴する法律であり，破綻銀行政策は従来の清算処理から再編処理に重心を移していく。銀行保全官は破綻銀行を再編させるべく努力することになるが，銀行資産が再開の見込みが立たないほどに悪化している場合には，破綻銀行は保全官からレシーバーの手に移され，清算されていく。銀行休業日以前には法的規定がなかったものの，事実上レシーバーにより担われてきた銀行再編と銀行清算の2つの役割が，銀行保全官とレシーバーに明確に分担されるようになった。

だが銀行再編が全国銀行休業日以前にレシーバーにより事実上担われていたとはいえ，銀行保全法は銀行再編の過程に質的変化をもたらしている。銀行保全官が作成した再編プランが株主の2/3以上，また預金者・債権者の75%以上の賛成を得られるならば，そのプランは公正なものとみなされ，株主・債権者全員を拘束することになる。かつては再編プランに反対が存在した場合には，彼らに預金払戻しをするなど，多大な現金支出を余儀なくされるか，プランを断念せざるをえなかったが，この法律により利害関係者全員に強制力が課せられることにより，再編がより容易となっている[6]。

2. 銀行再編の方法

　アメリカのすべての商業銀行及び中央銀行である連銀が1933年3月4日に窓口を閉鎖し，銀行制度は機能麻痺の状態に陥った。銀行預金が制限付きで引出可能とされる場合もあったものの，3月4～12日の期間，銀行制度に決済関係を依存する商取引及び証券取引を継続することが不可能となり，文字通り経済機能は全国的規模で麻痺状態となっている。銀行監督当局は休業期間中に銀行の資産状況を検査し，資産状態の良好な銀行から順次業務を再開していった。だが資産内容に問題のある銀行は再開を許されず，企業・消費者に地域の金融インフラを提供するため，政府は不許可銀行を再開する条件を早急に整備する必要に迫られた。

　不許可銀行の問題は，資産内容が劣化し，預金債務に対する支払能力(solvency)を喪失していることにあった。したがって銀行再開の条件は資産と負債の両側面から整備されていく。第1は資産面からの対応であり，不良資産に相当する部分を良好な資産(流動資産)で補充することである。これにより預金引出に対応する健全資産が形成されるが，そうした新規資本は株式資本を増強することにより達成される。第2は負債面からの対応であり，不良資産に相当する金額だけ預金債務を削減することである。これは健全資産に相当する金額に預金債務を縮小させることで，支払能力を維持する政策といえる。現実の銀行再編は資産・負債の両側面からの多様な組み合わせにより行われ，いずれも株主，債権者の利害関係に関わるだけに，複雑な展開をたどっている。

　銀行再編には，不良債権の度合いに応じて，次の3つの方法が採用されている。第1の方法は資本調整プランである。これは不良債権額が自己資本の範囲内にある場合に採用される政策であり，減資あるいは株式資本の完全廃棄として行われる。そうした政策は銀行法上の最低資本金条項と抵触するため，このプランを採用する場合には，新規資本を導入する必要が生じてくる。この場合，銀行の取引関係(健全資産)の如何が新規資本を導入するさいの鍵となり，顧客関係が魅力的であれば，新しい経営陣を形成する新規資本の提供者が現れてくる。

　第2の方法は預金削減プランである。これは自己資本で償却するには不良債権額が余りに大きく，預金の一定部分を削減する必要に迫られた場合にとられる政策である。だがこのプランが承認される条件は，預金者による債権削減額が預金

の50%以内にとどまる場合であり，かつ預金者の75%の賛成が要求される[7]。不良資産は管財人のもとに移され，不良資産の売却から得た収入は預金者・旧株主に分配されていく。このプランでは預金の削減により銀行の支払能力が回復するため，旧株主は既存出資分を放棄することを余儀なくされるものの，二重責任制の賦課が免除される[8]。したがって「このプランは預金者よりも株主に有利である」[9]とみられていた。

再編銀行には先のプランと同様に新規資本が要求されるが，旧株主と預金者が有力な資金拠出者となる。旧株主は任意に新銀行に出資をすることにより，支払能力を回復した新銀行の経営権を取得することが可能となる。また預金者は預金債権の削減だけでなく，預金の一部を株式に転換することを求められる場合がある[10]。預金の株式への転換は再編プランにおいて預金者に一律に強制される場合と，預金者に任意に転換を要請される場合がある。いずれにしてもそれは預金者(信用関係)の株主(出資関係)への転化であり，新銀行にとり，預金債務の削減→流動性の好転に繋がる。

第3の方法は預金削減・資産売却プランである。このプランは預金者による債権削減額が預金の50%を超過する場合に採用され，旧銀行の健全資産が新銀行に時価で評価されて売却される。資産内容が不健全であるにもかかわらず，そうした形態で銀行が再編される理由としては，当該銀行が地域社会にとり必要な存在であることがあげられる。こうした方法は休業日以前にすでにスポーケィン・プランとして知られており，銀行清算の一形態として利用されていた。つまり他銀行に健全資産を売却することにより，それに相当する金額の預金を即時に利用可能とし，地域社会における不況的影響を緩和する役割を果たすものとして，それは評価されていた。

だが全国銀行休業日以後になれば，健全資産及びそれに相当する預金が新銀行に移転され，それは銀行再編の一手段へと役割を変えていく。この場合に問題となるのは，新銀行は旧銀行の預金をどこまで継承するのか，また新銀行へ出資する主体は誰であるのかということである。スポーケィン・プランにおいては，地域社会における有力な他銀行が資産を購入し，それに見合う金額の預金を預金口座に貸記することで，凍結預金を解放することができた。だが資産内容が極度に悪化した銀行を私的資本の力で再編することは困難であり，ここに公的救済の仕

組みが準備される。

　不良資産を保有する旧銀行にはレシーバーが任命され，不良資産の回収と株主からの賦課金の徴収が行われ，最終的には清算されていく。旧銀行の預金者は資産回収に対する請求権を有し，レシーバーによって徴収された資金を配当として受け取る。つまり旧銀行の清算という点では，スポーケィン・プランと預金削減・資産売却プランは同一の性格を有している。その意味で第3のプランは清算に分類される場合も出てくる[11]。

　銀行の再編には以上のような3つのタイプがあったが，不許可銀行は現実にどのようなコースをたどっていたのであろうか。国法銀行に関して不許可銀行のクラス別データを利用できるので，1417行の不許可国法銀行について再編タイプをみることにしよう（表7-2）。まず21.4%の銀行（303行）は再編の努力が実らず最終的に清算されているので，残りの8割弱の銀行がいずれかの形態で再編されている。第1の資本調整プランは20.6%（292行）の銀行により採用されているが，預金額では15.9%（3億ドル）を占めているにすぎない。第2の預金削減プランは40%（565行）と最大の割合を占めており，銀行再編は預金者の負担のもとで行われていたことがわかる。このタイプの銀行は預金額では31%（5.9億ドル）を占めていた。第3の資産売却プランは銀行数では18.2%（257行）を占めるにすぎず，

表7-2　不許可銀行の再編タイプ

	銀行数	%	金　額	%
資本調整後に許可された銀行	292	20.6	305,638,919	15.9
預金削減によって再編された銀行				
他の国法銀行により吸収された銀行	17	1.2	9,431,187	0.5
州法銀行により吸収された銀行	18	1.3	10,174,715	0.5
新チャーターで再開した銀行	282	19.9	299,493,920	15.6
旧チャーターで再開した銀行	248	17.5	275,505,008	14.3
スポーケィン・セールにより再編された銀行				
他銀行により吸収された銀行	21	1.5	20,070,016	1.0
新チャーターで再開した銀行	236	16.7	862,831,838	44.9
任意清算におかれた銀行	13	0.9	1,343,597	0.1
再編プランが否認され，レシーバーシップにおかれた銀行	290	20.5	138,209,538	7.2
不許可銀行合計(1933.3.16)	1,417	100.0	1,922,698,738	100.0

出所）J. F. T. O'Connor, *The Banking Crisis and Recovery under the Roosevelt Administration*, 1938, rep., Da Capo Press, NY, 1971, p. 87

3プランのなかでは最も少ないグループといえた。だが預金額でみれば、このタイプのプランは46%（8.8億ドル）の最大の割合を占めており，規模の大きな銀行が資産売却プランを採用していたことを窺わせる。

第2節　復興金融公社による資金援助

　RFCは1932年2月～40年末に110億ドルの資金を投融資しており，そのうち40年末までに90億ドルが償還されたため，20億ドルが未償還残高となっている。このうち商業銀行への投融資実行額は30.4%（33.4億ドル）を占めており，特に30年代前半に時期を限定すれば，RFCによる資金支出の大部分は銀行救済対策に向けられている。銀行救済に向けられた資金の内訳をみれば，それは開業銀行への融資（11.4億ドル），閉鎖銀行への融資（10.3億ドル），銀行への資本注入（11.7億ドル）にほぼ3等分されている[12]。

1．閉鎖銀行への融資

　破綻銀行の預金は資産が清算されるまで長期間にわたり「凍結」され，景気に悪影響を与える。RFCによる閉鎖銀行への融資は清算中の銀行資産を担保にして融資することにより，レシーバーによる資産清算が行われる以前に「凍結」預金を解放することを意図している。また「凍結預金」の早期の解放は新銀行への預金移転を可能とすることで，銀行再編を援助することになる。

　RFC法では当初から開業銀行への融資と並んで閉鎖銀行への融資を行う権限を付与されていた。だが現実には全国銀行休業日以前のRFCは預金取付けにより流動性を悪化させた銀行に対し資金を供給する，開業銀行への融資にその役割を集中しており，閉鎖銀行への融資はきわめて限定されていた。これは閉鎖銀行への融資額は当初2億ドルに制限されており，この貸出枠の制限の故にRFCはこうした融資に消極的であったとされている[13]。そうした結果，全国銀行休業日以前におけるRFCの銀行融資は12億4419万ドルであったが，そのうち閉鎖銀行への融資は5.4%（6687万ドル）にすぎなかった（図7-1）。

　だが全国銀行休業日以降になれば状況は一変し，閉鎖銀行への融資がRFCの銀行融資の大部分を占めるようになる。RFCの銀行融資は1933年第2四半期

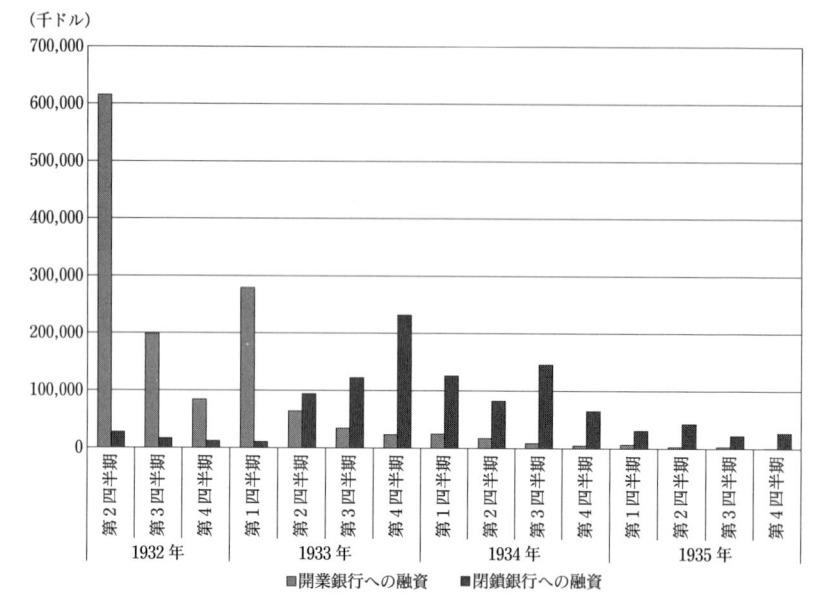

図7-1 RFCによる銀行融資

注）1932年第2四半期は1932年2-6月の数字
出所）*Report of RFC*, 1932-35

～34年第4四半期の期間に10億4621万ドル実行されているが，そのうち83％（8億6757万ドル）は閉鎖銀行への融資，17％（1億7864万ドル）は開業銀行への融資となっている。休業日以降になればRFCの課題が不許可銀行の再編におかれるようになった事情に加え，2億ドルの貸出額の制限が撤廃されたこと，また融資対象も29年12月末～34年1月1日に閉鎖された銀行にまで拡大されたことなどが閉鎖銀行の融資を増加させることになった。

また貸出にあたり適用される資産評価の基準が大きく変化していたという事実も閉鎖銀行の融資を活発にした要因といえる。つまり「資産の評価は不況下における強制的競売により実現される価格をもってせず，数年間の秩序ある清算を予想して評価をする」[14)]とされたように，銀行の資産が「寛大な」基礎上（more liberal policy）で評価されることにより，預金者への預金払戻し率が高まり，銀行再編を促進することになる。

またRFCは1933年10月に預金清算部（Deposit Liquidation Division）を設置

し，さらに 12 連邦準備地区に設けられた地区委員会，及び個別銀行の資産を評価する地方委員会を通して清算過程を促進することになった[15]。「閉鎖銀行の資産価値が充分な場合には，その預金の 50％ まで貸出をなす方針」[16] をとることで，閉鎖銀行の清算・再編を促進する役割を担っていた。

2．自己資本の増強

RFC は銀行の自己資本を増強するため，1933 年 3 月～40 年 12 月に 6118 行の銀行に対し 11.7 億ドルの公的資金を注入している[17]。緊急銀行法は国法銀行に対し通貨監督官および株主の承認を得た場合に優先株を発行することを許可していたが，それは株主の二重責任を免除することを条件としていた[18]。そうした優先株の発行を許さない州においては，州法銀行が資本証券(Capital Note)を発行し，RFC がそれを購入する形式で資本注入する。資本証券に関しては，連邦準備局は銀行の「資本」としてカウントすることを拒否していたが，33 年 11 月に連邦預金保険公社(FDIC)・RFC と連邦準備局との間で妥協が成立し，銀行の自己資本として算入することが改めて確認されている[19]。

資本注入は①優先株の購入，②州法銀行の資本証券の購入，③優先株担保貸出の 3 形態で行われたが，①は 4174 行に対し 7.78 億ドル，②は 2913 行に対し 3.43 億ドル，③は 273 行に対し 4545 万ドルの規模となっている。つまり全体の 67％ が優先株購入の形態をとっており，次いで 29％ が資本証券の購入としてなされている[20]。

RFC は公的資金を注入することにより銀行の融資活動を活発化させ，景気回復に寄与することを意図していたが，それは必ずしも無制限に行われたわけではなかった。公的資金を申請する銀行に対し RFC は種々の条件を課していたからである。とりわけ優先株売却で公的資金を得た場合，銀行は株式という証券形態特有の制約を負わなければならなかった。ここではナショナル・シティ・バンク(NY)の優先株規定を代表的サンプルとして紹介しよう。

① 優先株の配当は 6％ 以下の累積配当付きで，優先株に対する配当が完了しない限り，普通株に対する配当ができない。清算の場合には優先株主は残余財産に対し普通株主に優先する。

② 優先株は普通株と同一の議決権を有し(1 株 1 票)，もし優先株に付帯して

いる条件を履行できなければ，優先株に特別議決権が生じ，クラスとして普通株主のもつ議決権の2倍の権限を付与される。政府(優先株主)はこの議決権に依拠して経営者・従業員の報酬を制限し，また経営者の更迭を求めることが可能となる。

③ 政府が経営に介入する条件とは，1) 優先株配当が2半期連続して無配となった場合，2) 優先株を回収するために必要な回収基金の積立が一定の条件を満足させていない場合，3) 債務超過となった場合，4) 銀行が定款に違反した場合である。

④ 経営者が1) 資本金の変更，2) 定款の変更，3) 1年以上の長期債務を負うこと，4) 資産の処分，合併，清算，再編などの経済行為を行う場合には，優先株主の2/3の同意が必要となる[21]。

銀行優先株のこうした規定はかなり厳しい内容となっており，一定の条件を履行できなければという制約があるものの，政府が銀行の経営権に広範囲に介入することが可能な規定となっている。このことをすでに優先株発行の長い歴史をもっていた産業優先株と比較すれば，産業株では優先株の「社債化」が進んでおり，優先株は議決権をもたず，無配を継続した場合に初めて議決権を得るのが一般的となっていた[22]。産業優先株の対象は一般投資家であったのに対し，銀行優先株の投資家はRFC＝政府であり，議会対策の関係上，RFCは公的資金の投入と経営権への介入を一体化した厳しい文言を盛り込まざるをえなかった事情があったといえよう。

優先株とは対照的に，資本証券の場合には，その性格が債務証券であるため，政府の銀行への規制はかなり緩やかなものとなっている。資本証券は議決権を有しないため，債務不履行とならない限り，経営上の支配権に基本的には関与することができない。しかし資本証券を売却した銀行に対し，RFCは検査に服することに同意し，経営状態を監視し，また職員の報酬が不当な水準でないことを要求する権限を与えられていた[23]。資本証券と優先株には経営権への介入という側面でそうした差違があったため，自己資本を増強するという政府プランに賛成するものの，普通株主が優先株の売却に反対するのではないかという危惧から，国法銀行においても優先株でなく，資本証券を売却する要望が出てきたことは当然といえよう[24]。

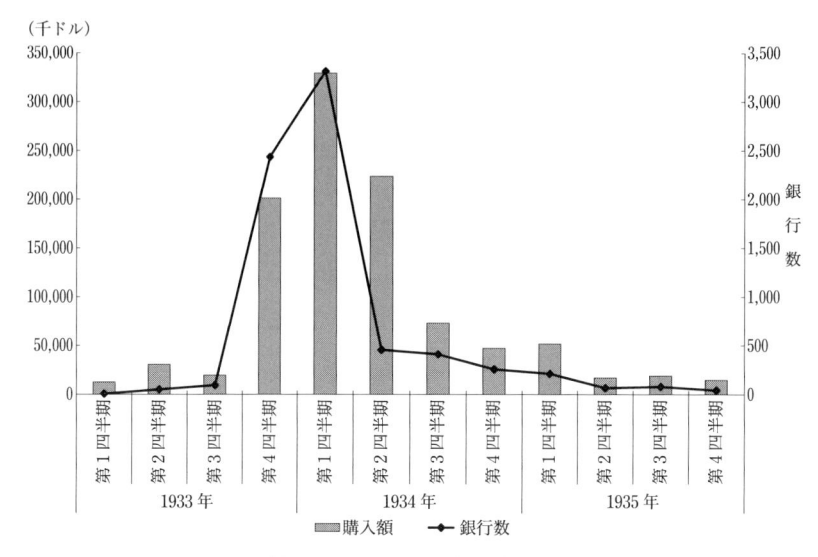

図7-2　RFCによる優先株購入

出所）*Report of RFC*, 1933-35

　上述した優先株規定にみられるように，RFCの公的資金注入は申請銀行の収益性(償還性)を考慮してなされることになっていた。では現実の公的資金の注入はどのような経緯をたどったのであろうか。図7-2からもわかるように，RFCによる資本注入は1933年第4四半期〜34年第2四半期の短期間に集中している。つまりRFCによる優先株・資本証券投資は33年10月まで6606万ドルにすぎなかったが，33年11月〜34年6月に一挙に7億4862万ドルの増加を示し，8億1468万ドルの残高を記録している。そうした資本注入により，商業銀行の資本金の13.3％が公的資金により占められるという銀行業の「社会化」現象が生まれている。

　さらに銀行数でみれば，公的資金を申請した銀行は1933年10月〜34年3月に5745行にのぼっており，ほぼ3/4の銀行がきわめて短期間に集中して申請していた。このことは公的資金申請の主導権が銀行側というより，政府側にあったことを示している。つまり恐慌のため資本市場からの資金調達が困難な銀行に対し，政府は公的資金で資本的基盤を補強し，早期にかつ短期間に金融システムを安定化させる政策をとっていたのである。

表 7-3　RFC の優先株購入──地域別分布 (1933.3.9-1940.12)　(単位＝千ドル)

	購入 銀行数	%	金額	%	購入残高 銀行数	%	金額	%
合衆国全体	6,118	100.0	1,166,685	100.0	4,078	100.0	482,711	100.0
New England	211	3.4	51,973	4.5	147	3.6	33,150	6.9
Maine	31	0.5	9,126	0.8	26	0.6	4,897	1.0
Connecticut	39	0.6	7,192	0.6	35	0.9	5,100	1.1
Rhode Island	4	0.1	899	0.1	4	0.1	625	0.1
Massachusetts	67	1.1	16,674	1.4	35	0.9	6,690	1.4
Vermont	60	1.0	17,295	1.5	41	1.0	15,578	3.2
New Hampshire	10	0.2	787	0.1	6	0.1	260	0.1
Middle Atlantic	975	15.9	479,393	41.1	703	17.2	179,844	37.3
New York	479	7.8	336,921	28.9	301	7.4	67,409	14.0
New Jersey	210	3.4	96,462	8.3	173	4.2	79,417	16.5
Pennsylvania	286	4.7	46,010	3.9	229	5.6	33,018	6.8
East North Central	1,483	24.2	276,440	23.7	1,015	24.9	103,621	21.5
Michigan	184	3.0	40,725	3.5	130	3.2	23,478	4.9
Wisconsin	402	6.6	33,586	2.9	310	7.6	20,624	4.3
Illinois	226	3.7	91,731	7.9	134	3.3	7,716	1.6
Indiana	282	4.6	16,966	1.5	198	4.9	8,799	1.8
Ohio	389	6.4	93,432	8.0	243	6.0	43,004	8.9
West North Central	1,215	19.9	71,056	6.1	783	19.2	19,572	4.1
Minnesota	258	4.2	17,379	1.5	140	3.4	3,953	0.8
Iowa	140	2.3	10,263	0.9	87	2.1	2,823	0.6
Missouri	221	3.6	21,035	1.8	156	3.8	5,611	1.2
North Dakota	130	2.1	4,045	0.3	98	2.4	1,685	0.3
South Dakota	119	1.9	4,438	0.4	79	1.9	1,346	0.3
Nebraska	149	2.4	8,623	0.7	85	2.1	1,500	0.3
Kansas	198	3.2	5,273	0.5	138	3.4	2,654	0.5
South Atlantic	602	9.8	47,284	4.1	409	10.0	23,559	4.9
Maryland	65	1.1	9,348	0.8	56	1.4	6,298	1.3
District of Columbia	7	0.1	2,900	0.2	6	0.1	1,588	0.3
Delaware	11	0.2	567	0.0	9	0.2	204	0.0
West Virginia	91	1.5	6,461	0.6	59	1.4	2,176	0.5
Virginia	132	2.2	10,695	0.9	97	2.4	5,222	1.1
North Carolina	133	2.2	7,489	0.6	74	1.8	3,602	0.7
South Carolina	36	0.6	2,787	0.2	25	0.6	1,375	0.3
Georgia	86	1.4	4,836	0.4	54	1.3	2,320	0.5
Florida	41	0.7	2,201	0.2	29	0.7	774	0.2
East South Central	452	7.4	52,506	4.5	336	8.2	27,613	5.7
Kentucky	112	1.8	9,080	0.8	82	2.0	5,336	1.1
Tennessee	121	2.0	12,559	1.1	96	2.4	9,086	1.9
Alabama	71	1.2	16,204	1.4	35	0.9	7,121	1.5
Mississippi	148	2.4	14,663	1.3	123	3.0	6,070	1.3

〈表7-3 続き〉

	購入				購入残高			
	銀行数	%	金額	%	銀行数	%	金額	%
West South Central	675	11.0	62,314	5.3	410	10.1	21,443	4.4
Louisiana	111	1.8	15,547	1.3	73	1.8	5,411	1.1
Texas	404	6.6	31,404	2.7	243	6.0	12,625	2.6
Arkansas	113	1.8	4,419	0.4	72	1.8	2,108	0.4
Oklahoma	47	0.8	10,944	0.9	22	0.5	1,299	0.3
Mountain	229	3.7	19,818	1.7	134	3.3	6,715	1.4
Montana	57	0.9	4,031	0.3	25	0.6	576	0.1
Idaho	24	0.4	2,130	0.2	15	0.4	1,095	0.2
Wyoming	23	0.4	1,368	0.1	14	0.3	622	0.1
Cololado	56	0.9	4,894	0.4	34	0.8	1,642	0.3
New Mexico	19	0.3	715	0.1	14	0.3	457	0.1
Arizona	5	0.1	2,430	0.2	1	0.0	1,190	0.2
Utah	41	0.7	4,045	0.3	30	0.7	1,120	0.2
Nevada	4	0.1	205	0.0	1	0.0	13	0.0
Pacific	271	4.4	104,494	9.0	138	3.4	66,786	13.8
Oregon	53	0.9	1,950	0.2	26	0.6	543	0.1
California	122	2.0	96,029	8.2	62	1.5	63,830	13.2
Washington	96	1.6	6,515	0.6	50	1.2	2,413	0.5

注）購入残高は1940年末の数字
出所）*Report of RFC*, 1940, pp. 59-61; *Federal Reserve Bulletin*, Jan. 1934, pp. 52-54

　次に表7-3を参考にして，優先株(資本証券)の発行により自己資本を強化した銀行の特徴についてみることにしよう。優先株を発行した銀行は6118行にのぼり，それは全銀行(1万8390行)の1/3(33.3％)に相当している。このうち国法銀行は2050行，非加盟銀行が多数を占める州法銀行は4068行であり，いずれのクラスの銀行においても，ほぼ全銀行の1/3が優先株を発行し，公的資金を獲得している。銀行に投入された公的資金は11億6669万ドルであり，償還により減少したとはいえ，40年末に依然として全銀行の28％に相当する4078行の銀行がバランス・シート上に4億8271万ドルの公的資金を計上していた。

　公的資金に依存した銀行をさらに地域別にみることにしよう。公的資金への依存度の高さを州の銀行総数に対する割合でみれば，ミシシッピ(65.2％)，バーモント(60％)，ルイジアナ(58.4％)，ノースダコタ(57％)，ユタ(55.4％)，ノースカロライナ(51.6％)，ウィスコンシン(51.5％)の7州で州内の銀行の1/2以上が優先株を発行している。次いで依存度の高かった州は，サウスダコタ(49.6％)，

ニューヨーク(48.8%),オハイオ(48.5%),ニュージャージー(44.2%),ウェストヴァージニア(42.3%),インディアナ(41.8%),アーカンソー(41.5%)などである。つまり州内の銀行のうち40〜60%もの銀行が公的資金に依存していたのは比較的中小銀行が多数を占める州においてであったが,ニューヨーク,オハイオ,ニュージャージーのような大銀行所在州においても,その依存度が高かったことに注目すべきであろう。

そこで優先株を発行した銀行数の多寡を基準としてみよう。それはニューヨーク(479行),テキサス(404行),ウィスコンシン(402行),オハイオ(389行),ペンシルヴェニア(286行),インディアナ(282行),ミネソタ(258行),イリノイ(226行),ミズーリ(221行),ニュージャージー(210行)となり,中部大西洋諸州,北部中央諸州などの重工業地帯における銀行で公的資金への依存度が高い実態が判明する。こうした傾向は投入された資金額を基準とすればより明瞭となり,ニューヨーク(28.9%),ニュージャージー(8.3%),カリフォルニア(8.2%),オハイオ(8%),イリノイ(7.9%)の5州で公的資金の61.3%を占めている。このことは国法銀行,州法銀行いずれのクラスの銀行においても妥当しており,初期のニューディール政策は工業地域の銀行に公的資金を注入することにより,金融不安を契機とした「デフレ」スパイラル現象を阻止することに重点がおかれていたといえる。

第3節　不許可銀行の再編

全国銀行休業(1933年3月4〜12日)以降,銀行の窓口が順次再開されていったものの,4559行にのぼる銀行(預金41.8億ドル)が再開を許可されず,制限された基礎上で営業がなされていた。RFCによる資本注入政策はそうした不許可銀行の再開のみならず,すでに銀行恐慌期(30年〜33年3月4日)に支払停止を余儀なくされ,再開を模索していた銀行の再編にも一役を買うことになる。

1. 不許可銀行の動向

アメリカの全銀行は3月4〜12日の期間に営業の一時停止に追い込まれたが,銀行再開にあたって連邦政府(通貨監督官,連銀)及び州銀行監督官による検査が

表7-4　全国銀行休業後の不許可銀行の推移

(単位＝千ドル)

	1933.3.15	1933.6	1934.12		1933.3.15	1933.6	1934.12
〈許可銀行〉				〈不許可銀行〉			
全加盟銀行				全加盟銀行			
銀行数	5,078	5,606	6,442	銀行数	1,621	1,095	9
預　金	25,554,287	26,563,927	33,848,405	預　金	2,866,751	1,266,015	8,305
国法銀行				国法銀行			
銀行数	4,507	4,897	5,462	銀行数	1,400	985	5
預　金	16,195,145	16,741,289	21,637,150	預　金	1,942,574	1,028,347	6,510
州法銀行				州法銀行			
銀行数	571	709	980	銀行数	221	110	4
預　金	9,359,142	9,822,638	12,211,255	預　金	924,177	237,668	1,795
非加盟銀行				非加盟銀行			
銀行数	―	8,188	8,928	銀行数	―	1,983	149
預　金	―	5,071,664	6,061,412	預　金	―	1,063,984	80,027
合　計				合　計			
銀行数	―	13,794	15,370	銀行数	―	3,078	158
預　金	―	31,635,591	39,909,817	預　金	―	2,329,999	88,332

出所) *Annual Report of the Federal Reserve Board*, 1934, p.176; *Federal Reserve Bulletin*, Dec. 1937, p.1208

実施され，非加盟州法銀行を含めて，すべての銀行の検査が完了したのは33年6月末であった[25]。銀行は3月13日から順次営業を開始したが，この時点で再開許可を取得できなかった国法銀行は1400行(預金19億4257万ドル)，州法加盟銀行は221行(9億2418万ドル)であった(表7-4)。銀行検査が終了した33年6月末の不許可銀行は全体で3078行(預金23億3000万ドル)であり，その内訳は国法銀行で985行(10億2835万ドル)，加盟州法銀行で110行(2億3767万ドル)，非加盟銀行で1983行(10億6398万ドル)となっている[26]。このように再開を許可されなかった不健全銀行は銀行数のうえでは非加盟銀行(64％)によりその大部分を占められていたとはいえ，預金額では国法銀行と非加盟銀行はほぼ同一額を示していた。

また1933年6月末時点での不許可銀行の割合をみれば，全銀行では銀行数の18.2％(3078行)，預金額で6.9％(23億3000万ドル)を占めていた。これを銀行クラス別にみれば，銀行数では非加盟銀行(19.5％)，国法銀行(16.7％)，加盟州法銀行(13.4％)となり，大きな差違はみられないが，預金額では非加盟銀行(17.3％)，国法銀行(5.8％)，加盟州法銀行(2.4％)となり，非加盟銀行においてかなり高い割合の預金が凍結される状況となっている。非加盟銀行の大部分は地

方の小規模銀行により占められるとはいえ，2割に近い銀行がその窓口をかなりの期間閉鎖を余儀なくされていたことは，銀行が所在する地域経済に大きな打撃を与えることになる。

　不許可銀行は1934年末には158行にまで減少し，その大部分は非加盟銀行により占められ(銀行数=149行，預金=8003万ドル)，国法銀行と加盟州法銀行では9行を残していたにすぎない。つまり連邦準備制度加盟銀行に関する限り，1621行の不許可銀行の処理はほぼ33年3月～34年末までに終えていたことになる。

　では不許可銀行はどのように処理されたのであろうか。再開免許を得ることができなかった銀行のその後の動向はほぼ次のようになっている。

・2122行—銀行再開のライセンスを得ることができず，1933年3月16日～36年末までに清算あるいはレシーバーシップにおかれた銀行
・1242行—1933年3月16日～36年末に再開のライセンスを得た銀行
・10行—1936年末までに再開のライセンスを得ることができず，また清算・レシーバーシップにもおかれていない銀行

　以上から1933年3月16日～36年末の期間にこれらの銀行の62.9%(2122行)は清算あるいはレシーバーシップにおかれ，36.8%(1242行)は再開されたことになる。銀行数のうえでは清算と再開の割合は6:4であったものの，預金額でみれば清算は25億1996万ドル，再開は7億1642万ドルであり，清算銀行が78%の圧倒的な割合を占めている。

　次に不許可銀行の地域別分布をみることにしよう(表7-5)。不許可銀行数の割合が高い地域は東北中央区(41%)，西北中央区(29.7%)であり，2つの地域の不許可銀行は全体の65.6%(2750行)を占めている。これらの地域で再開許可を取得できなかった銀行の多くは非加盟銀行(2204行)に属しており，国法銀行が不許可銀行の多数を占めていた中部大西洋区とは対照的な動向を示していた。なかでもアイオワ(458行，不許可率=58.6%)，ウィスコンシン(451行，60.9%)，イリノイ(354行，35.4%)，ミシガン(290行，54.1%)，ミネソタ(282行，37.5%)，インディアナ(217行，34%)，ペンシルヴェニア(217行，18.5%)，オハイオ(204行，26%)の諸州において多数の不許可銀行を出していることに注目すべきであろう。これらの諸州においては1930～33年3月にすでに大量の銀行破産が

発生しており，それにもかかわらず破産予備軍とも呼ぶべきこのような不健全銀行がなお多数残っていたことは，これらの諸州における銀行の不良資産の大きさを物語るものといえる。その意味で32年後半の銀行破産数の減少という表層面の現象にかかわらず，商業銀行の破産のマグマは堆積していたといえるだろう。

2．資本調整プラン

　以下では資産1000万ドル以上の商業銀行(1929年末時点)に対象を限定し，全国銀行休業後における銀行再編の具体的実態を追究することにする。そのさいに，①預金者の債権がどのような損失を被ることになったのか，②新規資本がどのような源泉から調達されたのか(民間資金か，公的資金か)という2つの視点に留意しながら分析を進めていく。

　不許可国法銀行のうち1/5(292行)は資本調整の後に再開を許可されていたが，1000万ドル以上の資産を有する銀行サンプルにおいては，7行のみが預金者への負担なしに再開されている(表7-6)。このことは資本調整のみで不良債権を処理できた銀行は比較的少数であったことを示しており，このグループに属する銀行を預金額でみれば全体の15.9％を占めていたにすぎなかった。

　資本調整プランは，旧株式資本が廃棄され，新規株式資本が市場から調達されるという点で共通の特徴がみられるが，公的資金の注入に関しては，5行において優先株がRFCへ売却されているものの，2行では公的資金に依存していない。後者の公的資金非依存型銀行のうち，ミッドシティ・トラスト・セイヴィング・バンク(Chicago)の場合は，新銀行が旧銀行の全資産を継承しており，旧株主が新株に応募することで，新規資金が調達されている[27]。またハイランド・パーク・ステイト・バンク(Mich.)は1933年8月に設立されたマニュファクチュアラーズ・ナショナル・バンク(Detroit)により引き継がれた銀行であり，資産面では健全資産のみを，しかし預金は全額継承されていた。GM主導で設立されたナショナル・バンク・オブ・デトロイトに対抗して，マニュファクチュアラーズ・ナショナル・バンクはフォード資本により設立されており，銀行恐慌で解体した2大銀行グループのうちからハイランド・パーク・ステイト・バンクを含むガーディアン・グループ5行の預金を継承している。フォードは同行の普通株(額面)を1株87.5ドルで引き受け，300万ドルの普通株資本を拠出している。発

表7-5 不許可銀行の地域別分布(1933.4.12)　　　　　　　　　　(単位＝千ドル)

	不許可銀行		商業銀行全体		不許可銀行の割合(%)	
	銀行数	預金	銀行数	預金	銀行数	預金
合衆国全体	4,194	3,977,530	17,013	34,909,802	24.7	11.4
New England	111	256,025	608	2,688,086	18.3	9.5
Maine	30	91,183	80	227,407	37.5	40.1
New Hampshire	6	7,094	68	79,426	8.8	8.9
Vermont	51	85,797	79	111,004	64.6	77.3
Massachusetts	20	63,923	224	1,550,553	8.9	4.1
Rhode Island	1	2,491	22	283,843	4.5	0.9
Connecticut	3	5,537	135	435,853	2.2	1.3
Middle Atlantic	399	651,427	2,418	15,087,947	16.5	4.3
New York	108	187,879	813	10,111,515	13.3	1.9
New Jersey	74	126,331	433	1,508,991	17.1	8.4
Pennsylvania	217	337,217	1,172	3,467,441	18.5	9.7
East North Central	1,516	1,890,219	3,701	6,221,800	41.0	30.4
Ohio	204	507,038	785	1,725,133	26.0	29.4
Indiana	217	133,832	639	503,927	34.0	26.6
Illinois	354	191,324	1,000	2,124,765	35.4	9.0
Michigan	290	899,253	536	1,257,076	54.1	71.5
Wisconsin	451	158,772	741	610,899	60.9	26.0
West North Central	1,234	414,824	4,156	2,583,481	29.7	16.1
Minnesota	282	87,926	752	634,273	37.5	13.9
Iowa	458	159,397	781	390,165	58.6	40.9
Missouri	183	111,498	803	948,014	22.8	11.8
North Dakota	55	10,739	223	62,989	24.7	17.0
South Dakota	21	4,057	226	65,249	9.3	6.2
Nebraska	193	29,706	568	212,193	34.0	14.0
Kansas	42	11,501	803	270,598	5.2	4.3
South Atlantic	320	392,031	1,664	2,154,881	19.2	18.2
Delaware	3	599	48	105,510	6.3	0.6
Maryland	97	195,001	190	476,010	51.1	41.0
District of Columbia	13	41,040	33	244,188	39.4	16.8
Virginia	34	32,950	360	392,492	9.4	8.4
West Virginia	40	28,588	207	218,885	19.3	13.1
North Carolina	62	45,902	244	204,669	25.4	22.4
South Carolina	30	32,755	136	80,811	22.1	40.5
Georgia	13	5,772	279	251,569	4.7	2.3
Florida	28	9,424	167	180,747	16.8	5.2
East South Central	133	47,796	1,241	832,963	10.7	5.7
Kentucky	44	21,454	451	313,192	9.8	6.9
Tennessee	20	5,170	342	249,407	5.8	2.1
Alabama	33	9,931	232	163,343	14.2	6.1
Mississippi	36	11,241	216	107,021	16.7	10.5

〈表7-5 続き〉

	不許可銀行		商業銀行全体		不許可銀行の割合(%)	
	銀行数	預　金	銀行数	預　金	銀行数	預　金
West South Central	257	205,575	1,906	1,516,619	13.5	13.6
Arkansas	76	28,689	256	102,241	29.7	28.1
Louisiana	42	153,334	182	345,916	23.1	44.3
Oklahoma	85	15,159	483	289,135	17.6	5.2
Texas	54	8,393	985	779,327	5.5	1.1
Mountain	94	28,293	642	593,453	14.6	4.8
Montana	11	3,745	138	95,245	8.0	3.9
Idaho	15	5,972	92	47,588	16.3	12.5
Wyoming	0	0	68	39,728	0.0	0.0
Cololado	58	13,578	194	225,114	29.9	6.0
New Mexico	5	3,242	47	28,143	10.6	11.5
Arizona	1	301	20	44,434	5.0	0.7
Utah	1	407	70	100,615	1.4	0.4
Nevada	3	1,048	13	12,586	23.1	8.3
Pacific	130	91,250	677	3,230,482	19.2	2.8
Washington	66	31,356	234	262,558	28.2	11.9
Oregon	29	12,309	137	172,758	21.2	7.1
California	35	47,585	306	2,795,166	11.4	1.7

出所) *Annual Report of the Federal Reserve Board*, 1934, pp. 172-173

足時には同行の資産規模は4143万ドルにすぎなかったが，40年末には1億8653万ドルに増加し，ナショナル・バンク・オブ・デトロイト（6億2738万ドル）に次ぐデトロイト市第2位の地位を占めるようになる[28]。

　残りの5行は公的資金を注入されることにより再開が可能となった銀行である。いずれの銀行も旧株主・預金者による新たな出資（普通株）を条件にして，RFCへの優先株売却がなされている。そうした事例として，タルサ市(Okla.)のエックスチェンジ・ナショナル・バンク及びヒューストン市(Tex.)のファースト・ナショナル・バンクの2銀行を取り上げることにする。

（1）Exchange National Bank of Tulsa (Tulsa, Okla.)

　オクラホマ州銀行界は1930～34年に銀行数を34%（616→409行）減少させており，とりわけ州法銀行において40%（324→195行）もの大幅な減少をみていた。減少の最大要因は支払停止（163行）であり，合併による減少（82行）をはるかに上回っている。33年3月の全国銀行休業後にオクラホマ州で85行が再開を許可さ

表 7-6 資本調整プラン

再編銀行	所在地	後継銀行
Exchange National Bank of Tulsa	Okla., Tulsa	National Bank of Tulsa
Nashville & American Trust Co.	Tenn., Nashville	Nashville Trust Co.
First National Bank of Houston	Tex., Houston	First National Bank of Houston
Merril Trust Co.	Me., Bangor	Merril Trust Co.
Highland Park State Bank	Mich, Highland Park	Manufacturers National Bank
Mid-City Trust & Savings Bank	Ill., Chicago	Mid-City National Bank
Keystone National Bank	Pa., Pittsburgh	Keystone National Bank

出所) *Moody's Bank & Finance*

れなかったが，そのうち24行が再編を経ることにより順次再開を許可されていった[29]。エックスチェンジ・ナショナル・バンクはオクラホマ州における最大規模の再編事例であった。同行は29年末で6871万ドルの資産規模を有し，ファースト・ナショナル・バンク・トラスト(4511万ドル)とともにタルサ市を代表する銀行であり，オクラホマ州においてオクラホマシティ市のファースト・ナショナル・バンク・トラスト(7027万ドル)に次ぐ大銀行であった(表7-7)。

同行は1931年に最大の信用危機に見舞われ，その預金は5685万ドルから3454万ドルに4割(2231万ドル)の大きな減少をみている。同行はこうした大量の預金引出に対して貸出資産の整理(3652→2201万ドル)，現金・銀行間預金の取崩し(1256→791万ドル)及び他銀行からの借入(100→439万ドル)でかろうじて対応することができた[30]。同行の預金残高は32年になればほぼ同水準に維持されている。

表 7-7 タルサ銀行界の動向 (単位=千ドル)

銀行名	資産 1929	資産 1940	動向
Exchange National Bank of Tulsa	68,711	—	再編(1933.4)→National Bank of Tulsa
National Bank of Tulsa	—	71,448	
First National Bank & Trust Co.	45,105	58,760	
Producers National Bank	6,289	—	再編(1930)→Fourth National Bank
Fourth National Bank	—	6,630	
Exchange Trust Co.	6,251	—	清算(1933.6)
National Bank of Commerce	5,178	5,028	

出所) *Moody's Bank & Finance*

実施銀行 (単位=千ドル)

資　産 (1929)	再　編　時　期		預金者配当 (%)	公的資金 (RFC)
	閉　鎖	再　開		
68,711	1933. 3	33. 4	100	4,000
52,239	1933. 3	33. 6	100	1,000
43,666	1933. 3	33. 5	100	2,500
30,415	1933. 3	33.11	100	2,000
27,739	1933. 2	33. 8	100	
14,624	1933. 3	33. 5	100	
11,214	1933. 3	34. 6	100	200

　エックスチェンジ・ナショナル・バンクは銀行再開を当局から許可されなかったものの，早くも1933年4月24日に新たに設立されたナショナル・バンク・オブ・タルサに業務を継承されている。新銀行はエックスチェンジ・ナショナル・バンクに続いて，33年6月にセントラル・スティト・バンクの預金も全額引き継いでいる。同行の不良資産は自己資本(375万ドル)により処理される範囲内にあり，預金者に負担を強いることはなかった。しかし旧銀行の株主・預金者は400万ドルの新規株主資本を拠出しており，それを条件にしてRFCから400万ドルの公的資金を獲得している[31]。この優先株は340万ドル回収され，40年末に60万ドルを残すのみとなっている[32]。

　タルサ銀行界では，エックスチェンジ・ナショナル・バンクの子銀行，エックスチェンジ・トラストが清算され，プロデューサーズ・ナショナル・バンクがフォース・ナショナル・バンクに再編され，また公的資金がファースト・ナショナル・バンク・トラストを除く3行に投入されるという変化を経験していた。だがナショナル・バンク・オブ・タルサ(7145万ドル)は再編後においても南西部諸州における大銀行としての地位を維持し，同行及びファースト・ナショナル・バンク・トラスト(5876万ドル)の2大銀行がタルサ銀行界を支配するという構図に変化がみられなかった[33]。

（2）First National Bank of Houston (Houston, Tex.)

　テキサス州は大恐慌期に30%(1308→912行)の銀行数減少を経験していたが，そのうち支払停止が207行，合併が215行となっている。つまりテキサス州にお

表7-8 ヒューストン銀行界の動向 (単位=千ドル)

銀 行 名	資 産 1929	資 産 1940	動 向
First National Bank of Houston	41,853	74,501	再編(1933.5)
South Texas Commercial National Bank	29,618	61,432	
Second National Bank	20,153	39,270	
Union National Bank	19,076	38,739	
National Bank of Commerce	16,266	68,302	
Houston National Bank	16,145	16,885	
Public National Bank & Trust Co.	10,994	—	合併(1931.10)→National Bank of Commerce
State National Bank	8,048	12,896	再編(1934)
Guardian Trust Co.	7,602	13,152	
Houston Land & Trust Co.	6,517	7,730	
San Jacino Trust Co.	6,294	11,158	再編(1934.1)→San Jacino National Bank
City Bank & Trust Co.	4,398	26,837	再編(1934.1)→City National Bank
Federal Trust Co.	3,483	—	清算(1933.1)
Fidelity Trust Co.	800	569	
Citizens State Bank	*	8,527	

注) *はデータ不明
出所) Moody's Bank & Finance

いては預金取付けに見舞われた銀行を救済する方策として，他銀行への合併をより多く採用しており，預金をより信用度の高い銀行に移転することにより，預金者の信用不安を解消していたといえる。テキサス州の不許可銀行は全体の5.5%(54行)にすぎず，そのうち8行が再編成を経ることで再開されている[34]。銀行再編の中心地はヒューストンであり，4行の再編銀行にはファースト・ナショナル・バンクが含まれていた。同銀行は4185万ドルの資産を有するヒューストン市最大の銀行であり，テキサス州においても，ダラス市の2銀行(First National Bank, Republic National Bank & Trust Co.)，フォートワース市の1銀行(Fort Worth National Bank)に次ぐ第4位の銀行である(表7-8)。

同行は恐慌期の預金流出も比較的少なく，1929年〜32年末にほぼ4%の減少(3506→3377万ドル)にとどまっている[35]。同行は33年5月3日に再開を許可されるが，新銀行は旧株式資本で不良債権を償却し，新たに旧株主に対し1株125ドルで普通株を売却して，300万ドルを普通株に，75万ドルを剰余金に計上している。同行の旧株主数は32年末で54名であったが，新銀行のそれは22名にま

で減少しており，新株式は少数の旧株主＝経営者により引き受けられている[36]。株主は平均して170万ドルを出資したことになり，新銀行の経営は新たに出資をした旧経営者により担われている。

このように同行は経営リスクに対応する自己資本を強化したかにみえたが，1934年に入りRFCへ優先株を売却し，250万ドルの新規資本を調達している。これは先のナショナル・バンク・オブ・タルサの場合と同様に，FDIC加盟への条件整備という側面が強い。同行の自己資本比率は33年5月には新規資本の注入により13.4％に上昇していたが，その後の預金増加により33年12月には11.6％にまで低下している[37]。

ヒューストン銀行界は1930年代に比較的安定した状態にあり，大きな変化としては，フェデラル・トラストが清算されたこと(33年1月)，またパブリック・ナショナル・バンク・トラストがナショナル・バンク・オブ・コマースにより吸収合併されたこと(31年10月)があげられるであろう。したがってヒューストン市におけるファースト・ナショナル・バンクのトップ・バンクとしての地位(7450万ドル)は40年末にも変わらず，ナショナル・バンク・オブ・コマース(6830万ドル)，サウス・テキサス・コマーシャル・バンク(6143万ドル)がそれに続く構図となっている。だが14行のうち9行がRFCへ優先株・資本証券を売却しており，ヒューストンは公的資金に大きく依存していた銀行界といえるだろう。

3．預金削減率が50％未満の銀行再編

不良債権が巨額となれば，銀行再編は株主への負担のみでは遂行できず，預金者に負担を求めることで初めて達成される。銀行保全法が成立することにより，銀行保全官が作成した再編プランは預金者の75％の賛成を得る必要があったものの，そのプランは預金者全員を拘束することになり，銀行保全法成立以前のように，プランに反対する預金者に現金を支払う必要がなくなった。銀行再開時に預金者が現金として利用しうる預金額は流動性のある健全資産の如何により規定されるから，不良債権に相当する部分は旧銀行あるいは不良債権回収のための特別会社で保有され，預金者は回収された不良債権への請求権を保有することになる。したがって銀行再編により預金者が被る損失は厳密には開業時に利用できる

預金額に加え，不良債権からの回収額を考慮しなければならないが，ここでは再開時になされた預金債務の削減率に焦点をあてることにしよう。

預金債務の削減という観点から頻繁に利用されたのは，預金(債務)の株式(出資証券)への強制的な転換である。銀行再編にあたって預金者は旧株主と並ぶ有力な新規出資源泉といえるが，それは銀行と密接な取引関係にある大口預金者が任意に拠出するという形式をとるのが一般的である。しかし銀行再編のなかには，預金者に対して一律に預金の一定割合を株式に転換するという強制的性格をもつプランがみられる。それは次のような銀行で実施されている。

Lafayette-South Side Bank & Trust Co. (Mo.)	8％の預金→優先株
Warren Savings Bank & Trust Co. (Pa.)	10％の預金→株式
Mount Vernon Trust Co. (N.Y.)	11.25％の預金→株式
Eastern Shore Trust Co. (Md.)	33.5％の預金→株式
Westchester County National Bank (N.Y.)	48％の預金→株式
National Chautanuqua County Bank (N.Y.)	50％の預金→株式

なかでもウェストチェスター・カウンティ・ナショナル・バンク，ナショナル・チャタヌーガ・カウンティ・バンクの場合は，再開時に解放された預金を除く，残りの預金すべては銀行の収益力に依存する証券形態をとっている。これらの中小規模銀行の株式は市場での流動性を余りもたないので，これは預金者にとり預金の 1/2 に相当する部分を削減されるに等しい再編方法であるといえる。

これらの銀行再編においては，リスク資本は半強制的か，あるいは任意かを問わず，旧株主・預金者から調達されている。さらに 23 のサンプル銀行のうち，12 銀行が RFC に対して優先株(資本証券)を売却することにより，資本基盤を増強している(表 7-9)。したがっておよそ 1/2 の銀行が再編にあたり公的資金に依存していたことになる。以下では比較的大規模な 3 銀行の再編についてみることにする。

(1) Fletcher American National Bank (Indianapolis, Ind.)

インディアナ州は大恐慌の打撃を大きく受けた州の一つであり，銀行数は 859 行から 510 行に 40％減少していた。減少要因としては，合併(100 行)よりも支払停止(413 行)が圧倒的に多く，さらに全国銀行休業後に再開を許されなかった銀行は全銀行の 34％(217 行)に及んでいる[38]。インディアナ州における不許可銀

表 7-9 預金削減率 50% 未満の銀行

(単位＝千ドル)

再編銀行	所在地	後継銀行	資産(1929)	再編時期 閉鎖	再編時期 再開	預金者配当(%)	公的資金(RFC)
Fletcher American National Bank	Ind., Indianapolis	American National Bank	49,327	1933. 2 33. 8		50	1,800
Fidelity National Bank & Trust Co.	Mo., Kansas City	Union National Bank	47,491	1933. 3 33. 7		62	1,350
Bank of Commerce & Trust Co.	Tenn., Memphis	National Bank of Commerce	39,933	1933. 3 33. 4		73	
Lafayette-South Side Bank & Trust Co.	Mo., St. Louis	Manufacturers Bank & Trust Co.	31,190	1933. 3 33. 12		50	
Grand Rapids Savings Bank	Mich., Grand Rapids	Peoples National Bank	24,985	1933. 2 33. 10		55	500
Grand Rapids National Bank	Mich., Grand Rapids	National Bank of Grand Rapids	23,678	1933. 2 33. 8		52.5	250
Mount Vernon Trust Co.	N.Y., Mt. Vernon	Mount Vernon Trust Co.	23,192	1933. 3 34. 6		55	1,500
Monongahela National Bank	Pa., Pittsburgh	Pitt National Bank	20,913	1931. 10 33. 4		65	
Old-Merchants National Bank & Trust Co.	Mich., Battle Creek	National Bank of Battle Creek	19,742	1933. 2 34. 6		65	600
Eastern Shore Trust Co.	Md., Cambridge	County Trust Co.	17,782	1933. 3 33. 8		50	500
Genesee County Savings Bank	Mich., Flint	Genesee County Savings Bank	15,539	1933. 2 33. 6		55	
United States National Bank	Pa., Johnstown	United States National Bank	15,413	1933. 3 33. 9		75	
Moline State Trust & Savings Bank	Ill., Moline	Moline State Trust & Savings Bank	14,933	1933. 3 35. 4		50	
Federal-American National Bank & Trust Co.	Washington, D.C.	Hamilton National Bank	14,546	1933. 3 33. 9		50	
Union Trust Co.	Ark., Little Rock	Union National Bank	13,392	1933. 3 33. 5		50	200
First National Bank	Ohio, Toledo	National Bank of Toledo	12,968	1933. 3 34. 2		55	200
Bankers Trust Co.	Ark., Little Rock	Commercial National Bank	12,391	1933. 3 34. 2		50	
Warren Savings Bank & Trust Co.	Pa., Warren	Warren Bank & Trust Co.	11,998	1933. 3 34. 1		52	
National Chautauqua County Bank	N.Y., Jamestown	National Chautauqua County Bank	11,996	1933. 3 33. 9		50	625
District National Bank	Washington, D.C.	Hamilton National Bank	11,944	1933. 3 33. 9		50	
First National Bank & Trust Co.	Mich., Flint	National Bank of Flint	11,228	1933. 2 34. 1		50	250
Westchester County National Bank	N.Y., Peekskill	Westchester County National Bank	10,582	1933. 3 33. 6		52	
Oil City National Bank	Pa., Oil City	Oil City National Bank	10,212	1933. 3 34. 9		70	200

出所) *Moody's Bank & Finance*

表 7-10 インディアナポリス銀行界の動向

(単位=千ドル)

銀 行 名	資 産 1929	資 産 1940	動 向
Fletcher American National Bank	49,327	—	再編(1933.8)→American National Bank
American National Bank	—	50,500	
Indiana National Bank	34,269	158,494	
Fletcher Savings & Trust Co.	26,980	47,422	銀行名変更(1931.5)→Fletcher Trust Co.
Merchants National Bank	17,691	45,046	
Peoples State Bank	17,539	2,831	
Union Trust Company	15,796	26,011	
Indiana Trust Company	13,477	20,727	
Security Trust Co.	7,193	4,797	
Bankers Trust Co.	6,830	4,681	
City Trust Co.	6,663	*	
Continental National Bank	6,312	—	合併(1930.12)→Indiana National Bank
Meyer-Kiser Bank	5,033	—	清算(1931.5)
Washington Bank & Trust Co.	4,273	—	清算(1930.10)
Aetna Trust & Savings Co.	2,815	—	清算(1937.12)
State Savings & Trust Co.	2,509	—	清算(1930.4)
Farmers Trust Co.	1,950	*	
Live Stock Exchange Bank	1,326	1,885	
Fidelity Trust Co.	*	5,126	

注) *はデータ不明
出所) Moody's Bank & Finance

行のうち，再編成を経ることで再開された銀行はおよそ 1/5(48 行)にしかすぎず，この再編された 3 行の国法銀行のなかに，インディアナポリス市のフレッチャー・アメリカン・ナショナル・バンクがあった。

　フレッチャー・アメリカン・ナショナル・バンクは資産 4933 万ドルを有するインディアナ州最大の銀行であり，州内における 200 以上の銀行の準備金預託先 (コルレス先銀行) としての役割を果たしていた(表 7-10)[39]。同行の預金残高は恐慌期にかかわらず 1931 年まで増加傾向を示していたが(2892 万ドル=29 年末→3072 万ドル=31 年末)，32 年に入るとそれまでの趨勢が逆転し，3 割に及ぶ急激な預金減少(2152 万ドル=32 年末)に見舞われている[40]。こうして同行は 33 年 2 月 25 日から制限された基礎上での営業を余儀なくされ，全国銀行休業後も再開を許可されず，33 年 8 月にアメリカン・ナショナル・バンクとして再出発している。

　同行の再編プランは，資産面における貸付(1719→453 万ドル)，証券投資(318

→84万ドル)の不良資産の償却を，旧株式資本の廃棄(360万ドル)・預金債務の1/2削減(2152→1094万ドル)によって実施するものであった。預金者は預金の50%を新銀行の預金勘定で利用できるが，残りの50%は凍結資産(1174万ドル)に対する請求権として保有している。RFCは新銀行への預金移転を円滑にするため，凍結資産を担保に120万ドルの融資を実行している[41]。レシーバーによる不良資産の整理・回収により，最初にRFC融資が返済され，預金者は1940年末までに預金の90.5%を最終的に回収することができた[42]。

新銀行のリスク資本は民間及びRFCの2つの源泉から供給されている。新銀行の普通株資本は1株18ドルで10万株発行され，180万ドルのうち100万ドルが普通株，80万ドルが剰余金に計上された。普通株は同行の州内の地位(基幹的なコルレス先銀行)を反映して，インディアナポリス市及びインディアナ州の他都市の利害関係者に売却され，株主数は4616名となっている[43]。同行はさらに額面10ドルの優先株をRFCに売却し，普通株と同じ180万ドルの資本を増強している[44]。

アメリカン・ナショナル・バンクは再開時から1940年末までに預金を4.3倍(1094→4680万ドル)に増加させていたものの，再編による信用力の低下を挽回するまでに至らなかった。同行に代わりインディアナポリス市におけるトップ・バンクとしての地位についたのが，インディアナ・ナショナル・バンクである。フレッチャー・アメリカン・ナショナル・バンクが預金を減少させていた32年にも，同行は預金を増加させており，同行の預金額は恐慌期に1.3倍(2901→3787万ドル)増加している。同行への預金の集中は全国銀行休業後さらに顕著になり，それは40年末には1億5849万ドルにまで増加している[45]。このインディアナ・ナショナル・バンクの預金額はアメリカン・ナショナル・バンク(4680万ドル)，フレッチャー・トラスト(4313万ドル)，マーチャント・ナショナル・バンク(4104万ドル)の3行合計を上回る規模であり，同行は全国で第58位の大銀行に成長していた。

1930年代にインディアナポリスで清算された銀行は，スティット・セィヴィング・トラスト(251万ドル)，エトナ・トラスト・セィヴィング(282万ドル)，ワシントン・バンク・トラスト(427万ドル)，マイヤー・カイザー・バンク(503万ドル)の4つの中小規模銀行にすぎず，さらにコンチネンタル・ナショナル・バ

ンク(631万ドル)が30年末にインディアナ・ナショナル・バンクにより吸収・合併されて消滅している。その意味でインディアナポリス銀行界は恐慌期を比較的平穏に切り抜けることができたといえるが、そうしたなかでの最大の変化はフレッチャー・アメリカン・ナショナル・バンクの再編・弱体化及びインディアナ・ナショナル・バンクのトップ・バンクへの躍進といえるであろう。

(2) Fidelity National Bank & Trust Co. (Kansas City, Mo.)

　ミズーリ州における銀行数減少はインディアナ州より大きく、1278行から704行に45％に及んでいる。とりわけ州法銀行は1/2(1148→614行)の規模にまで縮小しており、その大部分は支払停止(528行)によるものであった。銀行休業後の不許可銀行の割合は、銀行数で22.8％(183行)、預金で11.8％(1.1億ドル)であり、ミズーリ州における不許可銀行は比較的小規模な銀行により占められていたことがわかる。そして183行の不許可銀行のうち再開を許可された銀行は51行にすぎず、その大部分は清算の道を歩んでいる[46]。

　ミズーリ州はセントルイス及びカンザスシティの2大都市により代表される。カンザスシティを代表する金融機関はコマース・トラスト(1億575万ドル)、ファースト・ナショナル・バンク(5692万ドル)、フィデリティ・ナショナル・バンク・トラスト(4749万ドル)の3大銀行である(表7-11)。フィデリティは1930年3月にウェスタン・エックスチェンジ・バンク(290万ドル)、リバティ・ナショナル・バンク(1254万ドル)を相次いで吸収合併する拡大戦略をとっていたが、31～32年に37％(5769→3642万ドル)に及ぶ大幅な預金流出に見舞われている[47]。恐慌期における他銀行の預金動向は、コマース・トラストで－10％、ファースト・ナショナル・バンクで＋45％であるから、フィデリティの預金がファースト・ナショナル・バンクに流出していたことを窺わせる。

　フィデリティは1933年7月にユニオン・ナショナル・バンクにより継承され、同行の預金者は62％を現金で、38％をトラスティ証書で受け取っている[48]。このトラスティ証書は40年末までに額面の35％を支払われており、結局フィデリティの旧預金者は預金の75.3％を回収したことになる[49]。ユニオン・ナショナル・バンクはフィデリティの子銀行、フィデリティ・セィヴィング・トラストの預金(52.5％)・資産も同時に継承しており、RFCは預金移転を円滑にするため、

表7-11 カンザスシティ銀行界の動向

(単位＝千ドル)

銀 行 名	資　産 1929	資　産 1940	動　向
Commerce Trust Co.	105,747	199,015	
First National Bank of KC	56,917	140,920	
Fidelity National Bank & Trust Co.	47,491	—	再編(1933.7)→Union National Bank
Union National Bank	—	31,238	
Liberty National Bank	12,540	—	合併(1930.3)→Fidelity National Bank & Trust Co.
Commercial National Bank	12,017	14,787	
City Bank of Kansas City	10,675	38,954	銀行名変更(1934.1)→City National Bank & Trust Co.
Inter-State National Bank	10,419	27,804	
Drovers National Bank	9,660	—	清算(1935.2)
Traders Gate City National Bank	9,188	9,796	
Home Trust Co.	6,637	—	合併(1933.2)→Mercantile Home Bank & Trust Co.
Mercantile Home Bank & Trust Co.	—	11,234	合併(1933.2)
Fidelity Savings Trust Co.	6,204	—	清算(1933.7)
Columbia National Bank	4,826	8,135	
Stock Yards National Bank	4,488	9,871	
Missouri Savings Bank & Trust Co.	4,448	—	清算(1933)
Pioneer Trust Co.	4,374	—	清算(1933.1)
Western Exchange Bank	2,897	—	合併(1930.3)→Fidelity National Bank & Trust Co.
Merchants Bank	2,698	3,910	
Mercantile Trust Co.	2,428	—	合併(1933.2)→Mercantile Home Bank & Trust Co.
Morris Plan Co. of KC	1,903	—	清算(1938)
Walton Bank & Trust Co.	1,195	＊	銀行名変更(1931.5)→Walton Bank & Trust Co.

注)　＊はデータ不明
出所)　*Moody's Bank & Finance*

440万ドルの融資を行っている[50]。フィデリティの旧株主は二重責任制の賦課を免れたものの，旧預金者とともに，新銀行に対し普通株資本を拠出している。9万株の普通株が1株13.5ドルで引き受けられ，90万ドルは普通株(額面10ドル)に，45万ドルは剰余金に計上されている。RFCはそうした民間出資に対応して，9万株の優先株(額面15ドル)発行を引き受けており，再開時の同行の自己資本比率は普通株のみで8.4%，優先株を加えれば16.8%となっている[51]。

カンザスシティ銀行界で清算された銀行はいずれも資産規模が1000万ドル未満の5銀行であり，そのなかで最大規模の銀行は1935年2月に預金をインタースティト・ナショナル・バンクに継承されたドルーヴァー・ナショナル・バンク(966万ドル)であった。また合併で消滅した銀行は，フィデリティに合併された先の2銀行以外に，マーカンタイル・ホーム・バンク・トラストを形成したマーカンタイル・トラスト(243万ドル)及びホーム・トラスト(664万ドル)の2行である。40年の銀行界は，コマース・トラスト(1億9902万ドル)，ファースト・ナショナル・バンク(1億4092万ドル)の2強体制となっており，はるかに離れてシティ・ナショナル・バンク・トラスト(3895万ドル)，ユニオン・ナショナル・バンク(3124万ドル)が位置する状況となっている。上位2行の40年末の全米ランキングをみれば，コマース・トラストは40位，ファースト・ナショナル・バンクは71位となっており，29年時より順位を上昇させていた。

(3) Lafayette South Side Bank & Trust Co. (St. Louis, Mo.)

ミズーリ州最大の都市，セントルイス市の銀行界では，上位3大銀行の地位は比較的安定していたものの，中堅銀行及び中小規模銀行において恐慌の打撃を強く受けていた(表7-12)。1931年秋の信用不安はセントルイス第4位の銀行，フランクリン・アメリカン・トラスト(資産4181万ドル)を襲ったが，この時は最大銀行であるファースト・ナショナル・バンクによる同行の救済合併(31年12月)により，信用不安を沈静化させることができた。

もう一つの中堅銀行であるラファイエット・サウス・サイド・バンク・トラスト(第5位)は銀行休業後に再開許可を得ることができず，1933年12月にマニュファクチュアラーズ・バンク・トラストとして再出発している。ラファイエットの再編においては，流動資産のみが新銀行に継承され，旧預金者は預金の50%

を現金，42% を不良債権への請求権，8% を優先株で受け取っている[52]。優先株は 34 年末に普通株に転換され[53]，旧預金者は不良債権の回収により 40 年末までに不良債権証書の額面の 60% を受け取っている。つまり預金元本の 75.2% が旧預金者に支払われたことになる[54]。そうした再編の結果として，同行のセントルイス銀行界における地位は第 5 位(3119 万ドル)から第 8 位(1542 万ドル)へと後退させている。

　ラファイエットの再編はもっぱら私的資本の自力で実行されていたが，同行以外の再編の事例，サウス・サイド・ナショナル・バンク(1934 年 5 月)，ギャランティ・プラザ・トラスト(33 年 8 月)では優先株が RFC に売却され，公的資金による自己資本充実が図られている[55]。さらに上位大銀行のうち，マーカンタイル・コマース・バンク・トラストを除く 3 銀行が 34 年 6 月に一斉に自己資本を増強するため，優先株・資本証券を RFC へ売却している。公的資金はファースト・ナショナル・バンクで 400 万ドル，ミシシッピ・ヴァレイ・トラストで 150 万ドル，ボートメンズ・ナショナル・バンクで 50 万ドルであったが，いずれも 35〜36 年までには回収されている。ただし注目すべきことは，ボートメンズ・ナショナル・バンク及びファースト・ナショナル・バンクの両行は公的資金導入と同時に，普通株の減資を実施していることである。ボートメンズは 1 株の普通株(額面 100 ドル)を 4 株の普通株(額面 20 ドル)と交換することにより 50 万ドル，ファーストは普通株の額面を 20 ドルから 17 ドルに切り下げることにより 200 万ドルの剰余金を創出している[56]。

　セントルイスの銀行界は 1932 年 2 月に発足した RFC の融資を享受する形でも，公的資金との関わりをもっていた。そうした RFC 融資を提供された銀行は資産規模 1000 万ドル以下の中小銀行によって占められていたが[57]，それらの銀行の多くは 33 年 1 月以降に窓口閉鎖を余儀なくされている。かくてセントルイスでは中小銀行の破産・清算及び中堅銀行 2 行の合併・再編により，上位主要 3 行による銀行資産の集中が進んでいた。セントルイス大銀行の合衆国全体に占める地位も上昇し，ファースト・ナショナル・バンクは第 7 位(3 億 1007 万ドル)，マーカンタイル・コマース・バンクは第 38 位(2 億 1135 万ドル)，ミシシッピ・ヴァレイ・トラストは第 82 位(1 億 2325 万ドル)となっている。

表7-12 セントルイス銀行界の動向

(単位=千ドル)

銀 行 名	資産 1929	資産 1940	動　向
First National Bank in St. Louis	185,531	310,073	
Mercantile-Commerce Bank & Trust Co.	146,093	211,348	
Mississippi Valley Trust Co.	91,162	123,248	
Franklin-American Trust Co.	41,812	—	合併(1931.12)→First National Bank in St. Louis
Lafayette South Side Bank & Trust Co.	31,190	—	再編(1933.12)→Manufacturers Bank & Trust Co.
Manufacturers Bank & Trust Co.	—	15,422	
Boatmen's National Bank	30,182	80,029	
National City Bank	19,712	—	合併(1930.3)→Franklin American Trust Co.
Security National Bank Savings & Trust Co.	14,122	17,508	
St. Louis Union Trust Co.	12,646	14,599	
Tower Grove Bank & Trust Co.	11,627	18,923	
Northwestern Trust Co.	10,529	9,235	銀行名変更(1939.2)→Northwestern National Bank
United Bank & Trust Co.	10,160	10,957	
South Side National Bank	9,005	6,046	再編(1934.5)
Bremen Bank	7,724	6,292	銀行名変更(1930.4)→Bremen Bank & Trust Co.
Telegraphers National Bank	7,636	5,171	
Grand National Bank	7,131	—	清算(1933.3)
Cass Bank & Trust Co.	6,758	6,935	
Manchester Bank	6,186	8,579	
Jefferson-Gravois Bank	5,752	8,171	
Industrial Savings Trust Co.	5,496	—	銀行名変更(1934)→Industrial Bank & Trust Co.
Industrial Bank & Trust Co.	—	23,732	
Jefferson Bank	4,828	3,912	銀行名変更(1932.7)→Jefferson Bank & Trust Co.
Lowell Bank	4,790	—	清算(1933.1)
Southern Commercial & Savings Bank	4,133	4,252	

Baden Bank	3,452	3,226	
Savings Trust Co.	3,448	—	清算 (1933. 1)
West St. Louis Trust Co.	3,427	—	清算 (1933. 1)
American Exchange National Bank	3,304	2,715	
Laclede Trust Co.	3,096	—	清算 (1933. 1)
North St. Louis Trust Co.	2,882	5,124	
Natural Bridge Bank & Trust Co.	2,672	—	清算 (1933. 1)
Fidelity Bank & Trust Co.	2,504	—	清算 (1939)
Cherokee National Bank	2,404	—	清算 (1933. 4)
Twelfth Street National Bank	2,387	—	清算 (1933. 1)
Chippewa Trust Co.	2,353	*	
Easton-Taylor Trust Co.	2,325	4,483	
Grant State Bank	2,271	*	
Water Tower Bank	2,223	—	合併 (1933. 3)→North St. Louis Trust Co.
Title Guaranty Trust Co.	1,888	—	清算 (1931. 1)
Chouteau Trust Co.	1,863	*	
Plaza National Bank	1,532	—	合併 (1932. 9)→Guaranty Plaza Trust Co.→Plaza Bank
Guaranty Bank & Trust Co.	2,576	—	再編 (1932. 9)→Plaza Bank
Plaza Bank	—	5,441	

注) ＊はデータ不明
出所) *Moody's Bank & Finance*

4．預金削減率が 50% 以上の銀行再編

　再開時に 50% 以上の預金削減を迫られた銀行は，サンプルの 56% に相当する 38 銀行であった(表 7-13)。これらの再編銀行には資産規模 5000 万ドル以上の銀行が 5 行も含まれており，不良債権の重荷は中小規模の銀行のみならず，大規模銀行においても同様であったことを窺わせている。公的資金はこれらの銀行再編にあたっても大きな役割を果たしており，38 行のうち 19 銀行が公的資金に依存している。さらに 7 銀行が新規資本を預金の強制的な振替から調達しており，なかでもアズベリーパーク・オーシャン・グローヴ・バンク(Asbury Park, N.J.)は預金(債務)のすべてを優先株に転換させていた。

　また 2 銀行は銀行持株会社のもとで再編されている。サウスカロライナ・ナショナル・バンク(Charleston, S.C.)の場合には，持株会社(Socarnat Bank)の翼下のもとでの再編であったが，セントラル・トラスト(Cambridge, Mass.)は新規資本を銀行グループ入りすることによって獲得したケースである。つまり同行(資産 2226 万ドル)は 1932 年 5 月にすでに支払停止状態となっていたが，預金債権を 75% 削減し，新規株式をボストンのシュムート・グループ(Shawmut Association of Boston)に引き受けてもらうことにより，33 年 6 月に再開が可能となったものである[58]。

　再編にあたり複数の破綻銀行を継承するために新銀行を設立する，という再編方法が頻繁に採用されている。そうした再編事例としては，次のようなものがあげられる。

　　Monongahela National Bank ╲
　　Diamond National Bank　　　╱ →Pitt National Bank (Pittsburgh, Pa.)

　　Erie Trust Co.　　　　　　　╲
　　Second National Bank of Erie ╱ →National Bank & Trust Co. (Erie, Pa.)

　　Farmers National Bank & Trust Co. ╲
　　Reading National Bank & Trust Co. ├→Union National Bank (Reading, Pa.)
　　Penn National Bank & Trust Co.　　╱

　　Union Trust Co.　　　　╲
　　Commonwealth Trust Co. ╱ →Capital Bank & Trust Co. (Harrisburgh, Pa.)

　　Augusta Trust Co. ╲
　　State Trust Co.　 ╱ →Depositors Trust Co. (Augusta, Me.)

Federal-American National Bank & Trust Co.
District National Bank
Potomac Savings Bank
Washington Savings Bank → Hamilton National Bank
Northeast Savings Bank (Washington, D.C.)
Seventh Street Savings Bank
Woodridge-Langdon Savings & Commercial Bank

　こうした複数銀行の再編は預金の受け皿作りであると同時に，過剰銀行の整理を意図したものといえる。同一都市内部の限界があるとはいえ，自己資本問題を契機にして，「上から」強制された銀行資本の集中が進行していたといえる。
　以下では預金者に大きな損失をもたらしていたニューオーリンズ及びボルチモアの再編過程をみることにする。

(1) ニューオーリンズにおける銀行再編
　ルイジアナ州銀行界は恐慌期に銀行数を 225 行から 149 行に 34％ 減少させている。ルイジアナ州では州法銀行の存在感が大きく，1929 年の銀行数は国法銀行で 34 行，州法銀行で 191 行である。そして州法銀行が銀行恐慌で大きな打撃を受けた銀行クラスであり，銀行数の減少は国法銀行で 4 行にすぎなかったが，州法銀行では 72 行にのぼっている。不許可銀行の割合は 23.1％ にすぎなかったとはいえ，預金額では 44.3％ を占めており，大規模な銀行が苦境に陥っていたことを窺わせる[59]。
　ルイジアナ州は 1933 年 2 月 4 日に州銀行休業令を発動し，33 年銀行恐慌の先駆けとなるが[60]，その震源地となっていたのがニューオーリンズ市における銀行不安の増大であった。ニューオーリンズ銀行界は 29 年にキャナル・バンク・トラスト (1 億 2939 万ドル)，ヒベルニア・バンク・トラスト (6955 万ドル)，ホイットニー・ナショナル・バンク (5550 万ドル) の 3 大銀行により支配されており，同市は銀行集中がかなり進んでいた都市といえる (表 7-14)。その銀行集中の中心となっていたのはキャナル・バンクであり，同行は 1831 年にキャナル・バンキングとして設立された古い銀行であり，29 年までに 9 銀行を合併し，23 支店と 549 名の従業員を擁するルイジアナ州最大の銀行となっていた[61]。
　ヨーロッパ信用恐慌に端を発する信用危機はニューオーリンズ大銀行を大きく

表 7-13　預金削減率 50%

銀　行　名	所　在　地	後　継　銀　行
Canal Bank & Trust Co.	La., New Orleans	National Bank of Commerce
Baltimore Trust Co.	Md., Baltimore	Baltimore National Bank
Hibernia Bank & Trust Co.	La., New Orleans	Hibernia National Bank
First-Central Trust Co.	Ohio, Akron	First-Central Trust Co.
Detroit & Security Trust Co.	Mich., Detroit	Detroit Trust Co.
North Carolina Bank & Trust Co.	N.C., Greensboro	Security National Bank
Union Trust Co.	Md., Baltimore	Union Trust Co.
Worcester Bank & Trust Co.	Mass., Worcester	Worcester County Trust Co.
South Carolina National Bank	S.C., Charleston	South Carolina National Bank
Union Industrial Bank	Mich., Flint	National Bank of Flint
First National Bank & Trust Co.	N.Y., Yonkers	First National Bank
Diamond National Bank	Pa., Pittsburgh	Pitt National Bank
Fidelity Trust Co.	Me., Portland	National Bank of Commerce
Old-First National Bank & Trust Co.	Ind., Fort Wayne	Fort Wayne National Bank
Central Trust Co.	Mass., Cambridge	County Bank & Trust Co.
Farmers Trust Co. of Lancaster	Pa., Lancaster	Farmers Bank & Trust Co.
First National Bank	Ill., Joliet	First National Bank
Union & Peoples National Bank	Mich., Jackson	National Bank of Jackson
Augusta Trust Co.	Me., Augusta	Depositors Trust Co.
Pennsylvania Trust Co.	Pa., Reading	City Bank & Trust Co.
Kensington Trust Co.	Pa., Philadelphia	Security Bank & Trust
Kasper American State Bank	Ill., Chicago	Kasper American State Bank
Calcasieu National Bank	La., Lake Charles	Calcasieu-Marine National Bank
National City Bank	N.Y., New Rochelle	First National Bank
Madison & Kedzie State Bank	Ill., Chicago	Merchants National Bank
Reading National Bank & Trust Co.	Pa., Reading	Union National Bank
Casco Mercantile Trust Co.	Me., Portland	Casco Bank & Trust Co.
Lycoming Trust Co.	Pa., Williamsport	West Branch Bank & Trust Co.
Capital National Bank	Mich., Lansing	Lansing National Bank
Second National Bank of Erie	Pa., Erie	National Bank & Trust Co.
Erie Trust Co.	Pa., Erie	National Bank & Trust Co.
Central Trust Co.	Md., Frederick	Western Maryland Trust
Farmers National Bank & Trust Co.	Pa., Reading	Union National Bank
American State Savings Bank	Mich., Lansing	American State Savings Bank
Asbury Park & Ocean Grove Bank	N.J., Asbury Park	Asbury Park & Ocean Grove Bank
East Tennessee National Bank	Tenn., Knoxville	Park National Bank
Commonwealth Trust Co.	Pa., Harrisburg	Capital Bank & Trust Co.
Title Guarantee & Trust Co.	Md., Baltimore	Title Guarantee & Trust Co.

出所）*Moody's Bank & Finance*

以上の銀行

(単位=千ドル)

資　産 (1929)	再編時期 閉　鎖	再編時期 再　開	預金者配当 (%)	預金の株式 転換(%)	公的資金 (RFC)
129,391	1933. 5	33. 5	35		1,500
101,902	1933. 3	33. 8	15		1,000
69,551	1933. 3	33. 5	45.85		1,500
68,937	1933. 2	34. 1	25		500
53,555	1933. 2	33.12	15	25	
46,667	1933. 3	33. 8	22		300
43,450	1933. 3	33.12	25		
40,232	1933. 3	34.11	40		
32,681	1933. 3	33. 8	40		1,300
28,654	1933. 2	34. 1	35		500
27,805	1933. 3	33.12	33	17	
27,746	1932.11	33. 4	40		
26,406	1933. 3	33. 6	20		
26,016	1933. 2	33.10	45		500
22,259	1932. 5	33. 6	25		
20,354	1933. 3	34. 5	42.5	7.5	300
20,126	1933. 3	33. 6	40		200
19,194	1933. 2	33. 8	30		200
18,833	1933. 3	33.10	20		
17,936	1933. 3	34. 3	42	7.67	
17,118	1933. 4	34. 3	22.5	7.5	250
16,816	1932. 6	35. 1	46		
16,654	1933. 3	34. 7	40		300
16,446	1933. 3	34. 1	30		
16,043	1933. 3	34.12	40		
15,619	1933. 3	34.10	25		500
15,387	1933. 3	33.12	20		
14,337	1933. 3	34. 1	40		500
14,268	1933. 2	34. 2	40		350
14,194	1933. 3	34. 7	30		
13,226	1933. 9	34. 7	40		
13,096	1931. 9	34. 8	6		
12,836	1933. 3	34.10	35		500
12,587	1931.12	33. 4	20		250
12,286	1931.12	33. 5	0	100	
11,531	1933. 1	33.12	10		
11,163	1933. 1	35. 3	20	15	
10,638	1933. 2	35. 6	30		475

表7-14 ニューオーリンズ銀行界の動向

(単位=千ドル)

銀 行 名	資産 1929	資産 1940	動　向
Canal Bank & Trust Co.	129,391	—	再編(1933.5)→National Bank of Commerce
National Bank of Commerce	—	65,717	
Hibernia Bank & Trust Co.	69,551	—	再編(1933.5)→Hibernia National Bank
Hibernia National Bank	—	67,243	
Whitney National Bank	55,496	162,619	
Whitney Trust & Savings Bank	33,998	—	合併(1933)→Whitney National Bank
Interstate Trust & Banking Co.	16,927	—	清算(1934.1)
New Orleans Bank & Trust Co.	15,216	—	合併(1930.12)→Interstate Trust & Banking Co.
American Bank & Trust Co.	13,977	37,090	

出所) *Moody's Bank & Finance*

動揺させている。1931年に入ってからの銀行預金の減少は顕著であり，それはキャナル・バンクで37％，インターステイト・トラストで29％，アメリカン・バンク・トラストで20％，ヒベルニア・バンクで11％となっている。これらの銀行は大量の預金引出に対応するため連銀借入，他銀行からの借入に依存しており，とりわけキャナル・バンクは31年末に連銀借入(329万ドル)，他銀行借入(485万ドル)を計上していた[62]。ニューオーリンズのそうした信用危機はRFCによる救済融資により一旦は沈静化し，各行の預金残高は安定に向かっている。RFCからの救済融資は次の諸銀行に対しなされていた[63]。

 Hibernia Bank & Trust Co.　　500万ドル(1932年4月30日)
 Canal Bank & Trust Co.　　　360万ドル(同5月4日)
 　　　　　　　　　　　　　　150万ドル(同7月16日)
 American Bank & Trust Co.　　80万ドル(同5月2日)
 Interstate Trust & Banking Co.　120万ドル(同5月7日～7月15日)

RFCから救済融資を受けていた銀行のうち，全国銀行休業後に直ちに再開を許可されたのはアメリカン・バンク・トラストのみであり，ニューオーリンズ市民はホイットニー・ナショナル・バンク，アメリカン・バンク・トラストの2行の金融サービスを利用できるにすぎない状況となっていた。

インターステイト・トラスト・バンキングは1930年12月にニューオーリン

ズ・バンク・トラストを吸収・合併していたが，31年以降からの信用危機にさらされ，最終的に清算処理されている[64]。だが残りの2行はニューオーリンズを代表する大銀行だけに，その破綻の影響は多大であることを斟酌され，33年5月に再編成されている。2行の再編は預金の受け皿として新銀行を設立し，そこに公的資金を注入する形で行われた。

Canal Bank & Trust Co.

キャナル・バンクは再編された銀行のなかでは全米最大規模の銀行(資産1億2939万ドル)であった。キャナル・バンクの資産・預金の一定部分を継承するため，ナショナル・バンク・オブ・コマースが設立されたが，支店数は23から5支店へ，従業員数は549名から170名に縮小されている[65]。新銀行の自己資本は旧預金者及びニューオーリンズ市民により1株25ドルで6万株応募され，120万ドルが普通株(額面20ドル)，残り30万ドルが剰余金に計上されている[66]。他方，新銀行はそうした自助努力と引き替えに，RFCへ5%配当優先株を売却し，150万ドルの公的資金を調達することができた[67]。

旧預金者は新銀行の預金勘定で旧預金の35%を利用可能とされ，残りの65%は旧銀行(キャナル・バンク)の資産清算に依存することになった。旧預金者は1934年末までに50%を，40年末までに61%を受け取ることができた。ところで旧預金者へのそうした預金払戻しは資産清算のみで可能となったのではなく，RFC融資により先取りされていた側面があった。すなわちナショナル・バンク・オブ・コマースに継承された35%の預金(1443万ドル)の1/2以上はRFC融資により可能となっており，清算銀行は40年末にRFCに対し依然として831万ドルの債務を負っている[68]。預金者に解放された預金のすべてが資産清算により補塡されたものといえず，40年末の預金(3014万ドル)の28%は公的資金に依存していることになる。

Hibernia Bank & Trust Co.

ヒベルニア・バンクの再編も，キャナル・バンクのケースとほぼ同様な手続きでなされている。ヒベルニア・ナショナル・バンクが同行の受け皿として設立され，その資本(300万ドル)が民間・RFCにより折半して出資される形をとっている。新銀行の株主は発足当初では3543名であり，旧銀行の株主は二重責任制を免除されていた[69]。新銀行は1936年12月に30万ドルの優先株をRFCへ返

済すると同時に, 普通株に25%の株式配当(30万ドル)を実施しており, 資本金額には変化がみられない。

　旧銀行の預金者は再編時に預金の43%を即時に利用可能となったものの, それ以降の預金者に対する配当は2.85%にすぎなかった。1940年末時点の旧銀行のバランス・シートをみれば, 旧預金者への未払残高は832万ドル, さらにRFCへの債務は579万ドルであるのに対し, 資産はRFC債務への担保資産1258万ドル, その他資産136万ドルとなっている[70]。つまり旧銀行から新銀行に継承された預金額は2264万ドルであったが, 少なくともその1/4はRFC融資により早期に可能となったものといえる。ここでも公的資金が預金者への預金払戻し率に大きな影響を与えている。

　新銀行の経営陣も変化しており, 旧銀行頭取を務めていたR. S. ヘヒトは新銀行の会長となっており, 頭取にはA. P. イマホーンが就任している。イマホーンはRFCから派遣された人物であった[71]。

　以上のように2つの銀行の旧預金者はそれぞれ61%, 46%の預金払戻しをされたにすぎず, 不良資産の売却が遅々として進んでいないことが窺われる。さらにその預金払戻しも資産清算だけでなく, RFCからの融資に依存してなされていたという特徴を指摘できる。RFC融資の返済は今後の資産回収に掛かるとはいえ, 預金払戻しの一部は公的資金(RFC社債→国債)の変形された姿にすぎないといえる。

　1940年末のニューオーリンズ銀行界においては, ホイットニー・ナショナル・バンク(1億6262万ドル)が首位の座を占め[72], 次いでヒベルニア・ナショナル・バンク(6724万ドル), ナショナル・バンク・オブ・コマース(6572万ドル)が続くことになり, 3行はいずれも国法銀行により占められることになった。

(2) ボルチモアにおける銀行再編

　メリーランド州の銀行数は恐慌期に215行(1929年末)から189行(34年末)に12%の減少を示していたにすぎない。その意味で表面的には恐慌の打撃が軽微であったようにみえるが, 実態は必ずしもそうとはいえない。銀行破産数は30〜34年に銀行数の43%に相当する92行にのぼっており, それは31年(18行),

33年(70行)の2カ年に集中していた。それにもかかわらず，銀行数がそれほど大きな変化をみせなかったのは，全国銀行休業後に再開を許可されなかった銀行(97行)の多数が33～34年に再編されていったからである。つまり不許可銀行は全銀行の51.1%に達していたが，そのうち58行が再編に成功して再出発しており，メリーランド州のそうした銀行再編は公的資金の投入に大きく依存して行われていた[73]。

　州最大の都市，ボルチモア市の銀行動向こそがメリーランド州におけるそうした銀行混乱の中心をなしていた(表7-15)。1930年のボルチモアは資産規模拡大を目的とした銀行合併の波により特徴づけられる。銀行合併は株式交換を通じてなされ，メリーランド・トラスト，ユニオン・トラストの2行が銀行合併を主導していた[74]。

・Maryland Trust Co. (1930. 7)
　　　　　　　Drovers & Mechanics National Bank
　　　　　　　Continental Trust Co.
・Union Trust Co.→1930. 1　National Bank of Baltimore
　　　　　　　1930. 7　Monumental City Bank
　　　　　　　1930. 8　Farmers & Merchants National Bank
　　　　　　　1930.12　American Trust Co.

　だが1931年7～9月の信用危機はボルチモア銀行界を襲い，とりわけ同市最大の銀行であるボルチモア・トラストが苦境に陥っている。ボルチモア・トラストの預金流出は激しく，30年末(7650万ドル)から31年末(6093万ドル)に20%，さらに32年末(4900万ドル)までに36%の預金を喪失している。同行は31年9月にニューヨーク銀行団から1500万ドルの融資，地元経済界から750万ドルの追加出資を受けて，信用危機に対処しようと努めた[75]。31年央の信用危機はボルチモア手形交換所による信用不安を打ち消す声明により，一旦は解消していった[76]。だが32年に入って預金流出が再燃し，同行は32年4月にRFCから740万ドルの融資を獲得している[77]。

　さらに1932年8月のパーク・バンクの支払停止を契機にして，第5位の銀行，ユニオン・トラストが信用不安の渦中に巻き込まれることになった[78]。同行の預金は31年末(5775万ドル)から32年末(4533万ドル)へ22%の減少を示している。同行はRFCからの借入に依存すると同時に，連銀からの巨額の流動性供給を受

表7-15 ボルチモア銀行界の動向 (単位=千ドル)

銀 行 名	資産 1929	資産 1940	動 向
Baltimore Trust Co.	101,902	—	再編(1933.8)→Baltimore National Bank
Baltimore National Bank	—	56,149	
First National Bank	87,527	250,858	
Savings Bank of Baltimore	78,162	107,764	
Eutaw Savings Bank	52,194	57,000	
Union Trust Co. of Maryland	43,450	66,643	再編(1933.12)
Equitable Trust Co.	26,541	51,948	
Safe Deposit & Trust Co.	26,074	44,566	
Mercantile Trust Co.	25,579	37,668	
National Bank of Baltimore	22,772	—	合併(1930.1)→Union Trust Co. of Md.
Fidelity Trust Co.	21,725	28,318	
Drovers & Mechanics National Bank	21,231	—	合併(1930.7)→Maryland Trust Co.
Baltimore Commercial Bank	14,487	7,970	再編(1933.7)
Maryland Trust Co.	13,292	51,763	
Continental Trust Co.	12,144	—	合併(1930.7)→Maryland Trust Co.
Farmers & Merchants National Bank	10,786	—	合併(1930.8)→Union Trust Co. of Md.
Title Guarantee & Trust Co.	10,638	—	再編(1935.6)→預金業務放棄
Commonwealth Bank	9,331	—	再編(1933.9)→合併(1939.10)→First National Bank
Calvert Bank	8,834	12,903	
Park Bank	8,682	—	清算(1932.8)
National Marine Bank	8,484	7,929	
Western National Bank	8,344	17,393	
National Central Bank	6,434	8,901	
Chesapeake Bank	5,710	—	清算(1930.12)
Mercantile Bank	4,440	—	再編(1933.7)→Carrollton Bank
Colonial Trust Co.	3,200	—	合併(1940.12)→Fidelity Trust Co.
Morris Plan Bank	2,560	—	銀行名変更(1938.1)→Public Bank of Md.
Public Bank of Md.	—	3,914	
American Trust Co.	2,544	—	合併(1930.12)→Union Trust Co. of Md.
Real Estate Trust Co.	2,246	3,018	

出所) *Moody's Bank & Finance*

けることで,この危機を乗り切っている[79]。

　ユニオン・トラストと同様に,多くの銀行は1931～32年に預金の減少を経験したが,他方では,信用不安の渦中であるにもかかわらず,預金を増加させていた銀行もあった。それは貯蓄銀行とファースト・ナショナル・バンクであり,ボ

ルチモア第3位の銀行であるセィヴィング・バンク・オブ・ボルチモアは29〜32年に25％増(7051→8825万ドル)，第2位の商業銀行であるファースト・ナショナル・バンクは17％増(7376→8597万ドル)を示している。預金者による銀行の選別が信用恐慌の過程で進んでいたのである。

しかし1933年2月24日にはタイトル・ギャランティ・トラストの閉鎖と同時に州銀行休業が宣言され，メリーランド州の銀行は預金引出制限のもとで営業することになった[80]。全国銀行休業後に再開を許可されなかった銀行は4手形交換所加盟銀行及び2非加盟銀行の計6行であり，これらの銀行は再編成を迫られることになった[81]。

これらの銀行再編の実態をボルチモア・トラストとユニオン・トラストの2大銀行についてみよう。

Baltimore Trust Co.

ボルチモア・トラストはボルチモア市における最大の銀行であったが，恐慌期に最も深刻な打撃を受けていた。同行の再編は，預金の受け皿として新銀行(Baltimore National Bank)を設立する形態でなされている。預金者が新銀行で利用可能な預金は，預金制限下の5％を加えても15％にすぎず，1135万ドルの預金継承を可能とするためRFCから345.4万ドルの融資を受けている[82]。

預金の残りは不良債権の回収に依存する債務証書形態で受け取られている。不良債権からの回収分は最初にRFC融資の返済に充てられ，次いで債務証書保有者に支払われていく。1940年末までに債務証書の50％まで支払われているので，旧銀行の預金者は預金の57.5％を回復させたことになる[83]。

また同行の自己資本調達も公的資金に大きく依存してなされていた。旧銀行の預金者は5万株発行された新株(額面10ドル)に1株20ドルで応募し，50万ドルは普通株資本に，残りの50万ドルは剰余金に計上されている。そうした自助努力に見合う形で，RFCへ優先株(額面20ドル)が売却され，100万ドルの公的資金が注入されている。同行は25万ドルを返済したものの，1940年末に75万ドルの優先株を計上している[84]。

Union Trust Co. of Maryland

ユニオン・トラストはボルチモア・トラストと同様に，銀行再開の許可を得ることができず，再開された1933年12月18日まで，5％の預金引出という制限

された基礎上で営業することを余儀なくされている。

同行の再編は公的資金に依存してなされたボルチモア・トラストとは対照的といえた。再編プランにおいて，旧株主は株式を預託し，シティ・サーティフィケィト社(City Certificate Corp.)の株式を受け取ることになったが，株式資本(250万ドル)は維持されている。また預金者は①20％を現金，②40％を5年定期預金証書，③40％を不良債権回収会社(シティ・サーティフィケィト社)により発行された受益証書で受け取っている。預金者は1934年10月までに62％を流動的形態で利用できるようになり，残り38％が不良債権の処理に依存することになった[85]。

1937年11月に受益証書の清算がなされ，証書保有者は32.75ドルの額面価値に対し1株の株式を受け取り，32.75ドル以下の場合現金で支払われることになった。この結果として25万3924株の株式(額面15ドル)が発行され，分配された現金は52万5692ドルとなっている[86]。つまり旧銀行の預金の38％は最終的に株式と交換されたことになる。

他の3行の再編は次の通りである。
　Baltimore Commercial Bank (1933.7)
　　預金：55％＝現金，24％＝株式，21％＝受益証券
　Mercantile Bank (1933.7＝Carrollton Bank)
　　預金：50％＝現金，50％＝受益証券
　Commonwealth Bank (1933.9)
　　預金：20％＝現金，20％＝株式，60％＝受益証券

銀行恐慌期のボルチモア銀行界では，支払停止→清算により消滅した銀行は2行(Chesapeake Bank, Park Bank)にすぎず，6行は合併で消滅し，6行が再編されている。1940年になれば，ボルチモアはファースト・ナショナル・バンクが第1位(2億5056万ドル)の地位に上昇し，セィヴィング・バンク・オブ・ボルチモア(1億776万ドル)，ユニオン・トラスト(6664万ドル)，ユータウ・セィヴィング・バンク(5700万ドル)，ボルチモア・ナショナル・バンク(5615万ドル)の順位へと変化していた。

支店制度の展開が法的に制約されていたアメリカ銀行制度では，比較的小規模

な銀行が特定の狭い地域で営業していたため，銀行破産が頻繁に生じていた。国法銀行制度のもとで支払停止した銀行の大部分は清算処理され，再開される銀行の割合はきわめて少なかった。しかし全国銀行休業は破綻銀行の処理におけるそうした傾向を大きく逆転させることになった。全国銀行休業以降に再開を許可されなかった銀行が全商業銀行の27％(4559行)に及んでおり，これらの銀行を清算処理に委ねた場合の地域の金融システムへの影響を考慮すれば，政府は銀行を健全資産の基礎上におくため，公的資金を投入する政策を採用することを余儀なくされた。

　本章が対象とした資産1000万ドル以上の銀行についてみれば，1930〜33年3月に再編された銀行はわずかに10行にすぎなかったが，全国銀行休業以降になれば，68行に急増している。不良債権の比率が再編の具体的形態を規定しており，銀行再編による預金者への損失(再開時点における)という観点から分類すれば，①預金損失がゼロ(7行)，②預金損失が25〜50％(23行)，③預金損失が50〜100％(38行)という3つのグループに分けられる。また損失率40〜50％台がサンプルのおよそ半数(31行)を占めており，その意味で預金者は銀行清算の場合の平均的損失率と同様な関係におかれていたことになる。

　RFCの銀行介入政策の変化も，全国銀行休業以降の銀行破綻処理の在り方を大きく変容させた要因といえる。RFCは1932年2月の発足当初には，預金取付けに遭遇している銀行に流動性を供給することにより破綻を阻止するという政策意図のもとに活動していた。開業銀行へのRFC融資は一時的に銀行破産数を減少させたとはいえ，資産が不健全な状態にある銀行はいずれ破綻を余儀なくされる運命にあった。全国銀行休業後に再開を許可されなかった銀行が多数にのぼっていたことは，そのことを裏付けているといえる。こうして全国銀行休業後のRFC政策は，閉鎖銀行への融資及び優先株の購入による公的資金の注入という方向へ転換していく。

　銀行再編においては健全資産のみが新銀行に継承され，旧銀行(あるいは不良債権回収機関)は不良債権の清算にあたることになるが，RFCは旧銀行の資産を担保にして融資を行うことにより，発足当初の預金者が即時に利用しうる現金を供給している。つまり再開時に預金者に解放された現金の一部は，将来回収されるべき資産を担保にしたRFC融資により可能となっていた。しかしそうして先

取りされた預金解放が資産回収により補塡されなければ，RFC の融資は返済不能となり，その意味でそれは融資から資金贈与に近いものに性格を変えていく。RFC 融資が 1940 年末までに回収されなかった代表的事例として，シカゴ市のセントラル・リパブリック・バンク・トラスト，ニューオーリンズ市のキャナル・バンク・トラスト，ヒベルニア・バンク・トラストなどがあげられる。つまりこれらの大銀行の預金者に解放されていた預金は，私的資金だけでなく，公的資金にも支えられていたのである。

RFC 政策の最大の変化は，不良資産の償却により生じた自己資本不足問題(普通株式資本の廃棄)を解決するため，優先株(資本証券)購入という形で公的資金を投入したことである。不許可銀行 68 行のうち，36 行が RFC に対し優先株を売却することにより，自己資本を増強している。RFC は地域の民間人による同額の自己資本提供を公的資金投入の条件としていたため，普通株が旧株主，経営者，預金者などの民間関係者により応募されている。つまり当該銀行が地域経済にとり必要不可欠であることの証明を，RFC は地域における民間関係者による普通株応募に求めていたといえる。このことは優先株配当を支えるリスク・キャピタルを民間人が負担することになり，比較的高率な優先株配当率と相まって，銀行による優先株回収を早期に促す方向に作用することになる。ボルチモア市のユニオン・トラスト，アクロン市のファースト・セントラル・トラストのように，普通株のみならず，資本証券の発行も旧株主・預金者に依存していた場合もあったとはいえ，RFC によるそうした公的資金の注入は多数の不許可銀行の再開を可能とした条件であったといえるであろう。

1) 金融研究会『アメリカ復興金融会社の機能概要』(金融研究会，1936 年)，斉藤叫「復興金融公社の銀行救済融資活動 1932〜1934 年」(『証券研究』第 82 巻，1988 年 2 月)，戸田壮一「復興金融公社と連邦預金保険公社──銀行の緊急救済を中心に」(『証券資料』第 107 号，1989 年 8 月)。
2) 「正常な状況のもとでは閉鎖されない，その経営が誠実である銀行に対し，ビジネスを再開する機会を与える政策が開始された」(C. B. Upham & E. Lamke, *Closed and Distressed Banks*, The Brookings Institution, Washington, D.C., 1934, p. 114)。
3) *ibid*., p. 115.
4) 通貨監督官が 1933 年 3 月 13 日に最初に銀行保全官を任命した大銀行は次の銀行であった。First National Bank (3 億 7300 万ドル)，Guardian National Bank (1 億 800 万ド

ル），Detroit, Mich.; Harriman National Bank & Trust（2200万ドル），New York; Fidelity National Bank & Trust（1800万ドル），Kansas City, Mo.（J. H. Jones, *Fifty Billion Dollars—My Thirteen Years with the RFC, 1932-1945*, The Macmillan Company, NY, 1951, p. 23）。

5）緊急銀行法は次の5部からなっていた。①大統領に全国銀行休業を宣言する法的権限を付与すること，②通貨監督官が国法銀行に保全官を任命する権限を付与し，また銀行保全官が銀行を再編するために預金者・株主の利害を制限する権限を付与すること，③RFCに銀行の優先株・資本証券を購入する権限を付与すること，④通貨不足を解消するために，連銀が以前には適格でなかった資産を割り引くことを許可すること，⑤法律を履行するために200万ドルを支出すること（J. S. Olson, *Herbert Hoover and The Reconstruction Finance Corporation 1931-1933*, The Iowa State University Press, Ames, Iowa, 1977, pp. 106-107）。

6）全国銀行休業日以前には，通貨監督官は債権者の90％以上の同意がなければ，預金削減をともなう再編プランを承認しなかった。さらに再編プランに同意しない債権者に対し，預金を全額現金で支払う必要があった（J. F. T. O'Connor, *The Banking Crisis and Recovery under the Roosevelt Administration*, 1938, rep., Da Capo Press, NY, 1971, p. 43）。

7）*ibid*., p. 45.

8）*ibid*.

9）C. B. Upham & E. Lamke, *op. cit*., p. 129.

10）*ibid*.

11）「資産売却プランは厳密には再編として分類されないけれど，プランの現実の操作は債権者に即時的な救済を準備し，また大多数の場合に新銀行の設立を含んでいた。そのためスキーム全体が再編プランと考えられた」（J. F. T. O'Connor, *op. cit*., p. 46）。

12）*Annual Report of RFC*, Fourth Quarter of 1940, p. 7.

13）C. B. Upham & E. Lamke, *op. cit*., p. 180.

14）1934年6月16日に成立した暫定預金保険制度の延長に関する法律の第3条でRFC法の改正がなされている（*Federal Reserve Bulletin*, July 1934, pp. 487-488）。

15）C. B. Upham & E. Lamke, *op. cit*., pp. 166-171.

16）金融研究会，前掲書，166〜167頁。

17）自己資本増強の必要性に関して，シカゴのファースト・ナショナル・バンク頭取，M. A. トレイラーはすでに1932年6月にRFCのJ. H. ジョーンズに対し，「我々の銀行は融資を必要としない。より多くの資本を必要としている」と語っていた。さらにジョーンズは次のように過去を回顧している。「RFCが最初に組織された時に，あるいはその権限が最初に1932年7月に拡大された時に，もし銀行株に投資する権限を与えられていれば，デトロイト，クリーヴランドの大銀行——それは後に破産した——は救済されていただろう。また全国で破綻していった数千のその他の銀行も救済されていただろう。そうした救済は政府に対しわずかの損失で遂行されたであろう」（J. H. Jones, *op. cit*., pp. 32-33）。

18）1934年3月時点の州法によれば，26州が二重責任制を免除した優先株発行を許可し，

19) 臨時預金保険基金を 1 年間延長する 1934 年 6 月の法律において，連邦準備制度加盟銀行の「資本」には RFC によって購入された資本証券，デベンチュアを含むと規定された (C. B. Upham & E. Lamke, *op. cit*., pp. 201-202)．

20) *Annual Report of RFC*, Fourth Quarter of 1940, pp. 30-31.
21) *Moody's Bank & Finance*, 1935, pp. 646-647.
22) 拙著『株式恐慌とアメリカ証券市場――両大戦間期の「バブル」の発生と崩壊』(北海道大学図書刊行会，1998 年) 305～317 頁．
23) 金融研究会，前掲書，154～155 頁．
24) 「州法銀行がなしたように，いくつかの国法銀行は資本証券を売却したがっていた」が，そのなかにはチェス・ナショナル・バンク (NY) の名前があった (*CFC*, Vol. 137, Dec. 23, 1933, pp. 4459-60)．
25) *Federal Reserve Bulletin*, Dec. 1937, p. 1209.
26) *Annual Report of FRS*, 1933, p. 223.
27) *Moody's Bank & Finance*, 1935, p. 283.
28) *ibid*., 1935, p. 135; 1940, p. 293.
29) *Federal Reserve Bulletin*, Nov. 1937, p. 1100, p. 1117.
30) *Moody's Bank & Finance*, 1932, p. 547; 1933, p. 449.
31) *ibid*., 1935, p. 81.
32) *ibid*., 1941, p. 193.
33) *CFC*, Vol. 136, Apr. 29, 1933, p. 2906.
34) *Federal Reserve Bulletin*, Nov. 1937, p. 1102, p. 1119.
35) *Moody's Bank & Finance*, 1930, p. 852; 1933, p. 1944.
36) *ibid*., 1934, p. 234.
37) *ibid*., 1935, p. 126.
38) *Federal Reserve Bulletin*, Nov. 1937, p. 1093, p. 1110.
39) *CFC*, Vol. 137, Aug. 26, 1933, p. 1524.
40) *Moody's Bank & Finance*, 1930, p. 550; 1933, p. 123.
41) *ibid*., 1934, p. 568.
42) *ibid*., 1941, p. 424.
43) *CFC*, Vol. 136, May 20, 1933, p. 3470.
44) アメリカン・ナショナル・バンクの優先株 (額面 10 ドル) は 1940 年末までに 107.5 万ドル回収され，72.5 万ドルを残すのみとなっている (*Moody's Bank & Finance*, 1941, p. 153)．
45) *ibid*., 1941, pp. 314-315.
46) *Federal Reserve Bulletin*, Nov. 1937, p. 1096, p. 1113.
47) *Moody's Bank & Finance*, 1930, p. 1195; 1932, p. 795; 1933, p. 348.
48) *ibid*., 1934, p. 2377.

49) *ibid.*, 1941, p. 426.
50) RFC はフィデリティ・ナショナル・バンク・トラストに対し 150 万ドル，フィデリティ・セィヴィング・トラストに対し 290 万ドルを融資し，4 万 3000 名の預金者が新銀行で金融サービスを受けることを可能としている (*CFC*, Vol. 137, July 29, 1933, p. 801)。
51) *Moody's Bank & Finance*, 1934, p. 1776.
52) セントルイス市はラファイエット・サウス・サイド・バンク・トラストに 200 万ドルの預金を保有していた (*CFC*, Vol. 137, Oct. 14, 1933, p. 2761)。
53) 8% 優先株 (122 万ドル) は 1934 年 12 月に 1 株 20.8 ドルで回収され，5 株以上を保有する旧優先株保有者に対し 1 株 33.33 ドルで普通株 (額面 20 ドル) に転換されている (*Moody's Bank & Finance*, 1935, p. 73)。
54) *ibid.*, 1941, p. 433.
55) サウス・サイド・ナショナル・バンクはラファイエットにより支配されていたが，後者の再編の結果，サウス・サイドは独立し，その新資本は RFC へ売却された優先株 (30 万ドル) 及び銀行関係者により応募された普通株 (40 万ドル) からなっていた (*CFC*, Vol. 137, Dec. 30, 1933, p. 4040)。ギャランティ・プラザ・トラストも普通株 (10 万ドル) と同額の優先株を RFC へ売却していたが，預金者への配当はサウス・サイドでは 70% に対し，ギャランティでは 100% であり，後者の預金者は再編により損失を被ることはなかった (*Moody's Bank & Finance*, 1934, p. 2368)。
56) *ibid.*, 1935, p. 10, pp. 615–616.
57) セントルイス市で RFC 融資を受けていた銀行は次の通りである。Chippewa Trust Co. (32 万 5000 ドル)，Easton-Taylor Trust Co. (33 万 6697 ドル)，Grant State Bank (20 万ドル)，Laclede Trust Co. (20 万ドル)，Lowell Bank (31 万 5000 ドル)，Manchester Bank (25 万ドル)，St. Louis National Bank (32 万 5000 ドル)，Scruggs Van Voort & Barn Bank (33 万ドル)，Southwest Bank (10 万ドル)，Twelfth St. National Bank (25 万ドル)，Water Tower Bank (11 万ドル) (*CFC*, Vol. 136, Feb. 4, 1933, p. 767)。
58) カウンティ・バンク・トラストがセントラル・トラストの一定資産及び 25% の預金を継承するために設立され，普通株の多数はボストンのシュムート・グループにより引き受けられている (*Moody's Bank & Finance*, 1935, p. 669)。
59) *Federal Reserve Bulletin*, Nov. 1937, p. 1094, p. 1111.
60) 州規模の銀行休業は 1932 年 10 月末のネヴァダ州により先鞭がつけられていたが，ルイジアナ州の銀行休業は 33 年に入って最初のものであった。そして 33 年 2 月 14 日のミシガン州の 8 日間の休業令が，デトロイトの合衆国金融上に占める位置から，全国的な預金取付け→州銀行休業の波を作り出していく (*Federal Reserve Bulletin*, Dec. 1937, p. 1207)。
61) *Moody's Bank & Finance*, 1930, p. 193.
62) *ibid.*, p. 949.
63) *CFC*, Vol. 136, Feb. 4, 1933, p. 766.
64) インタースティト・トラスト・バンキングは 1934 年 1 月に閉鎖され，預金者への配当は 34 年 6 月に 10%，40 年末までに 50% となっている (*Moody's Bank & Finance*, 1935, p. 1582; 1941, p. 1625)。

65) *ibid*., 1934, p. 756.
66) 新銀行の普通株を引き受けたのは旧預金者とニューオーリンズ市民であり，株主数は5711名であった(*CFC*, Vol. 136, Apr. 29, 1933, p. 2904)。
67) ナショナル・バンク・オブ・コマースは1936年末に優先株30万ドルを回収する一方，普通株主へ25%の株式配当(30万ドル)を実施している(*Moody's Bank & Finance*, 1941, p. 192)。
68) *ibid*., 1941, p. 422.
69) *CFC*, Vol. 136, May 27, 1933, p. 3663.
70) *Moody's Bank & Finance*, 1941, p. 1623.
71) *CFC*, Vol. 136, Apr. 22, 1933, p. 2734.
72) ホイットニー・ナショナル・バンク躍進の背景としては，恐慌期の打撃が少なく，他行預金を吸収したことに加え，1933年4月に子会社，ホイットニー・トラスト・セィヴィング・バンク(資産3400万ドル)を合併していたことなどがあげられる。
73) *Federal Reserve Bulletin*, Nov. 1937, p. 1095, p. 1112.
74) *Moody's Bank & Finance*, 1932, p. 183, p. 1922.
75) *CFC*, Vol. 133, Sept. 26, 1931, p. 2031.
76) ボルチモア手形交換所執行委員会はボルチモアをとりまく信用状況は健全であるとする新聞広告を1931年9月18日(金)夕刊及び19日(土)朝刊に掲載し，信用不安の沈静化に努めた。「土曜日の11時頃には，預金者の信用不安に関する疑念が逆転し始め，預金を引き出した多数の人々はそれを再び預金し，そして銀行への取付けは土曜日の晩には止んだようにみえる」(C. A. Hales, *The Baltimore Clearing House*, The Johns Hopkins Press, Baltimore, 1940, p. 139)。
77) *CFC*, Vol. 136, Feb. 4, 1933, p. 766.
78) *ibid*., p. 140.
79) ユニオン・トラストは1932年末にRFCに対し875万ドルの借入金を有していた(*Moody's Bank & Finance*, 1933, p. 2317)。また連銀は8月19日に2000万ドルの現金を供給することで，銀行取付けを終わらせている(*CFC*, Vol. 135, Aug. 27, 1932, p. 1435)。
80) メリーランド州銀行休業に影響を与えた要因として，①ミシガン州銀行休業(2月14日)，②ナショナル・シティ・バンク(NY)に関する上院調査，③タイトル・ギャランティ・トラストの閉鎖の3つが指摘されている(C. A. Hales, *op. cit*., p. 142)。
81) ボルチモアの銀行再編の実態に関しては，*ibid*., pp. 164-171，を参照。
82) *Moody's Bank & Finance*, 1933, pp. 2317-18.
83) *ibid*., 1941, p. 421.
84) *ibid*., 1941, p. 196.
85) *ibid*., 1936, p. 642.
86) *ibid*., 1938, pp. 1238-39.

第8章　不良債権と公的資金

　前章では全国銀行休業後に営業再開を許可されなかった銀行(不許可銀行)を対象として，公的資金と不良債権，銀行再編の関連を検討した。しかし不良債権問題はそうした不許可銀行だけでなく，再開を直ちに許可された銀行(許可銀行)においても深刻となっており，公的資金の注入が新たな次元で注目されていた。本章では許可銀行への公的資金注入に主要な焦点をあて，その有する意義について検討することにしたい。

第1節　資産査定基準と収益動向

1．監督当局の資産査定基準

(1) 銀行監督機関

　アメリカの銀行制度は銀行免許の観点から国法銀行・州法銀行に分かれ，銀行監督はそれぞれ通貨監督官・州銀行監督官によって担われている。1913年の連邦準備制度の発足により，連邦準備制度加盟銀行(国法銀行及び一部の州法銀行)は金融政策運営の観点から連銀の監督を受けるようになる。さらに連邦預金保険法が1934年から施行されることになり，連邦預金保険公社(FDIC)が預金保険制度を運営する観点から被保険銀行の監督に加わることになった。つまり銀行を規制する連邦機関は通貨監督官，連銀，FDICの3機関からなり，これらの連邦監督機関がどのようにして整合的な監督行政を行うかが重要な政策上の課題となってきた[1]。

　いま1934年末の商業銀行を監督機関に対応させて分類すれば，次のようにな

る。商業銀行は全体で1万5528行，預金で399億9815万ドルであり，そのうち国法銀行は5467行(35.2%)，預金216億4366万ドル(54.1%)となり，通貨監督官がこれらの銀行を監督する役割を担っている。州法銀行のうち連邦準備制度に加盟している加盟州法銀行は行数で984行(6.3%)，預金で122億1305万ドル(30.5%)となっている。この数字に先の国法銀行を合算すれば，加盟銀行は6451行(41.5%)，預金338億5671万ドル(84.6%)となり，連銀は商業銀行の預金の大部分を保有する加盟銀行と関わりをもつことになるが，その主要な監督対象は国法銀行を除く加盟州法銀行となる。

　非加盟州法銀行は9077行(58.5%)，資産61億4144万ドル(15.4%)に及んでおり，預金保険制度の実施以前には，資産規模は小さいとはいえ，銀行数では6割弱の銀行の監督が州監督当局のみの手に委ねられていた。だが非加盟州法銀行の多くは連邦預金保険制度に加入することになり，被保険非加盟州法銀行は7705行(49.6%)，資産46億3500万ドル(16.6%)となり，これらの銀行はFDICの監督を受けることになった。かくて非加盟銀行のうち，9億5000万ドルの資産を保有する1372行の銀行のみが3つの連邦機関の監督からはずれ，州銀行監督当局に委ねられている。だが州当局が監督する銀行を全体に占める割合でみれば，それは銀行数で8.8%，資産でわずか2.8%にすぎず，アメリカの銀行制度はほぼ1934年時点で連邦政府による監督に服するようになったといってよいであろう。

（2）資産査定基準の変化

　大恐慌期における実物経済の悪化は銀行の保有する資産の劣化をもたらし，銀行収益に大きな影響を与えている。資産の劣化は資産償却の対象を増加させ，資産から生まれる経常的利益から控除される臨時損失を増加させるからである。だがどのような資産を不良資産として控除の対象とするか，また不良資産に対しどのぐらいの規模で引当金を積むのかについては，銀行を検査する監督当局の方針・姿勢の如何によるところが大である。以下資産を貸付・証券投資に分け，それぞれ1930年代に監督当局による資産査定基準がどのように変化したかをみよう。

A. 貸　付

　連邦・州監督機関は貸付資産を4つに区分し，回収が保証されている健全な貸付を除いて，問題債権をスロー資産("slow")，潜在的に大きな損失リスクを有する資産("doubtful")，回収が不能な資産("estimated loss")の3つに分類している。ところで後者の2つの分類債権の区別は比較的明瞭であったが，"slow"債権に関する検査官の認識はかなり混乱しており，検査にあたって次の2つの考えが適用されていた。第1の考えによれば，"slow"債権は健全かつ回収可能な債権であるにもかかわらず，契約された満期に回収しえない債権と解釈されている。第2の考えによれば，それは"doubtful""loss"のような厳しい分類を正当化するものではないが，最終的な回収に関し不当にリスクがある債権と解釈されている[2]。

　このように"slow"債権は両義的に解釈され，流動性(回収の期間)あるいは収益性(リスク)のいずれに力点をおくかについて，検査官の間に混乱が生じていた。1934年9月に財務長官の要請にもとづいて，関係連邦機関の検査官合同会議が開催され，"slow"資産の分類を明確化し，その適用を標準化させる努力がなされている。こうした会議が開催された背景には，銀行検査官が資産の分類を通して資産の清算を強制したり，信用を凍結しているのでないか，という批判が高まっていたからである[3]。会議の結果として，次のような勧告が採択されている。

　「たとえ資産が現在の状況のもとで流動的性格のものでないとしても，手形振出人あるいは裏書人の健全な資産価値により最終的な支払が保護されている債権，及び現在かつ地方的状況により直ちに流動化しえないとしても，健全な本質的価値がある担保によって保護されている貸付は"slow"と分類されるべきでない」

　「銀行により適切な管理形態におかれなければ，"doubtful"，"worthless"になるような貸付のみを"slow"として分類すべきである」[4]

　さらにFDICと州法銀行監督官協会執行委員会の間でその問題が議論され，州監督機関は検査報告から"slow"概念を放棄し，"substandard"という概念を採用する決議を採択した。

　1938年に連邦監督機関が検査手続きを統一化するために会議を開催し，6月27日に問題債権の分類を従来の"slow"・"doubtful"・"loss"から，II・III・

IVのタームに置き換えることになり，州監督機関もこの分類を採用することになる。また問題債権の償却に関して，従来は"doubtful"・"loss"の2つの分類債権は100%償却であったが，新規則では，III分類は50%償却に変更され，IV分類のみが100%償却となり，資本勘定から控除されることになった[5]。かくて"slow"債権対象の厳密化,,"doubtful"債権に対する引当準備金の縮小という銀行検査基準の変化は商業銀行の資産の健全性，預金の安全性を確保することを意図していたが，他方では商業銀行の融資活動を活発化させることで景気を回復させようとする政策当局者の意向も反映されていた。

B. 証 券

　国法銀行法は投資証券に関する明確な規定を与えておらず，1927年のマクファーデン法による修正条項が「市場性のある債務証書」と明示したものの，投資証券の詳細な規定を与える権限を通貨監督官に付与するにとどまっていた[6]。投資証券の評価は市場価格でなされ，帳簿価格との差額は自己資本勘定からの控除の対象とされていた。ところが恐慌期に入って証券価格の下落が大幅となり，銀行の自己資本勘定を脅かす事態となるに及んで，通貨監督官は商業銀行の保有する証券の評価基準を緩和(liberalized)する方向で監督行政を進めている[7]。

　通貨監督官は1931年1月に早くも検査官に対し通達を出しており[8]，31年9月に評価の基礎を市場価格から"固有な"価値に転換させる次のような政策を実施していく。政府債及び上位4ランクまでの社債に関しては市場価格の変動にかかわらず，帳簿価格で記載することを認めることとした。さらに残りの9ランクの社債に関しては，帳簿価格と市場価格の乖離幅の25%を自己資本勘定から控除するように修正している。ただし債務不履行債は従来通り市場価格で評価されている。この評価方法はニューヨーク州銀行監督官及びニューヨーク手形交換所において直ちに追随されている。

　ニューヨーク州銀行監督官は1932年に評価基準を一層緩和し，中級債(Bランク)も帳簿価格で記載し，市場価格の下落が激しい幾つかの場合には，帳簿価格との差額の20%を自己資本から控除することを認めた。その他の下級債は現在の市場価格と31年6月の市場価格の平均をもって評価するとしている。さらに貸付の担保となっている証券の評価について，検査官は市場価格で評価する必要がなく，借入者の一般的信用及び担保の質を重視するように指示されている[9]。

検査基準のそうした修正は内部的に処理され，公表されたものでなかったが，1934年9月に政府債に関しては公式的に，市場価格の変動を反映させることなく，帳簿価格を維持することが承認された[10]。さらに1935年銀行法で付与された権限にもとづき，通貨監督官は連邦準備制度理事会総裁，FDIC総裁と協議して，36年に〝投資証券〟に関する規定を改めて公布した。それによれば社債は4分類され，グループIは投機的でない市場性証券と規定され，具体的には上位4ランクの社債が該当するとし，政府債とともに，市場価格にかかわらず帳簿価格での記載を認められている。次いでグループIIの社債は投機的性格の証券であり，上位4ランク以下の社債とされた。これらの社債は検査に先立つ18カ月の平均市場価格で測られ，帳簿価格との差額の50%が自己資本勘定から控除されることになった[11]。グループIII社債は債務不履行債，グループIVは株式であり，いずれも市場価格の基礎上で測られ，帳簿価格との差額は100%自己資本から控除されることになる[12]。

　このように証券の検査基準が変更された理由として，証券価格は日々変動し，価格変動の幅が大きいということがあげられる。そして「社債価格の変動は個別銘柄の信用上の地位における変化よりも，利子率・取引の圧力の変化を反映」[13]しがちであり，保有証券の「投資的側面」よりも「取引的側面」に主な強調がおかれるとしている。かくて監督当局は大恐慌期の証券市場の経験から，証券価格の変動は短期的に大きく変動しがちであり，個別銘柄の投資的価値は長期的観点から評価されるべきである，とする教訓を導き出していた[14]。

2．銀行の収益動向

　恐慌期における実物経済の悪化は貸付の質的低下と債務不履行債の増加→債券価格の下落として銀行資産に反映されてくる。以下では銀行資産の悪化がどのようにして銀行の収益に影響を及ぼしたのかを，加盟銀行8522行(国法銀行＝7408行，州法銀行＝1114行)についてみることにしよう。

（1）経常収支
A．経常収入
金利収入

　金利収入は貸付利子及び証券収益の2要因から構成される。貸付利子収入は1929年(15.6億ドル)から40年(6億ドル)に62%の大幅な減少を示していたのに対し，証券収益は9%の小幅な減少(4.7→4.3億ドル)にとどまっている(表8-1)。これを収入に占める比率でみれば，貸付利子は20%の低下(65→45%)，証券収益は13%の上昇(20→33%)となり，証券関係収入が恐慌期にかかわらず比較的よく維持されていたことが収入に大きく寄与していたことがわかる。

　収入の変化は次の2要因が複合的に作用することでもたらされている。第1の要因は資産構成の大きな変化であり，貸付は1930年代に44%低下させていたのに対し，証券投資は2倍に増加していたことである。第2の要因は不況期における金利低下の影響である。とりわけ投資証券のうち国債が顕著な増加を示していたが，国債利回りの低下(長期利子率：3.6→2.21%，短期利子率：1.4→0.014%)により，証券収益は絶対額では減少することになった。他方貸付利子率は34年(4.63%)から40年(4.41%)に余り大きな変化を示していないが，これには貸付金利が相対取引で決定されるという事情に加えて，他タイプの貸付よりも比較的高利回りの消費者貸付，不動産抵当貸付が増加してきたことを反映していた[15]。

　かくて金利収入は1929年(20.4億ドル)から40年(10.3億ドル)に金額で半減し，粗収入に占める比率を85%から78%に7%低下させている。

手数料収入

　手数料収入は1929年(1.65億ドル)から40年(1.96億ドル)に絶対額で増加しており，そのシェアも6.9%から14.8%にまで上昇している。内外為替手数料は29年(8751万ドル)から40年(4464万ドル)に半減しており，シェアにおいても3.7%から3.4%にわずかながら低落している。これに対し信託手数料は29年(7759万ドル)から40年(9232万ドル)に増加しており，シェアも3.2%から7%に上昇させている。

　預金口座手数料は1940年に4.5%のシェアを占め，信託手数料に次ぐ収入要因となっている。これは29年時点では独立した項目として分離されていないが，33年(2057万ドル)から40年(5926万ドル)に2.9倍の増加を示していた。このよ

表 8-1 加盟銀行の収益動向

(単位=千ドル)

	1929	1930	1931	1932	1933	1934	1935	1936	1937	1938	1939	1940
銀行数	8,522	8,052	7,246	6,816	6,011	6,442	6,387	6,376	6,341	6,338	6,362	6,486
〈経常収支〉												
経常収入	2,398,993	2,157,922	1,841,424	1,553,618	1,236,864	1,243,873	1,206,649	1,270,908	1,321,265	1,274,354	1,295,856	1,323,049
貸付利子	1,562,769	1,349,364	1,072,927	851,007	604,297	540,014	498,419	513,399	552,563	543,705	560,460	595,411
証券収益	472,868	472,351	480,296	457,712	426,391	473,791	467,217	487,101	480,810	448,136	444,145	431,233
国内為替手数料	61,299	50,328	38,389	27,943	24,487	27,810	28,825	31,397	32,451	30,441	31,999	33,292
外国為替手数料	26,209	25,011	25,727	22,531	21,791	17,975	12,282	12,165	11,829	10,076	11,784	11,347
信託手数料	77,589	80,280	75,041	64,822	59,658	70,994	77,703	88,297	96,302	89,631	91,009	92,320
預金口座利子					20,574	27,619	35,634	39,415	45,023	50,553	54,441	59,262
他銀行預金利子	33,264	144,789	120,362	112,844	71,961	83,245	84,888	19,471	18,050	17,836	19,020	18,866
経常費用	1,683,720	1,604,335	1,335,379	1,143,384	859,300	849,389	832,515	872,114	902,415	890,036	894,755	921,021
賃金	463,847	451,776	412,531	356,557	327,424	334,468	357,983	379,070	379,070	387,140	395,470	407,990
預金利子	823,525	770,993	600,046	473,138	303,169	247,000	209,713	185,089	181,403	171,333	159,259	147,594
経常純利益	715,273	553,587	506,045	410,234	377,564	394,484	374,134	398,794	418,850	384,318	401,101	102,028
〈臨時収支〉												
臨時収益	136,714	118,229	126,672	113,109	124,885	253,959	376,006	508,071	256,168	279,211	326,555	302,750
貸付	25,204	23,402	28,000	24,584	28,815	44,389	71,901	94,247	75,503	44,928	54,617	55,294
証券	19,956	83,186	83,619	60,191	80,072	185,591	277,027	391,016	149,276	206,503	245,844	222,960
臨時損失	295,473	365,314	620,456	778,230	858,279	872,944	538,262	441,548	338,458	398,065	380,179	355,669
貸付	139,588	194,725	295,241	403,272	425,442	451,782	252,374	206,548	104,788	121,903	108,187	90,408
証券	95,465	109,028	264,170	304,961	344,053	320,496	198,765	131,406	147,958	181,982	179,566	163,958
臨時利益	−158,759	−247,085	−493,784	−665,121	−733,394	−618,985	−162,256	66,523	−82,290	−118,854	−53,624	−52,919
純利益	556,514	306,502	12,261	−254,887	−355,830	−224,501	211,878	465,317	336,560	265,464	347,477	349,109
現金配当	387,393	366,953	334,966	245,074	150,244	172,659	186,810	198,663	201,001	198,285	207,026	210,480
優先株						15,124	25,444	27,243	17,937	14,460	13,679	12,728
普通株	387,393	366,953	334,966	245,074	150,244	157,535	161,366	171,420	183,064	183,825	193,347	197,752

出所) *Banking & Monetary Statistics*, pp. 262-263.

うに手数料収入は絶対額では金利収入にはるかに及ばないものの,趨勢的に増加する傾向にあり,40年には金利収入の1/5の規模にまで成長している。

B. 経常費用

経常費用は1929年(16.8億ドル)から40年(9.2億ドル)に半減し,経常収入とほぼ並行して減少している。だが費用項目により動きが異なり,賃金費用はかなり硬直的な動きを示しており,金額(4.6→4.08億ドル)で12%しか減少しておらず,シェアは27.5%から44%に大きく上昇している。これに対し金利費用は29年(8.2億ドル)から40年(1.5億ドル)に82%も減少しており,費用に占める比率も49%から16%に低落させている。

金利費用の減少の背景としては,定期預金金利に上限が課せられ,また要求払預金への付利が禁止されるという法的規制の実施があげられる[16]。とりわけ1934年以降の預金増加は主に無利子の要求払預金において生じていたことが預金利子費用の軽減に大きく寄与することになった。

C. 経常純利益

経常収入と経常費用がともにほぼ同一比率で減少した結果,収入に対する経費の比率は70.2%から69.6%へほとんど変化していない。かくて経常純利益は1929年(7.2億ドル)から40年(4億ドル)に金額で44%の減少を示していたものの,30年代を通じて一貫して利益を計上し続けていた。だが資産に対する経常純利益率は1.5%から0.75%と1/2に縮小しており,そこに恐慌の反映をみることができる。

(2) 臨時収支

銀行の純利益は経常損益と同時に,そこから控除される臨時損益の大きさによっても変動する。臨時損益は経常損益と対照的に1936年を除いていずれの年もマイナスを計上しており,大恐慌が銀行の保有する貸付・証券ストックに対して大きな爪痕を残していることがわかる。30～40年のネットの損失額でみれば,貸付資産は21.1億ドルに対し,証券資産は3.6億ドルであり,バランス・シートの打撃は貸付資産に集中していた。貸付の特別損失は債務不履行から派生する債権償却,資産の評価減から生じるが,それは評価増(5.5億ドル)をはるかに上回る評価減(26.5億ドル)によりもたらされている。とりわけ貸付の償却が大規模に

実施されたのは 32～34 年の 3 カ年間であり，その累計額(12.8 億ドル)はほぼ全償却額の 1/2 を占めていた。

　証券資産損益は証券価格変動による帳簿上の評価替え及び証券売却による実現損益からなるが，1930 年代は 30～34 年の評価減，35～40 年の評価増という 2 つの時期に分かれる。前期は評価増(4.9 億ドル)をはるかに上回る評価減(13.4 億ドル)により，8.5 億ドルのネットの評価損が生じている。後期には評価増(14.9 億ドル)が評価減(10 億ドル)を上回り，4.9 億ドルのネット評価益を計上している。結局証券資産は 30 年代を通じて 3.6 億ドルのネットの損失を計上したが，そのことは恐慌期の証券価格の動きは必ずしも証券価値のファンダメンタルズを正確に表現していないことを物語っている。債券(国債，自治体債，社債)価格は元利支払状況とともに，金融市場における市場利子率の動きによっても規定されるのであるから，債券資産の時価評価は銀行利潤率に不規則な表現を与える危険性を多分に内包している。

　さらに監督当局による資産査定基準の変更も臨時収支に影響を及ぼしていた。"doubtful"と区分された貸付資産の控除は 1938 年に 100% から 50% に改定されていたが，貸付資産償却率は旧基準で 1.99% であったが，新基準で 1.71% に減少しており，利益に対し 0.28% のアップ要因となっている。また証券の査定基準修正は 31 年の早い時期になされており，その意味で貸付基準をはるかに上回る影響を利益水準に発揮したと思われる。31～32 年は債務不履行債が続出し，債券価格の大幅な下落が進行していた時期であり，とりわけ公信用を具現化した国債の価格さえもが 31 年初から急落していたことを鑑みれば，この評価基準の変更は銀行にとり大きな意味をもっていたとできるであろう。

(3) 純　利　益

　経常損益は 1930 年代にいずれの年も利益を計上していたものの，以上のような臨時損失を控除した純損益ベースでみれば，それは 32～34 年の 3 カ年間に損失を計上している。だが 30～40 年の全期間を通してみれば，銀行は 14.6 億ドルの純利益を計上しており，大恐慌期にかかわらず銀行業の収益力は依然として健在といえる。

　銀行は 1930 年代に株主に対し配当を 24.7 億ドル支払っており，そのうち 5%

(1.2億ドル)が優先株主に，残りの95%(23.5億ドル)が普通株主に対し支払われた。これは資本金に占める比率が優先株で13%(40年)と低かったことに加え，配当率が普通株で8.13%であったのに対し，優先株では3.08%であったという事情が反映されていた[17]。政府(RFC)が優先株・資本証券の大部分を購入していたのであるから，公的支援は自己資本の量的補完と低い配当率という両側面からなされていたといえる。だが純利益の水準は配当支払(24.7億ドル)には不足していたため，不足額は過去の剰余金に依存してなされ，そのことが自己資本比率の低下要因として作用している。

3．不良資産と自己資本

全国銀行休業の実施及び金兌換の停止は銀行への信用不安，預金取付けの連鎖・波及を食い止めたものの，銀行の保有する不良債権は依然として未解決のままであった。再開を許可されなかった銀行は清算されるか，あるいは再開にさいして公私の新たな自己資本を調達し不良債権を一掃していくことになるが，休業直後に再開許可を受けた銀行のなかにも，かなりの規模の不良債権を保有している銀行があった(表8-2)。7682行の非加盟州法銀行に対し1934年後半〜35年初になされた検査によれば，"worthless"に分類される貸付は6.7%，"doubtful"は1.3%であり，8%の貸付が償却の対象となっている。さらに"slow"債権は32.6%にのぼっており，健全債権の比率は59.4%にすぎなかった。

不良債権比率が高かったのはこうした中小銀行だけでなく，比較的規模の大きな国法銀行においても同様であった。1934年初に実施された5275行の国法銀行に対する検査によれば，償却を必要とする"worthless"債権は2.9%，"doubtful"債権は4.2%であり，7.1%が不良債権として位置づけられている。さらに"slow"債権は27%となっており，健全債権比率は非加盟州法銀行を若干上回る65.9%の水準にとどまっている。

次に不良債権の状況を預金規模別にみることにしよう。1934年末時点の不良債権比率は商業銀行全体で8.02%であったが，平均を超える不良債権比率を示した銀行グループは500〜5000万ドル規模で9.92%，200〜500万ドル規模で8.86%，5000万ドル以上規模で8.71%，10万ドル以下規模で8.43%となっている(表8-3)。これに対し平均以下の不良債権比率を示した銀行グループは10〜25

表 8-2　検査官による貸付分類

(単位＝百万ドル)

	非加盟州法銀行 金額	%	国法銀行 金額	%
worthless	176	6.7	223	2.9
doubtful	35	1.3	324	4.2
slow	857	32.6	2,094	27.0
not criticized	1,560	59.4	5,100	65.9
合　計	2,628	100.0	7,741	100.0
償却額(1934年)	100		300	

注) 検査時点は非加盟州法銀行で1934-35年初, 国法銀行で34年初である
出所) *Annual Report of FDIC 1934*, p.45

万ドル規模(6.08%), 50〜100万ドル規模(6.41%), 25〜50万ドル規模(6.5%), 100〜200万ドル規模(7.6%)であり, 10〜200万ドル規模の中小規模の銀行において不良債権比率が比較的低かった。

ところでそうした不良債権の償却は1934〜36年の期間に一挙に進み, 全商業銀行の不良債権比率は37年(2.54%), 38年(1.71%), 39年(1.31%), 40年(0.87%)となり, 1%以下の水準にまで低下している。とりわけ不良債権比率が高水準であった預金規模5000万ドル以上の大銀行において, 早くも37年からその比率は1%以下にまで低下しており, 40年の貸付分類は不良債権(0.41%), "substandard"債権(8.41%), 健全債権(91.18%)となっている。他方40年においてもなお1%以上の不良債権を有していたのは預金10万ドル以下規模(1.66%), 500〜1000万ドル規模(1.35%), 200〜500万ドル規模(1.08%)の3クラスであり, それは34年時点で高い不良債権比率を示していた銀行グループであった。

以上のように商業銀行全体の健全債権比率は1934年(59.36%)から40年(89.32%)までほぼ30%上昇しているが, それは一面では実物経済における景気好転による不良債権の健全債権化を反映していたと同時に, 銀行が不良債権を集中的に処理していたことを物語っていた。とりわけ金融システムの要の地位にある都市部の大銀行こそが不良債権＝自己資本不足問題の渦中にいたのであり, 政府の対応が問われていたのである。

表 8-3 商業銀行の不良債権比率――預金規模別

	全銀行	10万ドル以下	10-25万ドル	25-50万ドル	50-100万ドル	100-200万ドル	200-500万ドル	500-1000万ドル	1000-5000万ドル	5000万ドル以上
貸付からの控除										
1934	8.02	8.43	6.08	6.50	6.41	7.60	8.86	} 9.92		8.71
1935	6.53	7.08	4.64	4.29	4.48	6.11	7.79	} 8.51		7.84
1936	4.41	6.40	3.55	3.08	3.35	4.32	5.19	4.88	6.31	3.80
1937	2.54	4.76	2.62	1.99	2.11	2.52	2.88	3.69	3.05	0.91
1938(旧)	1.99	3.74	2.08	1.51	1.70	1.93	2.47	2.08	2.50	0.96
1938(新)	1.71	2.96	1.59	1.20	1.40	1.66	2.20	1.85	2.26	0.91
1939	1.31	2.66	1.27	0.90	0.97	1.31	1.58	1.48	1.90	0.41
1940	0.87	1.66	0.94	0.61	0.64	0.97	1.08	1.35	0.84	0.41
標準以下の貸付										
1934	32.62	34.81	35.07	34.37	35.85	33.94	31.25	} 31.23		25.78
1935	25.41	25.94	23.94	23.73	26.02	26.07	26.87	} 26.31		20.57
1936	21.04	22.32	19.73	18.72	20.45	21.24	22.81	20.39	23.54	19.01
1937	16.36	19.63	16.63	15.06	16.05	16.89	18.94	16.86	15.03	13.51
1938(旧)	14.27	16.94	14.40	12.25	13.17	14.27	15.72	16.02	16.46	9.99
1938(新)	14.55	17.72	14.89	12.56	13.47	14.54	15.99	16.25	16.70	10.04
1939	12.15	15.70	12.24	10.49	10.43	12.01	13.23	12.48	14.59	10.31
1940	9.81	12.78	9.84	8.23	8.25	9.31	11.29	10.90	11.80	8.41
健全貸付										
1934	59.36	56.76	58.85	59.13	57.74	58.46	59.89	} 58.85		65.51
1935	68.06	66.98	71.42	71.98	69.50	67.82	65.34	} 65.18		71.59
1936	74.55	71.28	76.72	78.20	76.20	74.44	72.00	74.73	70.15	77.19
1937	81.10	75.61	80.75	82.95	81.84	80.59	78.18	79.45	81.92	85.58
1938(旧)	83.74	79.32	83.52	86.24	85.13	83.80	81.81	81.90	81.04	89.05
1938(新)	83.74	79.32	83.52	86.24	85.13	83.80	81.81	81.90	81.04	89.05
1939	86.54	81.64	86.49	88.61	88.60	86.68	85.19	86.04	83.51	89.28
1940	89.32	85.56	89.22	91.16	91.11	89.72	87.63	87.75	87.36	91.18

注1) 1938年の数値は新旧の検査基準
  2) 数値は100ドル帳簿価値あたり金額(ドル)
出所) Annual Report of FDIC 1940, p.188

第2節　形式的な公的資金注入

　復興金融公社(RFC)は緊急銀行法により公的資金を注入する権限を付与されたものの，許可銀行の自己資本基盤を強化するという側面では，遅々として作業が進まなかった。唯一閉鎖銀行の再開にさいして，RFCは民間資金と歩調を合わせて公的資金を注入し，銀行の再編に大きく寄与していた。だが再開を許可されていた銀行はたとえ自己資本不足状態にあったとしても，RFCに優先株を売却することは預金者により「弱さの兆候」[18]として受けとられ，信用不安を招くことを危惧していた。とりわけ現実に資本不足状態にある銀行において，そうした優先株(資本証券)の発行が預金の取付けを招くとする懸念が強かった。

　1934年1月からの「暫定」預金保険制度の発足を前にして，政府は銀行のそうした危惧を払拭すべく，アメリカを代表する大銀行，つまりニューヨーク市の手形交換所加盟銀行に優先株を発行するよう要請するに至っている。33年10月18日にニューヨーク手形交換所加盟組合は，銀行の資本基盤を強化する，とする政府の方針に協力する意向を表明している[19]。上述したように，こうした流れを受けて，10月23日に政府はRFCの一部門として「非加盟銀行優先株部局」を設立し，非加盟銀行の資産査定と優先株の投入により，これらの銀行の預金保険制度への加入を促進しようとしていた。

　大銀行のなかで公的資金申請の意志を最初に表明したのは全米第5位の銀行，シカゴのコンチネンタル・イリノイ・ナショナル・バンク・トラストであり，同行頭取，J. R. リーヴルは1933年10月13日に5000万ドルの優先株発行と普通株の減資を実施することを明らかにしている[20]。シカゴではさらに第2位の大銀行，ファースト・ナショナル・バンクが11月10日にRFCに優先株を売却する計画を公表している[21]。このようにいち早く公的資金を申請し，政府への協力の意志を示していたシカゴ大銀行とは異なり，政府介入への警戒感が根強かったニューヨークでは，10月28日にマニュファクチュアラーズ・トラスト(MTC)が2500万ドルの資本証券をRFCに売却することを公表し，ニューヨーク大銀行における公的資金申請の先駆けとなっている[22]。

　だが残りのニューヨーク大銀行は公的資金申請に躊躇しており，MTCに後続

する気配がみられなかった。FDICの発足を目前にして，状況を改善すべくRFC総裁J. H. ジョーンズの仲介により，ローズヴェルト大統領とニューヨーク手形交換所を代表する3銀行の頭取，つまりJ. H. パーキンス（ナショナル・シティ・バンク），W. C. ポッター（ギャランティ・トラスト），P. ジョンストン（ケミカル・バンク・トラスト）の会談がもたれ，大統領から改めて公的資金申請の要請がなされている[23]。こうしてRFCは12月5日に12行のニューヨーク市銀行による資本証券発行の申請を認可し，表8-4にみられるように，ニューヨーク大銀行のほとんどが公的資金をバランス・シートに計上することになった。これを契機にして非加盟州法銀行の預金保険制度への加入申請が相次ぐことになり，12月15日までにFDICによる検査がほぼ終了し，自己資本不足銀行によるRFCへの優先株売却が増加していく[24]。

このようにニューヨーク大銀行は非加盟州法銀行による公的資金申請の呼び水としての役割を果たしていたものの，すべての大銀行が政府のプランに協力していたわけではなかった。手形交換所加盟銀行のうち，3行が政府プランに協力することなく，公的資金をバランス・シートに計上していない。それはファースト・ナショナル・バンク（資産5.7億ドル—1929年），パブリック・ナショナル・バンク・トラスト（2.1億ドル），コマーシャル・ナショナル・バンク・トラスト（1.5億ドル）の3銀行であった。いずれも公的資金を申請するとすれば，経営権への政府の関与が予想されていた優先株を発行することになる国法銀行であり，また自己資本比率はそれぞれ21.8％，13.4％，23％の高い比率を有する銀行であった。

手形交換所加盟銀行の多くは連邦準備制度に加盟する州法銀行であったため，これらの銀行は資本証券をRFCに売却する形態をとっている[25]。優先株を発行した銀行はナショナル・シティ・バンクとチェス・ナショナル・バンクの2行にすぎなかった。また資産勘定に公的資金額と同額のRFC社債を計上している場合があり，ナショナル・シティ・バンク及びタイトル・ギャランティ・トラストを例外として，10銀行はそうした形で公的資金の注入を形式的なものであることを明示しようとしていた。これらの公的資金の多くは半年後の1934年7月に償還され，自己資本増強の先導役を務めるという役割を終えている[26]。

以上のように3銀行を除いて，19のニューヨーク大銀行が公的資金を申請し

247

表 8-4 ニューヨーク市銀行の自己資本・公的資金

(単位=千ドル)

銀 行 名	資 産 1929	資 産 1940	預 金 1933	自己 普+優	自 己 資 本 普通株	自己資本比率 普+優	自己資本比率 普通株	公的資金 金額	公的資金 発行年	公的資金 償還年	RFCノート投資額
Chase National Bank	1,714,829	3,824,403	1,639,086	219,109	169,109	13.4	10.3	50,000	1934. 3	36.8	
Guaranty Trust Company	2,017,119	2,718,966	1,338,699	227,188	207,188	17.0	15.5	20,000	1933.12	34.7	20,000
National City Bank	2,206,241	3,095,466	1,117,159	163,347	113,347	14.6	10.1	49,093	1933.12	36.8	49,093
Bankers Trust Co.	817,977	1,579,524	595,279	90,031	85,031	15.1	14.3	5,000	1933.12	34.7	
Central Hanover Bank & Trust Co.	769,259	1,398,059	577,597	87,264	82,264	15.1	14.2	5,000	1933.12	34.7	
Irving Trust Company	865,980	803,344	405,971	112,564	107,564	27.7	26.5	5,000	1933.12	34.7	5,000
Manufacturers Trust Company	508,226	1,050,459	381,819	68,232	43,232	17.9	11.3	25,000	1933.11	36.7	
First National Bank	568,426	935,662	377,858		82,278		21.8				
Bank of Manhattan Trust Company	506,939	795,463	342,433	54,932	51,932	16.0	15.2	3,000	1933.12	34.7	
Chemical Bank & Trust Company	423,172	958,389	327,396	72,490	67,490	22.1	20.6	5,000	1933.12	34.7	5,000
New York Trust Company	401,655	552,278	236,835	90,980	88,480	38.4	37.4	2,500	1933.12	34.7	2,500
Corn Exchange Bank Trust Company	298,483	418,999	209,837	34,011	31,011	16.2	14.8	3,000	1933.12	34.7	3,000
Bank of New York & Trust Company	161,604	305,501	123,081	16,746	15,746	13.6	12.8	1,000	1933.12	34.7	
Public National Bank & Trust Co.	205,684	190,917	96,337		12,932		13.4				
Marine Midland Trust Company	76,912	183,224	65,852	16,270	15,270	24.7	23.2	1,000	1933.12	34.7	1,000
Commercial National Bank & Trust Co.	152,527	167,130	62,796		14,448		23.0				
Empire Trust Co.	87,533	87,533	56,024	8,649	5,649	15.4	10.1	3,000	1933.12	37.3	
Fifth Avenue Bank	34,297	71,673	44,231	3,757	3,557	8.5	8.0	200	1933.12	34.7	200
Continental Bank & Trust Company	55,271	88,701	31,981	8,727	8,627	27.3	27.0	100	1933.12	34.7	100
Lawyers County Trust Co.	38,043	45,443	31,747	3,471	3,221	10.9	10.1	250	1933.12	34.7	250
Title Guaranty & Trust Co.	84,163	38,584	26,700	38,117	35,117	142.8	131.5	3,000	1933.12		3,000
Fulton Trust Company	22,564	32,393	15,073	4,851	4,601	32.2	30.5	250	1933.12	34.7	250

注) 自己資本比率は1933年末の預金に対する比率
出所) *Moody's Bank & Finance*

ていた。そのうち14銀行は1934年7月に早くも資本証券を償還しており、そこから34年1月に減資を実施していた1銀行(Marine Midland Trust Company)を除いた13行が形式的に公的資金を注入していた銀行ということになろう。預金に対する自己資本比率をみれば、ニューヨーク大銀行を3類型に分類することができる。ニューヨーク大銀行のうちとりわけ自己資本比率が高かった銀行はニューヨーク・トラスト(37.4%)、コンチネンタル・バンク・トラスト(27%)、アーヴィング・トラスト(26.5%)、マリン・ミッドランド・トラスト(23.2%)、コマーシャル・ナショナル・バンク・トラスト(23%)、ファースト・ナショナル・バンク(21.8%)、ケミカル・バンク・トラスト(20.6%)であり、預金保険制度の加入条件とされる比率の2倍を超過する自己資本を有していた。また自己資本比率が15%前後の銀行としては、ギャランティ・トラスト(15.5%)、バンク・オブ・マンハッタン・トラスト(15.2%)、コーン・エックスチェンジ・バンク・トラスト(14.8%)、バンカーズ・トラスト(14.3%)、セントラル・ハノーヴァー・バンク・トラスト(14.2%)があった。

　他方少数ながら10%の比率を下回るか、ぎりぎりの比率を示していた銀行があり、それはフィフス・アベニュー・バンク(8%)、エンパイアー・トラスト(10.1%)、ナショナル・シティ・バンク(10.1%)、ローヤーズ・カウンティ・トラスト(10.1%)、チェス・ナショナル・バンク(10.3%)、マニュファクチュアラーズ・トラスト(11.3%)の6行である。このうちエンパイアー・トラスト、チェス・ナショナル、ナショナル・シティの3行は公的資金申請と同時に減資を余儀なくされており、資産の劣化が大きかったことを示している。

　ニューヨーク大銀行の大部分は形式的な公的資金注入銀行として性格づけられるとはいえ、これらの銀行が大恐慌の影響を全く受けなかったわけではなかった。いずれの銀行も当該年度の営業利益で不良債権の償却を賄うことができず、過去の留保利益でもって最悪期を切り抜けている。なかでも剰余金の1/2以上を失っていた銀行としては、パブリック・ナショナル・バンク・トラスト(−72%)、コーン・エックスチェンジ・バンク・トラスト(−55%)、ケミカル・バンク・トラスト(−54%)、バンク・オブ・マンハッタン・トラスト(−53%)があげられる。だが余裕をもって不良債権を処理していた銀行もあり、それはギャランティ・トラスト(−14%)、ファースト・ナショナル・バンク(−28%)、セントラル・ハ

ノーヴァー・バンク・トラスト（−30％），バンカーズ・トラスト（−31％），アーヴィング・トラスト（−33％），バンク・オブ・ニューヨーク・トラスト（−35％）である。ニューヨーク大銀行のなかで公的資金に依存することなく，また比較的恐慌の打撃が軽微であった銀行として，モルガン系銀行として知られるバンカーズ・トラストを取り上げてみよう。

Bankers Trust Co. (New York, N.Y.)

バンカーズ・トラストは恐慌期にかかわらず継続して営業利益をあげており，普通株（額面10ドル）に対し1930～34年に3ドルの配当（750万ドル）を利益のなかから支払っている。同行の不良債権処理は営業利益でまず対応し，不足する場合に利益剰余金から偶発準備金に資金を移し替え，それに対するチャージで処理しようとしていた。31年に初めて1200万ドルが偶発準備金として設定され，33年に2054万ドル，34年に435万ドルが追加されている。

同行は1933年にこれらの準備金を使用して最大の不良債権処理を行っている。第1はドイツ関係債権の処理であった。同行は31年7月に2732万ドルの債権を有していたが，33年末に1536万ドルにまで減少している。1196万ドルのドイツ債権回収の過程で同行が受けた損失は237万ドル（19.8％）であり，これが33年に偶発準備金により償却されている。第2は投資証券の評価損失である。「保有証券を保守的な市場価値で評価するのが銀行の政策である」[27]として，250万ドルが自治体債の帳簿価値を縮小させるためにチャージされ，さらに額面以上で購入された合衆国国債を額面で再評価するためにも使用されている。第3は不動産の評価下げである。ウォール・ストリートにおける保有不動産が496万ドル，自社ビルが95万ドル，合計591万ドルの評価減が実施されている[28]。

同行の不良債権処理はほぼ1933年で山を越え，偶発準備金は利益剰余金に戻されていき，40年にはバランス・シートから姿を消している。同行は500万ドルの資本証券をRFCへ売却していたが，公的資金を除いた自己資本比率は14.3％あり，その意味でそれは文字通り政府の資本増強政策への協力といえた。

他のニューヨーク大銀行の不良債権処理もバンカーズ・トラストと共通する側面を有しており，その主要部分はドイツを中心としたヨーロッパ向け債権，及び投資証券の評価下げにより占められている。ニューヨーク中央準備市銀行による

証券投資の内訳(1930年)をみれば，政府債が1/2(12.4億ドル)，鉄道債(2.1億ドル)・外債(1.48億ドル)は14.7%を占めている。後者は債務不履行債が続出し，ニューヨーク市銀行に損失処理を迫った資産項目であったが，資産総計に対する比率でみれば，それは4.1%にすぎなかった。不良債権処理は多くの銀行により33～34年に集中的になされていたものの，少数の例外を除いて，剰余金勘定はほぼ33年を底に増加しており，不良債権処理は営業利益の範囲内に収まるようになっている。

第3節　公的資金を申請した銀行(I)——減資を実施しなかった銀行

サンプルのなかで最大のグループは減資を実施していなかったものの，RFCに優先株(資本証券)を売却することにより公的資金を申請した銀行である。公的資金を申請した125銀行のうち，69行が国法銀行，56行が州法銀行であった。国法銀行にとり公的資金を取り入れるには優先株を売却する以外の選択肢はありえなかった。しかし州法銀行においては，優先株，資本証券のいずれを採用するのかという裁量の余地が存在した。だが結果的に州法銀行のうち23行が優先株を選択したため，優先株が92行，資本証券が33行によって採用されている。

優先株・資本証券ともに償還可能であり，自己資本に算入されるとはいえ，社債的性格を色濃く有している。RFCは公的資金の早期償還を促進する政策を採用しており，優先株は発行後5年までは配当率を通常より低位に設定し，5年が経過すると配当率を引き上げる契約を締結するのが一般的であった。では公的資金を投入された銀行の償還状況はどのようなものであったろうか。公的資金の投入は1933～34年(106行)に集中しているため，順調であれば，償還は38～39年頃までになされると予想される。しかし現実には40年までに公的資金を償還した銀行は44行にすぎず，81行は40年末に依然として優先株あるいは資本証券を計上していた。そうした現実の推移をみれば，銀行の自己資本不足は一時的な性格というより，収益面に関わるかなり構造的性格を有していたといえるだろう。

以下ではこのグループの銀行を公的資金を償還した銀行及び未償還の銀行に分け，それぞれの代表的ケースを取り上げることにしよう。

１．公的資金を返済した銀行

　公的資金を1940年末までに返済し終えた銀行は表8-5に示されるが，公的資金の償還方法により，①利益から返済した銀行，②新規資金でもって公的資金を返済した銀行の2つのグループに分類して検討してみよう。

（１）利益からの返済

　公的資金返済の基本的方法は銀行経営から生まれる利益にその原資を求める場合である。これにはさらに①普通株資本金に変化がみられず，経常利益から直接に優先株を償却していく場合，②利益を現金配当に回さずに，株式配当として自己資本の充実に充て，同時に優先株を償却していく場合の2つのケースに分けられる。

　前者の事例としてトレド・トラスト(Toledo, Ohio)，マニュファクチュアラーズ・トレイダーズ・トラスト(Buffalo, N.Y.)，リパブリック・ナショナル・バンク・トラスト(Dallas, Tex.)があげられる。これら3銀行は1933年に不良債権処理を大規模に実施した後に，33年12月に公的資金を申請している[29]。トレド・トラスト及びマニュファクチュアラーズ・トレイダーズ・トラストは資本証券形態で500万ドル，リパブリックは優先株形態で200万ドル自己資本を増強していたが，36～37年に早くも利益（利益留保金）から公的資金を返済している[30]。

　後者の事例としてハンチントン・ナショナル・バンク(Columbus, Ohio)があげられる。ハンチントンは1934年7月に150万ドルの優先株をRFCに売却することにより，その自己資本比率は34年末に6.8％から9.9％に上昇している。同行は優先株を39年8月までに徐々に償却していたが，他方では35～39年に連続して株式配当を実施し，普通株資本金を200万ドルから300万ドルに増加させることで，40年末の自己資本比率を10.5％の水準に維持している[31]。

（２）新規資金での返済

　第2のグループは新規資金を調達することによりRFCから調達した公的資金を返済した銀行である。株式市場からの資金調達が困難であった1930年代において，そうした新規資金は主に普通株主による拠出に依存するのが主要な形態と

表 8-5　公的資金を申請した

銀 行 名	所 在 地	資　産 1929	資　産 1940
First National Bank of Chicago	Ill., Chicago	459,309	1,238,292
Manufacturers Trust Company	N.Y., New York	508,226	1,050,459
Northwestern National Bank & Trust Co.	Minn., Minneapolis	100,292	164,220
State Bank of Albany	N.Y., Albany	47,897	131,738
Toledo Trust Company	Ohio, Toledo	58,433	124,673
Mississippi Valley Trust Company	Mo., St. Louis	91,162	123,248
M&T Trust Company	N.Y., Buffalo	156,630	120,857
Central Trust Company	Ohio, Cincinnati	48,568	102,893
Republic National Bank & Trust Co.	Tex., Dallas	65,478	101,659
Lincoln-Alliance Bank & Trust Co.	N.Y., Rochester	69,511	91,003
Huntington National Bank	Ohio, Columbus	31,950	67,013
Omaha National Bank	Neb., Omaha	41,474	56,199
Third National Bank & Trust Company	Mass., Springfield	36,163	39,507
Second National Bank	Tex., Houston	20,153	39,270
Merchants National Bank	Ala., Mobile	17,410	33,457
Live Stock National Bank	Iowa, Sioux City	6,713	32,334
First National Bank	Wis., Madison	10,444	30,415
Charlston National Bank	W.Va., Charleston	16,840	27,650
First National Bank	Utah, Salt Lake City	—	23,292
Industrial Morris Plan Bank	Mich., Detroit	20,144	21,539
Second National Bank	N.J., Paterson	16,252	21,439
Gary State Bank	Ind., Gary	6,142	20,298
Third National Bank & Trust Co.	Pa., Scranton	11,285	19,644
Firestone Park Trust & Savings Bank	Ohio, Akron	7,578	19,632
Lincoln Bank & Trust	Ky., Louisville	9,329	19,207
Tower Grove Bank & Trust Co.	Mo., St. Louis	11,627	18,923
Ohio Citizens Trust Co.	Ohio, Toledo	—	17,710
Security National Bank Savings & Trust Co.	Mo., St. Louis	14,122	17,508
Zion's Savings Bank & Trust Company	Utah, Salt Lake City	14,904	16,811
Fidelity Bank	N.C., Durham	8,341	16,282
National City Bank	Ind., Evansville	8,667	16,108
First Bank & Trust Co.	Ind., South Bend	13,477	14,243
Montorey County Trust & Savings Bank	Cal., Salinas	7,079	13,686
First National Bank of Glens Falls	N.Y., Glens Falls	14,484	13,429
Merchants National Bank & Trust Co.	N.Y., Syracuse	11,008	13,182
Peoples Commercial & Savings Bank	Mich., Bay City	12,732	13,071
State National Bank	Tex., Houston	8,048	12,896
Northwest Security National Bank	S.D., Sioux Falls	6,252	12,349
City National Bank	N.Y., Binghamton	11,200	12,198
First National Bank	N.Y., Binghamton	12,671	12,193
Amalgamated Trust & Savings Bank	Ill., Chicago	3,316	11,812
Second National Bank	Washington, D.C.	8,431	11,801
Empire National Bank & Trust Co.	Minn., St. Paul	5,182	10,314
State Savings Bank	Mich., Ann Arbor	5,511	10,278

注）預金，自己資本は 1933 年末の数字，自己資本比率は預金に対する比率
出所）*Moody's Bank & Finance*

銀行――（1）償還銀行

(単位＝千ドル)

預　金	自　己　資　本		自己資本比率		公　的　資　金		
	普通・優先株	普通株	普・優	普通株	金　額	発行年	償還年
582,865	69,034	44,034	11.8	7.6	25,000	1933.12	36.7
381,819	68,232	43,232	17.9	11.3	25,000	1933.10	36.7
112,234	11,371	6,671	10.1	5.9	5,000	1934. 3	40
77,231	5,810	4,310	7.5	5.6	1,500	1934.12	39
41,169	11,531	6,531	28.0	15.9	5,000	1933.12	36
78,218	8,435	7,935	10.8	10.1	1,500	1934	35
81,209	13,771	8,771	17.0	10.8	5,000	1933.12	36
51,784	8,138	5,638	15.7	10.9	2,500	1934	37
50,991	7,000	5,000	13.7	9.8	2,000	1933.12	37.3
57,262	6,017	2,517	10.5	4.4	3,500	1934	36
48,462	4,802	3,302	9.9	6.8	1,500	1934. 7	39.8
29,248	2,730	1,480	9.3	5.1	1,250	1933. 7	40.6
26,581	3,818	3,318	14.4	12.5	500	1934	36
24,808	2,745	1,745	11.1	7.0	1,000	1934	36.3
13,432	2,630	2,130	19.6	15.9	500	1934. 2	34.8
5,746	557	357	9.7	6.2	200	1934	39
19,777	1,994	1,494	10.1	7.6	500	1935	40
19,663	2,645	1,895	13.5	9.6	750	1934	39
14,544	1,250	1,000	8.6	6.9	250	1934	36
7,793	1,422	722	18.2	9.3	5,000	1934	38
16,330	2,434	2,184	14.9	13.4	250	1934. 7	38.2
7,585	1,141	941	15.0	12.4	200	1935	38
14,853	1,901	1,601	12.8	10.8	300	1934	39.2
12,383	1,370	620	11.1	5.0	750	1934	40
9,380	1,508	1,008	16.1	10.7	500	1934	36.6
10,036	1,179	879	11.7	8.8	300	1934	37.1
5,581	872	472	15.6	8.5	400	1934. 2	37.4
14,310	1,151	651	8.0	4.5	500	1934.11	37
14,057	2,006	1,756	14.3	12.5	250	1934	35
12,309	1,461	1,336	11.9	10.9	125	1934. 1	36
8,976	1,009	809	11.2	9.0	200	1934	35
7,042	900	700	12.8	9.9	200	1935	39
6,667	966	716	14.5	10.7	250	1934. 2	40.1
10,593	1,382	757	13.0	7.1	625	1934	39
4,770	1,131	831	23.7	17.4	300	1934	39
9,377	1,467	717	15.6	7.6	780	1935	39
6,046	1,173	673	19.4	11.1	500	1934	40
9,101	984	284	10.8	3.1	400	1935	40
8,005	1,157	657	14.5	8.2	500	1934	36
8,950	1,424	924	15.9	10.3	500	1934	36
3,722	511	261	13.7	7.0	250	1934	37
6,236	872	722	14.0	11.6	150	1934	40.1
4,581	630	380	13.8	8.3	250	1934	40
5,696	713	513	12.5	9.0	200	1935	39

なっている。普通株主は政府による経営への関与リスクを軽減し，普通株配当の自由度を高めるため，普通株あるいは優先株を自ら引き受けることにより，優先株・資本証券の早期の回収を図ることになる。

新規資金調達の最も一般的なケースは普通株主が普通株発行を引き受ける形態であり，こうした方法を採用していた銀行としては，ファースト・ナショナル・バンク・オブ・シカゴ(Chicago, Ill.)，セントラル・トラスト(Cincinnati, Ohio)，オマハ・ナショナル・バンク(Omaha, Neb.)，オハイオ・シチズンズ・トラスト(Toledo, Ohio)があげられる。

資本証券の形態で公的資金を導入したが，それを優先株の発行によって償還した銀行の事例として，マニュファクチュアラーズ・トラスト(New York, N.Y.)及びリンカーン・アライアンス・バンク・トラスト(Rochester, N.Y.)があげられる。同じく自己資本の増強とはいえ，普通株の場合には永久的性格が強いのに対し，優先株の場合には償還性を有するため，自己資本の一時的増強という性格が強い。したがって資本証券を優先株で置き換える財務政策は，公的資金を私的資金に転換し，政府からの制約を免れる方策として位置づけることができる。

以下ではRFCからの公的資金を新規資金で返済した銀行の代表的ケースとしてシカゴのファースト・ナショナル・バンクのケースを取り上げよう。

First National Bank of Chicago (Chicago, Ill.)

ファースト・ナショナル・バンクはシカゴ市最古の銀行の一つであり，銀行合併で規模を拡大する戦略を採用せず，基本的には内部蓄積で成長し，1928年末にはシカゴ銀行界で第3位の地位(資産3億6556万ドル)を占めていた。ところが28年10月に相次ぐ合併で成長してきたコンチネンタル・ナショナル・バンク・トラスト(6億5868万ドル)が第2位のイリノイ・マーチャント・トラスト(4億6983万ドル)と合併するという出来事に触発され，同行もユニオン・トラスト(1億1265万ドル)と合併し，規模拡大を図ることになる。同行はさらに31年6月に不動産不況の影響を受け，経営危機にあったフォーマン・スティト・ナショナル・バンクを救済合併し，シカゴ金融界の信用不安を回避する中心的役割を担っている。

しかし1932年に入ればファースト・ナショナル・バンク自体が信用不安の大波のなかに巻き込まれていく。インサル公益事業帝国が32年4月に債務不履行

により崩壊した結果，インサルと密接な金融関係を有していたシカゴ銀行界は厳しい金融危機に見舞われ，預金取付けはまずファースト・ナショナル・グループを，次いで〝ドーズ銀行″として知られるセントラル・リパブリック・バンク・トラストを襲っていった[32]。同行の子会社，ファースト・ユニオン・トラスト・セィヴィング・バンクは信託，貯蓄，不動産貸付業務を行っており，経営者も親銀行と同一であり，その意味でファースト・ナショナル・バンクと一心同体の関係にあった。ファースト・ユニオンは不動産担保金融，インサル系企業と深く関わっていたため，グループへの信用不安は32年初から28%に及ぶ貯蓄預金の減少（1億5442万ドル→1億1132万ドル）として現れてきた。預金取付け（bank run）に対応するために，M. A. トレイラー頭取自らが銀行ロビーに赴き，預金者に冷静に対応するように説得し，それが見事に奏効したため，同行はこの危機を沈静化させることに成功した[33]。だがファースト・ユニオンは全国銀行休業後に再開されることなく，33年3月9日にファースト・ナショナル・バンクがファースト・ユニオンを吸収合併することとなった。

恐慌が同行へ与えた爪痕は1931～34年に4342万ドルにのぼる不良債権の処理に示されている。ファースト・ナショナル・バンクはインサル関係の債権（融資，社債）のみならず，東欧・中南米債券の債務不履行，ファースト・ユニオン・トラストを通じた不動産融資の焦付きなどにより，資産の悪化が進行していた[34]。同行の剰余金は29年の3億6806万ドルから34年に1億1451万ドルにまで減少しており，それは自己資本比率を29年末（14%）から33年末（7.6%）まで大きく低下させることになる。

1934年1月の株主総会の席でトレイラーは自己資本問題について次のように述べている。

「最近4年間の資本構造の侵食は資本を3500万ドルに縮小させた。私はこの資本金額を現在の融資に対する比率では妥当な金額と考えるが，ビジネスの回復が1億～1.5億ドルの追加融資を要求するならば，その額は不充分と考える」[35]

こうして同行は株主に対しRFCへの2500万ドルの5%累積優先株発行を提案している。先に銀行優先株の一般的特徴として説明したように，この優先株も配当を延滞しない限りでは，1株1票の議決権を付与されていた。つまり普通株の発行株数は25万株であるのに対し，優先株の発行株数も25万株であり，同行

の株主構成は民間株主と政府に折半されていることから判断すれば，政府による役員人事を含めた経営権関与の可能性は充分にありうる状況といえる。RFCによる経営関与への危惧について，トレイラーはさらに次のように説明している。

「我々が優先株配当を支払い，経営をうまくやる限りでは，銀行の経営権は我々経営者の手にとどまると信じている」

「1933年銀行法は国の銀行を連邦準備局及び通貨監督官の統制のもとにおいているので，RFCが同様な追加的統制権限をもったとしても，状況はさして違いがないであろう」[36]

同行の経営陣は1934年に，会長(F. H. ローソン→J. P. オルソン)，頭取(M. A. トレイラー→E. E. ブラウン)の交代という大きな変化をみせていたが，前者は病気による退任，後者は34年2月15日の死去によるものであった[37]。この後任人事についてRFCは影響力を行使することがなかった。RFC総裁，ジョーンズはこの件について次のように述べている。

「たとえ我々の投資が有効な支配権を与えるのに充分であったとしても，銀行が円滑に経営されていると感じている時には，役員人事に口を差し挟まなかった」[38]

また取締役数が大幅に減少していたが，それは取締役数を最大25名に制限した1933年銀行法の規定を遵守した結果であった。後述するシカゴ市のコンチネンタル・イリノイ・ナショナル・バンク・トラストとは異なり，RFCは全体の1/2の議決権を保有していたものの，それを行使することなく，ファースト・ナショナル・バンクの政策・経営権になんら関与することがなかった。議決権の1/2を保有しながら，経営に関与しなかったファースト・ナショナル・バンクの事例は，それ以降に優先株形態で公的資金を申請する銀行に安心感を与え，公的資金導入の先例となっていった[39]。

しかし公的当局は資産の査定あるいは自己資本の充実という側面では，銀行への規制を強めている。同行は通貨監督官の自己資本を充実させる政策にしたがって，普通株配当を見送っている[40]。かくて同行は普通株配当への制約となっている優先株を早期に償還する政策を推進していく。同行は1935年12月に1000万ドル(内部留保金)，36年6月に残りの1500万ドルを株主引受で発行した5万株の普通株(1株200ドル)及び内部留保金から償還している。

2．公的資金を残存させた銀行

　連邦預金保険制度の発足にともない，数多くの銀行が自己資本不足を打開するため公的資金を申請していた。そうした銀行のなかで44行が40年末までにそれらを償還することにより，営業利益の公的規制という束縛，あるいは経営への関与の危険性から脱していた。しかしより多数の銀行は公的資金を返済することができず，その処理に苦慮していた（表8-6）。そこで以下では公的資金未償還銀行の事例として，リッグス・ナショナル・バンク（Washington, D.C.）を取り上げよう。

Riggs National Bank (Washington, D.C.)

　合衆国の首都であるワシントンD.C.の銀行は，国法・州法という設立法の如何を問わず，通貨監督官の監督のもとにおかれている。コロンビア特別区の銀行は，銀行数で40行から21行に半減しており，大恐慌の厳しい打撃を受けていた[41]。内訳をみれば，国法銀行は3行の減少（12→9）にとどまっていたが，州法銀行は16行減少しており（28→12），中小規模の州法銀行が整理・淘汰されている。このうち支払停止→清算の道をたどっていた銀行は少なく，コマーシャル・ナショナル・バンク（1933年2月），ユナイティド・ステイト・セィヴィング・バンク（33年3月）の2行のみであった（表8-7）。

　同区の銀行破綻処理に多用されたのは営業譲渡の形式であり，受け皿銀行が資産と預金の一部を引き継ぐことによって，預金者の信用不安を沈静化させることを狙いとしていた。そうした「受け皿」銀行としての役割を果たしていたのが，シティ・バンク・オブ・ワシントンとハミルトン・ナショナル・バンクである。同区では1933年3月の銀行休業後に再開を許可されなかった銀行が14行にのぼっており[42]，これらの銀行を処理するために，シティ・バンクはマウント・ヴァーノン・セィヴィング・バンクの預金の40％，フランクリン・ナショナル・バンクの預金の65％を継承している[43]。またハミルトン・ナショナル・バンクは33年9月に不許可銀行を引き継ぐために旧銀行経営者による出資により新設された「受け皿」銀行であり，2つの国法銀行（Federal-American National Bank & Trust Co., District National Bank）及び5つの貯蓄銀行の預金の50％が新銀行に移転されている[44]。

表 8-6　公的資金を申請した

銀 行 名	所 在 地	資産 1929	資産 1940
Cleveland Trust Company	Ohio, Cleveland	316,508	457,780
Detroit Bank	Mich., Detroit	51,414	222,732
San Francisco Bank	Cal., San Francisco	125,588	190,884
Central United National Bank	Ohio, Cleveland	5,278	176,325
Riggs National Bank	Washington, D.C.	57,056	141,194
Fifth Third Union Trust Co.	Ohio, Cincinnati	91,355	138,939
Wachovia Bank & Trust Company	N.C., Winston-Salem	51,366	122,407
Straus National Bank & Trust Co.	Ill., Chicago	14,998	84,434
National Bank of Commerce	Tex., Houston	16,266	68,302
Marshall & Ilsley Bank	Wis., Milwaukee	34,138	61,200
Hamilton National Bank	Tenn., Chattanooga	27,199	55,569
Equitable Trust Company	Md., Baltimore	26,541	51,948
Winters National Bank & Trust Co.	Ohio, Dayton	18,144	48,726
Fletcher Savings & Trust Company	Ind., Indianapolis	26,980	47,422
Colorado National Bank	Colo., Denver	41,001	45,015
Hudson County National Bank	N.J., Jersey City	37,811	44,099
Fulton National Bank	Ga., Atlanta	13,531	43,709
Security Trust Co.	N.Y., Rochester	32,487	39,759
City National Bank & Trust Co.	Ohio, Columbus	28,113	39,487
American Bank & Trust Company	La., New Orleans	13,977	37,090
Walker Brothers Bankers	Utah, Salt Lake City	25,531	36,820
American National Bank	Minn., St. Paul	18,794	35,174
First Security Bank	Idaho, Boise	5,037	33,179
Terre Haute First National Bank	Ind., Terre Haute	15,680	32,426
Idaho First National Bank	Idaho, Boise	9,761	31,509
National Bank of Tacoma	Wash., Tacoma	17,591	30,916
Central National Bank & Trust Co.	Iowa, Des Moines	9,500	30,145
Citizens Commercial & Savings Bank	Mich., Flint	12,155	28,082
City National Bank of Houston	Tex., Houston	4,398	26,837
First-Citizens Bank & Trust Co.	N.C., Smithfield	*	25,908
Branch Banking & Trust Co.	N.C., Wilson	4,725	24,215
Ninth Bank & Trust Company	Pa., Philadelphia	33,986	24,186
National Savings & Trust Company	Washington, D.C.	15,153	23,447
First National Bank	Ohio, Canton	15,055	23,155
Austin National Bank	Tex., Austin	9,386	22,177
Dime Savings Bank	Ohio, Akron	4,718	20,833
Third National Bank & Trust Co.	Ohio, Dayton	7,085	20,650
US Trust Co.	N.J., Paterson	21,981	20,412
Broad Street National Bank	N.J., Trenton	13,207	20,141
Genesse Valley Trust Co.	N.Y., Rochester	26,612	19,886
First National Bank	Pa., Erie	12,323	19,577

銀行──（２）未償還銀行　　　　　　　　　　　　　　　　　　　　　　　　　　（単位＝千ドル）

預　金	自　己　資　本		自己資本比率		公　的　資　金		
	普通・優先株	普通株	普・優	普通株	金　額	発行年	残高(1940)
229,543	35,288	20,288	15.4	8.8	15,000	1933	13,000
52,053	10,500	6,500	20.2	12.5	4,000	1933. 12	3,530
153,411	10,000	5,000	6.5	3.3	5,000	1934. 6	2,700
116,295	14,236	6,236	12.2	5.4	8,000	1934	7,440
71,301	7,808	6,308	11.0	8.8	1,500	1933. 12	1,000
78,341	12,320	7,320	15.7	9.3	5,000	1934	1,500
60,028	5,366	3,866	8.9	6.4	1,500	1934. 12	1,400
26,111	2,201	1,451	8.4	5.6	750	1934. 4	600
27,875	5,725	3,225	20.5	11.6	2,500	1934	1,200
36,546	3,181	1,681	8.7	4.6	1,500	1934	1,395
36,556	3,949	2,949	10.8	8.1	1,000	1935	500
26,471	3,204	2,454	12.1	9.3	750	1935	300
20,119	2,313	1,413	11.5	7.0	900	1934. 8	725
27,873	3,302	2,302	11.8	8.3	1,000	1934	670
30,787	2,726	1,226	8.9	4.0	1,500	1933. 9	300
28,664	3,023	1,523	10.5	5.3	1,500	1934	2,000
25,698	2,040	1,540	7.9	6.0	500	1934. 2	475
33,117	2,871	1,871	8.7	5.6	1,000	1934. 12	360
18,257	2,700	1,500	14.8	8.2	1,200	1934	400
24,512	3,276	1,776	13.4	7.2	1,500	1935. 2	250
22,938	2,626	1,876	11.4	8.2	750	1934	650
15,814	2,703	703	17.1	4.4	2,000	1933. 5	576
23,060	1,824	1,109	7.9	4.8	715	1935	200
13,667	1,270	773	9.3	5.7	500	1934	250
9,945	946	646	9.5	6.5	300	1934. 1	550
14,508	2,374	1,874	16.4	12.9	500	1935	350
19,460	1,359	509	7.0	2.6	850	1934	340
17,311	1,412	912	8.2	5.3	500	1935	500
5,156	722	422	14.0	8.2	300	1934	100
9,258	775	425	8.4	4.6	350	1934	350
12,551	1,041	641	8.3	5.1	400	1933. 12	100
17,486	4,017	3,017	23.0	17.3	1,000	1934. 11	825
15,661	3,369	2,369	21.5	15.1	1,000	1934	250
16,798	1,961	1,461	11.7	8.7	500	1935	480
13,122	863	563	6.6	4.3	300	1934	271
9,333	787	287	8.4	3.1	500	1934	470
9,118	1,081	681	11.9	7.5	400	1934. 10	240
13,106	1,737	987	13.3	7.5	750	1934. 6	865
15,725	1,754	1,004	11.2	6.4	750	1934	721
14,899	3,466	1,716	23.3	11.5	1,750	1934	900
11,817	1,404	904	11.9	7.6	500	1934. 10	400

〈表 8-6 続き〉

銀 行 名	所 在 地	資産 1929	資産 1940
Plainfield Trust Co.	N.J., Plainfield	22,754	19,389
Security-Peoples Trust Co.	Pa., Erie	15,138	19,283
Old National Bank	Ind., Evansville	9,824	18,046
First National Bank	N.J., Paterson	13,257	17,509
Continental National Bank & Trust Co.	Utah, Salt Lake City	16,013	17,426
First National Bank & Trust Co.	Mich., Kalamazoo	9,783	16,913
Buttler County National Bank	Pa., Buttler	11,320	15,675
First National Bank & Trust Co.	Pa., Bethlehem	8,014	15,129
Lawndale National Bank	Ill., Chicago	6,881	14,589
City Bank of Washington	Washington, D.C.	*	14,358
Oneida National Bank & Trust Co.	N.Y., Utica	8,170	13,926
Continental National Bank	Neb., Lincoln	5,495	13,896
Drovers Trust & Savings Bank	Ill., Chicago	8,776	13,856
Kensington National Bank	Pa., Philadelphia	10,235	13,848
Greenwich Trust Co.	Conn., Greenwich	14,049	13,752
Western Bank & Trust Company	Ohio, Cincinnati	19,572	13,687
Putnam Trust Co.	Conn., Greenwich	8,694	13,667
First National Bank	N.Y., Mt. Vernon	11,338	13,609
First National Bank	Wash., Everett	1,459	13,315
Union National Bank	Mo., Springfield	7,117	13,261
Louisiana National Bank	La., Baton Rouge	7,123	13,192
Jackson City Bank & Trust Co.	Mich., Jackson	5,533	12,905
Calvert Bank	Md., Baltimore	8,834	12,903
Commercial National Bank	Tenn., Chattanooga	*	12,565
Northern New York Trust Co.	N.Y., Watertown	13,091	12,498
Puget Sound National Bank	Wash., Tacoma	5,019	11,970
Waukesha National Bank	Wis., Waukesha	6,758	11,893
San Jacinto National Bank	Tex., Houston	6,294	11,158
Trust Company of North America	N.Y., New York	6,028	10,985
Security Savings & Commercial Bank	Washington, D.C.	6,824	10,938
Wyandotte Savings Bank	Mich., Wyandotte	8,401	10,757
City National Bank in Wichita Falls	Tex., Wichita Fall	11,641	10,647
Clinton Trust Co.	N.Y., Clinton	3,849	10,642
Lancaster County National Bank	Pa., Lancaster	5,421	10,593
First National Bank in Albuquerque	N.M., Albuquerque	9,015	10,433
Second National Bank of Warren	Ohio, Warren	7,840	10,427
Highland-Quassaick National Bank & Trust Co.	N.Y., Newburgh	12,216	10,345
Citizens Trust Co.	N.J., Paterson	13,283	10,227
First National Granite Bank	Me., Augusta	6,746	10,107
First National Bank of Poughkeepsie	N.Y., Poughkeepsie	9,755	10,026

注) 預金, 自己資本は 1933 年末の数字, 自己資本比率は預金に対する比率, ＊はデータ不明
出所) *Moody's Bank & Finance*

預　金	自　己　資　本		自己資本比率		公　的　資　金		
	普通・優先株	普通株	普・優	普通株	金　額	発行年	残高(1940)
16,023	1,558	808	9.7	5.0	750	1934. 10	400
10,423	1,116	816	10.7	7.8	300	1934. 2	722
10,009	1,373	723	13.7	7.2	500	1933	500
11,011	1,714	964	15.6	8.8	750	1934	490
10,429	1,156	856	11.1	8.2	300	1934	150
8,648	779	279	9.0	3.2	500	1934	100
8,675	1,660	1,060	19.1	12.2	600	1934	400
9,072	1,482	982	16.3	10.8	500	1934. 11	500
4,984	812	462	16.3	9.3	350	1933. 12	325
4,858	847	597	17.4	12.3	250	1934	200
8,568	1,188	988	13.9	11.5	200	1934	135
7,744	635	335	8.2	4.3	300	1934. 3	284
6,211	961	661	15.5	10.6	300	1934	191
7,364	1,329	529	18.0	7.2	500	1934. 6	440
9,028	1,807	1,207	20.0	13.4	600	1934. 5	576
11,047	2,535	1,535	22.9	13.9	1,000	1934. 4	300
7,230	1,077	807	14.9	11.2	270	1934	130
11,577	1,310	810	11.3	7.0	500	1935	100
7,392	1,225	725	16.6	9.8	500	1934	454
9,737	853	553	8.8	5.7	300	1934. 2	291
6,435	864	564	13.4	8.8	300	1934	175
4,849	1,126	626	23.2	12.9	500	1934	375
6,646	738	538	11.1	8.1	200	1934	170
7,520	821	421	10.9	5.6	400	1933	225
8,555	1,100	700	12.9	8.2	400	1934	160
3,792	984	784	25.9	20.7	200	1935	120
6,389	716	416	11.2	6.5	300	1934	150
3,636	733	383	20.2	10.5	350	1934. 1	285
3,683	1,279	779	34.7	21.2	500	1933. 12	150
4,905	777	477	15.8	9.7	300	1933. 12	210
6,317	1,451	723	23.0	11.4	728	1934	397
4,168	844	444	20.2	10.7	400	1933	200
3,529	1,102	852	31.2	24.1	250	1934	100
6,226	1,007	607	16.2	9.7	400	1934	275
3,354	625	375	18.6	11.2	250	1933	200
5,607	942	442	16.8	7.9	500	1934	425
9,193	1,224	424	13.3	4.6	750	1935	700
9,457	1,850	1,250	19.6	13.2	600	1934	594
7,027	1,257	457	17.9	6.5	800	1934	400
7,436	858	558	11.5	7.5	300	1935. 3	129

表 8-7　コロンビア特別区銀行界の動向

(単位=千ドル)

銀 行 名	資産 1929	資産 1940	動　向
American Security & Trust Co.	37,422	38,761	
Bank of Commerce & Savings	2,259	4,860	
Commercial National Bank	20,392	—	清算 (1933. 2)
Columbia National Bank	5,175	6,640	
Continental Trust Co.	4,214	—	営業譲渡 (1930. 1) →Commercial National Bank
District National Bank	11,944	—	営業譲渡 (1933. 9) →Hamilton National Bank
East Washington Savings Bank	*	6,640	
Federal-American National Bank & Trust Co.	14,546	—	営業譲渡 (1933. 9) →Hamilton National Bank
Franklin National Bank	5,472	—	営業譲渡 (1934. 4) →City Bank of Washington
Hamilton National Bank	—	34,548	新設 (1933. 9)
International Bank	2,441	1,584	
Lincoln National Bank	8,055	14,822	
Liberty National Bank	4,237	11,258	
McLachlen Banking Co.	2,411	6,628	
Merchants Bank & Trust Co.	10,257	—	合併 (1930. 11) →Federal-American National Bank & Trust Co.
Morris Plan Bank	1,288	5,266	
Mount Vernon Savings Bank	4,538	—	営業譲渡 (1934. 3) →City Bank of Washington
Munsey Trust Co.	9,344	10,389	
National Bank of Washington	11,984	14,648	
National Capital Bank	2,597	3,315	
National Metropolitan Bank	21,187	33,370	
National Savings & Trust Co.	15,153	23,447	
Potomac Savings Bank	3,957	—	営業譲渡 (1933. 9) →Hamilton National Bank
Riggs National Bank	57,056	141,194	
Second National Bank	8,431	11,801	
Security Savings & Commercial Bank	6,824	10,938	
Union Trust Co.	11,364	17,449	
United States Savings Bank	2,876	—	清算 (1933. 3)
Washington Loan & Trust Co.	20,801	30,695	
Washington Mechanics Savings Bank	*	14,358	銀行名変更 (1934. 4) →City Bank of Washington

注) *はデータ不明
出所) *Moody's Bank & Finance*

リッグス・ナショナル・バンクはその起源を 1836 年に設立されたプライベート・バンクにまでさかのぼることができ，また特別区の最大銀行(資産 5706 万ドル)でもあった。コロンビア特別区で 6 支店を営業していた同行は，恐慌期にかかわらず預金を 4601 万ドルから 7130 万ドルに 1.6 倍に増加させていた。同行は 1933 年 6 月に破綻したシェビイ・チェス・セィヴィング・バンクの資産を継承したことを除いて，「受け皿」銀行として機能していないため，そうした預金増はもっぱら他行預金のリッグスへの流入によるものであった[45]。つまり同区における金融不安は預金者に州法銀行・貯蓄銀行からリッグスへの預金の移転・集中をもたらしていた[46]。リッグスの貸付は同期間に 41% 減少しているため，預金は政府証券投資，現金の増加という形態をとっている。

預金のそうした急増は他面では自己資本比率の低下をもたらすことになる。同行の自己資本比率は 14.2%(1929 年)から 8.8%(33 年)に低下していたが，剰余金の減少率は 7% にすぎないことから判断すれば，これはもっぱら預金の急増に帰せられるであろう。かくて同行は 34 年に RFC へ 95 万ドルの 5% 優先株を売却すると同時に，普通株主に対しても 55 万ドルの優先株を売却している[47]。つまり同行は自己資本の増強を公的資金と民間資金(普通株主)の 2 つの経路を通して行っていたことになる。そうした増資の結果，同行の自己資本比率は 34 年に 10.4% にまで上昇している[48]。

同行は利益を積み立てることで自己資本の充実に努め，剰余金は 331 万ドル(1933 年)から 560 万ドル(40 年)に増加している。同行は恐慌期にかかわらず比較的良好な収益状況を示しており，普通株配当も 8%(34～36 年)から 10%(37～40 年)の高水準を維持し，34～40 年の支払配当総額は 195 万ドルに及んでいた。利益の社外流出が優先株の回収を遅々たるものにした大きな原因といえるだろう。

第 4 節　公的資金を申請した銀行(II)——減資を実施した銀行

1．減資の実施

加盟銀行の普通株資本金は 1929～40 年に 26% の減少(27.57→20.53 億ドル)を

表 8-8　銀行普通株の額面構成

	1000 ドル	100 ドル	50-100 ドル	50 ドル	30-50 ドル	25 ドル
1929 年	2	463	1	55	1	90
1940 年	2	319	8	58	12	65

	20 ドル	10-20 ドル	10 ドル	1-10 ドル	無額面	合　計
1929 年	83	0	63	1	3	762
1940 年	91	21	86	15	0	677

出所）*Moody's Bank & Finance*

　示していた。資本金のそうした減少は一面では銀行破産による株式の無価値化を反映していたが，他面では営業を継続している銀行の資本金縮小によってもたらされている。そうした資本金縮小の実態を探る手がかりとして，資産規模 1000 万ドル以上の銀行普通株の額面推移をみることにしよう（表 8-8）。

　対象サンプルのうち額面を変更しなかった銀行は 69.8％（436 行）であり，ほぼ 7 割の銀行は 1930 年代を通じて株式額面および資本金額に手をつけずに切り抜けている。産業企業の場合には額面に変更のない企業は全体の 34％にすぎなかったことを考えれば，資産規模 1000 万ドル以上の大銀行に対象を限定した場合，銀行企業は産業企業よりも恐慌の打撃が「軽微」であったとできるであろう。

　サンプルのうち残りの 189 行が額面になんらかの変更が加えられた銀行となるが，そのうち 8.6％（54 行）は形式的な株式分割にすぎず，資本金に変化がみられない。株式分割は株価の低下を通じて株式取引を活発化させ，株式所有を広汎に分布させることを意図してなされる場合が多い[49]。銀行株における株式分割が最も頻繁になされたのはまだ株価が高水準にあった 1930 年であり，1/2（27 銘柄）がこの年に株式分割を実施している。

　したがって減資を実施し，減資差益を計上した銀行は残りの 21.6％（135 行）となる。減資を実施した時期をみれば，78.5％（106 行）は 1933 年 3 月～35 年の期間に集中している。これは産業企業の減資が 32～33 年をピークとして実施されていたのに対し，銀行による減資は全国銀行休業日以降に行われ，連邦預金保険制度，RFC などのニューディール政策と強い関わりをもっていたことを示唆している。つまり 90 の銀行が公的資金を申請すると同時に，普通株の減資を実施していた。

2．公的資金を返済した銀行

　表8-9は減資を実施すると同時に公的資金を申請していた銀行のうち，1940年末までに公的資金を返済していた39行を示している。これらの銀行のなかで自己資本比率，償還の早さからして，形式的な公的資金注入とみられる銀行は，マリン・ミッドランド・トラスト(New York, N.Y.)，パワー・シティ・トラスト(Niagara Falls, N.Y.)，マーチャント・ナショナル・バンク(New Bedford, Mass.)である。他の銀行はいずれも10%を下回るか，あるいは10%前後の自己資本比率であり，発行時点において自己資本比率をFDICの基準にまで上昇させることを意図して，公的資金を申請している。

　39行の償還年をみれば，1936年(8行)，37年(14行)が最も多く，34年(2行)，35年(3行)，38～40年(12行)となっている。公的資金を償還するために，外部から資金を調達していた銀行は少なく，カリフォルニアの2つの銀行(American Trust Co., First National Trust & Savings Bank)が新優先株を発行することで，RFCへ売却した旧優先株を回収している。しかし多数の銀行は償還の原資として営業利益に依存しており，資本証券の償還により低下した自己資本比率は剰余金あるいは株式配当による普通株資本金の増加により回復している。

　減資を実施していた銀行のなかには，合衆国を代表する資産規模第1位及び第2位の地位を占めるニューヨークのチェス・ナショナル・バンクとナショナル・シティ・バンクがあったが，これらの2大銀行は外部資金に依存することなく，営業利益と内部蓄積から公的資金を返済している。いずれの銀行も大恐慌の厳しい試練を経るなかで，資産の劣化と資本基盤の脆弱化に対する抜本的対策として，公的資金の申請を余儀なくされている。前述したニューヨーク大銀行が自己資本の強化という政府の政策に協力するため，きわめて短期間(半年間)だけ形式的に公的資金を申請していたのに対し，減資を実施していたという点において，2銀行による公的資金申請は他のニューヨーク大銀行と様相を異にしていた。

　いずれの銀行も表面的には「銀行の資本構造を強化し，ビジネス回復をもたらそうとする」[50]大統領の政策に協力することをうたって，公的資金を申請している。しかし不良債権の償却が剰余金にとどまらず，自己資本の中核部分である資本金の縮小を余儀なくさせていたことを考えれば，大恐慌の打撃は両行において

表8-9　公的資金申請・減資実施

銀 行 名	所 在 地	資　産 1929	資　産 1940
Chase National Bank	N.Y., New York	1,714,829	3,824,403
National City Bank	N.Y., New York	2,206,241	3,095,466
Continental Illinois National Bank & Trust Company	Ill., Chicago	1,176,603	1,620,004
American Trust Company	Cal., San Francisco	304,470	354,490
First National Bank in St. Louis	Mo., St. Louis	185,531	310,073
Marine Trust Company of Buffalo	N.Y., Buffalo	305,706	188,668
Marine Midland Trust Company	N.Y., New York	76,912	183,224
Empire Trust Company	N.Y., New York	105,582	87,533
Boatmen's National Bank	Mo., St. Louis	30,182	80,029
First National Bank	Pa., Scranton	63,585	71,516
First National Bank & Trust Company	Okla., Oklahoma City	70,270	66,273
First National Bank & Trust Company	Okla., Tulsa	45,105	58,760
Iowa-Des Moines National Bank & Trust Company	Iowa, Des Moines	36,745	50,962
First National Bank of Fort Worth	Tex., Fort Worth	26,420	46,366
Denver National Bank	Colo., Denver	30,334	44,571
First & American National Bank	Minn., Duluth	38,365	36,559
Power City Trust Co.	N.Y., Niagara Falls	20,815	36,307
First National Bank of Omaha	Neb., Omaha	29,909	34,978
First National Trust & Savings Bank	Cal., San Diego	27,285	32,702
United Savings Bank	Mich., Detroit	19,055	28,943
Bronx Country Trust Co.	N.Y., Bronx	28,380	28,528
Morris Plan Bank of Va.	Va., Richmond	9,526	27,539
Pioneer Trust & Savings Bank	Ill., Chicago	11,967	26,986
Lincoln National Bank & Trust Company of Fort Wayne	Ind., Fort Wayne	16,879	26,727
Seaboard Citizens National Bank	Va., Norfolk	20,793	24,887
First National Bank of Tampa	Fla., Tampa	19,238	24,282
First National Bank of Montgomery	Ala., Montgomery	17,406	23,229
Midland National Bank & Trust Co.	Minn., Mineapolis	23,316	22,215
Continental National Bank	Tex., Fort Worth	12,329	20,876
Paterson National Bank	N.J., Paterson	19,279	17,842
Metals Bank & Trust Co.	Mont., Butte	22,776	15,122
United States Natioal Bank	Tex., Galveston	13,190	14,205
Merchant National Bank of New Bedford	Mass., New Bedford	14,982	13,631
Third National Bank	Ill., Rockford	6,069	13,631
Georgia Railroad Bank	Ga., Augusta	13,319	12,797
First National Bank of Waco	Tex., Waco	13,453	12,529
American National Bank of Denver	Colo., Denver	9,134	12,133
Second National Bank	Washington, D.C.	8,431	11,801
First National Bank	Wis., Oshkosh	9,126	11,104

注）預金，自己資本は1933年末の数字，自己資本比率は預金に対する比率
出所）*Moody's Bank & Finance*

銀行の自己資本──（１）償還銀行

(単位＝千ドル)

預　金	自 己 資 本		自己資本比率		公 的 資 金		
	普通・優先株	普通株	普・優	普通株	金　額	発行年	償還年
1,639,086	219,109	169,109	13.4	10.3	50,000	1934. 3	36. 8
1,057,748	163,347	113,347	15.4	10.7	49,093	1933. 12	36. 8
629,944	87,850	37,850	13.9	6.0	50,000	1933. 11	39
217,405	20,187	12,687	9.3	5.8	7,500	1934. 7	36
189,174	18,566	14,566	9.8	7.7	4,000	1934. 6	35
151,643	20,278	14,278	13.4	9.4	6,000	1934. 1	37. 6
65,852	16,270	15,270	24.7	23.2	1,000	1933. 12	34. 7
56,024	8,649	5,649	15.4	10.1	3,000	1933. 12	37. 3
38,332	3,529	3,029	9.2	7.9	500	1934. 6	36. 12
74,982	9,570	8,070	12.8	10.8	1,500	1934. 1	36. 5
41,029	6,494	4,194	15.8	10.2	2,300	1934. 6	37
29,510	3,298	2,048	11.2	6.9	1,250	1934	37. 3
25,145	5,070	1,570	20.2	6.2	3,500	1933. 12	40
23,452	1,900	1,150	8.1	4.9	750	1933. 12	37. 7
26,053	2,588	1,888	9.9	7.2	700	1934. 1	37
24,677	3,676	2,176	14.9	8.8	1,500	1934. 3	36
20,331	4,368	4,068	21.5	20.0	300	1934	34
20,828	2,152	652	10.3	3.1	1,500	1933. 12	37
21,546	1,884	884	8.7	4.1	1,000	1934	37. 1
15,324	2,070	1,070	13.5	7.0	1,000	1934	40. 11
10,380	4,237	2,058	9.5	5.8	2,180	1933	40
10,181	1,205	905	11.8	8.9	300	1934	37. 12
7,736	1,088	713	14.1	9.2	375	1934	37
9,775	1,454	754	14.9	7.7	700	1934. 1	36. 9
12,623	2,493	1,993	19.7	15.8	500	1934. 8	36. 1
13,351	2,102	1,602	15.7	12.0	500	1935	40
17,460	1,817	1,317	10.4	7.5	500	1934. 4	37
13,465	1,285	785	9.5	5.8	500	1934	40
10,720	1,091	791	10.2	7.4	300	1934. 4	39. 4
12,130	2,328	1,328	19.2	10.9	1,000	1934. 4	39
8,807	1,453	1,053	16.5	12.0	400	1934. 9	35. 12
8,653	1,251	751	14.5	8.7	500	1934. 5	37. 2
7,100	1,125	875	15.8	12.3	250	1934. 5	35
5,249	674	374	12.8	7.1	300	1934. 7	37
8,019	1,762	1,262	22.0	15.7	500	1934. 2	37
10,611	1,318	818	12.4	7.7	500	1934. 3	39
4,317	698	398	16.2	9.2	300	1933	38. 12
6,236	800	650	12.8	10.4	150	1934. 7	40. 1
6,593	970	670	14.7	10.2	300	1935. 2	39

かなり深刻なものであったと推測できるであろう。両銀行はたんなる地域的銀行でなく，合衆国金融市場の中心地であり，かつロンドンに並ぶ世界の金融市場の中心地であるニューヨークに所在する銀行であり，そうした金融センターをリードする立場にあっただけに，資産の劣化も地域性を超えた性格を有していた。2つの大銀行の不良資産処理の実態を明らかにすることにより，政府の介入(公的資金)の意味について検証してみよう。

（1） Chase National Bank (New York, N.Y.)

チェスは1930年にエクィタブル・トラスト，インタースティト・トラストを吸収・合併することで，ナショナル・シティを凌駕する合衆国最大の銀行となっている。だが恐慌期の同行からの預金流出は35％(20億7378万ドル→13億3870万ドル)に及んでおり，とりわけヨーロッパ金融危機に直面した1931年の1カ年間に30％もの預金を喪失していた。同行は大量の預金引出に主に貸付の回収で対応しており，それは30年(15億3596万ドル)から35年(6億3800万ドル)に58％の縮小をみせている。チェスはそうした資産整理の過程で貸付資産の債務不履行，投資証券の減価に見舞われ，営業利益あるいは過去の蓄積である剰余金から損失を控除することを余儀なくされている。

チェスは1931～33年に配当控除後の純利益を3769万ドル計上しており，また剰余金の取崩しは30年末(2億979万ドル)から33年末(5919万ドル)に72％に及んでいる。つまりチェスは1億9852万ドルの資金を不良貸付への引当金及び投資証券の市場価値での再評価損失に充当していた[51]。W. W. オールドリッチ取締役会会長は34年1月の株主総会において，チェスの重荷となっている主要な不良債権に関して次の4つの要因を指摘している[52]。

第1は1920年代になされたドイツへの短期信用であり，それは30年(1億1598万ドル)から33年(3495万ドル)に70％減少している。債権回収で被った平均的な損失率は6％程度であり，それは融資により獲得された利子，手数料を下回っていたとしている。

第2はチェスの主導によって1930年になされたキューバ政府の公共事業のための金融である。これは4000万ドルの5.5％債券発行及びチェス，ナショナル・シティ，コンチネンタル・イリノイ・ナショナル・バンク・トラストの3行

により供与された 2000 万ドルの銀行融資からなっていた。前者は主に広汎な投資家に売却され，チェスの保有分は 318.7 万ドルであった。銀行融資のうちチェスの持ち分は $48\frac{1}{3}$% であったため，チェスは 966.7 万ドルのキューバ向け債権を有している[53]。つまりチェスのキューバ向け債権は合計すれば 1334 万ドルとなるが，これによって延滞している利子額は 36 万 6750 ドルとなる。

第 3 は映画産業向けの債権である。チェスはフォックス・フィルム，ゼネラル・シアター・エクイップメントに対し 8933 万ドルの債権を保有していたが，1933 年 10 月に 6957 万ドルを償却している。償却は銀行本体で 5551 万ドル，チェス・セキュリティズ社で 1406 万ドル，それぞれなされている。したがって映画産業向けの債権残高は 1976 万ドルになっており，チェスは株式保有を通じてフォックス・フィルムを支配下におくことになる[54]。

第 4 は証券子会社チェス・セキュリティズ社の損失である。チェス・セキュリティズ社は 1928 年 1 月〜33 年 8 月に 2 億 894 万ドルに及ぶ株価操作のためのシンジケート・ローンを提供しており，恐慌期に被った損失額は 1 億 2000 万ドルに及んでいた[55]。

通貨監督官・連邦準備局による「特定資産について一層償却すべき」とする資産査定にもとづいて，オールドリッチは 1934 年 2 月に 5000 万ドルの優先株売却及び普通株式の額面切下げ(20 ドル→13.55 ドル)による剰余金の創出(4800 万ドル)を株主に提案し，承認されている。チェスの自己資本比率は 33 年末に優先株売却以前において FDIC の基準を上回る 10.3% であったが，検査当局の厳しい査定にしたがって不良債権を償却すれば，基準を下回ることが予想された。株主への報告では公的資金の申請について次のように説明されている。

「1933 年の収益率の近辺〔2500 万ドル〕での銀行収益の継続は優先株配当の条件を満足させるだけでなく，年間最低 250 万ドルを超える率での優先株の回収，また普通株への配当の条件を満たすのに充分余裕があるだろう。普通株資本の 4773 万ドルの縮小は損失・異常な資産減価からの蚕食に対して経常収益のすべてを配当支払のために維持するのに大いに寄与するだろう」[56]。

チェスは 1934 年にドイツ向け債権を 32.1% のディスカウントで 1597 万ドル(3495 万ドル→1898 万ドル)回収しており，貸付債権残高はその他債権償却などで 34 年に 18% の減少を示している。こうした償却にかかわらず，チェスは優先

株に4％, 普通株に1ドル17セントの配当を支払っており, 配当支払額は686万ドルとなっている。だが34年の現実の銀行利潤は予定を下回る1651万ドルであり, もし不良債権を減資差益のみで処理していたならば, 自己資本比率は基準を満足させることができなかったであろう[57]。

チェスが発行した優先株は予定通りに1年半後の1936年8月に回収されているが, 剰余金勘定が5000万ドル増加することで, 自己資本比率は9.9％を維持している。

(2) National City Bank (New York, N.Y.)

ナショナル・シティは1929年末で資産22億ドルを有する合衆国最大の銀行であり, ニューヨーク市周辺に38支店, 世界23カ国に93の外国支店を配置していた。チェスの外国支店がキューバ, パナマの3支店, 海外資産8769万ドルにすぎなかったのに対し, ナショナル・シティはアジア, ヨーロッパ, 中南米など世界的なネットワークをもつ合衆国唯一の国際的な銀行であり, 海外資産規模は2億6418万ドルに及んでいる[58]。同行はコーン・エックスチェンジ・バンク・トラストとの合併(29年9月)に失敗したものの, 31年10月にバンク・オブ・アメリカNA(NY)を吸収合併することにより, 国内支店網の展開でも79支店を擁するニューヨーク州最大の銀行となっている。

同行の資産は1929年(22億624万ドル)から34年1月(13億3075万ドル)に40％減少しており, とりわけ32～33年に大幅な縮小をみせている。なかでも貸付資産は31年末(9億1324万ドル)から33年末(4億9703万ドル)に, 外国証券を含む「その他」証券は32年末(1億2037万ドル)から33年末(6514万ドル)にかけていずれも46％の減少を示している。

同行は資産縮小の過程で大きな損失を計上し, それは1930～33年に1億4650万ドルに及んでいる[59]。33年2月に取締役会会長に就任したJ. H. パーキンスは国法銀行検査官から批判された問題資産の償却に積極的に取り組み, 34年1月には公的資金の申請を前提にして6000万ドルという巨額の償却を実施している[60]。こうした結果として「銀行帳簿上にとどまる資産は最も保守的な価値までに切り下げられ」[61]ることになった。同行の不稼働資産(利子支払を延滞している債権, 条件緩和債権)は33年末(1億2000万ドル)から34年末(5090万ドル)に

かけて大幅な減少を示しており，以後39年末(1660万ドル)まで徐々に低下するという趨勢をたどっている[62]。

同行は国際業務を幅広く展開していただけに，金本位制の停止，為替の減価などによる国際的混乱からの影響を強く受けている。同行は1934年1月に外国支店資産に対し3300万ドルの帳簿価値切下げを実施しており，30～34年1月に7700万ドルの損失を計上していた。国際的部門の損失は同行の損失全体のほぼ1/2を占める規模のものであった。また同行はドイツに巨額の短期信用を供与しており，31年7月のピーク(8700万ドル)から減少していたとはいえ，33年末に4300万ドルをなお保有している。34年以降にこれらの債権は減価をともなって回収され，39年にほぼゼロとなっている。ドイツ短期信用からの損失は1850万ドルにのぼっていた[63]。

銀行本体以外にも，同行の証券子会社であるナショナル・シティ社もまた恐慌期に大きな打撃を被っている。ナショナル・シティ社の資産は1929年(2億940万ドル)から32年(2990万ドル)に1/7の規模に縮小しており，キューバ向け債権(General Sugar Co.)，株価操作のための経営者向け債権の銀行本体からの付替えなどから，1億ドルに及ぶ損失を出している[64]。ナショナル・シティ社は31年12月に額面の切下げ(100ドル→20ドル)により4400万ドルの減資差益を創出し，キューバ向け債権の償却(2500万ドル→1ドル)，証券の市場価格での評価替えを実施している[65]。

ナショナル・シティの資産価値減価による損失は主として営業利益と過去の蓄積(剰余金，未分配利益)によって償却されており，剰余金勘定は1929年末(1億2965万ドル)から33年末(3509万ドル)にまで低下している。こうして同行は34年1月に普通株額面を20ドルから12.5ドルに切り下げることで4650万ドルの剰余金を創出し，他方でRFCに対し5000万ドルの優先株を発行している[66]。前述したようにパーキンスは優先株売却と同時に思い切った資産償却を実施しており，そうした意味で「銀行の帳簿上で大不況と一線を画するために，株式売却によって与えられた機会を利用」[67]していたといえる。

同行の自己資本比率は1933年末に優先株を除いて10.1%の水準にあり，FDICの基準を達成していたものの，もし公的資金の注入がなければ，34年1月に実施された巨額の不良債権処理はありえなかったであろう。同行は優先株売

却時に資産勘定で優先株と同額のRFCノート(35年1月満期)を保有しており，さらに4000万ドルが不測の事態に備えるための「自由準備」(unallocated reserve)として別途積み立てられている。つまり減資差益の大部分が実質的に準備として留保される形となっている。したがって「ナショナル・シティ自体は追加資本を必要としない」[68]が，政府の自己資本増強政策に協力する，というパーキンスの主張はそれなりに理解できるところである。しかしそれは事後的にみればそうであって，将来の不確定な34年初の時点からみれば，減資を実施したナショナル・シティ・バンクにとり，公的資金が無意味であったということにはならないであろう。優先株は36年8月に回収されているが，資本構造に大きな変化がみられなかった。

　チェス，ナショナル・シティ両銀行は1934年初に減資を実施すると同時に公的資金を申請していたが，政府による経営陣の選任に関する明示的な介入はなかった。だが両行の最高首脳であるA. H. ウィギン(チェス・ナショナル・バンク監査役会会長)，C. E. ミッチェル(ナショナル・シティ・バンク会長)はともに自行株の売買・株価操作を議会で追及され，前者は32年5月に，後者は33年2月にその職を辞任していたことを考慮する必要があろう[69]。チェスではウィギンに代わってW. W. オールドリッチ，ナショナル・シティではミッチェルに代わりJ. H. パーキンスが銀行のトップとなっている。これらの後継者について政府が直接に関与しなかったとはいえ，ミッチェルの33年2月28日の辞任に関しては，ローズヴェルト次期大統領の関与があったとされており，政府がニューヨーク大銀行の人事に実質的に介入していたといえる[70]。その意味で34年初の公的資金注入の時点でウィギン，ミッチェルがトップを務めていたとすれば，政府による直接的な人事介入もありえたといえるだろう。

3．公的資金を残存させた銀行

　1940年末までに公的資金を残存させていた銀行は57行であり，償還年の遅い銀行も考慮すれば，30年代に公的資金を自己資本に計上していた銀行がかなり多数にのぼっていることが窺えるであろう。これらの銀行は不良債権処理の原資を剰余金だけでなく，減資差益に求めており，それによって生ずる自己資本比率

の低下を公的資金によって補充しようとしていた。公的資金に依存した銀行は2つの問題に直面しており，一つは公的資金を返済するに足る収益性を確保できるのかという問題であり，他は優先株の有する議決権＝支配権に関わる問題である。表8-10に示された57行は公的資金を償還するために必要な経営的基礎(収益性)が脆弱であった銀行である。

またこれらの銀行のうち，13行は議決権をもたない資本証券(capital note, debenture)形態で公的資金を申請しており，社債利子及び償還資金の支払に充てる収益が確保されるのであれば，政府からの介入を受ける心配はなかった。だが残りの44行は優先株を発行しており，18行のみが議決権において政府＝優先株主を上回っていたにすぎない。残りの26行のうち，5行が優先株と普通株が対等な議決権を有し，21行は優先株が普通株を上回っている。つまり26行において政府が経営に介入しようとすれば，可能となる議決権の裏付けをもっていたことになる。

以下では公的資金を償還しえなかった銀行の代表例として，カリフォルニア州第2位の銀行であるセキュリティ・ファースト・ナショナル・バンク，及びウィスコンシン州第1位の銀行であるファースト・ウィスコンシン・ナショナル・バンクを取り上げることにしよう。

(1) Security-First National Bank (Los Angeles, Cal.)

カリフォルニア州は州規模の支店設置を認めていた数少ない州であり，合併による独立銀行の支店化を通して銀行集中が高度に進んでいた。1930年6月の集中状況をみれば，53銀行が853支店を有しており，本店所在地に支店網が限定されていたニューヨーク州(750支店)，ミシガン州(434支店)と異なり，本店所在地以外の都市に552支店を展開している[71]。支店制度を広汎に展開していた銀行として，バンク・オブ・アメリカ・オブ・カリフォルニア(437支店)を筆頭にして，セキュリティ・ファースト・ナショナル・バンク(139支店)，アメリカン・トラスト(94支店)，カリフォルニア・バンク(56支店)，シチズンズ・ナショナル・トラスト・セィヴィング・バンク(31支店)があげられる[72]。

では銀行集中が進んでいたカリフォルニアでは，恐慌が銀行経営にどのような影響を及ぼしていたのであろうか。1929年末の銀行数は435行(国法銀行＝205

表 8-10　公的資金申請・減資実施

銀 行 名	所 在 地	資　産 1929	資　産 1940
Security-First National Bank	Cal., Los Angeles	592,556	686,581
First Wisconsin National Bank	Wis., Milwaukee	180,916	279,621
Anglo California National Bank	Cal., San Francisco	165,369	232,514
Fidelity Union Trust Company	N.J., Newark	141,457	194,068
California Bank	Cal., Los Angeles	117,890	147,756
First National Bank of Birmingham	Ala., Birmingham	47,850	92,079
Commonwealth Bank	Mich., Detroit	23,187	89,412
State-Planters Bank & Trust Company	Va., Richmond	39,588	67,157
Trust Company of New Jersey	N.J., Jersey City	100,229	64,456
Liberty Bank of Buffalo	N.Y., Buffalo	112,507	62,645
Fort Worth National Bank	Tex., Fort Worth	47,865	57,521
First Trust & Deposit Company	N.Y., Syracuse	109,260	55,838
First-Mechanics National Bank of Trenton	N.J., Trenton	44,728	55,652
Old Kent Bank	Mich., Grand Rapids	42,593	53,587
Union Trust Company of Rochester	N.Y., Rochester	73,507	52,084
Maryland Trust Company	Md., Baltimore	13,292	51,763
Valley Bank & Trust Company	Ariz., Phoenix	19,368	49,865
Mercantile National Bank at Dallas	Tex., Dallas	18,036	49,765
Real Estate-Land Title & Trust Co.	Pa., Philadelphia	81,286	47,223
Birmingham Trust & Savings Company	Ala., Birmingham	20,977	46,267
Camden Trust Co.	N.J., Camden	30,797	44,015
Passaic National Bank & Trust Co.	N.J., Passaic	33,699	40,549
Title Guarantee & Trust Company	N.Y., New York	84,163	38,584
First National Bank & Trust Co.	Conn., Bridgeport	24,283	38,187
Syracuse Trust Company	N.Y., Syracuse	46,519	34,409
First Camden National Bank & Trust Co.	N.J., Camden	35,520	32,772
Hudson Trust Company	N.J., Union City	36,124	31,514
Liberty National Bank & Trust Co.	Ky., Louisville	33,480	30,597
First Trust Company of Albany	N.Y., Albany	37,954	27,911
Bankers Trust Co.	Iowa, Des Moins	8,674	24,905
Lefcourt National Bank & Trust Co.	N.Y., New York	20,893	24,805
Manufactures National Bank of Troy	N.Y., Troy	34,618	24,196
First Security Corporation of Ogden	Utah, Ogden	51,063	23,939
Alamo National Bank	Tex., San Antonio	15,001	23,093
Liberty National Bank	Okla., Oklahoma City	16,380	22,212
Savings Investment & Trust Company	N.J., East Orange	26,116	21,995
National State Bank of Elizabeth	N.J., Elizabeth	14,530	19,959
State Bank & Trust Company	Ill., Evanston	12,970	19,207
Central Trust Company	N.Y., Rochester	20,488	19,205
Bloomfield Bank & Trust Co.	N.J., Bloomfield	16,986	18,476
First Trust & Savings Bank of Pasadena	Cal., Pasadena	14,452	18,475
Montclair Trust Co.	N.J., Montclair	15,054	18,131
Union County Trust Company	N.J., Elizabeth	14,835	17,379
First National Bank & Trust Company	Wis., Racine	16,430	17,111

275

銀行の自己資本──（２）未償還銀行 (単位=千ドル)

預　金	自　己　資　本		自己資本比率		公　的　資　金		
	普通・優先株	普通株	普・優	普通株	金　額	発行年	残高(1940)
501,885	48,000	36,000	9.6	7.2	12,000	1934. 4	7,000
179,982	18,082	8,082	10.0	4.5	10,000	1935. 2	7,500
204,849	24,216	16,216	11.8	7.9	8,000	1938.12	7,700
127,800	14,897	7,897	11.7	6.2	7,000	1934. 6	3,000
74,818	8,738	4,738	11.7	6.3	4,000	1934. 6	800
74,818	12,706	5,206	17.0	7.0	7,500	1933. 6	3,400
24,859	3,200	700	10.2	5.2	2,500	1933.12	1,525
40,389	4,103	2,103	10.2	5.2	2,000	1934. 1	1,475
53,613	6,118	2,118	11.4	4.0	4,000	1939. 4	4,000
51,571	7,255	4,255	14.1	8.3	3,000	1935. 2	2,500
27,702	3,620	2,620	13.1	9.5	1,000	1933.12	400
47,717	10,335	2,335	21.7	4.9	7,000	1934. 9	3,163
34,804	5,727	2,527	16.5	7.3	2,000	1934. 8	2,101
30,306	4,029	1,529	13.3	5.0	2,500	1934. 3	750
39,510	5,300	3,300	13.4	8.4	2,000	1934	800
30,051	3,650	1,650	12.1	5.5	2,000	1934. 3	1,450
9,121	1,284	444	14.1	4.9	840	1933.12	1,190
13,598	2,219	1,219	16.3	9.0	1,000	1933. 8	350
30,963	22,829	15,329	73.7	49.5	7,500	1934. 3	6,500
17,493	2,617	617	15.0	3.5	2,000	1933.12	1,656
32,266	3,531	1,242	10.9	0.3	2,066	1938. 4	2,289
27,773	3,044	1,294	11.0	4.7	1,750	1934.12	1,000
26,700	23,669	20,669	88.6	77.4	7,500	1933	6,914
20,432	2,143	643	10.5	3.1	1,000	1935. 9	1,440
26,361	5,759	3,959	21.8	15.0	1,400	1934.11	1,000
23,158	2,850	1,350	12.3	5.8	1,500	1935. 1	1,385
26,958	3,108	1,608	11.5	6.0	1,500	1939. 4	1,470
15,130	2,388	1,388	15.8	9.2	1,000	1933.11	975
30,828	3,889	1,389	12.6	4.5	2,500	1934	1,480
9,092	1,193	443	13.1	4.9	750	1933.12	250
7,984	1,264	964	15.8	12.1	300	1934. 3	119
21,961	3,026	2,026	13.8	9.2	1,000	1934. 6	400
53,239	4,485	2,470	8.4	4.6	600	1934.12	150
11,313	1,966	966	17.4	8.5	1,000	1934	797
11,219	2,072	972	18.5	8.7	1,100	1933. 8	104
19,725	3,526	551	17.9	2.8	2,875	1935. 1	769
14,729	1,437	477	9.8	3.2	960	1934	913
10,207	1,286	536	12.6	5.3	750	1935	300
15,310	2,235	735	14.6	4.8	1,500	1934	743
13,220	1,886	1,136	14.3	8.6	750	1934. 6	550
12,257	1,580	830	12.9	6.8	750	1934. 4	400
10,851	1,480	980	13.6	9.0	500	1934. 8	330
8,313	1,816	366	21.8	4.4	1,450	1934. 8	1,084
9,619	1,376	876	14.3	9.1	500	1934. 7	300

〈表 8-10 続き〉

銀 行 名	所 在 地	資 産 1929	資 産 1940
New Rochelle Trust Co.	N.Y., New York	12,622	16,347
San Diego Trust & Savings Bank	Cal., San Diego	13,569	15,919
Commercial National Bank	Kan., Kansas City	12,017	14,787
Bank of Jamestown	N.Y., Jamestown	8,146	14,099
Trade Bank & Trust Co.	N.Y., New York	7,717	13,728
Pacific National Bank	Cal., San Francisco	13,525	13,294
National Bank of New Jersey	N.J., New Brunswick	17,275	13,158
Lafayette National Bank	N.Y., Brooklyn	8,637	12,802
City National Bank of Philadelphia	Pa., Philadelphia	9,863	12,496
United States Trust Company	Mass., Boston	27,450	11,944
First National Bank & Trust Co.	Ohio, Hamilton	8,844	11,088
Security National Bank	Wis., Sheboygan	8,893	10,408
La Salle National Bank	Ill., Chicago	7,749	10,205

注）預金，自己資本は 1933 年末の数字，自己資本比率は預金に対する比率
出所）*Moody's Bank & Finance*

行，州法銀行＝230 行）であったが，33 年末には 34％ 減少して，287 行になっている。銀行数減少の内訳をみれば，支払停止が 87 行，合併が 53 行であり，合併が減少に大きく寄与している。表 8-11 にみられるように，支払停止＝清算の道をたどっていた銀行はロサンゼルスのユナイティド・スティト・ナショナル・バンク（資産 1753 万ドル）を含む 3 行にすぎず，ロサンゼルス，サンフランシスコの 2 大都市における銀行の大部分は合併によって姿を消していた。

　カリフォルニアは 1920 年代に不動産ブームを享受していた反動から，恐慌期になれば不動産価格の下落が資産の流動性を喪失させ，銀行の自己資本を蚕食していくことになる。カリフォルニアは五大湖周辺の工業地帯と並んで貸付全体に占める都市不動産融資の割合が高く，それは平均して 25％ の水準を示していた。なかでもロサンゼルスはデトロイト，クリーヴランドに匹敵する高い比率に達しており，このことがカリフォルニア大銀行の足枷となっていく[73]。そうした不良債権処理による自己資本不足を解消するために公的資金を申請していたカリフォルニアの大銀行として，サンフランシスコにおけるアメリカン・トラスト（750 万ドル），サンフランシスコ・バンク（500 万ドル），アングロ・カリフォルニア・ナショナル・バンク（800 万ドル），ロサンゼルスにおけるカリフォルニア・バンク（400 万ドル），セキュリティ・ファースト・ナショナル・バンク（1200 万

預　金	自　己　資　本		自己資本比率		公　的　資　金		
	普通・優先株	普通株	普・優	普通株	金　額	発行年	残高(1940)
12,980	2,044	794	15.7	6.1	500	1934. 7	300
9,681	1,177	677	12.2	7.0	500	1934. 2	480
9,266	937	487	10.1	5.3	300	1933. 9	290
10,997	2,187	887	19.9	8.1	1,300	1934. 3	315
4,187	632	382	15.1	9.1	250	1934.11	150
7,190	1,217	717	16.9	10.0	500	1934	480
9,364	1,736	486	18.5	5.2	1,250	1934. 4	610
3,243	1,165	635	35.9	19.6	500	1934. 3	300
5,479	1,336	836	24.4	15.3	500	1934. 6	476
14,881	2,148	1,148	14.4	7.7	1,000	1934. 1	450
5,481	873	273	15.9	5.0	600	1934	605
7,467	755	355	10.1	4.8	400	1935	270
4,740	600	350	12.7	7.4	250	1934. 6	100

ドル)があった[74]。

　セキュリティ・ファーストは1929年3月にセキュリティ・トラスト・セィヴィング・バンク(1889年)とロサンゼルス・ファースト・ナショナル・トラスト・セィヴィング・バンク(1927年)の合併により設立され，バンク・オブ・イタリー(SF)に次ぐカリフォルニア州第2位の銀行(資産5億9256万ドル)であり，合衆国で第8位の銀行となった。バンク・オブ・イタリーがカリフォルニア州全域で支店を展開していたのに対し，同行はロサンゼルスに58支店，カリフォルニア州南部に76支店を設置していたことからわかるように，主要な取引基盤はカリフォルニア州南部におかれている[75]。したがって不動産不況の進行は同行の資産に大きな影響を及ぼし，貸付資産は1929年(3億4662万ドル)から34年(2億3326万ドル)に33％の減少を示しており，資産収縮の過程で同行は多大な損失を被っている。

　同行は詳細な実態を公表していないが，不良資産の償却を剰余金などの動きから間接的に推測することができる。剰余金勘定は1931年末(2305万ドル)から34年末(1200万ドル)にかけて半減しており，さらに配当控除後の利益は7967万ドルとなっているので，9000万ドル相当額が不良債権処理に充てられていたものと思われる。同行の自己資本比率は33年末で10.3％であり，34年に一層の不良

表 8-11　カリフォルニア州準備市の銀行動向

(単位＝千ドル)

銀行名	準備市	資産 1929	資産 1940	動向
Bank of America of California	LA	358,352	—	合併(1930.11)→Bank of America NTSA
California Bank	LA	117,890	147,756	
California Trust Co.	LA	136,903	142,603	
Citizens National Trust & Savings Bank	LA	136,903	142,603	
Farmers & Merchants Bank of Watts	LA	*	1,292	
Farmers & Merchants National Bank	LA	73,665	16,888	
German American Savings Bank	LA	3,131	*	
Los Angeles Morris Plan Co.	LA	3,490	*	銀行名変更(1932)→First Industrial Loan Co.
Metropolitan Trust Co.	LA	354	*	
National Bank of Commerce	LA	5,965	—	支払停止(1932.1)→清算
Pacific Southwest Realty Co.	LA	11,351	—	合併→Security-First National Bank
Seaboard National Bank	LA	11,189	—	合併→Bank of America NTSA
Security-First National Bank	LA	592,556	686,581	
Title Guarantee & Trust Co.	LA	7,203	8,246	
Union Bank & Trust Co.	LA	31,923	50,199	
United States National Bank	LA	17,530	—	支払停止(1931.8)→清算
Western National Bank	LA	2,731	—	清算(1931.3)
Bank of Commerce	Oakland	—	5,161	新設(1937.9)
Central National Bank	Oakland	34,130	—	合併(1933.4)→Central Bank
Central Savings Bank	Oakland	35,447	53,010	銀行名変更(1933.4)→Central Bank
Farmers & Merchants Savings Bank	Oakland	6,299	13,857	
First National Bank	Oakland	6,198	*	
Morris Plan Co.	Oakland	*	1,694	Anglo National Corp.によって支配される
American Trust Co.	SF	304,470	354,490	

Anglo-London Paris National Bank	SF	165,369	—	合併(1932. 6)→Anglo-California National Bank
Anglo-California National Bank	SF	—	232,514	合併(1932. 6)
Anglo-California Trust Co.	SF	77,909	—	合併(1932. 6)→Anglo-California National Bank
Bank of America NTSA	SF	—	1,817,535	合併(1930. 11)
Bank of California NA	SF	122,559	168,149	
Bank of Italy NTSA	SF	1,055,113	—	合併(1930. 11)→Bank of America NTSA
Bank of Montreal	SF	4,684	7,234	
City National Bank	SF	2,930	—	合併(1932. 7)→Pacific National Bank
Canadian Bank of Commerce	SF	*	20,813	
Crocker First Federal Trust Co.	SF	34,742	—	合併(1934. 5)→Crocker First National Bank
Crocker First National Bank	SF	90,148	191,486	
Hibernia Savings & Loans Society	SF	84,146	104,024	
Pacific National Bank	SF	13,525	13,294	
San Francisco Bank	SF	125,588	190,884	
Wells Fargo Bank & Union Trust Co.	SF	155,423	242,919	

注) ＊はデータ不明
出所) *Moody's Bank & Finance*

債権処理を行うとすれば，FDIC の基準を満たすことができなくなると予想された。こうして同行は 34 年 4 月に普通株の額面を切り下げ(25→20 ドル)，減資剰余金を創出すると同時に，優先株(1200 万ドル)を RFC に売却している。34 年末の自己資本比率は優先株を除けば 7.2% にすぎず，公的資金を加えることにより 9.6% にまで上昇している[76]。

公的資金の申請により，セキュリティ・ファーストの議決権分布は普通株で 120 万株，優先株で 40 万株となり，減資の実施により株主責任を問われたものの，普通株主が依然として銀行を支配するに足る議決権を保有していた。だが創業者であり，執行委員会会長及び頭取として同行に君臨していた J. F. サートリが経営委員会会長として経営陣にとどまったものの，頭取職から退き，G. M. ウォーレスが頭取を務めることになった[77]。同行の役員人事は基本的には内部昇格によっており，その意味では RFC からの明白な介入がみられないとはいえ，サートリの退任は高齢(73 歳)という事情があったとしても，退任以降も同行において影響力を行使していたことを考慮すれば，公的資金の申請と関連していたといえるだろう。

同行は 1935 年以降も営業利益を不良債権処理に振り向けた結果，剰余金は 40 年(1900 万ドル)まで 700 万ドルの増加にとどまっている。したがって優先株は 500 万ドル回収されていたが，なお 700 万ドルの残高を有している。

(2) First Wisconsin National Bank (Milwaukee, Wis.)

カリフォルニア州とは対照的に，ウィスコンシン州は 1909 年に支店設置を認めない厳格なユニット・バンク制度を採用したため，29 年末に国法銀行で 157 行，州法銀行で 796 行，合わせて 953 行が州内で営業していた[78]。支店制度に代わってウィスコンシン州における銀行集中を促進したのはチェーン・バンク制度であり，6 グループが 58 行(資産 2200 万ドル)を支配下においており，それはウィスコンシン州において銀行数の 6%，資産の 23% を占めていた[79]。その中心となっていたのがミルウォーキー(準備市)で営業するファースト・ウィスコンシン・ナショナル・バンクであり，同行は 28 年 9 月までにミルウォーキー市周辺で合併を通じて 14 銀行を管理下においている[80]。さらに同行は 29 年夏から州規模の銀行チェーンを展開するため次々と銀行を合併していき，24 銀行を持株

会社(Wisconsin Bank Shares Corporation)を通じて支配している[81]。

　ウィスコンシン州は恐慌の打撃を強く受け，銀行数が1929年末(953行)から33年末(445行)に1/2に減少している。銀行数の減少は合併(90行)，支払停止(505行)，任意清算(4行)の3要因によってもたらされており，支払停止のクラス別内訳をみれば，国法銀行は50行，州法銀行が455行となっている。破産銀行の平均預金規模は34万ドルにすぎないことからわかるように，連邦準備制度非加盟の小銀行が多数破綻していた。ただし全国銀行休業後に再開を許可されなかった366行も支払停止に分類されており，そのうち261行が公的資金を申請することにより，営業を再開している[82]。

　銀行休業後，直ちに再開を許可された銀行においても，公的資金を申請する銀行が続出している。ミルウォーキーはウィスコンシン州の中心都市であったが，マリン・ナショナル・エックスチェンジ・バンク(資産2504万ドル)を例外として，ほとんどの銀行が公的資金をバランス・シートに計上している。ミルウォーキーでも銀行数が減少していたが，それは破産＝清算よりも，合併によるところが大きかった(表8-12)。これは1931年に支店設置を禁止する州法が緩和されたため，ファースト・ウィスコンシン・ナショナル・バンクは32年に入ってから持株会社の支配下にあった12銀行を次々と合併し，同行の支店としていたからである[83]。

　だがそうした銀行合併による支店化は同州最大の銀行であるファースト・ウィスコンシンに自己資本の不足という課題を提起することになる。同行は1935年2月にRFCへ1000万ドルの優先株を売却し，同時に普通株資本の減資(1000→500万ドル)を実施している。同銀行グループ全体でみれば，公的資金は優先株(1178万ドル)，資本証券(124万ドル)を合わせれば1302万ドルに及んでおり，また不動産を担保にして1295万ドルの融資を受けている[84]。同行は35年に普通株の減資差益により不良債権を処理しており，貸付資産は34年(6298万ドル)から35年(3863万ドル)に39％も縮小している。そうした結果として，同行の自己資本比率は4.5％にまで低下し，1000万ドルの優先株を加えることにより，かろうじて10％を維持することになった。だが優先株の回収は遅々として進まず，38年2月に50％の株式配当を実施することで，普通株資本金を250万ドル増加させていたが，40年末になお750万ドルの優先株を残存させている。

表8-12 ミルウォーキー銀行界の動向

(単位=千ドル)

銀 行 名	資 産 1929	資 産 1940	動 向
First Wisconsin National Bank	180,916	279,621	
Marshall & Ilsley Bank	34,138	61,200	
Marine National Bank	13,584	—	合併(1930.7)→Marine National Exchange Bank
Marine National Exchange Bank	—	49,625	合併・設立(1930.7)
National Bank of Commerce	12,197	—	合併(1932)→First Wisconsin National Bank
National Exchange Bank	11,590	—	合併(1930.7)→Marine National Exchange Bank
Badger State Bank	9,141	—	合併(1938.3)→First Wisconsin National Bank
First Wisconsin Trust Co.	5,107	8,052	First Wisconsin National Bank の子会社
Wisconsin State Bank	4,838	6,271	
Second Wisconsin National Bank	4,807	—	合併(1930.3)→National Bank of Commerce
West Side Bank	4,507	6,855	
Mitchel Street State Bank	4,160	3,605	
City Bank	3,755	4,951	銀行名変更(1932.3)→City Bank & Trust Co.
North Avenue State Bank	3,655	—	合併(1934)→First Wisconsin National Bank
Merchants & Farmers State Bank	3,637	*	ファースト・ウィスコンシン・グループ
Park Savings Bank	3,478	2,932	
East Side & Trust Co.	3,119	—	合併→First Wisconsin National Bank
Vliet St. State Bank	2,061	—	合併(1934.12)
Northwestern National Bank	1,648	—	合併(1932)→First Wisconsin National Bank
Sixth Wisconsin National Bank	1,607	—	合併(1932.10)→First Wisconsin National Bank
Mechanics National Bank	1,288	—	合併(1932)→First Wisconsin National Bank
State Bank of Milwaukee	899	3,464	
Sixteenth Ward State Bank	848	—	合併(1934)→First Wisconsin National Bank
Teutonia Avenue State Bank	*	3,370	新規設立(1931.7)
American State Bank	—	4,121	
Holton Street State Bank	*	1,451	
Home Savings Bank	*	4,219	
Kilbourn State Bank	*	2,239	
Northern Bank	*	4,418	

注) *はデータ不明
出所) *Moody's Bank & Finance*

ところで優先株の売却は同行の経営に政府からの干渉を招く危険性を孕んでいた。25万株の普通株の大部分は持株会社(Wisconsin Bankshare Co.)により所有されていたものの，100万株の優先株(額面10ドル)が発行されたため，RFCが同行の最大の株主となっていたからである。1924年以来頭取を務めているW.カステンはその職にとどまっており，その意味で政府からの人事への介入はなかったといえそうである。だがシカゴの銀行検査官を務めていたW. H. ティラーが34年から執行副頭取・取締役として招かれており，カステンはティラーを「政府の代理人」ではないとしているが，そこに政府の関与を認めることができるだろう。新聞は「ファースト・ウィスコンシン・ナショナル・バンクは2月1日以降に政府管理銀行になるだろう」[85]と報じていた。政府の人事への介入という点では，ファースト・ウィスコンシンの事例はファースト・ナショナル・バンク・オブ・シカゴと後述するコンチネンタル・イリノイ・ナショナル・バンク・トラストとの中間的位置にあるといえそうである。

第5節　公的資金を申請した銀行(III)——役員人事への公的介入

RFCは公的資金を投入するさいに，減資と経営権(役員人事)への関与を条件とした銀行があった。そうした厳しい条件を課せられた大銀行は現実には少数であったが，それはニューディール政権による私権制限の帰着点といえるものであった。以下では経営権を制限されたアングロ・カリフォルニア・ナショナル・バンク及びコンチネンタル・イリノイ・ナショナル・バンク・トラストの事例を取り上げることにしよう。

(1) Anglo-California National Bank (San Francisco, Cal.)

アングロ・カリフォルニア・ナショナル・バンクは1932年6月にアングロ・ロンドン・パリ・ナショナル・バンクとアングロ・カリフォルニア・トラストの合併により成立しており，サンフランシスコ市で資産規模第4位(2億3251万ドル)の銀行である[86]。同行はフライシュハッカー一族により支配されており，8支店を有すると同時に，子会社アングロ・ナショナル社を通じて独立銀行を支配しており，バンク・オブ・アメリカに対抗してカリフォルニア州で広域的な支店

制度を展開させようとしていた[87]。同行は銀行合併を一層進めるため33年6月に500万ドルの優先株を発行し，それらはスタンダード・オイル・カリフォルニア及びフライシュハッカーにより引き受けられている。スタンダード・オイルと同行はオイル・ビジネスを通じて密接な取引関係にあったが，スタンダード・オイルは優先株購入により銀行への直接的利権を獲得することになった。その意味でこうした動向は「ロックフェラー財閥の西部金融界への最初の参入」[88]としての意味をもっていた。

　同行は外部から調達した資金で他銀行を吸収合併し，2000万ドルの資産を有する15銀行をアングロ・ナショナル社の管理下においている。そうした拡張路線のもと，同行の預金は1933年(1億4585万ドル)から37年(2億752万ドル)に1.4倍増加しており，自己資本比率は8.9％にまで低下していた。しかし同行の拡張政策は膨張した貸付債権の質的悪化という形で経営の基盤を揺るがすことになる。同行は通貨監督官に不良債権の強制的償却を迫られると同時に，不良債権を隠蔽していた経営者の責任を追及されている[89]。

　RFCは800万ドルの優先株(額面4ドル)を1938年12月に購入することで，500万ドルの旧優先株を回収し，またアングロ・ナショナル社により所有されていた普通株を購入している[90]。同行は新規資金を原資として不良債権の償却を実施し，同時にフライシュハッカー及びロックフェラー利権の影響力を遮断している。同行の貸付・割引額は37年(1億345万ドル)から38年(7718万ドル)に2627万ドル減少しており，「追加資本は銀行を異例に強い資本状況と流動的なポジションにおく」[91]ことになった。さらに新取締役会の構成をみれば，旧取締役から10名が継続したものの，フライシュハッカー一族が排除されており，新取締役(4名)からW. H. トンプソンが社長，A. A. カルキンスが筆頭副社長に選出され，さらにRFCからS. H. ハズバンズが監視役として取締役会に名を連ねている[92]。

（2）Continental Illinois National Bank & Trust Co. (Chicago, Ill.)

　コンチネンタル・イリノイへの公的資金の注入は，その規模及び経営権への介入という点において，最も注目された事例であった。同行は1929年2月にコンチネンタル・ナショナル・バンク・トラストとイリノイ・マーチャント・トラス

トの合併により設立され[93]，中西部における中小銀行の預金支払準備の最大預託先であり[94]，シカゴ最大の銀行であると同時に，合衆国第5位の銀行でもあった。この合併はコンチネンタル・ナショナル・バンクの主導で進められ，新銀行の首脳陣のうち，執行委員会会長(G. M. レィノルズ)，取締役会会長(A. レィノルズ)，取締役会副会長(J. R. リーヴル)の3名がコンチネンタル出身者により占められ，頭取(E. M. スティーヴンス)のみがイリノイ・マーチャントから起用されている[95]。

コンチネンタル・イリノイは恐慌期にとりわけ大きな打撃を受けた銀行であり，1930年末から33年末までに預金は35％(9億6347万ドル→6億2994万ドル)，総資産は40％(12億4924万ドル→7億4679万ドル)縮小している。預金流出にともなう資産整理の過程で，6000万ドルに及ぶインサル関係企業への融資，証券投資の評価損失などにより，巨額の不良債権処理を迫られている。そうした処理額は30年(139万ドル)，31年(470万ドル)，32年(4542万ドル)，33年(6052万ドル)，34年(1099万ドル)，35年(925万ドル)を合計すれば1億3227万ドルとなり，それは29年末の資産総計の11.2％，自己資本の91％に相当している。不良資産の処理は30年末(7219万ドル)から33年末(1285万ドル)に剰余金の急減として反映されている。

コンチネンタルの経営者にとり，不良債権処理による自己資本不足を解消するには，公的資金に依存する選択肢しか残されていなかった。かくて1933年11月に同行は普通株の額面を100ドルから$33\frac{1}{3}$ドルに切り下げ，減資差益(5000万ドル)でもって不良債権を処理すると同時に，不足する自己資本を5000万ドルの優先株をRFCに売却することにより補塡している[96]。コンチネンタルは「RFCへ株式を売却する合衆国で最初の大銀行」[97]であっただけに，定款の変更などの厳しい条件を課せられている。とりわけRFCは経営者の任命及び報酬に関して拒否権を付与するように定款の修正を要求している。つまりRFCが経営者の解任を要求する場合に，経営者が迅速にそれに応えなければ，優先株は2倍の投票権を受け取るとされた[98]。また2期連続半期配当が無配の場合にも，優先株はクラスとして2倍の議決権を有している。そうした拒否権がなかったとしても，優先株(150万株)と普通株(75万株)は同一の議決権を有しているため，政府の議決権は株主総会の多数を占めている。

公的資金申請後にコンチネンタルが直面した大きな問題は，経営トップに誰を選任するのかということであった。取締役会会長・頭取の職にあったレィノルズ兄弟（アーサー，ジョージ）はすでに1932年5月，12月に相次いで辞任しており[99]，会長職を空席のままJ. R. リーヴルが頭取として経営を担っていた。コンチネンタルは会長を自らの意中の候補のなかから選出しようとしたが，政府はそれを拒否し，FDIC総裁を務めていたW. J. カミングスを推薦している[100]。

ファースト・ナショナル・バンク・オブ・シカゴ及び他の大銀行の場合と異なり，なぜRFCは役員人事への介入に拘泥したのであろうか。RFCは次のようなコメントを発表している。

「RFCの側に株式を保有している銀行の役員人事に命令する気持ちはないけれど，株主・預金者の最善の利益と思われる場合には，役員の変更を主張することに躊躇しないであろう……。／銀行の株式所有は役員人事への責任をともなう。それ故有能な役員を確保するために最善の努力を払うのが我々の義務である。役員個人ではなく，銀行にとって何が良いのかが第一に考慮すべきことでなければならない」[101]

こうした考えにもとづいて，J. H. ジョーンズはコンチネンタルの役員人事への介入に踏み切った理由として，経営トップであったレィノルズ兄弟が自行から多額の借入をしていたこと，及びインサル公益事業帝国の崩壊という2つの事情を指摘している[102]。

1934年1月12日にカミングスは取締役会において満場一致で会長に選出されたが，同日の株主総会に諮られた新取締役選出は採決となり，225万票のうち180万票の賛成で承認されている[103]。賛成票のうち150万票はRFCの議決権行使によるものであったから，45万票は反対にまわったことになる。そうした票決にシカゴ金融界のワシントンに対する拒絶の感情をみることができる[104]。ちなみに政府の指名した新取締役の経歴は下記の通りである[105]。

J. Q. Adams	不動産業者
S. T. Bledsoe	アチソン・トピカ・サンタフェ鉄道社長
E. A. Cudahy	カダイ・パッキング社社長
R. G. Danielson	コンチネンタル・バンク支配人
E. Landsberg	USブリューイング社社長
J. F. Stone	マコーミック財団管理人

第 8 章　不良債権と公的資金　　287

　W. Walling　　　パーソナル・ローン・セィヴィング・バンク社長

　コンチネンタルはカミングス体制のもとで好業績を示し，1935 年以降の純利益から優先株を回収していく。優先株の回収は 36 年(500 万ドル)，37 年(1000 万ドル)，38 年(1000 万ドル)，39 年(2500 万ドル)にかけて行われ，このうち 2500 万ドルは普通株による株式配当の形態をとっている。剰余金勘定はこの期間に 1461 万ドルから 5522 万ドルに増加している。こうした結果として，普通株主は再び議決権の多数を掌握するようになり，37 年 1 月に RFC は 33 年末に株主総会で承認された定款の修正を廃止することに同意している[106]。

　1933 年 3 月 4 日の全国銀行休業以降になれば，アメリカ商業銀行はバランス・シートの自己資本勘定に大量の公的資金(11.7 億ドル)を計上し，それは自己資本の 13.3%(34 年末)に相当していた。そうした公的資金注入は大恐慌期に劣化した資産の償却から派生する自己資本不足問題を解決することを意図してなされている。国法・州法を問わず，商業銀行の 1/3 が公的資金注入を迫られていたことは，大恐慌が銀行に及ぼした打撃の大きさを物語っていた。

　前述したように，そうした公的資金の注入は円滑に進んだのではなく，自己資本が不足している銀行側からの自主的な申請というよりも，政府による「上からの」イニシァティブにもとづいてなされていた。政府は預金者の信用不安を解消するため，1934 年 1 月に預金保険制度の発足を予定しており，FDIC は制度加入の条件として自己資本比率を 10% 以上維持することを銀行に要求していたからである。実質的な自己資本額は不良債権の多寡により変動するため，自己資本比率の算出には監督当局の統一的な資産査定基準にもとづく不良債権の処理(引当準備金の積立て)が前提となる。RFC の優先株購入は不良債権処理の結果としてもたらされる自己資本比率の低下を回復させる有力な手段として機能していた。

　政府のそうした自己資本充実政策はたんに預金者の信用不安を沈静化させるという受動的な目的だけでなく，〈自己資本の充実→銀行の信用拡張→企業の投資増加→景気回復〉というニューディール景気政策の大きな枠組みの一環をなしていた。ニューディール政権は景気回復の手段として議会から通貨増発などの強いインフレ要求に直面しており，国債の大量買オペ，金購入価格の引上げ→平価切下げなどの通貨・金融政策は議会からの圧力のもとで実行されている[107]。した

がって RFC による資本注入政策は議会において景気政策として受けとめられ，地域の中小規模のコミュニティ・バンクにとどまらず，都市部の大銀行に至るまで広汎な銀行に公的資金が投入されている。ローズヴェルト政権のもとで展開された公的資金注入政策を我々はどのように評価すべきであろうか。ここでは①政府が受けた損失(国民負担)はどのような規模であったのか，②政府は銀行の経営権にどの程度まで介入したのか，という2つの論点が提起されるだろう。

最初に公的資金注入の結果として，政府が被ることになった損失額についてみよう。政府が購入した優先株には償還のために準備金を積み立てる規定が設けられ，さらに一定期間に限って配当率を優遇する措置を講じられていたことから判断して，政府による優先株購入は将来償還される一時的な自己資本対策として位置づけられていたとしてよいだろう。そこで銀行による公的資金の償還状況を前掲の表 7-3 に拠ってみれば，1940 年末になお 4078 行が 4 億 7800 万ドルの未償還残高を有している実態が明らかとなる。これを公的資金が注入された全銀行と対比すれば，銀行数では 66.7％ の銀行が公的資金の返済を終えておらず，また金額で 41.4％ が償還されずに，銀行のバランス・シートに計上されていることになる。

さらに本章で取り上げた資産規模 1000 万ドル以上の公的資金注入銀行についてみれば，実質的に公的資金を申請した 221 銀行のうち，償還を終えた銀行は 38％(83 行)，未償還の銀行は 62％(138 行)となっており，大銀行においても 1940 年末に依然として公的資金が自己資本の不可欠な部分として組み込まれている。その意味で一時的・緊急避難的な措置として導入された自己資本増強政策であったが，政府のそうした期待を裏切って，公的資本が「永続的」資本として居座っている。

RFC が優先株購入にあたって，償還可能性(収益性)よりも，地域の金融サービス維持を優先させており，そのことが償還期日の延引をもたらした根本的理由となっている。アメリカ銀行制度の最大グループをなす非加盟州法銀行において，1934 年 1 月の預金保険加入時点においてすら，10％ の銀行(744 行)が債務超過であり，さらに自己資本比率 5％ 未満の銀行が 9.6％(718 行)にのぼっていた。したがって RFC は地域経済に「不可欠な」金融サービスを提供する銀行に対し，自己資本比率の如何を問わず，公的資金を注入し，地域経済の安定性を維持しよ

うと努めていた[108]。このように公的資金注入により地域における金融サービスを維持しえたが，その代価はどのようなものであったろうか。RFCによって注入された公的資金残高については，歴史的に検証することが可能である。その未償還残高は10年後の45年9月に2億6124万ドル，独立した連邦預金保険公社法が成立した50年6月に1億994万ドル(494行)，53年6月に4518万ドル(52行)にまで減少している[109]。したがって政府の被った損失は名目的には無視できる金額であったといえる。だがこの間の貨幣価値の変化などを考慮した場合，政府(国民)の負担が全くなかったとまではいえないだろう。ここでも再生産外的需要が巨大化した第2次世界大戦が介在することで，他のニューディール政策と同様に，30年代前半の公的資金注入政策の評価が困難となっている。

次は政府による経営権への関与の如何である。優先株は普通株と同一の議決権を有しており，優先株が配当支払不履行(2半期連続)の場合には，普通株の2倍の議決権を有するという規定となっていた。公的資金を注入された銀行の議決権において，優先株が普通株をはるかに凌駕する事例がかなりみられたが(特に減資銀行において)，政府は役員人事に直接介入することに慎重であった。政府が明示的に銀行の役員人事に介入した事例は比較的少ない。例外的ケースとして，政府が経営トップの選任について拒否権を発動し，外部から人材を招聘するケース(コンチネンタル・イリノイ，アングロ・カリフォルニア)，また役員人事については内部の意向を尊重するものの，トップの実質的な交代を求めたり，外部の人材を監視役として送り込むケース(セキュリティ・ファースト，ファースト・ウィスコンシン)などがあった。最高経営者が議会でインサイダー取引を糾弾され，辞任に追い込まれていたチェス，ナショナル・シティのケースも，政府(議会)からの経営への介入と解釈することができよう。

だが優先株が普通株と対等あるいは凌駕する場合(ファースト・ナショナル・バンク・オブ・シカゴ)においても，議決権の行使が抑制されるのが一般的であった。政府は自己資本の充実を図ることを最優先の課題としており，公的資金の申請を容易にするため，政府が議決権行使を抑制することを選択していたといえそうである。議決権に代わり政府が行使した経営権への介入は，役員報酬の規制，役員数の規制(最大25名——1933年証券法)，配当の規制，普通株資本金と同額となるまで剰余金を積み立てる利益処分規制(35年銀行法)などであり，い

ずれも自己資本を充実させることを目的とした経営への介入であった。

　以上のように RFC による優先株(資本証券)購入はニューディール政策の一翼を担って登場したが故に，優先株の有する償還性(収益性)及び議決権＝支配権という証券的特質は実質的に換骨奪胎される結果となっていた。それはニューディール政権によって〈公的資金の注入→自己資本の充実→融資の拡大→景気回復〉の論理が優先されていたからである。しかし公的資金の注入により不良債権が償却されたとしても，そのことが直ちに銀行融資の拡大を保証するものではないだろう。なぜなら融資拡大には貸付資本の供給要因(自己資本の充実)と需要要因(実物経済における利潤率上昇)という2つの条件が準備されることが必要不可欠となるからである。

1） 連邦監督機関による銀行検査の重複問題に関しては，*Annual Report of FDIC 1938*, pp. 26-27, を参照。また銀行を規制する連邦機関については，カーター・H. ゴレムベ＆デイヴィッド・S. ホーランド著，馬淵紀寿訳『アメリカの預金金融機関』(金融財政事情研究会，1988年)第3章「連邦規制機関」，を参照。
2） *Annual Report of FDIC 1938*, p. 62.
3） 政府が銀行検査基準の統一化を推進していたが，それは広い意味でニューディール政策の一環をなしていた。つまり基準の統一化は次の2つの目的，第1に中小規模の企業が健全な基礎にある銀行から信用を獲得する機会を拡大すること，第2に既存債務を縮小し，健全な借入者に新しい信用を拡大するのを妨げる圧力を緩和すること，を実現するものとして位置づけられており，不況対策としての意味を付与されていた(*Federal Reserve Bulletin*, July 1938, p. 563)。
4） *Annual Report of FDIC 1938*, p. 62.
5） *ibid*., pp. 63-64, p. 69; R. M. Robertson, *The Comptroller and Bank Supervision*, The Office of the Comptroller of the Currency, Washington, D.C., 1968, pp. 134-138.
6） H. E. Krooss, ed., *Documentary History of Banking and Currency in the United States*, Vol. 4, Chelsea House Publishers, NY, 1977, pp. 2646-47.
7） 証券価格の下落，債務不履行の増加は政府債・社債を長期投資の対象として保有する生命保険会社，貯蓄銀行などの機関投資家に対して深刻な影響を与えることになる。州監督当局は投資に関する法的条件の停止及び投資証券の「恣意的」評価の採用により，これらの機関を救済することになる。とりわけ鉄道債はそうした州の政策により大きな影響を受けている。「もし州議会が収益条件を停止しなければ，多くの鉄道債はニューヨーク州の適格リストから除外されていただろう」(W. H. Steiner and others, ed., *The Security Markets*, Twentieth Century Funds, Inc., NY, 1935, Chap. VI, p. 150)。生命保険会社の証券投資とニューヨーク州保険監督官の関係については，Life Insurance Association of

America, *Life Insurance Companies as Financial Institutions*, Prentice-Hall, Inc., N.J., 1962, pp. 160-167，を参照．
8) *Stock Exchange Practices*, Part 12, 1934, pp. 5828-33.
9) W. H. Steiner and others, ed., *op. cit*., pp. 119-120.
10) *Annual Report of FDIC 1938*, p. 64.
11) 投資証券の評価にムーディなどの格付会社の格付け(rating)を利用することへの批判については，M. Palyi, Bank Portfolios and The Control of the Capital Market, *Journal of Business*, Vol. 11-1, Jan. 1938，を参照．
12) *Annual Report of FDIC 1938,* pp. 66-67.
13) *ibid*., p. 65.
14) 同じく大不況を経験しながら，証券評価の方向性は1930年代では企業の収益性という長期的視点を重視していったのに対し，現代では時価主義という短期的視点に傾斜していることは興味深い論点である．
15) *Annual Report of FDIC 1940,* pp. 50-51.
16) 定期預金の上限規制金利は2.5%であったが，市場金利は1934年(2.5%)から40年($1\frac{1}{4}$%)に半減していた(*ibid*., p. 51)．
17) *ibid*., p. 55.
18) J. S. Olson, *Saving Capitalism—The Reconstruction Finance Corporation and the New Deal, 1933-1940*, Princeton University Press, Princeton, 1988, p. 78.
19) *CFC*, Vol. 137, Oct. 21, 1933, p. 2907.
20) RFC総裁，J. H. ジョーンズはコンチネンタル・イリノイ・ナショナル・バンク・トラストの公的資金申請に関して次のように述べている．「それはRFCの優先株計画に参加する大銀行の第一号である．RFCへの優先株売却を通じて資本ポジションを強化する機会を利用するという事実は，中小銀行と同様に，大銀行が政府との協力が望ましいと考えている徴候として受けとられる」(*ibid*., Oct. 21, 1933, p. 2924)．
21) *ibid*., Nov. 18, 1933, p. 3611.
22) J. H. Jones, *Fifty Billion Dollars—My Thirteen Years with the RFC, 1932-1945*, The Macmillan Company, NY, 1951, p. 35.
23) *ibid*., p. 35.
24) 連邦預金保険制度への加入を申請したのは6748行の連邦準備制度非加盟州法銀行であり，1641名の検査官がそうした銀行の検査を担当し，自己資本不足銀行に対しRFCへの資本証券売却により資本基盤を強化するように要求した(*CFC*, Vol. 137, Dec. 9, 1933, p. 4135)．
25) ニューヨーク州では1933年4月18日に，州銀行監督官の認可のもとで，銀行が資本証券を発行することを認める法律が通過していた(*ibid*., Vol. 138, Jan. 6, 1934, p. 51)．
26) *ibid*., Vol. 139, July 21, 1934, p. 375.
27) *ibid*., Vol. 138, Jan. 20, 1934, p. 444.
28) *ibid*.
29) *Moody's Bank & Finance*, 1934, p. 181, p. 1327, p. 1761.

30) *ibid*., 1937, p. 399, p. 426; 1938, p. 232.
31) *ibid*., 1941, p. 204.
32) RFC によるセントラル・リパブリック・バンク・トラストの救済に関しては，J. H. Jones, *op. cit*., pp. 72-81; F. C. James, *The Growth of Chicago Banks*, Vol. 2, Harper & Brothers Publishers, NY, 1938, pp. 1037-40，を参照．
33) *ibid*., pp. 1034-36.
34) *Moody's Bank & Finance*, 1935, p. 653.
35) *CFC*, Vol. 138, Jan. 13, 1934, p. 280.
36) *ibid*.
37) ローソンの引退に関しては，*ibid*., Vol. 137, Aug. 19, 1933, p. 1360，を参照．トレイラーは 1919 年にファースト・ナショナル・バンクの副頭取，25 年に頭取となり，55 歳の時に現役で死去している．彼は 23～24 年にイリノイ銀行家協会会長，26～27 年にアメリカ銀行家協会会長を務め，29 年にバーゼルの国際決済銀行創設時の合衆国代表，さらに 32 年大統領選挙における民主党の有力候補でもあった (*ibid*., Vol. 138, Feb. 17, 1934, pp. 1179-80)．
38) J. H. Jones, *op. cit*., p. 49.
39) F. C. James, *op. cit*., p. 1090.
40) *CFC*, Vol. 136, June 17, 1933, p. 4217.
41) *Annual Report of the Comptroller of the Currency*, Jan. 1933, pp. 122-123.
42) *Federal Reserve Bulletin*, Nov. 1937, p. 1091, p. 1108.
43) シティ・バンク・オブ・ワシントンは 2 行の預金を継承すると同時に，25 万ドルの資本証券を RFC に売却し，自己資本比率を 7.5% から 12.6% に上昇させている (*Moody's Bank & Finance*, 1935, p. 690)．
44) ハミルトン・ナショナル・バンクは 5 万株の普通株 (額面 20 ドル) を発行し，資本金として 100 万ドル計上している．新銀行への出資に応じた旧銀行の株主は 4864 名であり，17 名の新取締役のうち 8 名は 2 つの国法銀行出身者により占められている (*ibid*., 1934, p. 399)．
45) *ibid*., 1934, p. 95.
46) コロンビア特別区における国法銀行の預金は 1929 年から 33 年にかけて 13% (1 億 3922 万ドル→1 億 2177 万ドル)，州法銀行の預金は 27% (1 億 2520 万ドル→9112 万ドル) 減少していた (*Annual Report of the Comptroller of the Currency*, 1934, pp. 122-123)．
47) *Moody's Bank & Finance*, 1934, p. 266.
48) コロンビア特別区において公的資金を注入した銀行として，リッグス以外に，ナショナル・セイヴィング・トラスト (資産 2345 万ドル―1940 年)，シティ・バンク (1436 万ドル)，セコンド・ナショナル・バンク (1180 万ドル)，セキュリティ・セイヴィング・コマーシャル・バンク (1094 万ドル)，マックラーレン・バンキング (663 万ドル) の 5 行があった．
49) J. C. Dolley, Characteristics and Procedure of Common Stock Split-Ups, *HBR*, Vol. 11-2, Apr. 1933.
50) *CFC*, Vol. 137, Dec. 9, 1933, p. 4133.

第 8 章　不良債権と公的資金　293

51) *ibid*., Dec. 30, 1933, p. 4617.
52) *ibid*., Vol. 138, Jan. 13, 1934, p. 272.
53) *ibid*., June 23, 1934, p. 4179.
54) *ibid*., Vol. 137, Nov. 25, 1933, p. 3764, p. 3566；1930 年代のアメリカ映画産業については，呉天降「第 2 次大戦前夜のアメリカ金融資本に関する一考察(II)」(『証券研究』第 95 巻，1991 年 4 月)，を参照。
55) CFC, Vol. 137, Nov. 18, 1933, pp. 3586-87; Dec. 30, 1933, p. 4617；チェス・セキュリティズ社は 1931 年にハリス・フォーブス社と合併し，チェス・ハリス・フォーブス社を形成したが，最終的には 34 年 6 月にファースト・ボストン社として証券業務を行うことになる(*ibid*., Vol. 136, Jan. 14, 1933, p. 276; V. P. Carosso, *Investment Banking in America: A History*, Harvard University Press, Cambridge, 1970，日本証券経済研究所訳「アメリカの投資銀行」(下)17．証券界のニューディール，『証券研究』第 56 巻，1978 年 5 月(以下 V. P. カロッソ，前掲書と略))。
56) CFC, Vol. 138, Jan. 13, 1934, p. 271.
57) チェス・ナショナル・バンクの 1934 年の特別損失には，ハリマン関係の損失が加わっていた。ハリマン・ナショナル・バンクの 32 年の経営危機にさいして，ニューヨーク手形交換所加盟銀行は信用不安の拡大を恐れて，同行の預金を連帯して保証していた。しかしハリマンは 33 年 3 月に窓口を再開できず倒産したため，通貨監督官が預金者を保護するため手形交換所加盟銀行に預金保証を履行するように訴えていた。結局チェスは 116.5 万ドルというニューヨーク大銀行のなかでは最大の負担を余儀なくされている(*ibid*., June 23, 1934, pp. 4228-29)。
58) *Annual Report of the Comptroller of Currency*, 1934, pp. 506-511.
59) CFC, Vol. 137, Dec. 9, 1933, p. 4134.
60) ナショナル・シティ・バンクの 1930〜34 年 1 月の資産償却は 1 億 6700 万ドルに達していたとされ，それは 29 年末自己資本の 68％ に相当していた(H. B. Cleveland & T. F. Huertas, *Citibank 1812-1970*, Harvard University Press, Cambridge, 1985, p. 191)。
61) *ibid*., p. 191.
62) *ibid*., p. 210.
63) *ibid*., p. 206.
64) *ibid*., p. 160.
65) *Moody's Bank & Finance*, 1932, p. 1732.
66) ナショナル・シティ・バンクによる RFC への優先株売却に対し，株主から政府による経営権への介入を懸念して，2722 株の反対票が投ぜられている(賛成票は 464 万 7348 株である)。発行された 5000 万ドルの優先株のうち，RFC が購入したのは 4909.3 万ドルであり，残りは同行の普通株主によって保有されている(CFC, Vol. 138, Jan. 13, 1934, p. 268)。
67) H. B. Cleveland & T. F. Huertas, *op. cit*., p. 191.
68) *ibid*.
69) ペコラ調査と呼ばれる証券取引所に関する議会調査については，V. P. カロッソ，前掲

書, 16. 審理される投資銀行：グレイ・ペコラ調査, を参照。
70) ナショナル・シティ・バンクの取締役は当初は一貫してミッチェルを擁護していたが, O. マイヤー連邦準備局総裁, ローズヴェルト次期大統領の退任発言が出るに及んで,「辞任やむなし」の方向に転じている (H. B. Cleveland & T. F. Huertas, *op. cit.*, p. 186)。V. P. カロッソ, 前掲書, 524 頁。
71) G. T. Cartinhour, *Branch, Group and Chain Banking*, The Macmillan Company, NY, 1931, p. 293.
72) Hearings before a Subcommittee of the Committee on Banking and Currency, House of Representatives, *Branch, Chain and Group Banking*, Vol. 1 Part 1, 1930, pp. 458-461.
73) R. W. Goldschmidt, *The Changing Structure of American Banking*, George Routledge and Sons, Ltd., London, 1933, pp. 83-84；都市不動産担保貸付の詳細に関しては, 平田喜彦『アメリカの銀行恐慌 1929～33 年──その過程と原因分析』(立正大学経済研究所, 1969 年) 第 2 章 V を参照。
74) 公的資金を申請した銀行のうち 1940 年末までに償還していたのはアメリカン・トラスト (San Francisco, Cal.) 1 行であった。同行は 34 年 7 月に 750 万ドルの優先株を RFC に売却して自己資本比率を 5.8% から 9.3% に上昇させていた。しかし 36 年 2 月にサンフランシスコの投資銀行からなるシンジケートの引受により, 750 万ドルの 4% 優先株を市場で売却し, 旧優先株を償還している (*Moody's Bank & Finance*, 1937, p. 422)。
75) *ibid.*, 1930, p. 1446.
76) *ibid.*, p. 503.
77) サートリは頭取を辞したものの, 1955 年に死去するまで, セキュリティ・ファースト・ナショナル・バンクに対し影響力を行使していた (L. Schweikart, ed., *Encyclopedia of American Business History and Biography, Banking and Finance, 1913-1989*, A Bruccoli Clark Layman Book, NY, 1990, pp. 391-393)。
78) 1909 年の法律が施行される以前に設立されていた支店は認められたため, ウィスコンシン州では 7 銀行が 9 支店を保有していた (L. B. Krueger, *History of Commercial Banking in Wisconsin*, 1933, rep., Arno Press, NY, 1980, p. 220)。
79) G. T. Cartinhour, *op. cit.*, Chap. VII.
80) ファースト・ウィスコンシン・ナショナル・バンクは 1919 年にファースト・ナショナル・バンクとウィスコンシン・ナショナル・バンクの合併により設立され, 28 年 12 月にアメリカン・ナショナル・バンク及びセカンド・ワード・セィヴィング・バンクを合併し, 同州の国法銀行資産の 1/3 を占めることになった (*Moody's Bank & Finance*, 1930, p. 693)。同行の歴史に関しては, *CFC*, Vol. 136, May 6, 1933, pp. 3095-96, に詳しい。
81) ファースト・ウィスコンシン・グループがチェーン銀行組織を展開したのは, ミネソタ州のツィンシティ (ミネアポリス, セントポール) に本拠地をおく 2 大銀行グループ (First Bank Stock Corporation, Northwest Bank Corporation) のウィスコンシン州への進出を阻止するという動機があった (L. B. Krueger, *op. cit.*, p. 224)。両グループはウィスコンシン州において 15 銀行 (資産 1186 万ドル) を支配下においていた。

第 8 章　不良債権と公的資金　　295

82) *Federal Reserve Bulletin*, Nov. 1937, p. 1104, p. 1121；支払停止した閉鎖銀行は預金者と安定・再調整協定を締結すれば，州銀行局の承認のもとで資本証券を発行し，FDIC に加入することが認められた。また閉鎖銀行のレシーバーとしての州銀行委員会が閉鎖銀行の資産を担保にして連邦政府から借り入れする権限を付与されている(T. A. Anderson, *A Century of Banking in Wisconsin*, 1954, rep., Arno Press, NY, 1980, p. 164)。

83) 1929〜31 年に銀行が破綻することで，銀行サービスを享受できなくなった 800 人以下の地域(village)で，融資活動を行わない店舗(station)を設置することが許可された (*ibid*., p. 167)。

84) *Moody's Bank & Finance*, 1935, pp. 1418-19.

85) *CFC*, Vol. 140, Jan. 26, 1935, p. 586; Feb. 2, 1935, p. 746.

86) *ibid*., Vol. 134, May 28, 1932, p. 3929；アングロ・ロンドン・パリ・ナショナル・バンクは 1909 年にサンフランシスコにおける 2 つの古い外国銀行(J. & W. Seligman & Co., Lazard Freres & Co.)を発祥とするアングロ・カリフォルニア・バンクとロンドン・パリ・アメリカン・バンクの合併により設立されていた(L. Armstrong and J. O. Denny, *Financial California*, 1916, rep., Arno Press, NY, 1980, pp. 161-162)。

87) *Moody's Bank & Finance*, 1932, pp. 2306-37.

88) *CFC*, Vol. 136, June 3, 1933, p. 3849.

89)「管理官が，つねに監視の目を光らしている必要があるということは，サンフランシスコの，いわゆるフライシュハッカーの銀行である，アングロ・カリフォルニア・ナショナル銀行の経営内容について，意外な事実が発覚したことで，証明済みであった。ここ数年来，管理官当局は，地方検察官の提示した，同行についての逆の報告に誤られて，適宜の処置を怠っていたものらしい。しかし，1938 年になって，とうとう，ハーバートとモーティマーの 2 人のフライシュハッカー兄弟は，詰腹をきらされ，復興金融会社は，この銀行の改組費用に 2200 万ドルを提供したのである」(M. James & B. R. James, *Biography of a Bank: The Story of Bank of America N.T. & S.A.*, Harper & Brothers, NY, 1954, 三和銀行国際経済研究会訳『バンク・オブ・アメリカ——その創業と発展』東洋経済新報社，1960 年，579 頁)。

90) *CFC*, Vol. 147, Dec. 24, 1938, p. 3856.

91) *ibid*.

92) *Moody's Bank & Finance*, 1938, p. 1241；RFC 総裁，ジョーンズは次のように述べている。「我々が救済した多数の銀行のうち少数の場合に，我々は経営を監視するために銀行取締役会に RFC の職員を派遣した。こうした一例はアングロ・カリフォルニア・ナショナル・バンクである。我々の理事の一人，S. H. ハズバンズが取締役会で RFC を代表した」(J. H. Jones, *op. cit*., p. 49)。

93) コンチネンタル・イリノイ・ナショナル・バンク・トラストは合併により資産規模を拡大しており，設立以来合併した銀行は 26 行を数えている(R. G. Thomas, *The Development of State Banks in Chicago*, 1930, rep., Arno Press, NY, 1980, pp. 479-480)。

94) 銀行間預金の 3/4 はコンチネンタル・イリノイ・ナショナル・バンク・トラスト，ファースト・ナショナル・バンク・オブ・シカゴの 2 大銀行によって占有されている(M.

Palyi, *The Chicago Credit Market*, 1937, rep., Arno Press, NY, 1975, p. 231).

95) *Moody's Bank & Finance*, 1930, pp. 954-955.
96) 一人の株主が優先株を取得する権利を行使することを主張したため，RFC は 333.33 ドルを除く優先株を購入することになった（*CFC*, Vol. 137, Dec. 23, 1933, p. 4479）。
97) F. C. James, *op. cit.*, p. 1088.
98) *ibid*.
99) A. レィノルズは 1932 年 5 月にコンチネンタルを辞職した後，33 年 2 月にサンフランシスコにあるバンク・オブ・アメリカ NTSA の取締役会副会長に就任している（*CFC*, Vol. 136, Feb. 11, 1933, p. 967）。
100) F. C. James, *op. cit.*, p. 1089；RFC は当初モンゴメリー・ウォード社社長，S. L. エイブリーに就任を打診したが，彼が固辞したため，カミングスに白羽の矢が立つことになった。カミングスは Cummings Car & Coach Company の創業者であり，また American Car & Foundry Company の取締役を務めるシカゴ・マンであった。カミングスはまた当時 FDIC 会長，財務次官，RFC の職権理事でもあった（*ibid.*, Vol. 138, Jan. 13, 1934, p. 273）。
101) *ibid*.
102) J. H. Jones, *op. cit.*, p. 48.
103) *CFC*, Vol. 138, Jan. 20, 1934, p. 453；*CFC* 誌では総投票数は 250 万票となっているが，普通株と優先株の株数を合計すれば 225 万票となるので，それは誤記と思われる。
104) 「コンチネンタルの取締役はカミングスを進んで受け入れようとしなかった」とされる（J. H. Jones, *op. cit.*, p. 48）。コンチネンタルは人事について RFC 総裁，ジョーンズと相談するため，次のような取締役代表団をワシントンに送っている。L. A. ドウンズ（イリノイ・セントラル鉄道社長），A. コウルス（エコノミスト），C. B. ボーランド（不動産業者），A. A. スプラーグ（卸売業者），J. R. リーヴル（頭取），H. ウォルデック（副頭取）。
105) *CFC*, Vol. 138, Jan. 20, 1934, p. 454.
106) F. C. James, *op. cit.*, p. 1095.
107) 恐慌期の大幅な物価下落，とりわけ農産物価格の暴落という事態に対し，農民団体を中心にして通貨供給量の拡大，物価引上げの声が高まり，ゴールズボロー法案のような金価格引上げを求める過激なインフレ案が勢いをもつことになる（秋元英一『ニューディールとアメリカ資本主義──民衆運動史の観点から』東京大学出版会，1989 年，第 1 章）。
108) 戸田壮一氏は RFC による銀行救済を「不可欠性の条件」をキーワードにして FDIC による銀行救済との関連において位置づけようと試みている。戸田壮一「復興金融公社と連邦預金保険公社──銀行の緊急救済を中心に」（『証券資料』第 107 号，1989 年 8 月）；「アメリカにおける商業銀行の救済──連邦預金保険法第 13 条 (c) 項による緊急救済を中心に」（『エコノミア』第 40 巻 3 号，1989 年 12 月）。
109) *Quarterly Report of RFC*, 1945, 1950, 1953.

第9章　連邦預金保険制度の成立

　第1章で述べたようにアメリカではユニット・バンク，支店銀行のいずれの銀行システムを採用するかをめぐり，長い間議論が展開されてきた。この論点は銀行業の集中→銀行独占の問題に連繋するため，歴史的に州権と連邦権の関係という憲法問題として，またニューヨーク大銀行に象徴される〝マネー・トラスト〟と地方の中小銀行の利害対立として現れてきた[1]。

　そうした事情は大量の銀行破産に直面した大恐慌期においても同様であり，議会で支店制度，グループ・バンクに関する公聴会が開催され，銀行システムと銀行破産との関連性が議論されている。だが農業恐慌により疲弊していた南部，西部，中西部諸州の議員からの強い反発により，銀行制度に対する修正は微調整にとどまり，支店制度の枠組みは最終的に州法に委ねられている。かくて二元的銀行制度を基本的に維持しながら，銀行システムの安全性，預金者保護を確保する代替策として，連邦規模における預金保険制度が創設されることになる。本章では預金保険制度の成立過程を銀行集中度のきわめて低位なアメリカの「特殊な」銀行制度と関連させて考察することにより，その独自性を明らかにする[2]。

第1節　連邦議会における預金保険法案

　アメリカでは度重なる金融パニックと銀行破産の頻発は預金者保護を求める政策的要求を表面化させていた。他の諸政策と並んで，預金保険制度創設の動きは預金者を保護する政策的対応の有力な選択肢として現れている。

　1893年恐慌が金融制度改革の発端をなしたように，1907年恐慌もまた金融恐慌対策と預金者保護を求める議論を活発化させている。預金者保護の課題は，一

方では州規模の預金保険制度の確立，他方で政府保証を付帯した郵便貯金制度の創設へ向かわせている。預金保険制度導入の試みは連邦議会でも幾度となく試みられていたが，実を結ぶことがなく，それは州議会で先行的に実施されることになった。州規模の預金保険制度は1907年のオクラホマ州に始まり，カンザス，ネブラスカ，テキサス，ミシシッピ，サウスダコタ，ノースダコタ，ワシントンの8州で採用されている[3]。いずれもユニット・バンクが優勢な州であり，銀行破綻による決済手段の喪失，預金者保護の対策を迫られていたからである。

郵便貯金制度も40年前から幾度となく提案されてきたものである。共和党は1908年の党綱領で郵便貯金制度の創設を提案し，民主党も預金の政府保証を最優先の政策課題としていたが，もし預金保険制度が実現しなければ郵便貯金制度に賛成する，との立場を表明していた。こうしてW. H. タフト大統領（共和党）のもとで郵便貯金制度は1910年に議会を通過し，500ドルを上限として政府保証を与えることで，零細貯蓄を保護する制度として発足することになった[4]。この保証上限額は1918年に2500ドルに引き上げられているが，私的信用の動揺する大恐慌期には，政府保証を付与された郵便貯金に安全性を求める貯蓄が殺到する事態が生まれている[5]。

連邦議会においても預金保険法案が多数提案されていた[6]。とりわけ上院銀行通貨委員会委員長であるR. L. オーウェンはオクラホマ州選出の民主党議員であり，1907年末から13年末までに6回法案を提出している。オーウェンは13年12月18日に連邦準備法案への修正として預金保険条項を挿入することに成功し，翌日に上院を通過させている。だが下院ではこの条項を削除した連邦準備法が通過し，両院協議会でもC. グラスの拒否により削除することが最終的に決定され（「グラス・オーウェン法」），オーウェンの主張はついに日の目をみることがなかった[7]。

大恐慌の勃発は1930～33年に再び預金者保護をめぐる問題を議会の大きな争点としていった。都市部にまで波及してきた大量の銀行破産，貯蓄を喪失する多数の預金者という政治・経済状況は預金保険制度をめぐる議会のトーンを1907年恐慌期と大きく変化させている。議会における議論を主導したのは，H. B. スティーガル（下院銀行通貨委員会委員長，アラバマ州選出）とグラス（上院銀行通貨委員会委員長，ヴァージニア州選出）の2人の民主党員であった。預金保険制

度に関してはスティーガルが積極的立場を，グラスは消極的立場をとっている。スティーガルは南部，南西部，大平原諸州におけるユニット・バンクの利害を代表していた[8]。両者の預金保険に関する主張の経緯をみよう。

1．スティーガル法案

　スティーガルは早い時期から預金保険法案を下院に提出しており，その法案の特徴は次の通りである。
（1）1925年2月の預金保険法案[9]
　① 連邦準備制度加盟銀行を対象とする。
　② 運営主体は財務長官とする。
　③ 基金の原資は連銀の収益を充てる。
　④ 銀行清算後に預金者に支払われない残高について，保険基金から支払われる（預金全額保護）。

　スティーガルは1926年，28年，30年にも同様な内容をもった法案を下院に提出している。
（2）1932年5月の預金保険法案
　スティーガルは1932年3月にこれまでと異なる法案を提案しており，これは一つの重要な修正を経たうえで，ほぼ原案通りに5月27日下院を通過している。この法案は国法銀行法・連邦準備法を改正する第1部(title I)及び預金者に保証基金(guaranty fund)を創設する第2部(title II)からなっている[10]。第1部で注目されるのは，第7条で預金利子率の上限を4％に規制している条項であり，これは33年銀行法に継承されていく規制案である。だがスティーガル案にはグラス案に盛り込まれた銀行・証券分離に関する条項を見いだすことができない。
　したがってスティーガル案の特色は預金保険を規定した第2部にある。預金保険制度に関する主要規定は次の通りである。
　① 加入銀行は準備制度加盟銀行及び州検査機関により健全と判断された非加盟銀行とする。
　② 運営主体は連邦銀行清算局(Federal Bank Liquidating Board)とする。理事は財務長官，通貨監督官，及び大統領により任命された3名の理事からなる。

③　預金保証基金の原資は次の通りである。
　　・財務省——1.5億ドル（連銀が支払うフランチャイズ税）
　　・連　　銀——1.5億ドル（連銀の剰余金）
　　・加入銀行——1億ドルの年賦課金
　　　　　　　基金が不足するならば，年1億ドルの追加賦課金
④　理事会は復興金融公社(RFC)から5億ドルを借り入れることができる。
⑤　破綻銀行の預金支払
　　・60日以内に1000ドルまでの勘定は50%，1000ドル以上の勘定は25%あるいは500ドルのうちの大きい額が支払われる。
　　・次の6カ月内に1000ドル未満勘定の50%，1000ドル以上勘定の25%が支払われる。
　　・大口勘定は次の6カ月ごとに25%ずつ支払われる。

　このように預金保険に関する新しいスティーガル案の特徴は，第1に運営の主体を財務省から独立した連邦銀行清算局としたこと，第2に預金を全額保護しただけでなく，預金払戻しの期限(最大19カ月)を設定し，凍結預金の早期解放を意図したこと，第3に基金の原資として政府・連銀の拠出だけでなく，銀行への賦課金を規定したことであろう。この法案が提案されたのは1932年3月であったこともあり，預金保護の主要な対象として1000ドル以下の預金勘定を保有する貯蓄者を想定しており，この階層の預金は破産してから9カ月以内に払い戻しされることになっている。預金流出に悩まされている地方の中小規模銀行にとって，そうした預金保証は預金取付けの不安を解消する有力な武器となることが期待された。

　だが大規模銀行まで破綻することになれば，先の資金規模で預金を全額保護することが可能かという問題が残されている。預金保険制度の財源問題と密接に関連するのは，どのような銀行に加入を認めるのかという加入資格の問題である。1932年3月と5月のスティーガル法案の大きな違いはこれに関連しており，非加盟銀行の加入をめぐり議会で審議されている。スティーガル当初案では，非加盟州法銀行の加入要件は厳格であり，賦課金は加盟銀行の2倍の水準とされていた。だが議会の審議の過程で修正を受け，非加盟銀行は加盟銀行とほぼ同一条件で加入することが可能となっている[11]。この問題は銀行監督の一元化の問題とも

重なり，35年銀行法に至るまで尾を引くことになる。

2．グラス法案

　グラスは真正手形原理を信奉していたとされており，1920年代に商業銀行が証券市場との接触を深め，それが銀行資産の悪化と脆弱化をもたらしたという認識を有していた。こうしてグラスは①商業銀行と投資銀行業務の分離，②証券信用の規制，③グループ・バンクの規制，④銀行子会社の規制，⑤支店制度の拡充，⑥預金清算公社の設立などを規定する法案を32年1月に上院銀行通貨委員会に提案している[12]。

　いうまでもなく銀行・証券分離がグラス案の中心部分をなしていたが，支店制度の拡充もグラスが長年主張してきたものであった。通貨監督官，J. W. ポールは1928年5月にメリーランド州銀行家協会で演説し，ユニット・バンク制度に代わり，州をまたぐ〝商業地域〟(trade area)規模の支店制度を採用するように主張している。ポールのそうした主張の背景には，国法銀行から州法銀行への転換が相次ぐという事態があった[13]。グラスはポールの〝商業地域〟プランを取り入れ，次のような支店制度案を提案している。

　① 州法の如何にかかわらず，国法銀行はすべての州で州規模での支店設置を許可される。
　② 州境に近接している国法銀行の営業地域が近隣州にまで拡大している場合には，親銀行の所在地から50マイル以内であれば，近隣州に支店を設置できる。
　③ 本店所在地以外に支店を設置する国法銀行は資本金50万ドル以上でなければならない。

　こうしたグラスの支店銀行案はユニット・バンクが支配的な州の選出議員から「州権」の侵害として非難され，上院の支持を得ることが困難となっている。かくてグラスは1933年銀行法第23条において，「州法で認可されている州において，国法銀行は本店所在地あるいは州規模での支店設置が認められる」として譲歩を余儀なくされている。

　またグラスは預金保険制度に関しては否定的な見解をもち，法案のなかで連邦準備法の修正(第12条B)として，次のような預金清算公社(Deposit Liquidating Corporation)の設立を提案している[14]。

① 理事会は通貨監督官，連邦準備局，連銀(3名)の5名の理事よりなる。
② 公社の株式はクラスA・Bの2種類に分かれ，出資者は次の通りである。
　・クラスA株
　　加入銀行——預金の1/4%；うち1/2は90日以内に，残りの1/2は請求次第支払われる。
　・クラスB株
　　連　銀——剰余金(1932年7月1日)の1/4
　　財務省——1.25億ドル
③ 公社は資本金の2倍まで社債を発行できる。

　法案の(j)・(k)で閉鎖銀行の破綻処理が詳細に規定されていることから理解されるように，公社の役割は「閉鎖銀行の"スロー"資産のための市場を準備する」[15]ところにあった。銀行が破産した場合，貯蓄の一部が失われる(預金の減価)だけでなく，預金者の手許に現金が戻るまで平均5年余の期間を要したという事情がその背景にあった。したがって閉鎖銀行における資産の清算を加速させることで，預金者の手許に預金を早く払い戻して不況の深化を阻止するところに，公社設立の意図があったといえる[16]。その意味でこの組織は銀行再編のために1933年10月〜34年4月にRFCの一部局として機能していた「預金清算部」と類似の性格を有している[17]。

　公社の資金源泉として財務省・連銀・加入銀行の出資，及び社債発行があげられているものの，預金者の預金を保護する条項はみられない。したがってこれらの資金は資産清算と預金払戻しのギャップを埋めるブリッジ資金としての役割しか期待されていない。つまり公社は預金者の預金を保護する性格のものではなく，凍結預金の早急な解放を意図したものにすぎなかった[18]。

　グラス法案は議会・銀行界から強い反発を招いたため，法案の基本部分(銀行・証券の分離)を成立させることを優先するべく支店制度案で譲歩し，1933年1月25日に上院を通過している。

3．グラス・スティーガル法案

　このように預金保険に関して上院と下院の見解は対立したままであった。グラ

スは下院を通過したスティーガル法案(預金保険——1932年3月)及び農産物価格引上げを意図したゴールズボロー法案(銀購入・金価格引上げ——32年5月)の審議を引き延ばし,上院銀行通貨委員会での通過を阻止していた[19]。またグラス法案も預金保険条項が含まれていないため,原案のままではスティーガルの影響下にある下院銀行通貨委員会を通過する見込みがなかった。

だが議会における膠着状態を打開する次のような動きが登場してきた。第1は州モラトリアムから全国銀行休業に至るアメリカ金融システムの機能麻痺である。預金不安に対する国民の関心は全国的規模での銀行モラトリアムによって頂点に達する。第2は1932年11月に行われた選挙において民主党が圧勝し,33年3月に始まる議会において上院(民=60:共=35),下院(民=314,共=110,労=4)とも圧倒的支配を確立した[20]。こうした議会勢力の配置は南部・西部・中西部地域におけるポピュリストの発言権を高め,インフレーション的政策の要求とともに,預金者保護を求める動きを加速させている。第3は33年2月のペコラ委員会におけるC. E. ミッチェル(ナショナル・シティ・バンク会長)の証言により明らかにされた大銀行及び経営者の不正であり,それは国民の間に根強く存在していた反銀行独占の動きを一層強めることになった[21]。

銀行・証券分離問題についてはすでに民主党の綱領となっており,ローズヴェルトもすでに了解していた政策であった[22]。したがって銀行改革法案の行方はひとえに,グラスによる預金保険条項の取扱いに掛かっていた。上述した社会・政治的状況をふまえ,グラスは銀行改革の主要部分(銀行・証券の分離)を通過させるため,国民的支持を得ている預金保険条項を法案に含めることを決意する。連邦準備局の協力を得ながら,グラスはスティーガルとともに新しい法案を作成することになった。グラスは様々な利害関係者に受容される法案作りを目指していたが,とりわけ拒否権を有しているローズヴェルト大統領の意向に配慮せざるをえなかった。

ローズヴェルトはもともと預金保険制度に反対であったが,スティーガル案の預金保険条項のなかでも,預金を100%保証すること,預金保険が政府保証の形態となることに強い難色を示している。また制度への加入にあたり銀行の健全性を検査する必要から,制度の実施は1934年7月以降となることが望ましいと主張していた[23]。グラス小委員会案の作成は4月初旬に完了し,多様な利害関係の

折衷ともいえる法案は5月10日に上院へ，5月16日に下院へ提出されている。

第2節　1933年銀行法における預金保険制度

　スティーガルにより提案された法案は5月23日に圧倒的多数の票決(262：19)で下院を通過している。だが上院ではA. H. ヴァンデンバーグが法案成立後の即時実施を要求して修正案を提出したため，審議は紛糾することになった。そうした要求が出てきた背景には，全国銀行休業以降においても依然として銀行不安が沈静化せず，銀行システムの安全性を求める預金者の声が大きかった事情がある。ヴァンデンバーグは州の2大銀行グループが崩壊し，全国銀行休業の発火点となったミシガン州選出の議員であった。ヴァンデンバーグはまた預金保証額を預金者規律が作用する2500ドルとすることで，預金保険制度への反対を和らげ，早期実施が可能となるように修正案に工夫を加えている[24]。

　グラスはやむなくヴァンデンバーグ修正条項を受け入れ，上院は5月25日に修正条項を付帯したグラス法案を通過させた。したがってグラス案およびスティーガル案の取扱いは両院協議会に委ねられている。だがローズヴェルト大統領はヴァンデンバーグ修正案に強硬に反対し，法案に対する拒否権発動を辞さない意志を表明した。これを受けて大統領と議会の間の調整が行われている。

　預金保険制度に関する主要な争点は，制度の実施時期及び非加盟銀行の取扱いの2点であった。即時実施を要求するヴァンデンバーグに対し，ローズヴェルトは1934年7月を主張していたが，グラスは「暫定」預金保険制度の実施を34年1月とし，大統領がそれ以前に実施する権限を有するという妥協案を示している[25]。結局ローズヴェルトは早期に実施する権限を行使せず，「暫定」制度は34年1月に実施されている。

　第2の非加盟銀行の取扱いは銀行監督の一元化に繋がる問題である。脆弱銀行が多数制度に加入すれば，健全銀行への負担が増加することが予想されるため，預金保険に加入する非加盟州法銀行は強制的に連邦準備制度に加盟させ，連銀の厳しい監督のもとにおくことを意図していた。このことは連邦準備制度による統一的な監督体制を実現し，二元的銀行制度に風穴を開けることになると期待された。だがこれは州権の侵害とする反発を招くことになり，次のような妥協が成立

している。つまり州銀行監督官により健全と判断された州法銀行は保険制度に加入することができるが，1936年7月1日までに準備制度に加盟するか，預金保険制度から脱退するかを決定しなければならない[26]。

　こうした妥協の結果として，グラス・スティーガル法案は1933年銀行法として上下両院を通過し，6月16日に大統領の署名を得て成立している。連邦預金保険制度は独立した法律により根拠づけられたのではなく，33年銀行法第8条により挿入された連邦準備法第12条Bにもとづいて，設立を規定されている。この第12条Bはさらに「恒久」預金保険法を規定するa〜x項及び「暫定」預金保険法を規定するy項よりなっている。35年銀行法により「恒久」預金保険法がさらに修正されるため，33年銀行法で規定された「恒久法」を第1次「恒久」預金保険法と呼ぶことにする。以下では第1次「恒久」預金保険制度及び「暫定」預金保険制度の基本的性格についてみることにしよう。

1．第1次「恒久」預金保険法(1934年7月実施予定)

　「恒久法」はスティーガル下院議員によって提案された法案を基礎としており，大統領の意向を尊重して修正されたものの，大恐慌期に提案された他法案と同様，「大きな」預金保険制度の性格を色濃く有している。この法案の骨子は以下のようなものであった[27]。

　① 公社理事会は3名よりなり，そのうち1名は通貨監督官とする。他の2名の理事のうちから会長が指名される。
　② 預金保証額
　・1万ドル未満の預金　　　100％
　・1万〜5万ドル　　　　　75％
　・5万ドル〜　　　　　　　50％
　③ 基金原資＝資本金
　・Aクラス株：加入銀行による出資(預金の1/2％)
　　　　そのうち半分(1/4％)は加入時に払い込まれる。
　　　　　　　残り(1/4％)は公社からの要求により払い込まれる。
　・Bクラス株：連銀による出資(1933年1月の剰余金の1/2)＝1.39億ドル
　　　　　　　政府による出資＝1.5億ドル

④ 追加賦課金
　・保証預金の支払のために基金の原資が不足した場合には，加入銀行はさらに預金の 1/4% の賦課金を支払う義務がある。
　・賦課金を支払わない限り，配当を支払うことができない。
⑤ 社債の発行
　公社は資本金の 3 倍まで社債(免税債)を発行することができる。

　以上のようにこの預金保険法では，ローズヴェルトの部分預金保証の主張を取り入れているものの，1 万ドル未満の預金が全額保証されており，小口預金のみならず，大口預金のかなりの部分も保証の対象となる「大きな」預金保険制度となっている。預金保証を担保すべき基金原資は連銀，政府の出資及び預金の 1/2% に相当する加入銀行の出資からなっている。さらに 1 万ドル未満の預金を保証するという「大きな」保険制度であるため，銀行破綻が続出した場合には，加入銀行は追加の賦課金を支払う義務が生ずる。法律の文面には追加賦課金の回数に言及がないため，基金が不足すれば，加入銀行は 1/4% の賦課金を無限に支払わなければならない仕組みとなっている。つまり「恒久法」は大銀行にとり大きな負担(an unlimitd liability)を強いる可能性をもった制度であった[28]。

2．「暫定」預金保険法(1934 年 1〜6 月)

　「恒久的」な預金保険制度が 1934 年 7 月に発足する前に，議会の強い要望を受けて，「暫定法」が 34 年 1 月から施行されることになった。連邦準備法第 12 条 B の y 項に規定された「暫定」預金保険制度は以下のような内容のものであった。

① 預金保証の上限は 2500 ドルとする。
② 公社の基金は銀行の保険適格預金に対して賦課される 1/2% の保険料からなる。そのうち 1/2 は公社加入時に，残りの 1/2 は請求次第支払われる。
③ 基金が不足した場合，1 度に限り，追加賦課金が徴収される。それは以前に支払った賦課金(1/2%)を超えることはない。
④ 加入資格
　・全国銀行休業日以降に再開を許可された準備制度加盟銀行
　・州銀行監督官による検査を経た非加盟州法銀行

ヴァンデンバーグが挿入した「暫定法」は先にふれたように，早期実施のために多様な利害関係者を満足させる規定となっている。第1の特徴は加入資格が緩やかとなっていることである。加盟銀行については全国銀行休業後に再開を許可された銀行は無条件に加入が認められ，また非加盟銀行についても州銀行監督官による検査を経た銀行は加入を認められている。これは脆弱銀行を制度から排除する，というグラス，大統領の立場からすれば，大きな譲歩となっている。第2の特徴は「恒久法」と比較して，「小さな」預金保険となっていることである。預金保証額が2500ドルという低い金額に抑えられたことを反映して，加入銀行の拠出負担が軽減されている。基金の原資が出資から預金に対する賦課金に変更され，賦課対象も総預金から保険適格預金の1/2％となっている。賦課対象が保険適格預金に変更されたことで，小口預金が大部分を占める中小銀行の負担が高まり，逆に大口預金の比率が高い大銀行にとり負担が軽減される。これはヴァンデンバーグによって大銀行の支持を獲得するためになされた修正といえる。さらに「恒久法」との決定的な違いは，基金の原資が不足した場合，加入銀行への追加賦課は1回限りと制限されたことであろう。預金保険制度による中小銀行のモラル・ハザードを警戒していた都市部の大銀行にとっても，これは受容しやすいプランとなっている。

3．「暫定」預金保険法の延長（1934年7月1日〜35年8月31日）

第1次「恒久」法は1934年7月より実施される予定であったが，預金保険制度をめぐる複雑な利害対立から，その実施は見送られている。「暫定法」は34年修正法（34年6月16日）により35年6月末まで延長され，さらに35年銀行法の発効する35年8月31日まで再延長されている。「暫定法」の2度にわたる延長の背景には，預金保険制度をとりまく社会的・経済的状況の変化があった。

（1）「暫定」預金保険法の第1次延長（1934年7月1日〜35年6月末）

連邦預金保険制度が「暫定法」にもとづいて発足したものの，半年後に迫った「恒久法」の実施をめぐって，議会内外で議論が再び活発化してきた。1933年銀行法は全国銀行休業という銀行システムの未曾有の危機を背景にして成立していたが，34年になれば，RFCによる閉鎖銀行の再編，開業銀行への優先株購入な

どの政府の銀行政策により，銀行の信用不安が沈静化してきていた。銀行システムのおかれた環境のそうした変化が「暫定法」として発足した預金保険制度に対する見方に影響を及ぼしている。つまり「小さな」預金保険制度の試行は銀行不安を沈静化させたという現実を否応なく評価させ(大銀行サイド)，また同時に2500ドルの預金保証は中小銀行の預金口座の大部分を網羅するに足るものであるとの認識を広めることになる(中小銀行サイド)[29]。

議会における預金保険法論議の口火をきったのは，「暫定法」を提案したヴァンデンバーグ自身であり，1934年1月に「暫定法」を「恒久法」に代置するように主張している。大銀行による預金保険廃止論からユニット・バンク州＝中小銀行における「大きな」預金保険論の対立が再び激化するなか，大統領は混乱を収拾すべく，「暫定法」を1カ年延長すること及び連邦預金保険公社(FDIC)当局者によって作成された預金保険プランの検討を両院銀行通貨委員会委員長に依頼している。「暫定法」の延長は上院により受け入れられたが，下院ではスティーガルが預金保証額を2500ドルから1万ドルに引き上げるという新たな提案をしたため，上下院の合意がなかなか成立しなかった[30]。

さらに「暫定法」の延長は預金保険制度を廃止に追い込む意図をもったものでないのか，という預金保険支持者側からの疑念が出てきていた。1934年6月までに「暫定法」が延長されなければ，「恒久法」が実施の運びとなるため，「暫定法」の延長に関する合意を早急にとりつける必要があった。政府はそうした疑念を打ち消すため，L.T.クローリー(FDIC総裁)が「FDICは保険プランを破壊したい」と考えていないことを表明し，さらにローズヴェルト大統領は「銀行預金の保険はニューディールの永久的な部分となっている」というメッセージを出し，ようやく34年6月16日に延長法案が議会を通過した[31]。

1934年6月に「暫定法」に対してなされた主要な修正は次の通りである[32]。
① 「暫定法」を1935年6月末まで1カ年間延長する。
② 預金保証額の上限を2500ドルから5000ドルに引き上げる。

FDICはこの延長の理由として，1) 多数の州法銀行が預金保険に加入できるよう，州法を改正する時間的余裕を与えること，2)「恒久」預金保険法を実施する前に，FDICに基金の運営に習熟する機会を与えること，3) 自己資本充実計画がすべての銀行で完了していないことをあげている[33]。だが「暫定法」延長の

真の理由は預金保険制度をめぐる利害対立にあり，その決着を先送りする時間稼ぎ的な意味合いがあったといえるだろう。

両者の妥協を象徴するのは預金保証額の引上げ(2500→5000ドル)であった。当初の保証額である2500ドルは，そもそも少額貯蓄者が郵便貯蓄銀行に預金するさいの上限を考慮した金額とされている。連邦政府が郵便貯金勘定に信用保証を提供していたため，信用不安が高まってきた恐慌期に，脆弱銀行から郵便貯金に大量の資金移動が行われていた[34]。したがって銀行預金に2500ドルの預金保証を付与することは，少額貯蓄をめぐって郵便貯金と対等な競争条件を与え，銀行からの預金流出を阻止するのに寄与すると考えられた。

では預金保証額を5000ドルという金額に引き上げた理由はいずこにあるのだろうか。預金保証額の引上げを提案したのは預金保険制度の導入を積極的に支持したスティーガルであり，当初スティーガルによって提案された預金保証額は1万ドルであった。スティーガルは下院銀行通貨委員会委員長であり，この問題が解決されなければ，「恒久法」は1934年7月に予定通りに実施されることになる。預金保険反対論者は「健全」銀行に大きな負担を課すことになる「恒久法」の実施を是非とも阻止したかったはずであり，そのために預金保証額の引上げという点では譲歩しても，「暫定法」の延長を支持する立場をとらざるをえなかった。これに対し預金保険存続派は「暫定法」の延長を預金保険廃止へ道を開くものとしてとらえ，預金保険を存続させる意思表明として，保証上限額の引上げを要求していた[35]。こうして預金保証額はスティーガルの当初主張していた1万ドルではなく，5000ドルに落ち着いている。その意味で保証額の引上げはまさしく，「恒久法」の棚上げを優先した双方の政治的妥協の産物であったといえるだろう[36]。

(2)「暫定」預金保険法の再延長(1935年7月1日～8月31日)

1935年銀行法案は3部からなるオムニバス法案であり，第1部は連邦預金保険法，第2部は連邦準備法の改正，第3部は銀行法の技術的改正となっている。この法案の最大の争点はM.S.エックルスが起草した第2部の中央銀行組織の改編及び連邦準備政策委員会への金融政策権限の集中であり，第1部，3部については大きな対立点は少なかった[37]。

しかし政策委員会への権限集中をめぐって意見が対立し、1935年銀行法案の議会通過は遅延を重ねている。もしこの法案が通過しなければ、33年銀行法で規定された第1次「恒久」預金保険法が予定通り35年7月1日より施行されることになる。3つの法案を独立法案として採決することも検討されたが、第2部の通過を優先する立場をとる大統領はオムニバス法案のままでの成立を目指すことを主張している。失効寸前の35年6月28日に延長法案が可決され、「暫定法」は8月末まで再度延長されることになった[38]。

1935年銀行法案は5月9日に下院を、7月26日に上院を通過し、両院協議会の調整を経たうえで、8月19日に上下院を通過し、8月23日に大統領署名により発効している。こうして預金保険は連邦規模の「恒久」的制度としてその歩みを開始することになる。

第3節　第2次「恒久」預金保険法(1935年9月〜)

FDICは大統領の指示にもとづいて、1933年銀行法に規定された第1次「恒久法」に代わる第2次「恒久法案」を作成し、議会に提出していた。この「恒久法案」の上下院の討議にさいして利害調整を必要とした箇所は、賦課金の規模と預金保険の加入条件の2つであった。

まず賦課金については下院が預金の1/8%を、上院は原案通りの1/12%を主張して対立した。また上院では賦課金が5億ドルの上限に達した時に、銀行への賦課を停止し、基金が15%減少した時点で、賦課を再開することを提案している。上院案は負担を可能な限り軽減しようとしていた都市部の大銀行の利害を代表していたといえる。この問題は両院協議会において、賦課率は1/12%とすること(上院の主張)、賦課金の上限を設けないこと(下院の主張)という妥協が成立している[39]。

次の対立点は連邦準備制度への加盟問題である。グラスは銀行制度の一元化を目指して、すべての州法銀行が制度に加盟することを義務づけようとしていた。1933年銀行法では連邦預金保険制度に加入する州法銀行は36年7月までに準備制度に加盟することが規定されていた。だが中小銀行の利害を代表する下院の議員からは、銀行の一元化に対し強い反発があった。こうして100万ドル以上の預

金を有する州法銀行は42年までに準備制度に加盟するという妥協が成立している[40]。しかし預金保険に加入する州法銀行を準備制度に強制加盟させる条項は39年6月法により削除されたため[41]、二元的銀行制度がそれ以降も存続することになった。

こうして成立した第2次「恒久」預金保険法は1935年銀行法第1部(Title 1)第101条による連邦準備法第12条Bの修正により根拠づけられている。第2次「恒久法」は系譜的には33年銀行法により設立を規定された第1次「恒久法」よりも、「暫定法」を継承したものであり、その意味で「小さな」預金保険制度に属するといえる。

第2次「恒久法」の主要な内容は次の通りである[42]。

① 預金保証額は5000ドルとする。
② 基金の原資は政府・連銀の出資に加え、銀行の総預金に対する1/12％の賦課金からなる。
③ 「暫定法」下で加入していた全銀行(加盟及び非加盟銀行)が自動的に「恒久法」のもとでも加入を認められるが、非加盟銀行は1941年7月までに連邦準備制度に加入しなければならない(強制加盟は39年に削除)。
④ 銀行間の合併を促進したり、他銀行への資産売却あるいは預金引受を促進するため、公社は銀行資産を担保にして融資をするという新たな権限を付与される。
⑤ 非加盟銀行に対する規制権限の付与──合併・支店開設・預金利子率など。

預金保証額は1934年6月の修正「暫定法」(2500→5000ドル)と同一であり、第1次「恒久法」(1万ドル)と比較すれば、「小さな」預金保険となっている。銀行の資金拠出の方法においても、出資形式(「恒久法」)から賦課金方式(「暫定法」)に変更され、さらに賦課率は保証預金の1/2％(当初賦課金)から、総預金の1/12％(年賦課金)に変更されている。賦課の対象が保証預金から総預金に変更されたため、預金規模の大きな大銀行の負担が中小銀行よりも大きくなっているが、1/12％の年賦課金の見返りに、追加拠出の負担がなくなったというメリットがある。

さらにFDICの負担を回避するため、合併する銀行あるいは資産購入・預金継承をする銀行に対し資金援助をする権限を付与されたことは、銀行破綻処理の

その後の経過を考える時，FDIC に与えられた重要な追加権限と評価される。これにより FDIC は破綻銀行の預金者に対し保証預金を支払う(ペイオフ)だけでなく，より安価なコスト(資金援助)で預金者を保護する手段を獲得することになった。

最後に FDIC は州監督当局による緩い監督下におかれていた非加盟州法銀行に対する監督権限を付与されている。前述したように非加盟州法銀行が預金保険制度に加入するための条件であった連邦準備制度への加盟が1939年に除去されたため，FDIC が非加盟州法銀行を監督する唯一の連邦機関となっている。金利規制の権限が連邦準備制度理事会に付与されたものの，その権限は非加盟州法銀行には及ばなかった。したがって金利規制を実効あるものとするには，FDIC による非加盟銀行への金利規制が不可欠の条件であったといえる[43]。

第4節　預金保険制度と預金保証

複雑な利害関係調整の結果として，連邦預金保険制度が成立したことをすでにみてきた。次に預金保険が1930年代の銀行預金構造において有した意義について考えてみよう。

1. 預金保険制度への加入状況

最初に「暫定」預金保険制度が開始された1934年1月1日の状況についてみよう(表9-1)。この時点で営業再開を許可されていた商業銀行は1万4412行，預金額は324億ドルであり，このうち1万2551行が制度への加入を認められている。そのうち準備制度加盟銀行が6011行，非加盟銀行が6540行であった。「暫定」制度の当初の預金保証額は2500ドルであったので，保証預金総額は全預金の1/3に相当する110億ドルとなっている。無保証預金額の内訳をみれば，10億ドルは制度に加入していない銀行の預金であり，200億ドルは加入銀行の預金のうち2500ドルを超える無保証部分であった[44]。

「暫定」法(1934年1月～35年8月22日)のもとで加入銀行は1668行増加し，1万4219行となっている。35年8月の保証預金額は170億ドル，無保証額は240億ドルである。保証預金の増加の1/2は保証範囲の拡大(2500→5000ドル)及

表 9-1 預金保険加入銀行と保証預金
(預金単位=百万ドル)

	1934.1	1935.12	1940.6
〈銀行数〉			
合　計	14,989	15,812	15,007
加入銀行	12,765	14,181	13,534
非加入銀行	2,224	1,631	1,473
商業銀行	14,412	15,246	14,456
加入銀行	12,551	14,125	13,483
国法銀行	5,154	5,386	5,164
州法銀行	857	1,001	1,234
非加盟銀行	6,540	7,738	7,085
非加入銀行	1,861	1,121	973
相互貯蓄銀行	577	566	551
加入銀行	214	56	51
非加入銀行	363	510	500
〈保証預金〉			
合　計	42,098	55,293	70,959
保証預金	37,669	45,101	59,853
無保証預金	4,429	10,191	11,106
商業銀行	32,375	45,416	60,326
保証預金	31,301	44,123	58,425
国法銀行	17,569	24,802	33,014
州法銀行	9,612	13,652	18,715
非加盟銀行	4,120	5,669	6,696
無保証預金	1,074	1,292	1,900
相互貯蓄銀行	9,723	9,877	10,633
保証預金	6,368	978	1,428
無保証預金	3,355	8,899	9,205

出所) *Annual Report of FDIC 1934*, p.176; *1935*, p.124, p.168; *1940*, p.112, p.132

び加入銀行数の増加，1/2は主に預金増加の結果として生じている。無保証預金の増加はほとんど預金の増加に拠っている[45]。

　1934年以降にも新規加入と脱退の2要因が作用していたが，加入銀行数はほぼ安定した推移をたどっている。加入数は1万4219行(35年8月)をピークにして漸減しており，40年6月には1万3534行となり，685行の純減となっている。これを銀行クラス別にみれば，国法銀行は298行の減少(5462→5164行)，加盟州法銀行は378行の増加(856→1234行)，非加盟州法銀行は669行の減少(7754→7085行)となっている[46]。40年6月時点での預金保険加入状況をみれば，非加入銀行の比率は全体の6.7%(973行)であり，非加入銀行預金の比率は3.1%(19

億ドル）にすぎない。だが非加入州法銀行のうち，100万ドル以上の預金を保有する銀行は106行あり，さらに19行は1000万ドル以上の預金を有する大銀行であった[47]。グラスがすべての州法銀行に連邦準備制度加盟を義務づけようとしたのは，都市部における大銀行相互の競争条件を均等化させる意図があったからである。

大量脱退という動きを示していた相互貯蓄銀行の加入状況も注目される。相互貯蓄銀行は1934年1月の発足時に214行が加入していたが，34年6月末に169行が保険制度から脱退しており，34年末の加入数はわずかに68行（貯蓄預金の11%）にまで減少している。この背景には，「暫定法」の延長により保証上限額が引き上げられ，商業銀行の損失を貯蓄銀行が連帯して負担することを回避しようとしたことがあるとされている。さらに保険制度(the Fund for Mutuals)に加入する貯蓄銀行のなかでも，46行が5000ドルの保証上限額を選択したが，22行は2500ドルの保証額にとどまっている。ニューヨーク，マサチューセッツの貯蓄銀行は州単位の保険組織を独自に形成しており，2州に所在する328行（67億ドルの貯蓄）が貯蓄銀行預金総計の69%を占有していた[48]。

2．「恒久」預金保険制度下の預金保証

預金保険によりカバーされる勘定，預金の範囲を，「暫定法」が延長され，保証上限額が5000ドルに引き上げられた時点の状況についてみよう。表9-2は1934年10月1日の加入銀行に関する資料である。加入銀行で開設されている勘定は4975万口座であったが，そのうち完全に保証される預金勘定口座数（5000ドル以下）は全体で98.5%となっている。これを銀行クラス別にみれば国法銀行(98.5%)，加盟州法銀行(97.9%)，非加盟銀行(99.1%)となり，銀行クラス，預金規模の大小を問わず，大多数の預金者の預金勘定は預金保険制度により完全に保証されている。保証勘定の平均預金規模は245ドルにすぎなかった。

だが5000ドルを超過する預金勘定数は1.5%（72万9749）にすぎないとはいえ，預金額でみれば，それは無視しえない影響力を有している。加入銀行の預金は359億8752万ドルであったが，そのうち完全に保証される預金は43.5%(156.5億ドル)にすぎず，残りの56.5%(203億ドル)は部分保証勘定における5000ドルを超過する預金であった。つまり一部の預金勘定は高額な預金を有しており，

表9-2 完全保証される預金勘定比率 (5000ドル以下)

(預金勘定単位=千)

全 銀 行

〈預金規模〉	銀行数	保証勘定合計	完全保証勘定	部分保証勘定	完全保証勘定比率
10万ドル以下	1,513	620	619	2	99.7
10- 25万ドル	3,593	2,748	2,736	12	99.6
25- 50万ドル	3,115	4,126	4,103	24	99.4
50- 75万ドル	1,478	2,997	2,977	21	99.3
75- 100万ドル	943	2,595	2,576	19	99.3
100- 200万ドル	1,631	6,256	6,199	57	99.1
200- 500万ドル	1,060	7,509	7,422	87	98.8
500-5000万ドル	631	12,042	11,840	201	98.3
5000万ドル以上	96	10,857	10,549	308	97.2
合 計	14,060	49,751	49,021	730	98.5

加 盟 国 法 銀 行

〈預金規模〉	銀行数	保証勘定合計	完全保証勘定	部分保証勘定	完全保証勘定比率
10万ドル以下	93	41	41	0.1	99.7
10- 25万ドル	835	722	719	3	99.6
25- 50万ドル	1,261	1,722	1,712	10	99.4
50- 75万ドル	741	1,454	1,444	10	99.3
75- 100万ドル	506	1,330	1,319	10	99.2
100- 200万ドル	324	3,423	3,390	33	99.0
200- 500万ドル	659	4,467	4,412	55	98.8
500-5000万ドル	380	6,663	6,548	116	98.3
5000万ドル以上	52	6,554	6,386	168	97.4
合 計	5,451	26,376	25,970	406	98.5

加 盟 州 法 銀 行

〈預金規模〉	銀行数	保証勘定合計	完全保証勘定	部分保証勘定	完全保証勘定比率
10万ドル以下	22	10	9	0.03	99.7
10- 25万ドル	120	99	98	0.4	99.6
25- 50万ドル	188	246	245	1	99.4
50- 75万ドル	98	182	181	1	99.2
75- 100万ドル	67	174	173	1	99.2
100- 200万ドル	142	599	594	5	99.2
200- 500万ドル	153	1,215	1,203	12	99.0
500-5000万ドル	141	3,137	3,083	54	98.3
5000万ドル以上	39	3,900	3,776	124	96.8
合 計	970	9,361	9,362	199	97.9

非 加 盟 銀 行

〈預金規模〉	銀行数	保証勘定合計	完全保証勘定	部分保証勘定	完全保証勘定比率
10万ドル以下	1,398	570	569	1	99.7
10- 25万ドル	2,638	1,928	1,919	9	99.6
25- 50万ドル	1,666	2,158	2,146	12	99.4
50- 75万ドル	639	1,361	1,352	9	99.4
75- 100万ドル	370	1,091	1,084	7	99.3
100- 200万ドル	565	2,233	2,215	19	99.2
200- 500万ドル	248	1,827	1,808	19	98.9
500-5000万ドル	110	2,242	2,210	32	98.6
5000万ドル以上	5	404	387	16	95.9
合 計	7,639	13,814	13,689	125	99.1

出所) *Annual Report of FDIC 1934*, p. 186, p. 192

5000ドル以下の部分保証される預金が36億4874万ドルであるのに対し，無保証預金額は203億ドルとはるかに規模が大きかった。これを銀行クラス別にみれば，保証される預金比率は加盟州法銀行(32.7%)，国法銀行(42.3%)，非加盟銀行(72.4%)となり，比較的規模の大きな加盟銀行で保証率が低いのに対し，小規模銀行では保証率は比較的高いという対照的な構図がみられる。

とりわけ保証率に明白な格差がつくのは預金規模500万ドルのラインであり，保証率は500～5000万ドル規模銀行で49.6%，さらに5000万ドル以上規模銀行では25.7%にまで低下している。つまり都市部の大銀行においては，預金者数が少数であったとはいえ，高額預金の大部分は保証の対象外であり，信用不安の発生はそうした高額預金者の預金流出という形をとることが予想される。保証されない高額預金が多く分布する地域をみれば，テキサス(保証率48.5%)，デラウェア・ペンシルヴェニア(46.7%)，メリーランド(45.8%)，ルイジアナ(45.5%)，ミズーリ(44.1%)，マサチューセッツ(38.8%)，イリノイ(37.2%)，ニューヨーク(23.7%)などであり，中央準備市銀行(ニューヨーク，シカゴ)の所在するニューヨーク・イリノイ州及びボストンを有するマサチューセッツ州で保証されない預金額が大きいことは注目される[49]。

金融危機の発火点となりうるそうした大口預金は，預金保証額の引上げによってもカバーされる範囲にさして変化がみられない[50]。預金保険により保証されるのは基本的に小口の大衆預金であり，大口の法人預金，銀行間預金をすべてカバーすることは困難である。したがって大口の法人預金をカバーするには全額保証制度を採用する以外に道はなく，その資金を預金保険原理で徴収するとすれば，銀行に多大な負担を強いることになる。それは私的合理性から逸脱した性格のものとなるであろう。それ故預金保険制度がアメリカで最初に発展したのは，零細規模の中小銀行(ユニット・バンク)が多数営業している分散的な銀行制度に適合していたからといえるだろう[51]。

ヨーロッパ諸国，カナダのように銀行集中が進み，少数の大銀行が全国的に支店を展開している場合には，大口の法人預金が小口預金とともに大銀行に集積されてくる。そうした大銀行では大口預金の比率が高くなるため，一定の預金保証額を設定したとしても，信用不安が生じた場合に保証されない大口預金の流出を抑制することが難しい。したがって「一国の銀行制度が少数の大銀行からなる諸

国においては，それが暗黙的か，非公式なものであったとしても，政府保証がその〔預金保険制度の〕目的を達成することができる」[52] ことになる。

　世紀転換期にアメリカの産業分野においては大企業の合併による独占化が急速に進行していたのに対し，金融分野では多数の銀行が州内部の狭い地域(本店所在地)で営業する，という「分散性」「零細性」を特徴とする銀行システムが成立していた。支店設置に制限を設け，地域的な資金循環を重視する考えは南部・西部・中西部諸州においてとりわけ強く，反独占・反マネー・トラスト思想は19世紀末，1930年代の大不況期に政府の政策形成(インフレ政策，金融政策など)に多大な影響を及ぼしていた。

　銀行業の分散性は一方では銀行間預金を媒介とするニューヨーク・シカゴ大銀行への資金集中，他方で公開市場としてのニューヨーク証券市場を通してある程度まで克服されていた。しかし営業地域を限定されることによる資産面におけるリスク分散の困難化という事情は，中小銀行の信用を不安定化させる傾向があり，不況期には多数の銀行破綻と預金者損失という現象を惹起している。そうした銀行危機対策は支店銀行網の拡大による全国的規模での資金集中，銀行独占形成というヨーロッパ諸国がたどった方向ではなく，預金保険制度の創設による預金者保護の方向に向かっている。つまり預金保険制度の発展はある意味では州の権限が強く，したがってユニット・バンク制が支配的なアメリカ特有の経済的・政治的風土から生じた産物であったといえる。

1 ）ウィスコンシン州の銀行家で，FDIC総裁となったL. T. クローリーがJ. H. ジョーンズ(RFC総裁)にあてた手紙で示した次のような信念が地方の中小銀行家の見解を端的に代表していると思われる。「小銀行は合衆国の金融構造の真のバックボーンであり，その回復は小企業の安寧と歩調を合わせなければならない」(J. H. Jones, *Fifty Billion Dollars—My Thirteen Years with the RFC, 1932-1945*, The Macmillan Company, NY, 1951, p. 44)。
2 ）連邦預金保険制度の成立過程については，戸田壯一「1933年銀行法改革と連邦預金保険制度」(『武蔵大学論集』第33巻5・6号，1985年3月)，高木仁「アメリカにおける連邦預金保険制度の成立――1933年銀行法による金融制度改革の一側面」(『証券経済研究』第28号，2000年11月)，を参照。
3 ）州預金保険制度に関しては，*Annual Report of FDIC 1952*, pp. 59-72; *1956*, pp. 47-

73, を参照。
4) 郵便貯金制度の創設事情に関しては, E. W. Kemmerer, *Postal Savings*, Princeton University Press, Princeton, 1917, を参照。
5) M. O'Hara & D. Easley, The Postal Savings System in the Depression, *Journal of Economic History*, Vol. 39-3, Sept. 1979.
6) 1886〜1933年に150の預金保険法案が議会に提案されていた。預金保険の立法史に関しては, *Annual Report of FDIC 1950*, pp. 63-78, を参照。
7) C. H. Golembe, The Deposit Insurance Legislation of 1933—An Examination of its Antecedents and its Purposes, *Political Science Qarterly*, Vol. 75-2, June 1960, p. 188.
8) 預金保険法案の1/3以上はユニット・バンク州であるオクラホマ, ネブラスカ, テキサス, カンザスの4州の議員から提案されている (*ibid*, p. 196)。
9) *Annual Report of FDIC 1950*, pp. 80-101.
10) *CFC*, Vol. 134, June 4, 1932, pp. 4087-90.
11) *ibid*., p. 4087.
12) グラス案が1933年銀行法として立法化される過程を銀行・証券業務の分離規定を中心に詳細に追跡した労作として, 坂本正『金融革新の源流』(文眞堂, 1997年)があげられる。またグラスの思想的背景となった「真正手形主義」については, 西川純子「真正手形主義についての一考察」(1)(2)(『証券経済研究』第12号, 30号, 1998年3月, 2001年3月), を参照。
13) Hearings before a Subcommittee of the Committee on Banking and Currency, House of Representatives, *Branch, Chain and Group Banking*, Vol. 1 Part 1, 1930, pp. 3-26.
14) *CFC*, Vol. 136, Jan. 28, 1933, p. 595; Feb. 11, 1933, pp. 940-945.
15) *ibid*., Jan. 28, 1933, p. 595.
16) S. C. Patrick, *Reform of the Federal Reserve System in the Early 1930s*, Garland Publishing, Inc., NY, 1993, p. 98.
17) C. B. Upham & E. Lamke, *Closed and Distressed Banks*, The Brookings Institution, Washington, D.C., 1934, pp. 166-171.
18) グラスは「状況を援助するのに最も適合的な救済政策はレシーバーシップ制度の改善の発展に見いだされる」,「要求されているのは保証ではなく, 清算能力である」と主張していた (H. P. Willis & J. M. Chapman, ed., *The Banking Situation*, Columbia University Press, NY, 1934, p. 65-66)。
19) *ibid*., pp. 122-123.
20) *CFC*, Vol. 135, Nov. 12, 1932, p. 3203; S. C. Patrick, *op. cit*., p. 166.
21) V. P. Carosso, *Investment Banking in America: A History*, Harvard University Press, Cambridge, 1970, 日本証券経済研究所訳「アメリカの投資銀行」(下)16. 審理される投資銀行：グレイ・ペコラ調査(『証券研究』第56巻, 1978年5月)。
22) 1932年の大統領選挙における民主党の選挙綱領及びローズヴェルトの銀行・証券規制に関する考えについては, *CFC*, Vol. 135, July 2, 1932, pp. 55-58; S. C. Patrick, *op. cit*.,

pp. 96-99, を参照。
23) S. C. Patrick, *op. cit.*, p. 169.
24) C. M. Bradley, A Historical Perspective on Deposit Insurance Coverage, *FDIC Banking Review*, Vol. 13-2, 2000, pp. 6-9.
25) H. M. Burns, *The American Banking Community and New Deal Banking Reforms, 1933-1935*, Greenwood Press, Westport, Connecticut, 1974, p. 91.
26) S. C. Patrick, *op. cit.*, pp. 176-177.
27) *Annual Report of FDIC 1934*, pp. 117-127.
28) H. H. Preston, The Banking Act of 1933, *American Economic Review*, Vol. 23-4, Dec. 1933, p. 592, pp. 597-600.
29) S. C. Patrick, *op. cit.*, p. 179.
30) *ibid.*, pp. 180-181.
31) *ibid.*, pp. 181-182.
32) *Annual Report of FDIC 1934*, pp. 128-130.
33) *ibid.*, 1935, p. 32.
34) C. M. Bradley, *op. cit.*, pp. 7-8.
35) *ibid.*, p. 9.
36) だが最低保証額の引上げ(2500→5000ドル)が経済的に全く意味がなかったとはいえないだろう。東部地域で大きな資金力をもっていた相互貯蓄銀行も少額貯蓄を吸収していたが、州法は預金の上限を5000ドルとしていた。その意味で相互貯蓄銀行と競合する東部地域の銀行にとり、5000ドルへの引上げは競争条件の対等化という意味で意義があったといえるであろう(*ibid.*, p. 11)。
37) S. C. Patrick, *op. cit.*, pp. 249-250.
38) *ibid.*, p. 264.
39) *ibid.*, p. 267.
40) *ibid.*
41) H. M. Burns, *op. cit.*, pp. 171-172.
42) *Annual Report of FDIC 1935*, pp. 67-86.
43) 須藤功氏は、NRAコードによる預金金利協定が1933年銀行法と35年銀行法の期間の非加盟銀行に対する規制権限の空白を埋めていた、と指摘している(須藤功『アメリカ巨大企業体制の成立と銀行——連邦準備制度の成立と展開』名古屋大学出版会、1997年、第4章)。
44) *Annual Report of FDIC 1934*, pp. 59-60.
45) *Annual Report of FDIC 1935*, p. 61, p. 64.
46) *Annual Report of FDIC 1940*, pp. 104-109.
47) *ibid.*, p. 112.
48) *Annual Report of FDIC 1934*, pp. 64-67.
49) *ibid.*, pp. 192-193.
50) *Annual Report of FDIC 1938*, pp. 79-99; *Federal Reserve Bulletin*, Feb. 1939, pp.

101-104.
51)「合衆国が唯一の大規模・正式な銀行預金の保険(保証)制度をもっているという事実は，合衆国が唯一の大規模な独立的ユニット・バンク制度を有しているという事実と密接に関連している」(H. Jones, Insurance of Bank Deposits in the United States of America, *Economic Journal*, Dec. 1938, p. 705)。
52) *ibid*.

第10章　連邦預金保険制度と銀行破綻処理政策
──1934〜40年における連邦預金保険公社の経験──

　前章ではアメリカにおいて連邦預金保険制度が成立した歴史的背景及びその性格について検討した。連邦預金保険制度の成立はユニット・バンクが支配的な銀行形態をとっていたアメリカの特殊な銀行制度に根ざしており，ニューディール期における政治権力の特殊な配置が1933年銀行法，35年銀行法として預金保険制度を具体化させることになった。従来から支店銀行制度を展開することへの法的制約は銀行のリスク分散を困難とし，銀行破綻を頻発させていただけでなく，銀行破綻処理の選択肢を狭める方向にも作用していた。一国的規模での銀行集中が遅々として進まなかったアメリカでは，中小銀行の破綻による信用不安の高まりを沈静化させるため，預金「保険」原理による預金者間の相互扶助を建前とする預金保険制度が発足したのである。

　では預金保険制度はユニット・バンクが支配的なアメリカ的銀行制度のもとで具体的にどのように機能することになったのであろうか。本章は連邦預金保険制度が発足した1934年から40年までに期間を限定し，連邦預金保険公社（FDIC）の銀行破綻処理政策を検証することにする。FDICの主要な役割は破綻銀行の預金者に対し，預金保証額を限度として預金を払い戻し，信用不安による預金取付けの連鎖を回避するところにあった。だが破綻銀行の資産清算に先立って預金者へ保証額まで即時に預金支払をする見返りに，FDICは銀行に対し個別預金者に代わる単一の最大債権者となるため，資産の清算・損失の行方に重大な関心を寄せることになる。なぜならば銀行からの拠出金（預金保険料）でもって基金の損失（資産の回収額−最低保証額）に充当するという預金「保険」原理に依拠する限り，FDICは損失を最小化させることに意を注がざるをえないからである。

　かくてFDICは預金者の信用不安を回避し（金融システムの安定性），また基

金の損失を最小化させる(預金保険原理)という2つの相反する目的を達成するため,銀行破綻処理の具体的方法にまで踏み込んでいく。つまり預金保険制度の運営と銀行破綻処理は表裏一体の形をとるのである。2つの目的のいずれを重視するかは時代状況により変化するが,信用不安の回避が優先されるようになれば,銀行が形式的に「破綻」する以前に,FDICは信用危機にある銀行を「救済」し,間接的に預金者を保護していく政策をとるようになる。本章では銀行破綻処理という言葉を,法的な破綻処理の場合だけに限定するのではなく,銀行救済のように法的には銀行破綻とはいえないものの,実質的な破綻処理の場合を含めて使用することにする。

FDICによる銀行破綻処理政策は1934～40年に試行錯誤のなかで展開されていったといえるが,それは第2次世界大戦後の銀行破綻処理政策の基本的骨格を示すものとなっている。その意味でFDICの銀行破綻処理への介入は銀行業における過剰資本の淘汰過程に質的変化をもたらしたということができる。またそうした破綻処理の非連続性という側面とともに,公的介入が存在していなかった時代の破綻処理との共通性,連続性という側面にも注意を払わなければならないであろう。私的資本の枠内であるが,銀行破綻処理の「社会化」は銀行恐慌期において一定程度進んでいた。したがって本章の分析視点としては,ニューディール期の銀行破綻処理を公的介入以前及び第2次世界大戦以降のFDICの活動という2つの時期に挟まれた過渡期の性格をもったものとして位置づける歴史的視点が重要となるだろう。

第1節　銀行の破綻処理政策

1．銀行破綻処理の法的枠組み

ニューディール期に第2次世界大戦後のアメリカ金融構造に影響を及ぼした金融法が多数立法化されている。銀行が破綻した時にとられる法制もその一環であり,1933年銀行法,35年銀行法において破綻処理の新たな枠組みが具体化されている。いずれも連邦預金保険法に関連して規定されており,FDICの設立は銀行をめぐる債権債務関係の処理に変容をもたらしている。

（1）1933年銀行法

　1933年銀行法（第8条）は連邦準備法第12条に連邦預金保険法（第12条B）を挿入していた[1]。同法の"l"項は預金保険制度下において破綻した銀行の処理方法を規定している。それによれば保険加入銀行が営業を停止した場合，銀行の債務を継承する新しい国法銀行（Deposit Insurance National Bank of ……）が設立される。この銀行は2つの役割を遂行するものと期待されており，一つは清算のために保証預金を支払うFDICの代理機関としての役割である。もう一つは地域から出資を獲得することで新しい民間銀行として再出発するか，あるいは同一地域の他銀行に継承されるまでの経過的な銀行（ブリッジ・バンク）としての役割である。新銀行は新規預金の受入れを認められ，それは現金，国債，FDIC・連銀への預金として保有される。しかし2年以内に新規あるいは他銀行に継承されなければ，この銀行は任意に清算されていく。34年8月になってようやくFDICは銀行破綻処理を行う部局，新規・閉鎖銀行局を新設しており，この組織は後に清算局と改称され，FDIC最大の人員を有する部局へと成長していく[2]。

　FDICはさらに上記の銀行清算を促進するため，閉鎖銀行に対し保有資産を担保に融資したり，資産を購入する権限を付与されている（"m"項）。これはかつて緊急銀行法で復興金融公社（RFC）に付与されていた閉鎖銀行に対する融資に相当する規定であり，保証預金額に相当する預金の早急な払戻しを可能とすることにより，預金の凍結・有効需要の収縮という事態を回避することを意図していた。FDICはRFCに代わり保証預金の支払のための主要な資金提供者となり，預金の支払と資産回収の時間的ギャップは賦課金及び資本金の3倍まで許可された社債発行により埋められる（"o"項）。この結果として，支払停止した銀行の預金者への預金支払は，1935年には1～28日，平均で10日にまで短縮されている[3]。

　以上のように1933年銀行法では，支払を停止した銀行の預金を一時的にブリッジ・バンクへ移転し，2年間の猶予期間を設けて，新たな出資者を得ることで新銀行として再出発するか，あるいは他銀行へ継承させることを意図していた。しかしいずれの道も閉ざされた場合には，FDICは当該銀行の資産清算を開始し，資産回収額が預金者に対して支払われた保証預金額を下回れば，差額がFDICの損失となる。

（2） 1935年銀行法

1935年銀行法は信用危機にある銀行の処理について2つの重要な変化をもたらしている。一つは閉鎖銀行の処理方法に関してである。33年銀行法では，付保預金の支払は同一地域に設立された新銀行を通じてなされるとしている。35年銀行法では新銀行設立とともに，2つの方法が選択肢として新たに加えられている。第1はFDICが預金者へ直接に小切手を振り出し，支払をする方法（ペイオフ方式）である。第2は健全な他銀行に保証預金相当額の預金勘定を移転し，旧銀行預金者はその預金勘定から預金を引き出す（付保預金の移転）方法である（"1"4～6）。閉鎖銀行の預金を移転された銀行はFDICの代理人として保険支払業務にあたるが，FDICはその事務コストを負担する。35年8月以前には閉鎖銀行の処理は新銀行の設立という形態をとっていたが，35年銀行法以降になればそうした破綻処理は影を潜めている。唯一の例外は35年9月28日に破綻したペンシルヴェニア州ブラッドフォードのCommercial National Bank (1890年設立)のケースであり，新銀行(Deposit Insurance National Bank of Bradford, Pa.)が設立され，旧銀行の預金は新銀行へ移転されている。この銀行は36年6月に地域から新たな出資を獲得することに成功し，新銀行(Citizens National Bank)として再発足している[4]。

変化の第2は閉鎖銀行だけでなく，開業銀行に対してもFDICが資金援助する権限を付与されたことである（"n"4）。FDICのリスクが軽減され，FDICの潜在的な損失を回避すると期待される時，こうした資金援助がなされる[5]。すでにFDICは閉鎖銀行の清算を促進するための融資権限を付与されていたが，資金援助により資産状況の悪化している開業銀行を合併という方法を通じて整理する手段を獲得したことになる。通常ならば経営悪化により支払停止に追い込まれるケースにおいても，健全銀行と合併させることで信用不安の表面化を阻止する役割が期待されている。ニューディール期以前においても，銀行合併を通じた信用不安の拡大を阻止する試みは手形交換所加盟銀行の協調行動を通じて実施されていたが，FDICによる資金援助は健全銀行の損失負担を軽減することを通じて合併を促進しようと意図している。

FDICによる資金援助は銀行資産の全面的売却という不況を促進する「過激な」方法をとることなく，他銀行による健全資産の購入・預金の継承という「穏

和な」破綻処理方法の実行を可能とする。このようにみてくれば，開業銀行同士の私的合併と健全銀行による不健全銀行の資産購入・預金継承の差違はきわめて小さくなり，残るのは株主資本の取扱いということになる。

2．銀行破綻処理の現実

　上述したように，1933年銀行法及び35年銀行法は直接的には預金保険制度に関連する規則を定めたものであるが，FDICは銀行が破綻した場合に最大の債権者となるため，預金者に対する付保預金の支払を媒介して銀行の破綻処理に関わらざるをえない立場におかれる。その意味で不特定多数の預金者からFDICへ，という主要債権者の変化が「破綻処理」方式に影響を及ぼしている。

　以下では1934～40年に期間を限定して，銀行破綻処理を①清算処理，②資金援助をともなう合併の2つの方法に分けて検討を進めることにする。清算と合併という2つの方法は従来から存在するものであるが，預金保険制度の存在がこれらの破綻処理方式にどのような変化を与えるのかに注目しよう。

（1）清算処理方式
A．営業停止銀行
　315の銀行が1934～40年の期間に営業停止を余儀なくされており，その預金額は1億3205万ドルであった。1行あたり預金規模は平均すれば42万ドルにすぎず，その意味で小規模の銀行破産が主力を占めていたといえる（表10-1）。営業停止した銀行を預金保険制度への加入状態で分類すれば，加入銀行は73%（229行），非加入銀行は27%（86行）であった。加入銀行のなかで最大のグループは連邦準備制度非加盟銀行であり，銀行数の66%（207行），預金の38%（4978万ドル）を占めている。

　次に1行あたり破綻預金規模で比較してみよう。加入銀行の平均は39.8万ドルであり，非加入銀行は47.6万ドルであったので，非加入銀行のほうが預金規模が大きかったことになる。これを銀行クラス別にみれば，1行あたり預金規模は加盟州法銀行が442万ドル，国法銀行が92.6万ドル，非加盟州法銀行が24万ドルとなり，預金規模の小さな非加盟州法銀行がこの時期に破産した銀行の主要部分をなしていたことがわかる。

表 10-1 支払停止銀行の銀行数・預金

(預金単位=千ドル)

	銀行数					預金				
	合計	加入銀行 小計	加盟銀行 国法銀行	加盟銀行 州法銀行	非加盟銀行	非加入銀行	合計	加入銀行 小計	加盟銀行 国法銀行	加盟銀行 州法銀行	非加盟銀行	非加入銀行
合計	315	229	16	6	207	86	132,050	91,146	14,822	26,548	49,776	40,904
〈年別〉												
1934	57	9	1	0	8	48	36,937	1,952	40	0	1,912	34,985
1935	34	26	4	0	22	8	9,852	9,005	5,263	0	3,742	847
1936	44	41	1	0	40	3	11,412	10,820	507	0	10,313	592
1937	59	53	4	2	47	6	19,722	19,242	7,379	1,708	10,155	480
1938	56	49	1	1	47	7	13,172	11,969	36	211	11,722	1,203
1939	42	32	4	3	25	10	34,997	32,558	1,341	24,629	6,588	2,439
1940	23	19	1	0	18	4	5,958	5,600	256	0	5,344	358
〈預金規模別〉												
10万ドル以下	124	86	2	0	84	38	7,073	5,042	76	0	4,966	2,031
10- 25万ドル	102	79	2	2	75	23	15,951	12,437	376	313	11,748	3,514
25- 50万ドル	48	31	7	1	23	17	16,465	10,447	2,318	365	7,764	6,018
50-100万ドル	21	18	1	0	17	3	15,100	12,756	507	0	12,249	2,344
100- 200万ドル	9	9	2	1	6	0	12,574	12,574	3,456	1,343	7,775	0
200- 500万ドル	8	5	2	1	2	3	26,104	16,223	8,089	2,860	5,274	9,881
500-1000万ドル	2	0	0	0	0	2	17,116	0	0	0	0	17,116
1000-5000万ドル	1	1	0	1	0	0	21,667	21,667	0	21,667	0	0
5000万ドル以上	0	0	0	0	0	0	0	0	0	0	0	0

出所) *Annual Report of FDIC 1940*, pp. 222-223

さらに破綻銀行のうち100万ドル以上の預金規模を有する銀行がどのような割合を占めるかをみよう。破綻銀行の94%(295行)は100万ドル以下であり，100万ドル以上は20行にすぎない。100万ドル以上の銀行をクラス別にみれば，国法銀行(4行)，加盟州法銀行(3行)，非加盟州法銀行(8行)，非加入銀行(5行)となっている。つまり破綻銀行を監督機関の差違からみれば，7行は連邦監督当局(通貨監督官，連邦準備制度)のもとにあった銀行であり，残りの13行は規制の緩やかな州銀行監督官のもとにあった銀行である。このうちさらに預金500万ドル以上の銀行に限定すれば，500〜1000万ドル規模銀行が2行(非加入銀行)，1000〜5000万ドル規模銀行が1行(加盟州法銀行)となる。このように破綻した銀行のなかで最大規模の銀行は連邦準備制度に加盟し，預金保険に加入する州法銀行であったが，預金順位で続く2つの銀行は預金保険制度にさえ加入していない大銀行であった。

B．レシーバーシップにおかれた銀行

　営業停止した銀行の一部は再編されて営業活動を再開したり，他銀行により継承される方向をたどるが，大部分の銀行は最終的にレシーバーのもとで清算処理されていく(表10-2)。1934〜40年のFDIC加入銀行に限定すれば，229行が営業停止していたが，226行は最終的にレシーバーシップのもとにおかれている[6]。

　清算銀行の預金は合計で8591万ドルであったが，そのうち保証預金の範囲内(2500→5000ドル以下)の預金が78.5%(6741万ドル)であり，そのほかに担保預金(397万ドル)，相殺預金(491万ドル)が預金者のもとに戻るため，保証預金超過額は9.9%(849万ドル)となっている。つまりほぼ10%の預金が預金者の損失に帰すことになる部分となる。これは大恐慌期の預金者の損失と比較すれば，損失率が大きく圧縮されている。

　このことを預金勘定でみれば，預金勘定数は32万516口座であったが，保険などでカバーされない勘定数は全体の7.6%(2万4496口座)にすぎない。これは預金保証額を超過する大口預金を保有する預金者であり，とりわけ1936〜38年に預金保険でカバーされない勘定数が大きく増加している。

　本来の清算では資産の回収に応じて預金が払い戻されていくが，預金保険制度の発足により，保証額に関しては資産回収にかかわりなく即時に払戻しが行われている。つまり保証預金部分の払戻しは通常では銀行閉鎖後の10〜14日までに

表10-2 レシーバーシップにおかれた銀行 (預金単位=千ドル)

	1934	1935	1936	1937	1938	1939	1940	合計
銀行数	9	24	42	50	50	32	19	226
預金								
合計	1,967	9,087	11,236	14,954	10,287	32,718	5,657	85,905
保険預金	946	6,049	8,057	12,039	9,083	26,306	4,928	67,408
担保・優先預金	756	471	658	1,156	310	446	173	3,970
相殺預金	91	559	619	1,068	495	1,738	336	4,905
無保証預金	175	2,009	1,902	691	399	4,228	220	9,622
保証額以上	103	1,999	1,048	645	253	4,223	220	8,491
その他	72	10	854	46	146	5	0	1,131
預金者数								
合計	15,734	32,229	43,224	74,163	44,275	90,202	20,689	320,516
保険適格								
FDICによる支払	11,251	23,404	30,913	56,745	31,733	72,149	15,294	241,489
その他方法による支払	933	2,845	4,617	7,706	7,366	6,095	2,743	32,305
未払預金	3,309	5,012	47	196	405	10,605	2,652	22,226
保険不適格	241	968	7,647	9,516	4,771	1,353	0	24,496

出所) *Annual Report of FDIC 1940*, pp. 238-239

なされるようになっている[7]。実際に保証預金のうち99.5%(6705万ドル)が40年末までに預金者に払い戻されており，未払額はわずかに36万ドルにすぎなかった。これはかつて資産回収に平均5年10カ月を要していたことを考えれば，需要収縮に下限を設けることで，金融面からの景気悪化要因を最小限にする効果を有していたといってよいであろう[8]。

さらにFDICは銀行清算手続きを早期に完了させることを意図して，閉鎖銀行のレシーバーから資産を購入する権限を付与されている。この権限は1939〜40年に初めて行使され，39年に5銀行に対し13.4万ドル，40年に6銀行に対し36.6万ドルの資産購入を行っている[9]。

FDICによる清算完了へのこうした援助にもかかわらず，清算が完了した銀行は1940年末で38行にすぎず，188行が資産の清算・回収を継続している状態にある(表10-3)。清算が終了した銀行の資産回収率をみれば，100%は20行，75〜100%は11行，50〜75%は5行であり，残りの2行は50%以下にすぎない。他方188行が40年時点で資産回収を継続しており，うち23行は公社への融資額をすでに償還し終えていたものの，68行では償還率が50%以下にすぎなかった。

FDICは清算銀行の預金者に対し保証預金額の支払をすでに実行しているので，

表10-3　FDICへの資金償還率

	清算の完了銀行			清算の未完了銀行		
	合計	レシーバー	合併	合計	レシーバー	合併
合計	57	38	19	298	188	110
資金償還率						
100%	38	20	18	27	23	4
75-100%	12	11	1	66	51	15
50- 75%	5	5	0	77	46	31
25- 50%	1	1	0	57	25	32
0- 25%	1	1	0	51	25	26
0	0	0	0	20	18	2

出所）*Annual Report of FDIC 1940*, p.18

保証預金額から資産回収額を控除した差額がマイナスとなれば，銀行から徴収している保険基金からの支払を迫られることになる。

(2) 資金援助をともなう銀行合併

　FDICは1935年銀行法により銀行間の合併を促進するため資金援助を行う権限を付与されている。破綻銀行の清算よりも負担する損失を軽減すると期待される時に，FDICは貸付・資産購入・損失保証という形態で資金援助をする権限を付与されたのである。

　資金援助をともなう銀行合併は1935年8月～40年の期間に129件あり，そのうち非加盟銀行が89行，加盟銀行が40行となっている（表10-4）。これを資金規模でみれば，被合併銀行の預金は3億5272万ドルであり，うち非加盟銀行は1億5665万ドル，加盟銀行は1億9607万ドルである。つまり被合併銀行1行あたりの平均預金額は273万ドルとなり，その内訳をみれば，非加盟銀行で176万ドル，加盟銀行で490万ドルとなる。いずれにしても清算処理された銀行よりもはるかに規模が大きな銀行が合併という形態をとって姿を消していたといえる。この数字はFDICによる資金援助をともなった合併であり，34～40年の合併件数が1068行に達していたことからわかるように，その背後には私的損失負担によってなされる従来型の合併が多数存在していたことを銘記すべきであろう。

　資金援助をともなう合併をクラス別に分類すれば，国法銀行が30行，加盟州法銀行が10行，非加盟銀行が89行となり，7割が非加盟銀行により占められて

表10-4　資金援助をともなう銀行合併

(金額単位＝千ドル)

	銀行数				預金				FDICの資金援助			
	合計	加盟銀行		非加盟銀行	合計	加盟銀行		非加盟銀行	合計	加盟銀行		非加盟銀行
		国法銀行	州法銀行			国法銀行	州法銀行			国法銀行	州法銀行	
合計	129	30	10	89	352,720	47,961	148,107	156,652	148,956	17,972	73,715	57,269
〈年別〉												
1935	1	0	0	1	4,357	0	0	4,357	2,865	0	0	2,865
1936	27	2	1	24	16,696	2,166	3,734	10,796	6,771	783	1,552	4,436
1937	25	10	1	14	18,296	12,246	648	5,402	7,125	4,946	97	2,082
1938	24	4	1	19	50,054	4,631	22,564	22,859	21,386	1,810	8,595	10,981
1939	28	7	1	20	125,145	18,100	1,187	105,858	41,571	6,703	703	34,165
1940	24	7	6	11	138,172	10,818	119,974	7,380	69,238	3,730	62,768	2,740
〈預金規模別〉												
10万ドル以下	23	2	0	21	1,426	161	0	1,265	643	71	0	572
10- 25万ドル	22	1	0	21	3,678	127	0	3,551	1,309	23	0	1,286
25- 50万ドル	19	6	0	13	6,838	2,185	0	4,653	3,083	696	0	2,387
50- 100万ドル	19	6	1	12	14,637	4,457	648	9,532	6,912	2,512	97	4,303
100- 200万ドル	18	7	2	9	26,010	10,105	2,461	13,444	10,648	3,574	1,532	5,542
200- 500万ドル	16	7	3	6	50,645	22,077	10,539	18,029	20,971	8,327	3,860	8,784
500-1000万ドル	6	1	0	5	41,721	8,849	0	32,872	16,504	2,769	0	13,735
1000-5000万ドル	6	0	4	2	207,765	0	134,459	73,306	88,886	0	68,226	20,660
5000万ドル以上	0	0	0	0	0	0	0	0	0	0	0	0

出所) *Annual Report of FDIC 1940*, p. 224

いる。これはレシーバーシップにおかれた銀行とほぼ同一の趨勢といえる。しかし預金100万ドル以上の銀行が全体の36％(46行)にも及んでおり，営業停止銀行の6.3％と比較すれば，預金規模の大きな銀行が合併の形態をとっていたことがわかる。

合併件数は年々20行台で推移していたが，被合併銀行の預金は1939～40年の2カ年間に顕著に増加している。つまり39～40年の2カ年は被合併預金の75％，資金援助の74％，預金勘定数の65％を占めている。合併の対象となった主要な銀行クラスは39年には非加盟銀行(1億586万ドル)，40年には加盟州法銀行(1億2000万ドル)となっており，経営悪化した両クラスの大銀行がFDICの資金援助を獲得することにより，それがなければ清算処理に追い込まれるはずの銀行が，預金者への損失負担なしに処理されている。

このことを地域的にみれば，合併銀行数では，ニュージャージー州(25行)，ニューヨーク州(16行)，ミズーリ・ノースダコタ州(11行)，ウィスコンシン州(10行)の順位となっている。さらに預金規模でみれば，ニュージャージー(1億5173万ドル)，ニューヨーク(1億914万ドル)の2州が合併銀行預金の74％を占めており，先の大銀行はこの2州で営業する銀行であると推測される[10]。

第2節　連邦預金保険公社の財政状況

前節では法的な破綻処理方法及び現実にとられた銀行破綻処理政策についてみてきた。ここでは破綻処理政策の直接的な担い手となるFDICを対象として，その財務的な側面に主要な考察を加えよう。つまり預金保険制度の基金的制約が銀行破綻処理政策にいかなる影響を与えたのか，という視角からFDICの財務状況に接近することにする。

1．FDICの組織

連邦預金保険制度は1933年6月16日に大統領の署名を得て成立し，33年9月11日に理事会が形成されている。FDICの理事会は3名の理事よりなり，大統領の指名した2名の理事及び職権理事(通貨監督官)により構成される。任命理事の任期は6カ年であり，2名の指名理事のうちから総裁が指名される。初代総

裁には W. J. カミングスが任命されたが，彼はシカゴの銀行界を立て直すためコンチネンタル・イリノイ・ナショナル・バンク・トラスト頭取に転出したため，34年2月に L. T. クローリーが新たに任命されている。クローリーはウィスコンシン州出身の銀行家であったが，30年代に引き続きその職に留まっている。

残り2名の理事は M. E. G. ベネット及び通貨監督官の J. F. T. オコーナーである。両名は途中で交代しており，ベネットは1935年4月に前上院議員，P. L. ゴールズボローに，オコーナーは38年10月に P. デラーノにより継承されている。オコーナーの場合は，通貨監督官の辞任にともなうものである[11]。

預金保険制度は1934年1月から「暫定」制度として発足する予定となっていたが，多数の非加盟州法銀行が保険制度に加入を希望するとみられたため，FDIC は加入に備えて組織作りを早急に開始しなければならなかった。主要部局を創設年順にみれば，法務局(33年9月)，検査局(33年10月)，調査・統計局(34年2月)，新規・閉鎖銀行局(34年8月)となる(表10-5)。このうち役割・職員数の側面で主要な部局となるのが検査局と新規・閉鎖銀行局の2つの部局である。

表10-5　FDIC の組織・人員

	1934	1935	1936	1937	1938	1939	1940
合　計	846	738	801	859	1,163	1,484	1,927
ワシントン・オフィス	254	237	273	328	410	489	522
検査局	37	33	42	47	51	47	40
新規・閉鎖銀行局	8	25					
清算局			55	79	119	173	162
調査・統計局	27	35	39	45	64	55	59
法務局	15	17	11	14	15	15	37
PR 局		7	4	3			
管理・サービス局		97	104	121			
財務・管理局					136	174	201
地方オフィス	592	501	528	531	753	995	1,405
検査局	592	501	528	531	528	541	569
清算局					225	454	836

注1) 新規・閉鎖銀行局は1936年に清算局に再編されている
　2) 管理・サービス局(Administrative and Service Division)は1938年に財務・管理局(Division of Finance and Administrative)に名称変更され，従来の PR 局，秘書局を統合している
出所) *Annual Report of FDIC* 各年版

7800行の非加盟州法銀行が制度への加入を申請しており，これらの資産内容を検査し，加入に適格かいなかを判定する必要があった。したがって発足当初におけるFDICの職員の大部分は銀行検査に従事する職員から構成されている。検査局はワシントン・オフィス及び47の地方オフィスを設け，通貨監督官・州銀行監督官の協力を得ながら銀行検査を行う体制を整備している。検査の現場である地方検査オフィスで作業する職員は1933年12月末には1676名となり，これに州の銀行監督にあたる職員900名を加えれば，最大時の検査官は2576名に及んでいる。緊急検査体制の役割を終えた34年末においても，地方検査オフィスの人員は592名であり，FDICの組織のなかでは最大の部局であった[12]。

破綻処理を担う部局の設立は比較的遅く，1934年8月に新規・閉鎖銀行局が8名の職員で出発している。これは34年5月28日に預金保険制度発足後に最初の銀行破綻が生じており，預金の支払，資産の清算のための組織が必要となってきたからである。破綻件数が増加するにつれて，この部局はその重要性を増すようになり，36年には清算局(Division of Liquidation)に改組されている。清算局はさらにペイオフ・記録部，清算部，法務部の3部からなっている[13]。清算局の職員は36年末に55名に増加していたが，38年にはワシントン・オフィス(119名)だけでなく，地方オフィス(225名)も開設され，総計で344名に達している。39年には清算局の職員数は627名となり，検査局(588名)を上回る規模となっている。

FDICの組織は1930年代に846名(34年末)から1927名(40年末)に2.3倍の規模にまで増加していた。このうち地方オフィスが全体の73%(1405名)を占めており，地域現場の検査・清算にあたる人員がその主力をなしている。そしてFDICは預金保険制度への加入にさいしての銀行検査から，破綻銀行の清算，合併にともなう銀行破綻処理にその役割を徐々に移行させていった。FDICの40年末の組織では，清算局(998名)が検査局(609名)をはるかに上回り，その役割の変化を如実に示していた。

2．FDICの財政収支

(1) 資　本　金

当初の連邦預金保険法(第1次「恒久法」)では，公社への出資は政府，連銀，

民間銀行によって行われる予定であった。だが1935年銀行法で規定された第2次「恒久法」において，民間銀行は公社への出資が不要となり，代わって毎年1/12％の保険料を支払うことになった。したがって公社の資本金は連邦政府と連銀という2つの公的主体の出資から構成されている。

　財務省は1933年11月に政府に代わって1億5000万ドルをFDICに出資している。33年銀行法では政府は出資に対して配当を受け取る権利をもつと同時に，FDICへの所有権(議決権)を有していた[14]。また12の連銀は33年1月1日の剰余金の1/2に等しい額を株式B(非配当請求権)に応募することになり，1億3930万ドルが34年1月，34年4月の2度に分割して払い込まれている。35年銀行法はまた民間銀行の出資を不要とすると同時に，公社株式の性格を当初の100ドル額面，配当権，議決権付きの株式から無額面，無配当，無議決権の株式に変更している[15]。

　このようにFDICの資本金は政府及び連銀という公的主体の応募からなり，資本金額2億8930万ドルは1940年末にも変化を示していない[16]。つまり政府はFDICの最大株主となり，FDICは名実ともに「政府機関」としての色彩を強く有することになる。これは私的保険の原理で信用不安に対処しようとしたローズヴェルト大統領の最も危惧したところであったが，民間銀行の賦課金に財源を大きく依存するとはいえ，結果として政府信用を背後にもった預金保険制度となっている。

(2) 収　　入

　基金の主要収入は銀行への賦課金及びその運用益である。まず賦課金の変遷をみよう。1933年銀行法における「暫定」預金保険法及び35年銀行法における「第2次恒久」預金保険法により，加入銀行は基金に対する出資に代わって，一定率の賦課金(assessment)を年々支払うことになった。

　「暫定」預金保険法における賦課金は保証預金額に対して1/2％の保険料率が課せられていた。これは少額貯蓄の割合の高い中小銀行にとって負担が重く，大口預金の割合の高い大銀行にとり比較的負担が軽い仕組みであり，大銀行の預金保険制度に対する批判を和らげ，制度への加入を促進する役割を果たしていた。「暫定法」下(1934年1月〜35年8月22日)で徴収された賦課金は4138万ドルで

表 10-6　FDIC の財務状況　(単位＝百万ドル)

	1933-34	1935	1936	1937	1938	1939	1940	合　計
収　入	7.0	20.7	43.8	48.1	47.8	51.2	55.9	274.5
賦課金		11.5	35.6	38.8	38.3	40.7	46.2	211.1
投資収益	7.0	9.2	8.2	9.3	9.5	10.5	9.7	63.4
費　用	4.4	5.6	6.0	7.3	8.1	19.1	17.3	67.8
損　失	0.3	2.9	3.5	4.6	5.1	15.7	13.7	45.8
管理費用	4.1	2.7	2.5	2.7	3.0	3.4	3.6	22.0
純所得	2.6	15.1	37.8	40.8	39.7	32.1	38.6	206.7

出所）*Annual Report of FDIC 1940*, p.28

あったが，これは費消されることなく，そのまま35年8月の「恒久法」のもとに繰り越されている。

「恒久法」のもとでの賦課金は総預金に対し1/12％の保険料率が課せられることになった。これは保険料率が大幅に低下したこと，賦課金の対象が5000ドル以下の保証預金ではなく，保有する総預金に変更されるという重要な変化をともなっている。つまり預金額が少ない中小銀行が預金保険制度により利益を享受すると予想されるのに対し，保険料率が低下したとはいえ，中小銀行の預金者の損失を大銀行の預金者が負担する，という預金保険制度の平常時の構図が形成されている。表10-6にみられるように，「恒久法」下の賦課金は1935年8月23日～40年末に2億1110万ドルとなっている。だがこの金額のなかにはすでに「暫定法」のもとで徴収された金額(4138万ドル)が含まれており，それは35年(1110万ドル)，36年(2190万ドル)，37年(792万ドル)に本来払い込む保険料を割り引く形で組み込まれている。「暫定法」で徴収された保険額のうち，40年末の未使用残高は1696ドルまで減少している[17]。

収入の第2の要因は投資収益である。FDICは資本金及び銀行から徴収した賦課金の大部分を合衆国政府証券に投資し，一部を財務省預金・現金として保有している。現預金は1934年末に1586万ドル，政府証券は3億1513万ドルであり，40年末には各々2046万ドル，3億8451万ドルとなっており，運用資産額は30年代にほぼ3億ドル台で推移している。したがってこの政府証券投資から得られる収益は33～40年に6340万ドルとなり，総所得(2億7450万ドル)の23％を占めていた。

(3) 支　　出

　FDICの支出は1933～40年で6780万ドルであり，そのうち管理費用は2200万ドル，加入銀行の破綻処理のために計上した損失引当金は4580万ドルであった。この2つの項目を合算した支出経費を年度別にみれば，33～38年の経費は投資収益の範囲内に収まっており，投資収益でカバーできなくなったのは39～40年の2カ年にすぎなかった。33～40年の全期間をとれば，投資収益(6340万ドル)は諸経費(6780万ドル)を賄うのに440万ドル不足し，その不足額が賦課金から充足されている。

　こうした結果として，賦課金・投資収益を合算した所得は1933～40年に諸経費(6780万ドル)をはるかに超過し，2億670万ドルが剰余金勘定に積み立てられている。

3．2つの破綻処理方式の費用比較

　以上のように，FDICの破綻処理費用はほぼ投資収益で賄える程度の規模に収まり，銀行への賦課金収入の多くは剰余金勘定に積み立てられていた。1933～40年における預金者を保護する費用の低廉さはどのような要因からもたらされていたのだろうか。2つの破綻処理方式を比較することで，この問題にアプローチすることにしよう。

　FDICが1934～40年に破綻処理した銀行は358行であり，そのうち3行(預金41.3万ドル)にはFDICからの支出がなされなかったため，残りの355行が預金保証のためにFDICの破綻処理対象となっている。FDICがこの時期に採用した破綻処理政策は，ペイオフ方式と合併による預金継承方式の2つである。破綻処理銀行のうち226行(64%)がペイオフ方式で，129行(36%)は預金継承方式で処理されている。

　レシーバーシップにおかれた閉鎖銀行の預金者は32万516名であり，そのうち5000ドル以下の保証預金を保有する預金者(26万3715名)については，FDICは短期間のうちに預金を払い戻している。FDICが5000ドル以下の保証預金(6741万ドル)のうち，24万1489名の預金者に対し6705万ドルを40年末までに支払っている。

　表10-7は資金規模のランクにより保護される預金の比率をみた資料である。

表 10-7　破綻処理された銀行の預金保護状況 (単位＝%)

〈預金規模別〉	閉鎖銀行合計	レシーバーシップにおかれた銀行	合併された銀行
全銀行	97.8	88.8	100.0
10万ドル以下	97.1	96.3	100.0
10- 25万ドル	96.4	95.4	100.0
25- 50万ドル	96.2	93.9	100.0
50- 100万ドル	93.6	87.0	100.0
100- 200万ドル	98.1	92.9	100.0
200- 500万ドル	97.0	84.5	100.0
500-1000万ドル	100.0		100.0
1000-5000万ドル	98.3	82.4	100.0

出所）*Annual Report of FDIC 1940*, p.16

　銀行全体では88.8%の預金が保護されているが，銀行規模が大きくなるにつれて保護される預金の範囲が小さくなっている。預金が50万ドル以下の銀行では，90%以上の預金が保護されている。しかし100〜200万ドル預金規模の銀行クラスを除けば，50万ドル以上の預金を有する銀行では，預金の保護率は低下し，82.4〜87%に分布している。つまりレシーバーシップ→清算という銀行破綻方式では，預金規模が大きくなるにつれて保護されない預金が増加し，そのことが金融不安を引き起こす危険性を孕んでいることを示している。ともあれFDICは本来であれば「凍結」されるべき預金を貯蓄者(企業，消費者)に即時に解放し，社会的需要の収縮を阻止する役割を果たしていた。

　FDICは破綻銀行の預金を保証し，即時に払い戻しする見返りに，銀行資産に対する単独の債権者となり，資産を清算する役割を担うことになる。基金が1940年末までに清算した資産額は2964万ドルであり，それは預金者保護のために支出した金額の44%にすぎなかった。FDICは資産のそうした清算において2010万ドルの損失を計上しており，それは総預金の23%，預金者保護のためにFDICが支出した額の30%に相当している。FDICの損失額の確定はすべての資産を回収し終える時点でなければできないけれど，本来であれば破綻銀行の預金者の被る損失を健全銀行の預金者全体(賦課金)で負担する仕組みを形成したことが預金保険制度の特質といえる。

　他方，129銀行は合併による預金継承方式を採用しており，81万2863名の預金者(預金口座)が保有する3億5272万ドルの預金は合併銀行に移転している。

銀行合併の場合，破綻銀行の預金はすべて合併銀行に継承されるため，預金のすべてが保護されている。だが合併にさいして一部の資産(不良債権)は引き継がれないため，FDIC は合併銀行により引き継がれた健全資産と継承した預金額の差額を援助することで，預金者の損失を回避することを可能とする。合併を援助するために FDIC が投入した資金は 1 億 4896 万ドルであり，破綻銀行の預金者を保護するために投入した資金の 2.2 倍に及んでいる。

　FDIC は資金投入の見返りに融資の担保あるいは購入の結果として資産を保有することになるが，その資産の回収は 1940 年末で 4985 万ドルであり，保有資産の 1/3 にとどまっている。資産回収の過程で被った損失は 2568 万ドルであり，それは資金援助額の 17.2％，総預金の 7.3％ に相当していた[18]。このように FDIC の基金に対する損失率という観点からすれば，資金援助による合併方式が清算方式よりもはるかに「効率的」ということになる。

　表 10-3 にみられるように，FDIC の資金援助で合併した銀行(129 行)のうち，19 銀行が 1940 年末までに清算を完了している。これらの銀行の資産回収率は比較的高く，18 行は 100％，1 行は 75～100％ であった。だが残りの 110 行は清算が完了しておらず，FDIC の被る損失額は今後の資産回収に掛かることになる。これを FDIC への償還率でみれば，50 行が 50％ 以上，60 行が 50％ 以下の償還率となっている。そうした償還率の低さの背景には，39～40 年に資金援助をともなう合併が集中して行われたという事情が反映されている。

　以上 FDIC の資金援助をともなうレシーバーシップ及び合併による預金継承の 2 つのケースを比較・検討してきた。ここから FDIC の資金負担が 1934～40 年に軽微にすんだ理由としては，次のような事情があげられるだろう。第 1 は銀行破綻件数が急減していたことである。1 カ年あたりの破綻件数は 20 年代で 601 行，30～33 年で 2203 行であったのに対し，34～40 年は 42 行にすぎなかった。これは 33～34 年に公的資金が注入され，不良債権が集中的に処理された帰結といえる。第 2 に比較的大規模な銀行の破綻処理方式として合併による預金継承方式を採用したことである。もし預金規模が大きな銀行がペイオフ方式で処理されれば，保証されない預金の割合が高まり，信用危機を招く危険性が高くなると同時に，預金を保証するための基金の負担がはるかに大きくなるからである。健全銀行による脆弱銀行の合併による預金移転が私的資本の負担を超える時，損失を

合併銀行だけでなくすべての銀行に広汎に分散させることで，私的銀行「合併」と同一の効果をもたらすことが可能となる。

ところで破綻処理にともなう損失額は確定したものではなく，FDIC は 1940 年末に閉鎖銀行からの肩代わり債権(3601 万ドル)及び合併銀行への融資・購入として取得した資産(9834 万ドル)など 1 億 3581 万ドルの未回収資産を保有している。資産の清算・回収が完了した銀行は 57 行にすぎず，298 行は今後の回収を待たなければならない状況にある。清算がすでに完了した銀行のうち，50 行は 75％以上の償還率を達成しており，基金への損失率が比較的低いといえる。だが清算が進行中の銀行では，75％以上の償還率を実現している銀行は 31％(93 行)にすぎず，将来の資産回収の過程でより高い損失を被るリスクがあるといえる。

そこで 1940 年以降の資産回収の実績についてみよう。FDIC の資産回収は第 2 次世界大戦期に急速に進み，未回収資産は 41 年(9220 万ドル)をピークとして 46 年(560 万ドル)まで減少している。しかも 41〜46 年の資産回収は 1.8％の損失率(損失額 160 万ドル)で実現されており，軍事需要がもたらした戦時好況が FDIC による元本額に近い資産回収に寄与していたと考えられる[19]。その意味で政府の国債発行による需要創出が銀行債権の性格(不良債権→健全債権)を変化させ，FDIC の資産回収にともなう損失を回避させたといえそうである。つまり戦時好景気により不良債権が「正常債権」化されることによって，FDIC の資産勘定は「不良債権」から現金に変化し，健全化されることになった。一方では連邦政府の債務は増加するものの，他の政府機関(FDIC)の資産勘定から不良債権が消滅するという対照的な動きがみられることになる。

第 3 節　銀 行 清 算

1．銀行清算の特徴

既述したように，レシーバーシップにおかれた銀行の多くはきわめて小規模な銀行により占められていた。清算銀行の預金規模は，最大銀行(New Jersey Title Guarantee & Trust Co., N.J.)の 2165 万ドルから，最小銀行(Farmers &

Merchants Bank, Tenn.)の5088ドルに至るまで広範囲に分布しているが，清算銀行の1行あたり平均預金規模は38万ドルにすぎなかった。表10-8にみられるように，そのうち預金100万ドル以上の銀行は12行であり，10〜100万ドル規模の銀行は129行，10万ドル以下の銀行は85行であった。

　次に清算銀行の規模を預金者数の観点からみよう。清算された銀行における預金者総数は32万516名であるが，1行あたり預金者平均は1418名にすぎない。そのうち1万名以上の預金者を有する銀行は3行であり，それはニュージャージー・タイトル・ギャランティ・トラスト(3万7112名)，ハミルトン・トラスト(1万9204名)，パースアンボイ・トラスト(1万8973名)であり，いずれもニュージャージー州で営業している銀行である。さらに68行は1000〜1万名の預金者を有し，155行に至っては1000名未満の預金者を有するにすぎなかった。

　さらに清算銀行において5000ドルの保証上限額を超過する預金の割合をみよう。32行が10％以上の超過率を示しており，そのうち最大の銀行は38.4％のベンジャミン・スティト・バンク(Tex., 預金18万ドル)である。だが預金規模の大きな銀行に限定すれば，最も大きな超過率を示したのはペンシルヴェニア州のコマーシャル・ナショナル・バンク(33.7％)である。同行の預金は462万ドルであったが，そのうち5000ドルを超過する預金は156万ドルとなっている。次いで高い超過率を示していた大規模銀行としては，ニュージャージー・タイトル・ギャランティ・トラスト(N.J., 13.6％)，イーストハンプトン・バンク・トラスト(Conn., 12％)があげられる。

　他方超過率が1〜10％の銀行は73行，0〜1％の銀行は40行であり，この113行では10％以下の預金損失にとどまっている。さらに注目すべきは，全体の36％に相当する銀行では，すべての預金が保証上限額以下であり，資産回収の如何にかかわりなく，預金者はすべての預金価値を維持することが可能となっている。

　以上のように支払停止→清算に移行した銀行には，比較的預金規模の小さな銀行が多く，また保証上限額を大幅に超過する銀行も少なかった。つまり預金損失が大きく，したがって銀行への信用を揺るがすような事例の場合には，銀行清算という破綻処理の方策が回避されていたことになる。

表10-8 清算銀行の預金・超過額・預金者数

銀行名	所在地	銀行クラス	設立年	支払停止年	預金額	保証預金超過額	超過率(%)	預金者総数
New Jersey Title Guarantee & Trust Co.	N.J., Jersey City	B	1888	1939. 2. 11	21,653,146	2,941,034	13.6	37,112
Commercial National Bank	Pa., Bradford	A	1890	1935. 9. 28	4,621,463	1,555,993	33.7	9,052
Hamilton Trust Company	N.J., Paterson	B	1900	1939. 6. 17	2,860,013	4,096	0.1	19,204
Winooski Savings Bank	Vt., Winooski	M	1869	1938. 7. 28	2,479,389	5,986	0.2	6,026
Union Bank	Ohio, Uhrichsville	C	1874	1936. 10. 27	1,991,760	157,215	7.9	6,578
Fort Greene National Bank in N.Y.	N.Y., Brooklyn	A	1929	1937. 8. 14	1,987,317	27,155	1.4	2,702
Blairsville Savings & Trust Company	Pa., Blairsville	C	1923	1940. 4. 4	1,389,833	118,430	8.5	2,691
Farmers Bank & Trust Co.	W.Va., Charles Town	C	1917	1937. 8. 31	1,360,569	124,588	9.2	4,198
Perth Amboy Trust Company	N.J., Perth Amboy	B	1902	1937. 10. 2	1,344,148	5,259	0.4	18,973
D'Aurioa Bank & Trust Company	N.J., Newark	C	1892	1936. 7. 15	1,118,258	81,733	7.3	3,330
Bank of American Trust	Pa., Pittsburgh	C	1929	1934. 4. 19	1,063,787	5,934	0.6	9,750
East Hampton Bank & Trust Co.	Conn., East Hampton	C	1915	1936. 7. 16	1,050,371	125,806	12.0	3,607
DeSoto Bank & Trust Company	La., Mansfield	C	1933	1936. 10. 9	996,234	3,637	0.4	1,800
Bankers Trust Company	N.J., Atlantic City	C	1917	1940. 2. 29	986,204	13	0.0	4,236
Pleasantville Trust Company	N.J., Pleasantville	C	1911	1939. 6. 30	936,507	416	0.0	4,780
Taylor National Bank of Campbellsville	Ky., Campbellsville	A	1902	1937. 6. 30	914,183	63,548	7.0	2,769
State Bank of Rice Lake	Wis., Rice Lake	C	1930	1938. 8. 15	842,301	35,681	4.2	2,137
Columbia State Bank	Ind., Columbia City	C	1923	1936. 2. 18	775,425	121,346	15.6	2,868
Ripley Savings Bank & Trust Co.	Tenn., Ripley	C	1903	1939. 4. 28	738,811	94,048	12.7	2,568
Commercial Bank & Trust Co.	Ind., Uinon City	C	1930	1937. 11. 4	732,823	61,047	8.3	1,782
First State Bank	Tex., Arlington	C	1915	1937. 4. 12	719,645	71,848	10.0	2,593
Anchor State Bank	Wis., West Milwaukee	C	1926	1935. 6. 4	717,842	145,308	20.2	4,308
Kane Trust & Savings Company	Pa., Kane	C	1902	1940. 7. 2	717,389	41,261	5.8	1,889
Coudersport Trust Company	Pa., Coudersport	C	1904	1939. 2. 4	706,322	70,091	9.9	1,351
Hartford Bank	Md., Bel Air	C	1882	1937. 12. 31	669,028	14,859	2.2	4,111
Tuckerton Bank	N.J., Tuckerton	C	1889	1939. 12. 27	624,593	572	0.1	1,690
Cliffside Park Title Guarantee & Trust Co.	N.J., Grantwood	C	1925	1935. 1. 3	589,684	11,267	1.9	4,140
Bank of Marion	Ark., Marion	C	1927	1938. 2. 7	572,559	84,977	14.8	1,174
First Bank & Trust Company of Hamilton	Mo., Hamilton	C	1934	1937. 8. 11	543,676	1,539	0.3	3,202
First National Bank of Centerville	S.D., Centerville	A	1898	1936. 12. 18	506,469	61,442	12.1	1,107
Commercial Bank of Liberty	Ky., Liberty	C	1895	1939. 11. 25	502,150	67,298	13.4	2,997

注) 銀行クラス：A＝国法銀行，B＝加盟州法銀行，C＝非加盟銀行，M＝相互貯蓄銀行
出所) Annual Report of FDIC 各年版

2. 銀行清算の事例

 とはいえ100万ドル以上の預金規模を有する12行がレシーバーシップにおかれており，それはどのような理由によっていたのであろうか。以下では預金規模の大きな3銀行を取り上げ，レシーバーシップの特徴を明らかにしよう。

(1)「恒久」預金保険法下のブリッジ・バンク設立による清算
　　　――Commercial National Bank (Bradford, Pa.)

 1935年8月の35年銀行法の成立により，破綻銀行の清算方式として，①新銀行(ブリッジ・バンク)を設立し，その銀行を窓口にして資産清算及び預金者への預金支払を行うという従来の方式に加え，②FDIC自らが直接預金支払を行うという新たな方式が導入されている。「恒久法」のもとでは破綻銀行の多数は5000ドルの預金保証額に関連する預金支払を後者のペイオフ方式によって行うことになる。しかし唯一の例外は35年9月に破綻したコマーシャル・ナショナル・バンクのケースであり，デポジット・インシュアランス・ナショナル・バンク・オブ・ブラッドフォード(Deposit Insurance National Bank of Bradford, Pa.)という名称の新銀行が形成され，資産の清算と預金支払，新規預金の受け入れ業務が行われている。

 同行がブリッジ・バンクを形成した理由としては次のような事情が考えられるだろう。第1に同行の預金規模が大きかったことである。破綻時の預金規模は462万ドルであり，これは1934～40年に清算処理された銀行のなかでは第2位の規模であった。第2にたんに規模が大きかっただけでなく，預金保証額(5000ドル)を超過する大口預金の比率が高く，預金のうち33.7%が預金保証の対象外であったことである。無保証預金比率が30%を超えていた銀行は同行以外ではベンジャミン・スティト・バンク(Tex., 38.4%)，フォン・ヅ・ラァ・スティト・バンク(Ill., 32.9%)の2行があったが，預金規模は前者で18万ドル，後者で23.8万ドルの小規模銀行であった。銀行規模を預金者数で比較すれば，ベンジャミンは816名，フォン・ヅ・ラァは1816名に対し，コマーシャル・ナショナル・バンクは9052名であり，これは清算銀行のなかでは第5位の規模の預金者数であった。預金及び預金者数という規模の側面から，同行の破綻処理は慎重

とならざるをえなかったといえる。

　第3に同行の破綻処理に影響を及ぼした要因として経営陣における不正の発覚という事情があげられる。同行の窓口閉鎖後に行われた検査の結果，約200万ドルの資金不足が発見されている。そして副支配人が自殺し，信託及び貯蓄部門の担当者2名が逮捕されている[20]。銀行内部におけるこうした不正発覚が銀行合併による救済としてでなく，清算という破綻処理政策を採用させるのに大きく作用していたと思われる。

　同行の資産・負債はデポジット・インシュアランス・ナショナル・バンクに移転され，W.F.ドーニーがレシーバーに任命されている。レシーバーは5000ドル以下の預金者に対して直ちに預金の払戻しを行っている。他方，5000ドル以上の大口預金は155万ドルであり，約150名の大口預金者の預金払戻しは資産清算の過程に大きく依存し，本来であれば彼らの預金は長期間にわたり凍結される運命にあった[21]。

　そうした同行の将来はブラッドフォード市におけるもう一つの銀行再編と密接な関連をもつことになる。表10-9にみられるように，ブラッドフォード市には1929年当時ブラッドフォード・ナショナル・バンク(資産864万ドル)，コマーシャル・ナショナル・バンク(478万ドル)，マッキィーン・カウンティ・トラスト(462万ドル)の3銀行が鼎立していた。ところがマッキィーン・カウンティ・トラストは31年10月に支払を停止し，州銀行監督官の管理下におかれている。同行の預金者は32年(30%)，33年(10%)，34年(34%)に預金払戻しを受けており，預金者委員会の会計を担当しているC.F.マックカファーティのもとで再編プランが練られていた[22]。だがこの再編プランの成功のためにはFDICの同意と

表10-9　ブラッドフォード銀行界の動向

(単位＝千ドル)

銀　行　名	設立年	資産 1929	資産 1940	動　向
Bradford National Bank	1879	8,635	14,384	
Commercial National Bank	1890	4,784	—	清算開始(1935.9)
Mckeen County Trust Co.	1918	4,617	—	営業停止(1931.10)
Citizens National Bank	1936	—	4,496	設立(1936.6)
Producers Bank & Trust Co.	1926	*	4,720	

　注)　＊はデータ不明
　出所)　*Moody's Bank & Finance*

援助が必要であり，それはブラッドフォード市に必要とされる銀行数は何行か，という判断に掛かっていた。クローリーFDIC総裁は市民から出ている複数銀行存立の要望を認め，再編プランが具体化していく[23]。FDICは36年3月にデポジット・インシュアランス・ナショナル・バンクのチャーターを修正し，その事業を継承するシチズンズ・ナショナル・バンク(Citizens National Bank)の設立を認可し，その銀行がさらにマッキィーン・カウンティ・トラストの資産を継承することになった[24]。

シチズンズ・ナショナル・バンクの資本金は公募価格1株15.5ドルで20万株発行され，20万ドルは資本金，10万ドルは剰余金に計上されている。株式に応募したのは預金者であり，両銀行の清算人は1936年にコマーシャル・ナショナル・バンクで40％，マッキィーンで26％の預金払戻しをすることで，新銀行が株式資本を調達するのを援助している[25]。このようにブラッドフォード市民からの株式公募がこの銀行の必要性を証明したことになるとはいえ，同時に凍結預金の解除にはFDICが関与していることを考慮すれば，新銀行設立はFDICの政策的配慮による部分が大であったといえるであろう。

シチズンズ・ナショナル・バンクは形式的にはコマーシャル・ナショナル・バンクのチャーターのもとで設立されていたものの，経営陣をみれば，コマーシャル・ナショナル・バンク出身者はゼロであったのに対し，マッキィーン・カウンティ・トラストは7名のうち4名を占めており，後者の主導のもとに形成されていたことになろう。

ブラッドフォード市における銀行勢力は恐慌期における2銀行の破綻により大きく変化し，ブラッドフォード・ナショナル・バンクは資産を1438万ドルに増加させて首位の座を占めていたが，第2位はプロデューサー・バンク・トラスト(472万ドル)，第3位がシチズンズ・ナショナル・バンク(450万ドル)となっている。

（2）新銀行への預金譲渡による清算
　　　——Perth Amboy Trust Co. (Perth Amboy, N.J.)

パースアンボイ市の金融界では，1929年にパースアンボイ・トラスト(資産1072万ドル)，ファースト・ナショナル・バンク(1040万ドル)，パースアンボ

表10-10 パースアンボイ銀行界の動向　　　　　　　(単位＝千ドル)

銀　行　名	設立年	資産 1929	資産 1940	動　　向
First National Bank	1899	10,395	—	任意清算(1937.10)→First Bank & Trust Co.
Perth Amboy National Bank	1924	1,462	5,461	
Perth Amboy Trust Co.	1902	10,721	—	再編(1933)→合併→First Bank & Trust Co.
First Bank & Trust Co.	1937	—	7,382	設立(1937.7)

出所) *Moody's Bank & Finance*

イ・ナショナル・バンク(146万ドル)の3銀行が営業していた(表10-10)。このうち上位2行は大恐慌期の資産内容の悪化により37年10月にパースアンボイ・トラストの子会社ラリタン・トラストとともに合併し，新銀行ファースト・バンク・トラストが形成されている。新銀行の資本金は公私で出資されており，3%優先株(額面25ドル)のうち，15万ドルは地元関係者により，75万ドルはRFCにより引き受けられている。

そうした結果として，新銀行の頭取はRFCの副主任検査官を務めていたJ.C.ウィルソンが，副頭取にはファースト・ナショナル・バンク頭取であったR.カーソンが，財務担当者にはパースアンボイ・トラスト副頭取のF.ドーシィーが就任している[26]。取締役の構成をみれば，9名のうち3名がファースト・ナショナル・バンク系であり，この合併はファースト・ナショナル・バンク主導であったことが窺える。実際に新銀行の店舗はファースト・ナショナル・バンクの建物がそのまま使用されている[27]。

新銀行の形成にあたり，FDICは上記の2銀行に対し異なった対応をしている。ファースト・ナショナル・バンクはFDICによる資産を担保にした融資により，新銀行へ預金が継承されている。FDICは同行資産を担保にして249万ドルを融資することにより，366万ドルの預金全額を新銀行に移転させている。当時FDICは非公式にローン申請を多数受理していたが，その多数は調査の結果拒否されている。それはFDICの損失がそうした融資により縮小することが明白でなかったからである[28]。したがってファースト・ナショナル・バンクが資産を担保にして融資を受け，新銀行と合併できたのは，FDICの損失を縮小させるコスト・テストを通過することができたからといえる。

これに対しパースアンボイ・トラストは清算処理され，ペイオフが実施されて

いる。FDIC は 5000 ドル未満の預金を新銀行に振り込み，預金者は新銀行を通じて預金を使用することが可能となっている。パースアンボイ・トラストは清算措置を実施された銀行のなかでは第 9 位の預金規模をもっていたにもかかわらず，そうしたペイオフが実施されたのは，小口預金が多数を占めていたからである。同行の預金 134 万ドルのうち，預金保証部分は 123 万ドル，担保預金は 9 万 3279 ドル，相殺部分が 1 万 2557 ドルであり，保証されない預金額はわずかに 5259 ドルにすぎなかった。これを預金者数でみれば，1 万 8973 名の預金者のうち，1 万 8929 名は FDIC により保証され，44 名は貸付などと相殺されている[29]。

このように 3 銀行の預金は新銀行に移転，継承されたものの，現金性資産を除くすべての資産は新銀行に譲渡されておらず，清算人のもとで資産回収されることになっている[30]。さらに FDIC は 1939 年より資産清算の完了を促進するため，資産を購入する権限を付与されており，購入資産額はラタン・トラストから 7000 ドル(39 年)，パースアンボイ・トラストから 25 万 5000 ドル(40 年)となっている[31]。

パースアンボイ市における銀行は 3 行から 2 行に集約され，かつそれはかっての上位 2 行が合併することで達成されている。それは州銀行当局者により，同市の銀行は「明白なオーバー・バンキング状態にあり，それを解消するために」行われたと合併の明確な意図が表明されている[32]。かくてパースアンボイ市における銀行地図はファースト・バンク・トラスト(資産 738 万ドル)とパースアンボイ・ナショナル・バンク(546 万ドル)の 2 銀行体制となっており，他の 2 行が不良債権で苦吟している間に，パースアンボイ・ナショナル・バンクは預金高を 103 万ドルから 478 万ドルに著増させていた。

(3) ペイオフ処理による最大規模銀行の清算
　　　──New Jersey Title Guarantee & Trust Co. (Jersey City, N.J.)

ニュージャージー・タイトル・ギャランティ・トラスト社は 1868 年開業の歴史ある銀行であり，ジャージーシティ市において第 3 位，ニュージャージー州で第 7 位の大銀行(1929 年末資産 4182 万ドル)である(表 10-11)。同行が所在するジャージーシティはハドソン・カウンティの中心都市であり，マンハッタンの対岸に位置し，ニューヨーク・メトロポリタン地域の一部をなしている。

表 10-11　ジャージーシティ銀行界の動向　　　　(単位＝千ドル)

銀 行 名	設立年	資産 1929	資産 1940	動 向
Bergen Trust Co.	1929	1,117	1,462	
Commercial Trust Co.	1899	94,545	83,957	
First National Bank	1864	33,029	69,681	
Franklin National Bank	1922	5,216	*	
Hudson County National Bank	1927	37,742	44,099	
Jackson Trust Co.		1,919	—	清算(1931.8)
Journal Square National Bank	1922	5,157	—	合併(1933.6)→Hudson County National Bank
Labor National Bank	1926	3,221	—	合併(1931.7)→New Jersey Title Guarantee & Trust Co.
New Jersey Title Guarantee & Trust Co.	1868	41,823	—	清算(1939.2)
Trust Co. of N.J.	1899	100,229	64,456	
West Bergen Trust Co.	1921	3,466	—	合併(1939.4)→Trust Co. of N.J.

注)　＊はデータ不明
出所)　*Moody's Bank & Finance*

　この銀行は1934～40年に清算処理された最大規模の銀行である。次節でみるように大銀行の大部分は他銀行との合併という形態で破綻処理され，預金全額が保証されるのが一般的である。何故この大銀行のみが清算処理されたのであろうか。同行は商業預金，貯蓄預金，信託業務に加えて，不動産業務(title)を行っている。同行は195名の従業員を有し，5つの支店を展開している。4支店はジャージーシティに，1支店はウェストニューヨークに所在している[33]。同行の破綻の原因は不動産不況による資産の質的悪化であった。バランス・シートに計上される不動産(自己所有不動産及び不動産証券の担保となる不動産の合計)は資産合計のほぼ1/2を占めており，これに対応する負債勘定には不動産証券が計上されていた。だが同行は顧客に売却していた不動産証券に流動性を付与するため，顧客に対し証券を買い上げる保証を付与している。それはバランス・シートには現れず，「偶発債務」(contingent liability)として注記されているにすぎなかった[34]。これが本行の救済政策にあたって大きな影響を与えている。
　同行は不動産市況の悪化に対して1935年10月に資本を増強し，あわせて不動産関連の債権・債務の再調整を実施している。自己資本増強対策として，優先株が200万ドル発行され，うち175万ドルはRFCにより，残りの25万ドルは株主など市場で引き受けられている。優先株発行により自己資本を増強した反面，

普通株の額面を 25 ドルから 12.5 ドルに切り下げ，そこから生ずる減資差益を不動産再評価に充てている。

　他方資産・負債両面で抵当証券の再評価がなされている。資産面では総額では余り変化を示していないものの，抵当債の担保となる不動産が減少し（−260万ドル），自己所有不動産が増加する（＋209万ドル）という変化がみられる。負債面では不動産証券の評価が 897.6 万ドルから 673.6 万ドルに切り下げられ，さらに偶発債務も 399.6 万ドルから 177.5 万ドルに減少している。つまり同行の不動産関連債務は 1297 万ドルから 851 万ドルに 1/3 削減されている。

　そうした対策にもかかわらず信用不安が沈静化しないため，同行は前上院議員ミルトンを代表にして再建プランを RFC・FDIC と協議している。同行の預金（2165 万ドル）のうち，FDIC により保証される預金が 1794 万ドル，担保付き預金が 14.5 万ドル，相殺預金が 63 万ドルであり，残りの 294 万ドルが 5000 ドル以上の保証されない預金部分であった[35]。大口預金者としてはウェストニューヨークのタウン預金（36 万 5000 ドル），ニュージャージー州の預金（20 万ドル）などの公的預金があり[36]，また RFC は優先株形態で 175 万ドルを融資していた。さらに FDIC が同行を救済するにさいして最大の障害となったのは偶発債務の存在であり，それは預金保険の対象外であった。FDIC が同行の資産を担保に融資し，他銀行と合併させる形態での救済は偶発債務の存在のために実行不可能となっている[37]。

　さらに他行との合併方式を採用できなかった理由としては，合併にさいして必要とされる自己資本を調達できないことがあげられる。RFC はすでに 175 万ドルを優先株の形態で注入しており，それを無価値としたうえで，追加資金を注入する再建案には無理があった。かくてワシントンからの援助が困難であるという情報は同行からの預金流出を加速化させ，1939 年 2 月 13 日に取締役会は 3 万7112 名の預金者が存在する銀行を閉鎖し，州銀行・保険委員会に破綻処理を委ねる決定を下した[38]。

　損失は 200〜250 万ドルと見積もられているため，それは株主資本（普通株 102万ドル，優先株 198 万ドル）の範囲内にあり，株主と RFC の損失負担により同行の清算が行われている。

第4節　資金援助をともなう銀行合併

1. 資金援助をともなう銀行合併の特徴

　1935年銀行法はFDICに対し加入銀行の資産を担保に融資する権限を付与している。FDICによる資金援助の目的は，銀行合併を援助することにより，銀行構造を強化させ，あわせてFDICへの損失を軽減させることである。つまり銀行が自己資本を毀損させている場合，また継続的な資本拠出が破綻を延期させるにすぎない場合には，FDICは最終的に損失を引き受けなければならない。そのような状況になる以前に，FDICは損失を現在引き受け，金融恐慌時にFDICの基金に重い負担とならないようにしたほうが得策である。したがってFDICの資金援助は資産が悪化している銀行，また，さもなければ敏速に再生できない銀行を除去するのに役立つのである[39]。

　表10-12に拠りながら，FDICから資金援助を受けた銀行の特色を概観しよう。資金援助を受けた銀行は1935～40年に129行であり，うち35％に相当する45行は預金規模100万ドル以上の銀行であった。法律が施行された35年はE. P.ウィルバー・トラスト(預金436万ドル)の1行が資金援助を受けたにすぎなかったが，36年以降はほぼ年26行程度の銀行がFDICからの援助を受けて合併・救済されている。資金援助の対象となった銀行の預金規模は平均すれば273万ドルであったが，38年以降になれば急速に救済銀行の規模が大きくなっている。つまり1行あたり預金規模は37年(73万ドル)から一気に38年(209万ドル)，39年(447万ドル)，40年(576万ドル)に増加している。これはFDICによる資金援助が30年代末に大規模銀行になされていったことを示している。

　次に視点を変えて銀行に開設されている預金勘定数の観点からみよう。勘定数はほぼ預金規模に比例しており，11万1420勘定を保有していた最大銀行，トラスト・カンパニー・オブ・ニュージャージー(Trust Company of New Jersy, N. J.)から，117勘定しか有しない最小銀行，カミング・スティト・バンク(Cumming State Bank, N.D.)まで多様な分布をしている。勘定数の分布をみれば，19行が1万勘定以上，12行が5000～1万勘定，53行が1000～5000勘定であり，45

表10-12 FDICによる

銀 行 名	所 在 地	銀行クラス	融資日
Trust Company of New Jersey	N.J., Jersey City	C	1939. 4. 21
First Trust & Deposit Company	N.Y., Syracuse	B	1940. 4. 8
First Citizens Bank & Trust Company of Utica	N.Y., Utica	B	1940. 9. 14
Integrit Trust Company	Pa., Philadelphia	B	1940. 1. 13
Hudson Trust Company	N.J., Union City	C	1939. 5. 1
Camden Safe Deposit & Trust Company	N.J., Camden	B	1938. 4. 11
West Jersey Trust Company	N.J., Camden	C	1938. 4. 11
Yonkers National Bank & Trust Company	N.Y., Yonkers	A	1939. 12. 4
West Hudson County Trust Company	N.J., Harrison	C	1939. 6. 28
Commonwealth Trust Company	N.J., Union City	C	1939. 6. 5
Merchants Trust Company	N.J., Union City	C	1939. 6. 5
Westerfield Trust Company	N.J., Westerfield	B	1940. 6. 24
E. P. Wilbur Trust Company	Pa., Bethlehem	C	1935. 11. 16
First National Bank of Plainfield	N.J., Plainfield	A	1939. 4. 10
Ann Arbour Savings Bank	Mich., Ann Arbour	C	1936. 2. 17
Farmers & Mechanics Bank	Mich., Ann Arbour	B	1936. 2. 17
First National Bank	N.J., Perth Amboy	A	1937. 10. 4
First National Bank in Burlington	Iowa, Burlington	A	1937. 11. 9
Rye National Bank	N.Y., Rye	A	1940. 4. 22
St. Joseph Loan & Trust Company	Ind., South Bend	C	1939. 2. 16
Kearny National Bank	N.J., Kearny	A	1939. 6. 28
Merchants & Mechanics Savings Bank of Norfolk	Va., Norfolk	C	1938. 3. 28
Belleville Bank & Trust Company	Ill., Belleville	C	1938. 4. 4
West Bergen Trust Company	N.J., Jersey City	C	1939. 4. 21
National City Bank of Lynn	Mass., Lynn	A	1938. 12. 5
Mount Pleasant Bank & Trust Co.	N.Y., Pleasantville	B	1940. 7. 22
First National Bank of Mahanoy City	Pa., Mahanoy	A	1937. 6. 7
Takoma Park Bank	Md., Takoma Park	C	1938. 7. 25
Peoples State Bank of Frankfort	Ky., Frankfort	C	1939. 2. 23
First National Bank of Harrison	N.Y., Harrison	A	1940. 4. 22
Bank of Williamsville	N.Y., Williamsville	C	1940. 7. 29
First National Bank & Trust Company	Mich., Ann Arbour	A	1936. 2. 17
National Bank of Westfield	N.Y., Westfield	A	1940. 2. 26
St. Joseph County Savings Bank	Ind., South Bend	M	1939. 2. 16
First National Bank of Wenatchee	Wash., Wenatchee	A	1940. 3. 18
Woodeliff Trust Company	N.J., North Bergen	C	1940. 2. 5
Columbia Trust Company of N.J.	N.J., Hoboken	C	1939. 5. 1
Commercial Bank of Maryland	Md., Fredrick	C	1938. 7. 5
Central Savings Bank	Ky., Newport	C	1938. 6. 23
Southampton Bank	N.Y., Southampton	B	1940. 6. 10
Home Savings Bank	Iowa, Des Moines	C	1938. 3. 7
First National Bank & Trust Company of Manhasset	N.Y., Manhasset	A	1937. 12. 20
Rahway Trust Company	N.J., Rahway	B	1939. 2. 27
Gloucester City Trust Company	N.J., Gloucester City	C	1940. 6. 5
American National Bank of Santa Monica	Cal., Santa Monica	A	1940. 12. 5
First National Bank of Roosevelt	N.Y., Roosevelt	A	1938. 11. 28

注) 銀行クラス：A＝国法銀行，B＝加盟州法銀行，C＝非加盟銀行，M＝相互貯蓄銀行
出所) *Annual Report of FDIC* 各年版

資産担保融資

勘定数	総預金	融資・資産購入 金額	%	継 承 銀 行
111,420	48,822,331	14,021,674	28.7	Trust Company of N.J., Jersey City, N.J.
37,228	48,255,718	23,164,104	48.0	First Trust & Deposit Company, N.Y.
41,038	34,277,442	16,690,481	48.7	First Bank & Trust Company of Utica, N.Y.
52,643	29,362,109	19,777,123	67.4	First National Bank of Philadelphia, Pa.
32,944	24,484,047	6,638,402	27.1	Hudson Trust Company, Union City, N.J.
53,916	22,564,493	8,595,135	38.1	Camden Trust Company, N.J.
41,693	8,985,128	3,049,926	33.9	Camden Trust Company, N.J.
20,627	8,848,501	2,768,667	31.3	Yonkers National Bank & Trust Company, Yonkers, N.Y.
15,186	5,772,528	2,459,243	42.6	West Hudson National Bank of Harrison, N.J.
13,044	5,762,735	2,593,951	45.0	Commonwealth-Merchants Trust Company, Union City, N.J.
16,393	5,592,711	3,119,205	55.8	Commonwealth-Merchants Trust Company, Union City, N.J.
9,284	4,667,574	1,103,000	23.6	Westerfield Trust Company, N.J.
12,324	4,356,778	2,862,650	65.7	Union Bank & Trust Company of Bethlehem, Pa.
13,877	4,080,256	2,007,973	49.2	Plainfield National Bank, N.J.
13,150	3,758,411	2,512,669	66.9	Ann Arbour Savings & Commercial Bank, Mich.
11,203	3,734,418	1,551,528	41.5	Ann Arbour Savings & Commercial Bank, Mich.
10,350	3,660,339	2,487,278	68.0	First Bank & Trust Company, N.J.
5,648	3,593,953	214,360	6.0	National Bank of Burlington, Iowa
9,183	3,357,506	412,306	12.3	Rye National Bank, Rye, N.Y.
7,548	3,202,039	602,629	18.8	St. Joseph Bank & Trust Company, South Bend, Ind.
13,469	3,091,595	570,349	18.4	West Hudson National Bank of Harrison, N.J.
4,781	2,941,213	1,645,991	56.0	Seaboard Citizens National Bank, Norfolk, Va.
4,507	2,795,131	1,349,558	48.3	First National Bank, Ill.
11,569	2,685,558	994,421	37.0	Trust Company of N.J., Jersey City, N.J.
4,670	2,233,012	1,298,257	58.1	Essex Trust Company, Lynn, Mass.
5,897	2,136,598	1,204,584	56.4	County Trust Company, White Plains, N.Y.
4,162	2,059,933	1,332,407	64.7	Union National Bank of Mahanoy City, Pa.
8,045	2,048,203	1,313,265	64.1	Suburban National Bank of Silver Spring, Md.
2,840	1,931,792	151,475	7.8	Farmers Bank & Capital Trust Company, Frankfort, Ky.
4,502	1,924,299	203,137	10.6	Rye National Bank, Rye, N.Y.
4,396	1,775,214	714,179	40.2	Marine Trust Company of Buffalo, N.Y.
3,707	1,729,263	729,944	42.2	Ann Arbour Savings & Commercial Bank, Mich.
3,496	1,611,119	354,919	22.0	Union Trust Company of Jamestown, N.Y.
2,853	1,583,623	385,082	24.3	St. Joseph Bank & Trust Company, South Bend, Ind.
4,181	1,548,475	935,105	60.4	Seattle-First National Bank, Seattle, Wash.
5,572	1,492,046	586,585	39.3	Commonwealth-Merchants Trust Company, Union City, N.J.
4,460	1,484,016	745,358	50.2	Hudson Trust Company, Union City, N.J.
6,221	1,410,075	996,614	70.7	Western Maryland Trust Company, Frederick, Md.
10,974	1,361,251	814,230	59.8	Newport National Bank, Ky.
2,219	1,273,898	829,207	65.1	First National Bank of Southampton, N.Y.
5,892	1,245,718	796,451	63.9	Capital City State Bank, Des Moines, Iowa
5,232	1,214,338	294,372	24.2	Port Washington National Bank & Trust Co, Port Washington, N.Y.
3,797	1,187,474	703,427	59.2	Rahway National Bank, Rahway, N.J.
7,529	1,160,203	351,634	30.3	Camden Trust Company, N.J.
3,168	1,078,324	861,153	79.9	California Bank, LA, Cal.
3,982	1,000,718	191,473	19.1	Nassau County National Bank, Rockville Centre, N.Y.

行が1000未満の勘定数であった。これらの銀行は資金援助の対象となることで，すべての勘定の預金が保護されている。

では全預金を保護するためにFDICが投入した資金援助額は預金に対しどれぐらいの割合を占めていたのであろうか。資金援助の比率が最も多く分布していたのは30％台(27行)であり，以下60％台(19行)，20％台(17行)，50％・10％台(16行)のような分布をしている。つまりほぼ6割の銀行(76行)が本来であれば30〜60％程度の預金損失を受けるはずであったが，FDICによる資金援助により預金を全額保護されている。その意味で資金援助による銀行合併は預金者を完全に保護するうえで果たした役割は大きいといわねばならない。

2．資金援助をともなう銀行合併の事例

資金援助をともなう銀行合併の典型例では，資産面で問題のない救済銀行が「受け皿」銀行となり，不良債権で苦境にある被合併銀行を合併する場合であり，FDICは被合併銀行に融資を与えることで預金者を保護する。だが合併する両銀行に資産面で問題がある場合には，新たに「受け皿」銀行を設立する必要が生ずる。他方RFCは自己資本を優先株の購入という形態で注入することにより，新銀行の設立を支援する役割を遂行する。銀行合併により預金者を保護するには，FDICとRFCという2つの政府機関の協調行動が不可欠となってくる。

(1) 新銀行設立と被合併銀行への資金援助
　　　――Camden Trust Co. (Camden, N.J.)

カムデンには有力な製造企業の本社及び工場(RCA Victor，Campbell Soup，New York Shipbuilding)が立地している。だが大恐慌の余波を受け，カムデンの銀行界では再編が進み，表10-13にみられるように，6行体制から3行体制に転換している。なかでもカムデン・セイフ・デポジット・トラストは再編成の中心をなしていた。カムデン・セイフ・デポジットは1931年6月にブロードウェイ・マーチャンツ・トラスト(資産1575万ドル)を吸収合併し，さらに38年4月にウェスト・ジャージー・トラストを合併している。だが後者の合併は新銀行(カムデン・トラスト)を新設し，下記のように，旧銀行の普通株を新銀行の普通株と交換する方式でなされた[40]。

表 10-13　カムデン銀行界の動向　　　　　　　　　　（単位＝千ドル）

銀 行 名	設立年	資　産 1929	資　産 1940	動　向
American National Bank of Camden	1927	1,505	—	合併(1939.2)→Camden Trust Co.
Broadway Merchants Trust Co.	1907	15,753	—	合併(1931.6)→Camden Safe Deposit & Trust Co.
Camden Safe Deposit & Trust Co.	1873	30,797	—	合併(1938.4)→Camden Trust Co.
Camden Trust Co.	1938	—	44,764	
First Camden National Bank & Trust Co.	1865	35,464	32,772	
North Camden Trust Co.	1926	1,184	—	合併(1939.2)→Camden Trust Co.
West Jersey Trust Co.	1927	10,289	—	合併(1938.4)→Camden Trust Co.

出所）*Moody's Bank & Finance*

1株のカムデン・セイフ・デポジット普通株→2株のカムデン・トラスト普通株
1株のウェスト・ジャージー・トラスト普通株→1株のカムデン・トラスト普通株

　カムデン・トラストはさらに旧銀行の優先株B(額面10ドル)を継承するとともに，新たにRFCへ優先株Aを売却し，206.6万ドルの新規資金を調達している。

　カムデン・トラストは旧銀行から正常債権を継承するものの，不良債権は旧銀行の保有にとどまっている。旧銀行は不良債権を担保にしてFDICから1165万ドルの融資を受け，融資で獲得された資金は預金に見合う現金性資産としてカムデン・トラストに移転される[41]。FDICは融資の担保として保有する不良債権の売却により資金を回収することになる。この融資額は旧銀行の預金額の37％であり，継承した預金額と正常債権の差額に相当している。

　設立の経緯からカムデン・トラストの経営陣は旧銀行の経営陣からなっているが，新頭取，R. J. キースリングはかってチェス・ナショナル・バンク(NY)副頭取であり，RFCのフィラデルフィア地域における融資部門責任者を務めていた人物であった。彼は公的資金の注入の見返りに，経営を監視するためにRFCから派遣された人物といえる[42]。

　さらに下記のように，カムデン・トラストはカムデン地域における経営悪化した銀行の「受け皿」として機能している。同行は1939年に4つの銀行を吸収合併することにより，預金者保護の役割を果たしている[43]。

　・American National Bank of Camden (預金80万ドル) 資金援助64万ドル，援助率80％

- North Camden Trust Co. (預金82万ドル)　　　　51万6857ドル,　　63%
- First National Bank & Trust (預金70万ドル)　　　50万ドル,　　　71%
- Gloucester City Trust Co. (預金116万ドル)　　　　35万ドル,　　　30%

　グローセスター・シティ・トラストを除く3行はFDICからの資金援助の比率が高く，吸収合併による預金継承の道以外には，預金を保護することは難しい状況にあった。

（2）被合併銀行・救済銀行への資金援助
　　　　――Trust Co. of N.J. (Jersey City, N.J.)

　大銀行が中小銀行を救済合併する形式をとりながら，被合併銀行・救済銀行のいずれに対してもFDICが資金援助をするケースが生じてくる。先の場合のように「受け皿」として全く新しい銀行が設立されるのではなく，既存の救済銀行が実質的に「受け皿」としての役割を果たすことになる。
　トラスト・カンパニー・オブ・ニュージャージー(以下トラスト・カンパニーと略)は4832万ドルの預金を有する救済型合併事例における最大規模の銀行であった。同行はジャージーシティ市に本店を構え，ハドソン・カウンティに11支店を営業する有力銀行である。同行は恐慌期に預金者を保護するため，資産の悪化していた次の銀行の「受け皿」としての役割を果たしていた[44]。

1931. 7　Second Bank & Trust Co. (Hoboken)(資産610万ドル――1929年)
1937. 1　Trust Co. of N.J. (West New York)
　　　　Park Trust Co. (Weehawk)(資産237万ドル)

　さらに1939年4月に同行はウェスト・ベルゲン・トラスト(預金269万ドル)を合併しようとするが，それ自体の不良債権の存在のため，従前のように「受け皿」としての機能を遂行できない状況にあった。こうして新トラスト・カンパニーが形式的に設立され，旧銀行の普通株は新銀行の普通株と次のように交換されている。

1株の旧トラスト・カンパニー普通株(額面5ドル)
　　　　→1株の新トラスト・カンパニー普通株(2.5ドル)
1株のウェスト・ベルゲン・トラスト普通株(2.5ドル)
　　　　→$1\frac{1}{2}$株の新トラスト・カンパニー普通株(2.5ドル)

さらに2つの旧銀行はすでに優先株を発行していたため，RFCは旧銀行から優先株を購入し，400万ドルの公的資金を新銀行においても継続している。この合併の最大の問題は，不良債権の存在のため，旧銀行の預金をすべて継承することができないことであった。FDICはその不稼働資産(預金継承額と正常債権の差額)を担保として資金援助することにより，預金者すべてに対し預金保証を付与する役割を遂行する。FDICの資金援助額は旧トラスト・カンパニーに対し1402万ドル(預金の28.7％)，ウェスト・ベルゲンに対し99万ドル(37％)となっている[45]。FDICは旧銀行のバランス・シートにとどまっている不良債権を担保にして1500万ドルを融資し，不良債権の清算から資金を回収することになる。

このようにトラスト・カンパニーがウェスト・ベルゲンを救済合併する形式をとっているものの，この合併の主要な側面は預金者に損失をもたらすことなく，トラスト・カンパニーの不良債権を処理することにあった。トラスト・カンパニーはW. C. ヘッペンハイマーにより，ウェスト・ベルゲンはハドソン・カウンティ選出の上院議員，E. P. スタウトにより支配されていたが，新銀行の経営陣は，ウェスト・ベルゲンからの1名(F. R. パウエル)を除けば，旧トラスト・カンパニーの経営者により占められている[46]。

(3) 形式的な合併による被合併銀行への資金援助
　　　──First Citizens Bank & Trust Co. (Utica, N.Y.)

ファースト・シチズンズ・バンク・トラストは1931年11月にユーチカ市に所在する3つの商業銀行が合併して成立した銀行である。新旧銀行の株式交換は次のようになされている[47]。

- First Bank & Trust Co. (資産2996万ドル)　　1株→$1\frac{1}{3}$株 First Citizens Bank & Trust Co.
- Citizens Trust Co. (2538万ドル)　　1株→同上　$1\frac{10}{65}$株
- Utica Trust & Deposit Co. (2068万ドル)　　新銀行株に応募する権利

ファースト・シチズンズの資産は合併により6419万ドルとなり，ニューヨーク州北部を代表する大銀行となっている。ユーチカ市銀行界は同行とオネイダ・ナショナル・バンク・トラスト(1393万ドル)の2行体制となっている(表10-14)。

だがファースト・シチズンズは恐慌期に激しい預金流出に見舞われており，資

表 10-14　ユーチカ銀行界の動向　(単位＝千ドル)

銀 行 名	設立年	資産 1929	資産 1940	動　向
Citizens Trust Co.	1903	25,377	—	合併(1931.11)→First Citizens Bank & Trust Co.
First Bank & Trust Co.	1865	29,960	35,359	合併(1931.11)→First Citizens Bank & Trust Co.
First Citizens Bank & Trust Co.	1931	64,190	—	合併(1940)→First Bank & Trust Co.
Oneida National Bank & Trust Co.	1865	8,170	13,926	
Utica National Bank & Trust Co.	1865	7,522	—	合併(1930)→Citizens Trust Co.
Utica Trust & Deposit Co.	1899	20,679	—	合併(1931.11)→First Citizens Bank & Trust Co.
Savings Bank of Utica	1839	＊	38,407	

注) First Citizens Bank & Trust Co. の資産額は 1931 年末の数字，＊はデータ不明
出所) *Moody's Bank & Finance*

産面でも不動産関連資産が「凍結」状態におかれ，経営的に苦境に陥っている[48]。同行は不良債権を処理し，不動産子会社の債務(50万ドル)を解消し，さらにRFCによって引き受けられた優先株の配当延滞を解消するため，1940年9月にファースト・バンク・トラストを設立し，ファースト・シチズンズを新銀行と合併させることになった。

　RFC は新銀行に 250 万ドルの優先株資本を注入し，同時に普通株主は旧2株に対し新1株を交付され，普通株の減資(115→59万ドル)を実施している。そうした新規資本の導入に加えて，FDIC は不良債権を担保にして旧銀行に1669万ドルの融資を行い，流動的資産のみが新銀行に移転されている。FDIC の融資は預金の 48% に相当しており，これにより同行の預金は 100% 保護されることになった[49]。

　このようにファースト・シチズンズのケースでは 2 つの異なる銀行が合併するのではなく，同一銀行である新銀行と旧銀行が合併する形をとっており，その意味でこの合併は形式的なものにすぎなかった。これは FDIC の融資が旧銀行に残り，新銀行が身軽に再出発するためにとられた仕組みといえる。

　FDIC が発足した 1934 年以降，年平均 45 行程度の銀行が支払停止を余儀なくされている。34～40 年を総計すれば，支払停止銀行は 315 行に及んでおり，その預金は 1 億 3205 万ドルであった。このうち比較的中小規模の銀行は清算処理

され，大規模な銀行が合併により再編されていた。清算された銀行は226行(預金8591万ドル)であり，資金援助をともなう合併は129行(預金3億5272万ドル)であった。

　小規模銀行の多くが清算されていったのは，預金勘定の規模が小さく，その大部分が保証預金(2500→5000ドル)の範囲内に収まる預金勘定が多かったからといえる。その意味でこれらの銀行を清算処理したとしても，地域の金融システム不安を引き起こす危険性はきわめて小さかったといえる。

　とはいえ清算銀行のなかには，100万ドル以上の預金を有する銀行が12行あった。清算処理された銀行のうち最大規模の銀行はニュージャージー州で資産規模第7位を占めるニュージャージー・タイトル・ギャランティ・トラストであった。1935年銀行法が成立し，FDICの資金援助による合併という破綻処理が可能となっていたにもかかわらず，そうした措置がとられたのは預金保証の対象外となっている簿外債務(「偶発債務」)を有していたからである。また清算処理された第2位の資産規模の銀行であるコマーシャル・ナショナル・バンク(Bradford, Pa.)の場合には，5000ドルを超過していた預金勘定の大部分は郵便貯金の再預金により占められており，実際に保証されない預金はわずかな規模にすぎなかった。

　これに対して比較的規模の大きな銀行は他銀行と合併する破綻処理政策に委ねられている。これらの銀行は預金全額及び正常債権を継承し，継承預金と正常債権の差額をFDICからの資金援助により充足している。合併銀行は資金規模に比して自己資本が過小となるため，RFCから優先株の形態で追加資本を得るのが一般的である。したがってこの時期の銀行破綻処理政策は預金保証のためにFDIC及び自己資本の充実のためにRFCという2つの政府系機関により分業して担われていたことになる。

　またこの時期の銀行合併による預金者保護においては，減資が行われるものの，旧銀行の株式資本は新銀行に引き継がれ，あわせて経営者にも継続性がみられる場合が一般的である。その意味で大恐慌期の救済型銀行合併に性格が類似しているといえる。第2次世界大戦後になれば，営業譲渡方式によって預金者保護が行われるようになり，旧銀行の株式資本は無価値となるからである[50]。

　合併による救済政策は1938年以降にとりわけ大規模な銀行を対象として行わ

れている。これは大恐慌期から延引されていた不良債権を抜本的に処理することを意図してなされている。そうした事情に関して『連邦預金保険公社年報』は次のように指摘している。

「実質的にこれらの銀行は1933年銀行休業日の時点で資産内容が悪化していた銀行であるが，銀行が強化され，健全な状況に復帰することを期待して再開を許可されていた」[51]

1930年代末に合併により破綻処理された銀行のほとんどはすでに34～35年にRFCから資本を調達していた。だが優先株に配当を交付するに足る利益をあげるような資産状況になく，このことが不良債権の抜本的な処理を迫られた理由といえる。したがって銀行合併は一面では預金を全額保証することで金融システム不安を回避し，他面では不良債権を処理することで経営状態が悪化している銀行を整理・淘汰するという2つの目的を達成しようとしていた。銀行のそうした破綻・淘汰にさいし，当該地域における金融サービスの継続性が配慮されており，都市部において2行までの複数銀行の存立が許容される政策が採用されていた。これは広域的な支店制度の展開が法的に制限されているアメリカ銀行制度において，地域金融システムの安全性及び地域の銀行間競争(独占の忌避)を維持するという2つの目的を両立させるためにやむなく採用された政策といえる。

もしアメリカで広域的な支店制度が許容されていたならば，遠隔地大銀行による合併→既存銀行の支店化という別な形態による銀行整理・淘汰，全国的規模の銀行集中が進展したであろう。だがこれはアメリカの州権と連邦権のバランスという繋争問題に抵触する課題であり，ニューディール期の連邦権力の拡大時期にあってさえも，なお実現が困難であったといえる。

1) *Annual Report of the Federal Reserve Board*, 1934, pp. 272-295.
2) *Annual Report of FDIC 1934*, p. 25.
3) *Annual Report of FDIC 1935*, p. 15.
4) *ibid.*, p. 16.
5) *ibid.*, p. 17.
6) 3行は支払停止したものの，レシーバーシップにいかなかった。そのうち2銀行は営業を再開しており(オクラホマ・ケンタッキー州の非加盟銀行)，1行は他銀行により吸収合併されていた(テネシー州)(*Annual Report of FDIC 1940*, p. 91)。
7) *ibid.*, p. 16.

8) *Annual Report of the Currency Comptroller*, Dec. 1932, p. 10.
9) *Annual Report of FDIC 1939*, p. 218; *1940*, p. 234.
10) *Annual Report of FDIC 1940*, p. 224.
11) *Annual Report of FDIC 1934*, pp. 7-8; *1938*, p. 31.
12) *Annual Report of FDIC 1934*, pp. 14-21.
13) *Annual Report of FDIC 1936*, pp. 33-34.
14) 民間銀行によって拠出される予定であった株式 A (額面 100 ドル) は配当請求権 (6%) をもっていたものの，議決権を有していなかった (*Annual Report of FDIC 1934*, p. 8; *1935*, p. 9)。
15) 財務省・連銀の FDIC への出資は 1948 年 8 月 30 日までに回収されており，以後 FDIC と政府との間に資本関係は存在していない (*Annual Report of FDIC 1950*, p. 28)。
16) 銀行により 1935 年 8〜12 月に支払う当初賦課金は 25 銀行を除いて「暫定」預金保険法下で支払われた保険料から支払われている。さらに 2/3 の銀行は 36 年の 2 半期保険料を支払うに充分な「暫定法」下の賦課金を有していた (*Annual Report of FDIC 1935*, pp. 10-11; *1940*, p. 30)。
17) *Annual Report of FDIC 1940*, p. 30.
18) *ibid.*, p. 17.
19) *Annual Report of FDIC 1950*, pp. 26-28.
20) *CFC*, Vol. 141, Oct. 26, 1935, p. 2682.
21) *ibid.*, p. 2632；大口預金者は 1940 年 7 月までに 75% の払戻しを受けている (*Moody's Bank & Finance*, 1941, p. 1622)。
22) *ibid.*, 1936, p. 705.
23) 「FDIC 総裁のクローリーは 1935 年 12 月 7 日に次のような意志を表明した。地域がいくつの銀行を支持するかを決定する調査まで，この銀行〔マッキィーン・カウンティ・トラスト〕の再編プランの承認は保留される。再編プランの実際の認可権限はペンシルヴェニア州銀行局にあるけれど，その可否は FDIC が銀行を受け入れるかいなかに依存している，と州銀行局担当者は言明している。ブラッドフォード市民の明白な信念は〝 1 つ以上の〟銀行をもつべきであるということである」(*ibid.*, 1936, p. 705)。
24) *ibid.*, 1941, p. 277.
25) *CFC*, Vol. 142, Apr. 11, 1934, p. 2434; Vol. 142, Apr. 25, 1936, p. 2767.
26) *CFC*, Vol. 145, Oct. 9, 1937, p. 2330.
27) *ibid.*, p. 2330.
28) *Annual Report of FDIC 1937*, pp. 10-11.
29) *ibid.*, pp. 176-179.
30) *Moody's Bank & Finance*, 1940, p. 120.
31) *Annual Report of FDIC 1939*, p. 218; *1940*, p. 234.
32) *CFC*, Vol. 145, Oct. 9, 1937, p. 2330.
33) ニュージャージー・タイトル・ギャランティ・トラストは 1929 年時点でジャージーシティに 2 支店を有していたにすぎなかったが，31 年 7 月 (Labor National Bank)，31 年

12月 (Bank of Lafaystte, Ocean Ave. Bank) の合併により，5支店に増加している (*Moody's Bank & Finance*, 1938, p. 13)。

34) 偶発債務は1931年に初めてバランス・シートにおいて527万ドルの保証不動産債務として注記されている。これは1150万ドルと評価される不動産により担保されることになっている (*ibid*., 1932, pp. 1918-19)。

35) *Annual Report of FDIC 1939*, p. 224.

36) 大口預金に関して，預金の25～30%を他のジャージーシティの銀行から融資を受けることができる，との協定がFDICと銀行との間で結ばれている (*CFC*, Vol. 148, Feb. 25, 1939, p. 1115)。

37) *ibid*.

38) *ibid*., Vol. 148, Feb. 18, 1939, pp. 973-974.

39) *Annual Report of FDIC 1935*, p. 17.

40) *Moody's Bank & Finance*, 1940, p. 327.

41) *Annual Report of FDIC 1938*, p. 248.

42) *CFC*, Vol. 146, Apr. 16, 1938, p. 2478.

43) *Moody's Bank & Finance*, 1941, p. 59.

44) *ibid*., 1941, p. 288.

45) *Annual Report of FDIC 1939*, p. 217.

46) *CFC*, Vol. 148, Feb. 25, 1939, p. 1114.

47) *Moody's Bank & Finance*, 1932, p. 1084.

48) *CFC*, Vol. 150, June 8, 1940, p. 3601.

49) *ibid*., Vol. 151, Sep. 21, 1940, p. 1667.

50) 1960年代半ば頃からFDICによる資金援助が非閉鎖型 (預金継承方式) から閉鎖型 (P&A方式) に移行したとされる。「1935年銀行法によりFDICに資金援助機能が加えられた当初，P&Aは預金承継とよばれていた。これは当時，破綻処理の主眼が預金の承継にあったためで，承継された預金の対価は，現行のP&Aと同様に破綻金融機関の健全資産とFDICからの資金援助によって賄われていた。この預金承継は，株主や出資者に損失を負担させない非閉鎖型の処理であるという点で現行のP&Aと異なっていた」(日本銀行「資料 米国預金保険制度の概要と運用」『日本銀行月報』1995年8月，58頁)。

51) *Annual Report of FDIC 1938*, p. 10.

むすびに

　これまで1930年代のアメリカ銀行恐慌を第I部（「銀行恐慌の原因と推移」）と第II部（「銀行恐慌と預金者保護」）の2部構成で考察してきた。ここでアメリカ銀行恐慌の考察から得られた結論を政策論的関心に引きつけてまとめておこう。

　まず第1にユニット・バンクが支配的な銀行形態をとるアメリカ銀行制度の特殊性に着目した。つまり州権が連邦権に比して優勢な政治的状況のもとで銀行支店の設置が制限され，ヨーロッパ，カナダのように支店銀行制にもとづく全国的な銀行集中が進展することがなく，零細な中小規模の銀行が多数営業する銀行制度が長い間存続してきた。このことは金融制度面では間接金融に対する直接金融の優位を，また銀行制度面では銀行破産の頻発という現象を生み出している。一銀行の破産は預金者による連鎖的な預金引出を招き，地域の金融システムを危機に追いやる危険性があるため，預金者を保護する政策の立法化が迫られることになった。これは1908年以降に8州において採用された州預金保険制度として，次いで34年の連邦預金保険制度として実現されている。

　第2に大企業の企業金融が主として内部資金と証券発行に依存する状況のもとで，銀行資産の劣化をもたらす実物経済的要因に注目した。企業の資金需要が銀行借入金で充足されていた段階と異なり，大企業の利潤率低落は金融部面では株式配当（減配，無配）及び社債の元本・利子支払の債務不履行として現れ，会社証券価格の下落を媒介にして銀行資産の劣化に反映されてくる。他方大企業の「銀行離れ」は銀行の資産構造の変化を招き，それは主として大企業の資本蓄積の周辺分野に位置する中小企業・農業・消費者向けの融資及び会社債，外国証券，州・自治体債，連邦債などの投資証券から構成されるようになる。産業恐慌は大企業の周辺分野に最初に打撃を与え，徐々に大企業にまで波及していく形態をと

るが，そのことは銀行資産の劣化→銀行破産→金融システムの動揺をもたらし，大企業の資本蓄積に迂回した形で反作用していく。1930年代初頭の銀行恐慌は大企業分野で直接金融が優位な状況のもとにおける実物経済と金融経済の動態的関係の在り方を示す一つの歴史的例証となるであろう。

　恐慌の深化にともなう実物経済の悪化(利潤率の低下)は証券の債務不履行率を上昇させており，それは鉄道債，公益事業債，産業債の会社債券だけでなく，外国債，州・自治体債など広汎な証券に及んでいる。これは当該証券を保有するすべての銀行に共通に作用する要因であり，とりわけ証券価格の下落は二三流証券により多く投資していた銀行に大きな資本損失をもたらしている。他方，ユニット・バンクが支配的な銀行制度のもとでは，劣化する貸付資産の内容は銀行の所在する地域により異なってくる。銀行を苦境に陥れた主要な貸付資産として，農業地域に多数所在する地方銀行では農業貸付(「その他」貸付，農地不動産担保貸付)が，準備市銀行では都市不動産担保貸付があげられる。このように実物経済の悪化が銀行資産の流動性を喪失させ，預金者の信用不安→銀行破産を招く基本的原因となっている。

　預金引出の圧力にさらされる銀行は「最後の貸手」としての連銀に依存するようになるが，金準備の流出などにより発券の制約が生ずるようになれば，現金入手の困難を危惧して，預金者(個人，企業)の退蔵貨幣需要，銀行の手持現金需要が増加してくる。M. フリードマン・A. J. シュワルツの見解はこうした信用逼迫局面における銀行破産の増加に注目し，連銀の「政策的誤り」を強調したものであった。貨幣制度として金本位制を採用している限りでは中央銀行による通貨供給に限界が生ずるとはいえ，銀行破産の窮極的原因は実物経済的側面に求められねばならないであろう。

　第3に金融システム危機を回避するためにとられた私的銀行相互の協力関係に注目した。大銀行が破綻した場合に預金者の信用不安が他銀行に伝播して地域の金融システムを崩壊させる危険性があり，そうした事態を回避するために他の大銀行が脆弱銀行を救済合併することが頻繁に行われている。だが単独銀行による救済の場合，合併銀行が不良債権から生ずる損失のすべてを引き受ける必要があり，もし合併リスクが高くなると予想されれば，私的銀行として合併に躊躇せざるをえない。そこで地域の手形交換所が中心となって加盟銀行が合併銀行の損失

を共同で負担する形態をとることで，救済合併→地域の金融システムの安定化を図ろうとしていた(「損失の社会化」)。

しかし地域に所在する銀行すべてが信用不安に見舞われた場合には，「受け皿」が不在となるため，救済合併という預金者保護の方策を採用できない。支店設置が全国的規模で許可されていれば，金融システムの安定が他地域の大銀行(ニューヨーク，シカゴの大銀行)による救済合併として実現される可能性があっただろう。支店設置の制約はそうした可能性を追求する道を閉ざしていた。

第4に銀行恐慌期の開業銀行の救済に果たした復興金融公社(RFC)の役割と限界に注目した。先にふれたように，支店設置の制限下で大銀行までもが信用不安に陥れば，地域の金融システムは崩壊に瀕することになり，ここに営利原則にとらわれない救済主体の登場が要請されてくる。RFCは資金源泉を公的資金に依拠することで連銀信用に適格でない銀行資産を担保に救済融資し，〈脆弱銀行―RFC―政府(国債)―健全銀行〉という資金循環を形成することで，銀行の破綻を阻止しようとした。つまりRFCの開業銀行への融資は銀行の「不健全」資産に一時的な流動性を付与することで，預金の払戻しを可能にすると同時に，資産の強制売却によるデフレ・スパイラルの進行を阻止しようと意図していた。しかし資産の劣悪化がより一層進めば，銀行によって求められる資金の性格も一時的な流動性から自己資本へと変化していく。

さらに兌換制下での国債消化という制約から，RFCの救済融資に限界が割されざるをえなかった。つまりRFCは「充分かつ適格な担保」を条件として銀行に融資することを余儀なくされ，そのことがデトロイトのユニオン・ガーディアン・トラストの救済失敗と州銀行休業の連鎖波及・全国銀行休業を招くことになった。当時のアメリカは国際収支が黒字であり，その意味で銀行救済の対外的制約が存在しなかったにもかかわらず，大銀行を救済するために「無担保融資」という非常手段の行使(特別融資)に踏み切ることができなかったのである。

第5に銀行清算の不況的側面を緩和するために発展した私的銀行の行動に注目した。銀行清算にあたってレシーバーは全資産(健全資産，不良資産)を市場に売却して得た資金で預金者に払戻しをする。そうした清算方法は資産清算に長期間(平均5年10カ月)を要すると同時に，資産の強制売却を通じて不況を一層激化させる作用を有している。スポーケィン・プランは不良債権の売却のみをレシー

バーが担い，健全資産及びそれに相当する預金を他銀行に継承させることで，清算の不況的影響を緩和し，さらに預金払戻しを早期に行うことを可能としている。

またニューヨーク方式は銀行の破産時点で預金の50％を預金者に即時に支払うというものであり，資産清算の如何にかかわりなく預金を支払うことで預金者の信用不安を沈静化させることを意図していた。預金のそうした早期の支払はニューヨーク手形交換所加盟銀行による損失の共同負担により行われており，もし資産清算額が事後的に預金支払額を下回る場合には，ニューヨークの大銀行が連帯して損失を負担することになっていた。銀行恐慌期に示された私的資本のそうした動きは連邦預金保険制度のもとでペイオフ方式(付保預金の移転)，P＆A方式として発展していく。

第6に全国銀行休業日以降にRFCが新たに担うことになった役割(閉鎖銀行への融資，自己資本の増強)に注目した。全国銀行休業日以降に政府に期待された課題の一つは休業直後に再開されなかった不許可銀行を再編することであり，もう一つの課題は不良債権の処理が遅れている許可銀行に関して，自己資本比率(10％)を維持しながら不良債権を処理することである。RFCの活動は1932年の銀行恐慌対策という受け身の立場から，ニューディールの景気政策の一環として積極的な位置づけがされるようになる。

不許可銀行再編の特徴は不良債権の処理にあたり株主(株式資本の減資・廃棄)及び預金者(預金の削減)に負担を強制する見返りに公的資金が投入されたことである。RFCは地元資本と共同して株式資本(優先株の購入)を提供すると同時に，旧銀行の資産を担保にして融資(閉鎖銀行への融資)することで，新銀行への預金の継承を援助している。また全国銀行休業日直後に再開された許可銀行のなかには，不良債権を処理すれば，1934年に発足を予定されている連邦預金保険制度への加入条件である自己資本比率(10％)を維持しえない銀行が多数存在していた。これらの銀行には中小銀行のみならず，ニューヨーク，シカゴの大銀行も含まれていた。RFCは全銀行の1/3に相当する6118行から優先株(資本証券)を購入することで自己資本を増強し，不良債権の早期処理を援助している。また公的資金を注入された銀行のなかには減資を実施することで株主責任を明確にしたり，経営権への公的介入を受ける銀行もあった。RFCは不良債権の早期処理による景気回復を優先し，優先株の議決権を行使するケースは数少なかったとはいえ，

RFCにより会長が指名されたシカゴのコンチネンタル・イリノイ・ナショナル・バンク・トラストのような事例もあった。

　第7に1934年に発足した連邦預金保険公社(FDIC)の意義と限界に注目した。FDICは預金の一定額(5000ドル)を保証することで，預金勘定の大部分を保護する役割を果たすことになった。破綻した銀行が中小規模の場合には，銀行を清算したとしても，預金者の被る損失は少なかった。しかし大銀行を清算処理すれば預金者の損失が大きくなり，信用不安が生ずるため，FDICは資金援助をともなう合併処理を行うことで預金を保護するようになる。救済型銀行合併が私的銀行による損失の共同分担により行われていたが，その限界を打開するため，預金保険制度のもとでは合併により発生する損失を全国の銀行から拠出された預金保険料で充当することになった。だが預金保険原理による預金者保護には限界があり，大銀行の大口預金者を保護するには「暗黙の」政府保証が要請されることになろう。

　以上本書で考察してきた結論を要約してきたが，最後に本書で具体的なサンプルとして取り上げた資産1000万ドル以上の銀行(746行)が1930年代に示した軌跡をまとめておこう。

　まず84の銀行が支払停止の後に清算処理され，銀行界から姿を消している。これはサンプル銀行の11％に相当していた。さらにサンプルの19％に相当する140行が合併銀行により吸収されて消滅しており，そのうち33行は実質上破産に相当する救済型合併の形態をとっている。銀行合併においては資本金及び預金の全部あるい一部が合併銀行に継承されるとはいえ，サンプルのうち30％の銀行が独立した銀行としての存在を喪失したことになる。

　さらに独立した銀行としての存在を継続したとはいえ，公的資金の援助により再編された銀行が多数にのぼっている。第1は全国銀行休業後に直ちに再開を許可されなかった不許可銀行であり，それはサンプル銀行の9％(68行)にのぼっている。これらの銀行のうち7行は自己資本の廃棄を迫られたものの，預金者に預金削減を強制することはなかった。だが残りの61行は不良債権処理のために自己資本の廃棄と預金削減を同時に迫られていた。

　第2は全国銀行休業後に直ちに再開を許可された銀行であり，不良債権を処理

するために公的資金(自己資本の増強)を申請した銀行である。サンプル銀行の30%に相当する221行が優先株(資本証券)を申請している。これらの銀行の一部には政府に協力するため形式的に申請した銀行があったものの,大部分は不良債権処理による自己資本比率の低下を回復する目的で申請していた。なかには株主責任を明示するために減資を実施していた銀行があり,それは公的資金申請銀行の43%(96行)にのぼっていた。また優先株は早期に償還されることを期待されていたが,1940年までに償還を完了していた銀行は83行にすぎず,138行は優先株を自己資本の恒常的部分として組み込んでいた。

　以上のようにサンプル銀行のうち7割に近い銀行が消滅するか,再編のために資本構造に公的資金を導入しており,その意味でアメリカの大銀行は1930年代の銀行恐慌期に大きな試練を経験していたと結論できるだろう。

参 考 文 献

1. 欧 文 文 献

Abbot, C. C., The Government Bond Market in the Depression, *Review of Economic Statistics*, Vol. 17-4, May 1935
Anderson, T. A., *A Century of Banking in Wisconsin*, 1954, rep., Arno Press, NY, 1980
Apahr, W. E., Bank Failures in the United States, *American Economic Review*, Vol. 22-1, Mar. 1932
Armstrong, L. & Denny, J. O., *Financial California*, 1916, rep., Arno Press, NY, 1980
Awalt, F. G., Recollections of the Banking Crisis in 1933, *Business History Review*, Vol. 43-3, Autumn 1939
Ballantine, A. A., When All The Bank Closed, *Harvard Business Review*, Vol. 26-2, Mar. 1948
Barnett, G. E., *State Banks and Trust Companies since the Passage of the National-Bank Act*, National Monetary Commission, Washington, D.C., 1911
Beard, C. A. & Beard, M. R., *The Beards' New Basic History of the United States*, Doubleday & Company, Inc., NY, 1960 (松本重治・岸本金次郎・本間長世訳『アメリカ合衆国史』岩波書店，1964 年)
Beckhart, B. H., *Federal Reserve System*, Columbia University Press, NY, 1972 (矢尾次郎監訳，藤田正寛・三木谷良一・石垣健一訳『米国連邦準備制度』東洋経済新報社，1978 年)
Beckhart, B. H. & Smith, J. G., *Source and Movements of Funds*, The New York Money Market (ed. by B. H. Beckhart), Vol. 2, 1932, rep., AMS Press, NY, 1971
Berle, A. A., Jr. & Means, G. C., *The Modern Corporation and Private Property*, The Macmillan Company, 1932 (北島忠男訳『近代株式会社と私有財産』文雅堂銀行研究社，1958 年)
Bernanke, B. S., Nonmonetary Effects of the Financial Crisis in the Propagation of the Great Depression, *American Economic Review*, Vol. 73-3, June 1983
Bernanke, B. S., *Essays on the Great Depression*, Princeton University Press, Princeton, 2000
Board of Governors of The Federal Reserve System, *Banking Studies*, Washington, D.C.,

1941

Board of Governors of The Federal Reserve System, *The Federal Reserve System Purposes and Functions*, Washington, D.C., 1963 (矢島鈞次訳『アメリカ連邦準備制度――金融メカニズムの解明』春秋社, 1971 年)

Bradford, F. A., *Money and Banking*, 4th ed., Longmans, Green, NY, 1937

Bradley, C. M., A Historical Perspective on Deposit Insurance Coverage, *FDIC Banking Review*, Vol. 13-2, 2000

Braeman, J., The New Deal and the "Broker State": A Review of the Recent Sholarly Literature, *Business History Review*, Vol. 46-4, Winter 1972

Bremer, C. D., *American Bank Failures*, Columbia University Press, NY, 1935

Brown, W. A., Jr., *The International Gold Standard Reinterpreted, 1914-1934*, Vols. 1-2, National Bureau of Economic Research, Inc., NY, 1940

Burchett, F. F., *Corporate Finance*, Harper & Brothers Publishers, NY, 1934

Burgess, W. R., *The Reserve Banks and the Money Market*, Harper & Brothers Publishers, NY, 1928 (東京銀行集会所訳『準備銀行と金融市場』東京銀行集会所, 1929 年)

Burns, H. M., *The American Banking Community and New Deal Banking Reforms, 1933-1935*, Greenwood Press, Westport, Connecticut, 1974

Burrell, O. K., Essential Elements in Banking Reconstruction, *Harvard Business Review*, Vol. 12-1, Oct. 1933

Caldwell, S. A., *A Banking History of Louisiana*, Louisiana State University Press, Baton Rouge, 1935

Carosso, V., Washington and Wall Street: The New Deal and Investment Bankers, 1933-1940, *Business History Review*, Vol. 44-4, Winter 1970

Carosso, V. P., *Investment Banking in America: A History*, Harvard University Press, Cambridge, 1970 (日本証券経済研究所訳「アメリカの投資銀行」(上)(下)『証券研究』第 55 巻, 56 巻, 1978 年)

Cartinhour, G. T., *Branch, Group and Chain Banking*, The Macmillan Company, NY, 1931

Chandler, L. V., *American Monetary Policy 1928-1941*, Harper & Row, NY, 1971

Chapman, J. M., *Concentration of Banking: The Changing Structure and Control of Banking in the United States*, Columbia University Press, NY, 1934

Chapman, J. M. & Westerfield, R. B., *Branch Banking: Its Historical and Theoretical Position in America and Abroad*, 1942, rep., Arno Press, NY, 1980

Chudson, W. A., *The Pattern of Corporate Financial Structure*, National Bureau of Economic Reserch, NY, 1945

Churchill, A., *The Incredible Ivar Kreuger*, Rinehart & Company, Inc., NY, 1957

Clark, E., ed., *The Internal Debts of the United States*, The Macmillan Company, NY, 1933

Clark, L. E., *Central Banking under the Federal Reserve System, with Special Consideration of the Federal Reserve Bank of New York*, The Macmillan Company, NY, 1935

Cleveland, H. B. & Huertas, T. F., *Citibank 1812-1970*, Harvard University Press, Cambridge, 1985

Coit, C. G., *The Federal Reserve Bank of Richmond*, Columbia University Press, NY, 1941
Cole, D. M., *The Development of Banking in the District of Columbia*, The William-Frederick Press, NY, 1929
Colt, C. C. & Keith, N. S., *28 Days: A History of the Banking Crisis*, Greenberg, NY, 1933
Commercial and Financial Chronicle, William B. Dana Company
Cooke, T., Insurance of Bank Deposits in the West, *Quarterly Journal of Economics*, Vol. 24-1, 2, Nov. 1909, Feb. 1910
Cooke, T., Deposit Guaranty in Mississippi, *Quarterly Journal of Economics*, Vol. 29-2, Feb. 1915
Cooke, T., The Collapse of Bank-Deposit Guaranty in Oklahoma and its Position in Other States, *Quarterly Journal of Economics*, Vol. 38-1, Nov. 1923
Coyle, E. S., A Review of Recent Bank Failures, *Review of Economic Statistics*, Vol. 14, 1934
Crawford, A. W., *Monetary Management under the New Deal: The Evolution of a Managed Currency System—Its Problems and Results*, 1940, rep., Da Capo Press, NY, 1972
Creamer, D., Dobrovolsky, S. P. & Borenstein, I., *Capital in Manufacturing and Mining Its Formation and Financing*, Princeton University Press, Princeton, 1960
Currie, L., The Decline of the Commercial Loan, *Quarterly Journal of Economics*, Vol. 45, Aug. 1931
Currie, L., The Failure of Monetary Policy to Prevent the Depression of 1929-32, *Journal of Political Economy*, Vol. 42-2, Apr. 1934
Curry, O. J., Utilization of Corporate Profits in Prosperity and Depression, *Michigan Business Studies*, Vol. 9-4, University of Michigan, 1941
Dailey, D. M., National Banks in the Savings Deposits Field, *Journal of Business*, Vol. 4-1, Jan. 1931
Dobrovolsky, S. P., *Corporate Income Retention 1915-43*, National Bureau of Economic Reserch, NY, 1951
Dolley, J. C., Characteristics and Procedure of Common Stock Split-Ups, *Harvard Business Review*, Vol. 11-2, Apr. 1933
Dolley, J. C., Open Market Buying as a Stimulant for the Bond Market, *Journal of Political Economy*, Vol. 41-4, Aug. 1933
Ebersole, J. F., One Year of The Reconstruction Finance Corporation, *Quarterly Journal of Economics*, Vol. 47, May 1933
Ebersole, J. F., The Money Management Powers of the Treasury and Federal Reserve Banks, *Harvard Business Review*, Vol. 15-1, Autumn 1936
Edwards, G. W., An Investment Policy for a Country Bank, *Journal of Business*, Vol. 5-3, July 1932
Edwards, G. W., Control of The Security-Investment System, *Harvard Business Review*, Vol. 12-1, Oct. 1933

Edwards, G. W., Liquidity and Solvency of National Banks, 1923-33, *Journal of Business*, Vol. 7-2, Apr. 1934

Ellerman, F. J., The Probable Distribution of Expenses and Benefits under The Federal System of Deposit Insurance, *Journal of Business*, Vol. 9-1, Jan. 1936

Emerson, G., The Future of Deposit Insurance, *Bankers Magazines*, Vol. 94, July 1940

Epstein, G. & Ferguson, T., Monetary Policy, Loan Liquidation, and Industrial Conflict: The Federal Reserve and the Open Market Operations of 1932, *Journal of Economic History*, Vol. 49-4, Dec. 1984

Esbitt, M., Bank Portfolios and Bank Failures during the Great Depression: Chicago, *Journal of Economic History*, Vol. 46-2, June 1986

Faulkner, H. U., *American Economic History*, 8th ed., Harper & Raw Publishers, Inc., NY, 1959 (小原敬士訳『アメリカ経済史』至誠堂, 1976年)

Federal Deposit Insurance Corporation, *Annual Report of the Federal Deposit Insurance Corporation*

Fischer, G. C., *American Banking Structure*, Columbia University Press, NY, 1968

Friedman, M. & Schwartz, A. J., *A Monetary History of the United States 1867-1960*, Princeton University Press, Princeton, 1963

Friedman, M. & Schwartz, A. J., The Failure of the Bank of United States: A Reappraisal, *Explorations in Economic History*, Vol. 23-2, Apr. 1986

Froman, L. A., The Shift in Bank Failures, *Journal of Business*, Vol. 5-3, July 1932

Gantenbein, J. W., *Financial Questions in United States Foreign Policy*, Columbia University Press, NY, 1939 (町田義一郎訳『アメリカ対外政策に於ける金融問題』千倉書房, 1942年)

Glover, J. D., Industrial Loan Policy of the RFC, *Harvard Business Review*, Vol. 17-4, Summer 1939

Goldenweiser, E. A., The Function of Deposit Banking, *Journal of the American Statistical Association*, Vol. 33, June 1938

Goldschmidt, R. W., *The Changing Structure of American Banking*, George Routledge and Sons, Ltd., London, 1933

Goldsmith, R. W., *Financial Intermediaries in the American Economy since 1900*, Princeton University Press, Princeton, 1958

Golembe, C. H., The Deposit Insurance Legislation of 1933—An Examination of its Antecedents and its Purposes, *Political Science Quarterly*, Vol. 75-2, June 1960

Golembe, C. H. & Holland, D. S., *Federal Regulation of Banking 1981*, Golembe Associates, Inc., 1981 (馬淵紀壽訳『アメリカの銀行制度』日本経済新聞社, 1982年)

Golightly, T. H., The Question of a Capital-Deposit Ratio, *Bankers Magazine*, Vol. 94, Apr. 1940

Gras, N. S. B., *The Massachusetts First National Bank of Boston 1784-1934*, Harvard University Press, Cambridge, 1937

Griffiss, B., *The New York Call Money Market*, The Ronald Press Company, NY, 1925 (竹

澤徳重訳『紐育コールマネー市場』藤本ビルブローカー銀行，1925年)
Haberman, I. S., *The Van Sweringens of Cleveland: The Biography of an Empire*, The Western Reserve Historical Society, Cleveland, 1979
Hales, C. A., *The Baltimore Clearing House*, The Johns Hopkins Press, Baltimore, 1940
Hall, T. E. & Ferguson, J. D., *The Great Depression: An International Disaster of Perverse Economic Policies*, University of Michigan, Ann Arbor, 1998 (宮川重義訳『大恐慌——経済政策の誤りが引き起こした世界的な災厄』多賀出版，2000年)
Hamilton, D. E., The Causes of the Banking Panic of 1930: Another View, *The Journal of Southern History*, Vol. 51-4, Nov. 1985
Hardy, C. H., *Credit Policies of the Federal Reserve System*, The Brookings Institution, Washington, D.C., 1932
Harris, S. E., *Twenty Years of Federal Reserve Policy including an Extended Discussion of the Monetary Crisis, 1927-1933*, Vols. 1-2, Harvard University Press, Cambridge, 1933
Hart, A. G., *Debts and Recovery: A Study of Change in the Internal Debt Structure from 1929 to 1937 and A Program for the Future*, The Twentieth Century Fund, NY, 1938
Hartzel E., Time Deposits, *Harvard Business Review*, Vol. 13-1, Oct. 1934
Hearings before a Subcommittee of the Committee on Banking and Currency, United States Senate, *Operation of the National and Federal Reserve Banking Systems*
Hearings before a Subcommittee of the Committee on Banking and Currency, House of Representatives, *Branch, Chain and Group Banking*
Hickman, W. B., *The Volume of Corporate Bond Financing since 1900*, Princeton University Press, Princeton, 1953
Hickman, W. B., *Corporate Bond Quality and Investor Experience*, Princeton University Press, Princeton, 1958
Hickman, W. B., *Statistical Measures of Corporate Bond Financing since 1900*, Princeton University Press, Princeton, 1960
Hubbard, J. B., Hoarding and The Expansion of Currency in Circulation, *Review of Economic Statistics*, Vol. 14, 1932
Hunt, P., *Portfolio Policies of Commercial Banks in the United States, 1920-1939*, Graduate School of Business Administration, Harvard University, 1940, rep., Arno Press, NY, 1980
James, F. C., *The Growth of Chicago Banks*, Vols. 1-2, Harper & Brothers Publishers, NY, 1938
James, M. & James, B. R., *Biography of a Bank: The Story of Bank of America N.T. & S.A.*, Harper & Brothers, NY, 1954 (三和銀行国際経済研究会訳『バンク・オブ・アメリカ——その創業と発展』東洋経済新報社，1960年)
Jamison, C. L., Bank Deposit Guaranties, *Bankers Magazine*, Vol. 87, May 1933
Johnson, G. G., Jr., *The Treasury and Monetary Policy 1933-1938*, Russell & Russell, NY, 1938
Jones, H., Insurance of Bank Deposits in the United States of America, *Economic Journal*,

Dec. 1938

Jones, H., An Appraisal of the Rules and Procedures of Bank Supervision, 1929-39, *Journal of Political Economy*, Vol. 48-2, Apr. 1940

Jones, J. H., *Fifty Billion Dollars—My Thirteen Years with the RFC, 1932-1945*, The Macmillan Company, NY, 1951

Jones, T. C., *Clearing and Collections: Foreign and Domestic*, 1931, rep., AMS Press, NY, 1968

Keehn, R. H. & Smiley, G., Mortgage Lending by National Banks, *Business History Review*, Vol. 51-4, Winter 1977

Kemmerer, E. W., *Postal Savings: An Historical and Critical Study of the Postal Savings Bank System of the United States*, Princeton University Press, Princeton, 1917

Kennedy, S. E., *The Banking Crisis of 1933*, University Press of Kentucky, Kentucky, 1973

Kimmel, L. H., *The Availability of Bank Credit, 1933-1938*, National Industrial Conference Board, Inc., NY, 1939

Kindleberger, C. P., *The World in Depression 1929-1939*, University of California Press, Berkeley, 1973 (石崎昭彦・木村一朗訳『大不況下の世界　1929-1939』東京大学出版会, 1982 年)

Kindleberger, C. P., *Manias, Panics, and Crashes—A History of Financial Crisis*, Basic Books, Inc., NY, 1978 (吉野俊彦・八木甫訳『金融恐慌は再来するか——くり返す崩壊の歴史』日本経済新聞社, 1980 年)

Klemme, E. M., Industrial Loan Operations of the Reconstruction Finance Corporation and the Federal Reserve Banks, *Journal of Business*, Vol. 12-4, Oct. 1939

Koch, A. R., *The Financing of Large Corporations 1920-39*, National Bureau of Economic Reserch, NY, 1943

Krooss, H. E., ed., *Documentary History of Banking and Currency in the United States*, Vols. 1-4, Chelsea House Publishers, NY, 1977

Krueger, L. B., *History of Commercial Banking in Wisconsin*, 1933, rep., Arno Press, NY, 1980

Kuvin, L., *Private Long-Term Debt and Interest in the United States*, National Industrial Conference Board, Inc., NY, 1936

Lamb, W. R., *Group Banking: A Form of Banking Concentration and Control in the United States*, Rutgers University Press, New Brunswick, 1961

Lary, H. B. & Associates, *The United States in the World Economy*, U.S. Dept. of Commerce, Washington, D.C., 1942

Laughlin, J. L., *Banking Reform*, 1912, rep., Arno Press, NY, 1980

Lawrence, J. S., *Banking Concentration in the United States: A Critical Analysis*, The Bankers Publishing Company, NY, 1930

Leighton, I., *The Aspirin Age 1919-1941*, Simon & Scuster, Inc., NY, 1949 (木下秀夫訳『アスピリン・エイジ　1919-1941』早川書房, 1971 年)

Lewis, C., *Economic Survey 1919-1939*, Unwin University Book, London, 1949 (石崎昭彦・森恒夫・馬場宏二訳『世界経済論』新評論, 1969 年)
Life Insurance Association of America, *Life Insurance Companies as Financial Institutions*, Prentice-Hall, Inc., N.J., 1962
Lindley, J. T., *An Analysis of the Federal Advisory Council of the Federal Reserve System, 1914-1938*, Garland Publishing, Inc., NY, 1985
Livingston, J., *Origins of the Federal Reserve System, Money, Class, and Corporate Capitalism, 1890-1913*, Cornell University Press, Ithaca, 1986
Lucia, J. L., The Failure of the Bank of United State: A Reappraisal, *Explorations in Economic History*, Vol. 22, 1985
Lutz, F. A., *Corporate Cash Balances 1914-43*, Manufacturing and Trade National Bureau of Economic Reserch, NY, 1945
Malburn, W. P., *What Happened to Our Banks*, The Bobbs-Merrill Company, Indianapolis, 1934
Marquis, R. W. & Smith, F. P., Double Liability for Bank Stock, *American Economic Review*, Vol. 27-3, Sept. 1937
McCulley, R. T., *Banks and Politics during the Progressive Era: The Origins of The Federal Reserve System, 1897-1913*, Garland Publishing, Inc., NY, 1992
McDonald, M., *Insull*, The University of Chicago Press, Chicago, 1962
McFerrin, J. B., *Caldwell and Company—A Southern Financial Empire*, Vanderbilt University Press, Nashville, 1969
McMahon, M. E., *Federal Reserve Behavior, 1921-1931*, Garland Publishing, Inc., NY, 1993
Miller, C. P. & Wheeler, R., *Cleveland: A Concise History, 1796-1990*, Indiana University Press, Indianapolis, 1990
Minsky, H. P., *Stabilizing an Unstable Economy*, Yale University Press, New Haven, 1986 (吉野紀・浅田統一郎・内田和男訳『金融不安定性の経済学——歴史・理論・政策』多賀出版, 1989 年)
Mintz, I., *Deterioration in the Quality of Foreign Bonds Issued in the United States 1920-1930*, National Bureau of Economic Research, Inc., NY, 1951
Mitchell, B., *Depression Decade: From New Era through New Deal 1929-1941*, Rinehart & Company, Inc., NY, 1947
Moody's Investors Service, *Moody's Mannual of Investments, Bank & Finance*
Morton, W. A., The Country Bank, *Harvard Business Review*, Vol. 17-4, Summer 1939
Moulton, H. G., *The Financial Organization of Society*, University of Chicago, Chicago, 1925
Mueller, F., *Losses in Bank Earning Assets*, The Bankers Publishing Company, NY, 1935
Mullins, W. H., *The Depression and the Urban West Coast, 1929-1933*, Indiana University Press, Bloomington & Indianapolis, 1991
Myers, M. G., *Origins and Development*, The New York Money Market (ed. by B. H. Beckhart), Vol. 1, 1931, rep., AMS Press, NY, 1971

Myers, M. G., *A Financial History of the United States*, Columbia University Press, NY, 1970 (吹春寛一訳『アメリカ金融史』日本図書センター, 1979 年)

Nadler, M. & Bogen, J. I., *The Banking Crisis—The End of an Epoch*, Dodd, Mead & Company, NY, 1933

National Industrial Conference Board, Inc., *The Banking Situation in the United States*, 1932, rep., Arno Press, NY, 1980

National Industrial Conference Board, Inc., *The New Monetary System of the United States*, National Industrial Conference Board, Inc., NY, 1934

Neville, H. R., *The Detroit Banking Collapse of 1933*, Occasional Paper No. 2, Bureau of Business and Economic Reserch, College of Business and Public Service, Michigan State University, Michigan, 1960

O'Brien, A. P., The Failures of the Bank of United States: A Defense of Joseph Lucia, *Journal of Money, Credit, and Banking*, Vol. 24-3, Aug. 1992

O'Connor, J. F. T., *The Banking Crisis and Recovery under the Roosevelt Administration*, 1938, rep., Da Capo Press, NY, 1971

O'Hara, M. & Easley, D., The Postal Savings System in the Depression, *Journal of Economic History*, Vol. 39-3, Sept. 1979

Olson, J. S., *Herbert Hoover and The Reconstruction Finance Corporation 1931-1933*, The Iowa State University Press, Ames, Iowa, 1977

Olson, J. S., *Saving Capitalim—The Reconstruction Finance Corporation and the New Deal, 1933-1940*, Princeton University Press, Princeton, 1988

Palyi, M., Economic Significance of Bank Loans for Stock-Market Transaction, *Journal of Business*, Vol. 5-1, Jan. 1932

Palyi, M., Bank Portfolios and The Control of the Capital Market, *Journal of Business*, Vol. 11-1, Jan. 1938

Palyi, M., *The Chicago Credit Market*, 1937, rep., Arno Press, NY, 1975

Patrick, S. C., *Reform of the Federal Reserve System in the Early 1930s: The Politics of Money and Banking*, Garland Publishing, Inc., NY, 1993

Pearsons, C. E., Credit Expansion, 1920 to 1929 and its Lessons, *Quarterly Journal of Economics*, Vol. 45, Nov. 1930

Perry, G. B., Group Banking in the Northwest, *Harvard Business Review*, Vol. 9-2, Jan. 1931

Peterson, J., *Sixty-Five Years of Progress and A Record of New York City Banks*, 1935, rep., Arno Press, NY, 1980

Pickett, R. R., The Size of Failing Banks in Iowa, *Journal of Business*, Vol. 2-1, Jan. 1929

Pickett, R. R., The Size of Failed National Banks, *Journal of Business*, Vol. 7-1, Jan. 1934

Pike, A. W., The Double-Liability Aspect of Bank Stocks, *Harvard Business Review*, Vol. 10-4, July 1932

Popple, C. S., *Development of Two Bank Groups in the Central Northwest: A Study in Bank Policy and Organization*, Harvard University Press, Cambridge, 1944

Powlison, K., *Profits of The National Banks*, 1931, rep., Arno Press, NY, 1980
Preston, H. H., Bank of America, *Journal of Economic & Business History*, Vol. 4, 1931
Preston, H. H., The Banking Act of 1933, *American Economic Review*, Vol. 23-4, Dec. 1933
Reconstruction Finance Corporation, *Quarterly Report of Reconstruction Finance Corporation*
Redlich, F., *The Molding of American Banking, Men and Ideas*, Parts 1-2, Johnson Reprint Corporation, NY, 1968
Robertson, R. M., *The Comptroller and Bank Supervision: A Historical Appraisal*, The Office of the Comptroller of the Currency, Washington, D.C., 1968
Robinson, R. I., The Capital-Deposit Ratio in Banking Supervision, *Journal of Political Economy*, Vol. 49-1, Feb. 1941
Robinson, R. I., Bank Capital and Dividend Policies, *Harvard Business Review*, Vol. 26-4, July 1948
Rochester, A., *Ruler of America*, International Publishers, NY, 1936（立井海洋訳『アメリカの支配者』上・下，三一書房，1953年）
Rodkey, R. G., Legal Reserves in American Banking, *Michigan Business Studies*, Vol. 6-5, University of Michigan, 1934
Roelse, H. V., Security Loans in Recent Years, *Review of Economic Statistics*, Vol. 12, 1930
Sayers, R. S., *American Banking System: A Sketch*, Clarendon Press, Oxford, 1948（森川太郎訳『アメリカの銀行組織』有斐閣，1957年）
Schlesinger, A. M., Jr., *The Age of Roosevelt*, Vol. I, The Crisis of the Old Order, 1919-1933, Houghton Mifflin Co., Boston, 1957（救仁郷繁訳『ローズヴェルトの時代 I ——旧体制の危機』ぺりかん社，1962年）
Schlesinger, A. M. Jr., *The Age of Roosevelt*, Vol. II, The Coming of the New Deal, Houghton Mifflin Co., Boston, 1957（佐々木専三郎訳『ローズヴェルトの時代 II ——ニューディール登場』ぺりかん社，1963年）
Schweikart, L., ed., *Encyclopedia of American Business History and Biography, Banking and Finance, 1913-1989*, A Bruccoli Clark Layman Book, NY, 1990
Secrist, H., *National Bank Failures and Non-Failures*, The Principia Press, Bloomington, 1938
Shannon, D. A., ed., *The Great Depression*, Prentice Hall, Inc., Englewood Cliffs, N.J., 1960（玉野井芳郎・清水知久訳『大恐慌——1929年の記録』中央公論社，1963年）
Sherwin, M. & Markmann, C. L., *One Week in March*, G. P. Putnam's, NY, 1961
Siddons, F. P. H., New Business for the Safe Deposit Department, *Bankers Magazine*, Vol. 91, June 1937
Smith, F. P. & Marquis, R. W., Capital and Surplus as Protection for Bank Deposit, *Bankers Magazine*, Vol. 91, Mar. 1937
Spahr, W. E., Bank Failures in the United States, *American Economic Review*, Vol. 22-1, Supplement, Mar. 1932
Sprague, I. H., *Bailout: An Insider's Account of Bank Failures and Rescue*, Basic Books,

Inc., 1986 (高木仁・佐々木仁・立脇和夫・戸田壯一・柴田武男訳『銀行 破綻から緊急救済へ――連邦預金公社理事会・元議長の証言』東洋経済新報社, 1988年)

Steiner, W. H., Activity of Mutual-Savings Bank Deposit, *Journal of Political Economy*, Vol. 45-6, Dec. 1937

Steiner, W. H. & Lasdon, O., National Bank Security Holdings, 1914-31, *Journal of Business*, Vol. 6-2, Apr. 1933

Steiner, W. H., Bernheim, A. L. & Schneider, M. G., ed., *The Security Markets*, Twentieth Century Funds, Inc., NY, 1935

Studenski, P. & Krooss, H. E., *Financial History of the United States*, Mcgraw-Hill Book Company, NY, 1952

Sullivan, L., *Prelude to Panic: The Story of the Bank Holiday*, Statesman Press, Washington, D.C., 1936

Taggart, J. H., *The Federal Reserve Bank of Boston*, Bankers Publishing Company, Boston, 1938

Taus, E. R., *Central Banking Functions of the United States Treasury, 1789-1941*, Russell & Russell, NY, 1934

Temin, P., *Did Monetary Forces Cause the Great Depression?* W. W. Norton & Company, Inc., NY, 1976

Temin, P., *Lessons from the Great Depression: The Lionel Robbins Lectures for 1989*, The MIT Press, Cambridge, 1989 (猪木武徳・山本貴之・鳩澤歩訳『大恐慌の教訓』東洋経済新報社, 1994年)

Thomas, R. G., Bank Failures—Causes and Remedies, *Journal of Business*, Vol. 8-3, July 1935

Thomas, R. G., *The Development of State Banks in Chicago*, 1930, rep., Arno Press, NY, 1980

Trescott, P. B., *Financing American Enterprise—The Story of Commercial Banking*, Harper & Row, NY, 1963 (大和銀行外国研究会訳『アメリカの銀行――その発展の歴史』上・下, 文雅堂銀行研究社, 1965年)

Trescott, P. B., The Failure of the Bank of United States, 1930, *Journal of Money, Credit and Banking*, Vol. 24-3, Aug. 1992

True, B. N., *An Examination of the Monetary Hypothesis of the Depression*, Garland Publishing, Inc., NY, 1993

Upham, C. B. & Lamke, E., *Closed and Distressed Banks: A Study in Public Administration*, The Brookings Institution, Washington, D.C., 1934

U.S. Board of Governors of the Federal Reserve System, *All-Bank Statistics, United States*

U.S. Board of Governors of the Federal Reserve System, *Annual Report of the Federal Reserve Board*

U.S. Board of Governors of the Federal Reserve System, *Banking and Monetary Statistics*

U.S. Board of Governors of the Federal Reserve System, *Federal Reserve Bulletin*

U.S. Bureau of Comptroller of the Currency, *Annual Report of the Comptroller of the*

Currency

U.S. Comptroller of the Currency, *Federal Laws affecting National Banks*, rep., Arno. Press, NY, 1980

U.S. Congress Committee on Banking and Currency, *Stock Exchange Practices*, Parts 1-19

U.S. Department of Commerce, *Historical Statistics of the United States: Colonial Times to 1957*, 1975

Villard, H. H., The Federal Reserve System's Monetary Policy in 1931 and 1932, *Journal of Political Economy*, Vol. 45-6, Dec. 1937

Wainwright, N. B., *History of The Philadelphia National Bank: A Century and a Half of Philadelphia Banking 1803-1953*, Wm. F. Fell Co., Philadelphia, 1953

Wall, N. J., Agricultural Loans of Commercial Banks, *Federal Reserve Bulletin*, Apr. 1936

Warren, H. G., *Herbert Hoover and The Great Depression*, Oxford University Press, NY, 1959

Waterman, M. H., *Investment Banking Functions—Their Evolution and Adaptation to Business Finance*, University of Michigan, Ann Arbor, 1958（志村嘉一訳『アメリカの資本市場』東洋経済新報社，1965年）

Weissman, R. L., *The New Federal Reserve System: The Board Assumes Control*, Harper & Brothers Publishers, NY, 1936

West, R. C., *Banking Reform and the Federal Reserve 1863-1923*, Cornell University Press, Ithaca, 1974

Westerfield, R. B., The Trend to Secured Loans, *Journal of Business*, Vol. 5-1, Jan. 1932

Westerfield, R. B., Marginal Collateral to Discounts at the Federal Reserve Banks, *American Economic Review*, Vol. 22-1, Mar. 1932

Westerfield, R. B., *Money, Credit and Banking*, The Ronald Press Company, NY, 1947

White, E. N., *The Regulation and Reform of the American Banking System, 1900-1929*, Princeton University Press, Princeton, 1983

White, E. N., A Reinterpretation of the Banking Crisis of 1930, *The Journal of Economic History*, Vol. 44-1, Mar. 1984

Whitney, C., *Experiments in Credit Control: The Federal Reserve System*, 1934, rep., AMS Press, NY, 1968

Wicker, E., A Reconsideration of Causes of the Banking Panic of 1930, *Journal of Economic History*, Vol. 40-3, Sept. 1980

Wicker, E., Interest Rate and Expenditure Effects of the Banking Panic of 1930, *Explorations in Economic History*, Vol. 19, 1982

Wicker, E., *The Banking Panics of the Great Depression*, Cambridge University Press, Cambridge, 1996

Wicker, E. R., *Federal Reserve Monetary Policy 1917-1933*, Random House, Inc., NY, 1966

Wigmore, B. A., *The Crash and Its Aftermath—A History of Securities Markets in the United States, 1929-1933*, Greenwood Press, Westport, 1985

Wigmore, B. A., Was the Bank Holding of 1933 Caused by a Run on the Dollar? *Journal*

of Economic History, Vol. 47-3, Sept. 1987
Wilkinson, J. H., Investment Policies for Commercial Banks, Harper & Brothers Publishers, NY, 1938
Williams, B. A., Jr., Bank of Boston 200: A History of New England's Leading Bank, 1784-1984, Houghton Mifflin Company, Boston, 1984
Willis, H. P. & Chapman, J. M., ed., The Banking Situation: American Post-War Problems and Development, Columbia University Press, NY, 1934
Willis, J. B., The Functions of the Commercial Banking System, King's Crown Press, NY, 1943
Woodford, A. M., Detroit and Its Banks: The Story of Detroit Bank & Trust, Wayne State University Press, Detroit, 1974
Woodford, G. W., Detroit Money Market, 1934-1955, Michigan Business Studies, Vol. 12-4, University of Michigan, 1956
Woodworth, G. W., The Detroit Money Market, Michigan Business Studies, Vol. 5-2, University of Michigan, 1932
Wright, B. C., Banking in California 1849-1910, 1910, rep., Arno Press, NY, 1980

2. 邦文文献

青山和司『アメリカの信託と商業銀行』日本経済評論社, 1998年
秋元英一『ニューディールとアメリカ資本主義――民衆運動史の観点から』東京大学出版会, 1989年
安部悦生編著『金融規制はなぜ始まったのか――大恐慌と金融制度の改革』日本経済評論社, 2003年
アメリカ経済研究会編『ニューディールの経済政策』慶応通信, 1965年
安保哲夫「両大戦間期におけるアメリカの長期金融機関」『社会科学研究』第18巻1号, 1972年
新井光吉「アメリカ大恐慌と失業救済――ニューヨーク州・地方財政と失業救済をめぐって」『世界経済評論』第26巻3号, 1982年3月
新井光吉「アメリカ大恐慌下の州・地方財政と失業救済――ペンシルヴァニア, イリノイ, 及びワシントン州を中心として」『証券経済』第153号, 1985年9月
飯田裕康『信用論と擬制資本』有斐閣, 1971年
石垣今朝吉「ニューディール金融政策の展開」(1)(2)『商経論集』第5号, 6号, 1966年, 1968年
磯村玲「「銀行と証券の分離」について――「銀行と証券の分離」の背景となる歴史認識を中心に」『証券経済研究』第12号, 1998年3月
井田啓二『国債管理の経済学』新評論, 1978年
井村進哉『現代アメリカの住宅金融システム――金融自由化・証券化とリーテイルバンキング・公的部門の再編』東京大学出版会, 2002年
大蔵省理財局「米国金融恐慌に関する調査資料」『調査月報』第23巻5号

参 考 文 献　379

大月高監修・銀行局金融制度調査室編『欧米諸国の金融制度(中) 米国編』大蔵財務協会，1955年

尾上一雄『フーヴァ大統領の不況対策——ニュー・ディールへの道』千倉書房，1985年

小野英祐「両大戦間におけるニューディール期における政府関係金融機関」立正大学『経済学季報』第18巻4号，1969年3月

小野英祐『両大戦間期におけるアメリカの短期金融機関』御茶の水書房，1970年

片桐正俊『アメリカ連邦・都市行財政関係形成論——ニューディールと大都市財政』御茶の水書房，1993年

加藤栄一「ニューディールの緊急支出について」東北大学『経済学』第28巻1号，1966年7月

加藤栄一「ニューディールの金政策」鈴木鴻一郎編『マルクス経済学の研究』下，東京大学出版会，1968年

鎌田正三・森杲・中村通義『アメリカ資本主義』青木書店，1973年

川合研『アメリカ決済システムの展開』東洋経済新報社，2002年

川波洋一『貨幣資本と現実資本——資本主義的信用の構造と動態』有斐閣，1995年

河村哲二『パックス・アメリカーナの形成——アメリカ「戦時経済システム」の分析』東洋経済新報社，1995年

金融研究会『アメリカ復興金融会社の機能概要』金融研究会，1936年

楠井敏明『アメリカ資本主義と民主主義』多賀出版，1986年

楠井敏明『アメリカ資本主義の発展構造・II——法人資本主義の成立・展開・変質』日本経済評論社，1997年

久保文明『ニューディールとアメリカ民主政——農業政策をめぐる政治過程』東京大学出版会，1988年

呉天降『アメリカ金融資本成立史』有斐閣，1971年

呉天降「両大戦間期のアメリカの投資会社に関する一考察——イートン・グループとクリーブランド銀行・産業との関係をめぐって(1926～30年)」『証券研究』第60巻，1980年5月

呉天降「アメリカにおける銀行ターム・ローンの展開過程(1929～41年)——1933年銀行法成立後の商業銀行の中期融資分野進出とその諸影響について」『証券研究』第82巻，1988年2月

呉天降「アメリカ金融資本に関する一考察——企業金融からみた各産業部門内の主要金融資本グループの勢力配置」『証券研究』第90巻，1989年11月

呉天降「第2次大戦前夜のアメリカ金融資本に関する一考察(II)——映画，小売，造船などにおける主要金融資本グループの勢力配置」『証券研究』第95巻，1991年4月

小林真之「銀行恐慌と救済融資——アメリカにおける1930～33年銀行恐慌と関連して」(1)(2) 北海学園大学『経済論集』第25巻1号，2号，1977年7月，10月

小林真之「アメリカにおける1933年信用恐慌——その性格規定をめぐって」北海道大学『経済学研究』第28巻1号，1978年3月

小林真之『株式恐慌とアメリカ証券市場——両大戦間期の「バブル」の発生と崩壊』北海道大学図書刊行会，1998年

小林真之「米商業銀行と預金者保護政策——1920年代の銀行破産と預金者・株主」北海学園

大学『経済論集』第47巻2号，1999年9月
小林真之「銀行合併と株主資本――大恐慌期の米商業銀行再編(1)」(上)(下) 北海学園大学『経済論集』第47巻3号，4号，1999年12月，2000年3月
小林真之『金融システムと信用恐慌――信用秩序の維持とセーフティ・ネット』日本経済評論社，2000年
小林真之「銀行恐慌と預金者――大恐慌期の米商業銀行再編(2)」北海学園大学『経済論集』第48巻3・4号，2001年3月
小林真之「銀行再編と公的資金――大恐慌期の米商業銀行再編(3)」(上)(下) 北海学園大学『経済論集』第49巻1号，3号，2001年6月，12月
小林真之「不良債権と公的資金――大恐慌期の米商業銀行再編(4)」(上)(中)(下) 北海学園大学『経済論集』第50巻3号，51巻3・4号，52巻4号，2002年12月，2004年3月，2005年3月
小林真之「連邦預金保険制度の成立と銀行集中」北海学園大学『経済論集』第53巻4号，2006年3月
小林真之「連邦預金保険制度と銀行破綻処理政策――1934～40年における連邦預金保険公社の経験」(1)(2) 北海学園大学『経済論集』第54巻1号，3号，2006年6月，12月
小松聡『ニューディールの経済体制』雄松堂出版，1986年
斉藤叫「復興金融公社の銀行救済融資活動 1932～1934年――恐慌期における大銀行と国家」『証券研究』第82巻，1988年2月
坂本正『金融革新の源流』文眞堂，1997年
佐合紘一『企業財務と証券市場――アメリカ株式会社金融の成立』同文館，1986年
佐々木仁「19世紀末から20世紀初頭におけるシカゴの取引銀行組織と銀行集中」東北大学『経済学』第23巻1号，1961年4月
佐々木仁「20世紀初頭におけるシカゴ地方のチェイン・グループ銀行」『名城商学』第24巻4号，1975年3月
塩谷安夫「大恐慌とドルの減価政策」千葉敬愛経済大学『研究論集』第6号，1972年6月
柴田徳太郎『大恐慌と現代資本主義――進化論的アプローチによる段階論の試み』東洋経済新報社，1996年
新川健三郎編『大恐慌とニューディール』平凡社，1973年
鈴木圭介「アメリカ農業金融の史的展開――主として南北戦争以後の抵当金融を中心として」『社会科学研究』第16巻6号，1965年
鈴木圭介編『アメリカ独占資本主義――形成期の基礎構造』弘文堂，1980年
鈴木圭介編『アメリカ経済史 II 1860年代―1920年代』東京大学出版会，1988年
鈴木直次「フリードマン＝シュワルツの大恐慌論」専修大学『経済学論集』第19巻1号，1984年7月
鈴木芳徳『信用制度と株式会社』新評論，1974年
須藤功『アメリカ巨大企業体制の成立と銀行――連邦準備制度の成立と展開』名古屋大学出版会，1997年
須藤功『戦後アメリカ通貨金融政策の形成――ニューディールから「アコード」へ』名古屋大学出版会，2008年

高垣寅次郎監修，塚本石五郎編『アメリカ諸州の金融制度』大蔵財務協会，1962年
高木仁「アメリカにおける連邦預金保険制度の成立——1933年銀行法による金融制度改革の一側面」『証券経済研究』第28号，2000年11月
高木仁『アメリカ金融制度改革の長期的展望』原書房，2001年
高山洋一『ドルと連邦準備制度』新評論，1982年
侘美光彦『世界大恐慌——1929年恐慌の過程と原因』御茶の水書房，1994年
田中慎一郎「前期ニューディールの展開とその政策的意義」九州大学『経済学研究』第28巻5号，1963年11月
玉野井芳郎編著『大恐慌の研究』東京大学出版会，1964年
塚田広人「ニューディール初期の景気回復政策」『一橋研究』第4巻4号，1980年3月
戸田壮一「1933年銀行法改革と連邦預金保険制度」『武蔵大学論集』第33巻5・6号，1985年3月
戸田壮一「復興金融公社と連邦預金保険公社——銀行の緊急救済を中心に」『証券資料』第107号，1989年8月
戸田壮一「アメリカにおける商業銀行の救済——連邦預金保険法第13条(c)項による緊急救済を中心に」『エコノミア』第40巻3号，1989年12月
トラハテンベルグ（及川朝男訳）『独占資本主義の貨幣恐慌』岩崎放送出版社，1971年
鳥谷一生「アメリカ金本位制停止についての一考察——金準備問題と中央銀行信用の動揺」同志社大学『商学論集』第19号，1984年9月
中村通義「アメリカにおける銀行の集中」北海道大学『経済学研究』第18号，1961年3月
西川純子「1920年代アメリカにおける金融機関の集中」『社会科学研究』第24巻3号，1973年3月
西川純子『アメリカ企業金融の研究——1920年代を中心として』東京大学出版会，1980年
西川純子「真正手形主義についての一考察——グラス・スティーガル法の思想的背景を求めて」(1)(2)『証券経済研究』第12号，30号，1998年3月，2001年3月
西川純子・松井和夫『アメリカ金融史——建国から1980年代まで』有斐閣，1989年
日本銀行「米国の預金保険制度改革を巡る最近の動向」『日本銀行月報』1992年12月
日本銀行「資料　米国預金保険制度の概要と運用」『日本銀行月報』1995年8月
萩原伸次郎「アメリカ資本主義と貨幣恐慌(1929—33年)」『土地制度史学』第72号，1976年7月
萩原伸次郎「アメリカ資本主義と大恐慌——1929〜33年貨幣恐慌分析」(1)〜(4)　北海学園大学『経済論集』第24巻1〜4号，1976年7月，9月，12月，1977年3月
土生芳人『大恐慌とニューディール財政』東京大学出版会，1989年
林健久『ニュー・ディールと州・地方財政』御茶の水書房，1970年
平井規之「1929年恐慌論サーヴェイ」『経済研究』第27巻1号，1976年1月
平井規之「フーヴァー政権の恐慌対策」『経済研究』第28巻2号，1977年4月
平井規之『大恐慌とアメリカ財政政策の展開』岩波書店，1988年
平田喜彦「1920年代のアメリカにおける銀行資産構造の変化」立正大学『経済学季報』第12巻1・2号，1963年2月
平田喜彦「アメリカにおける商業銀行の集中——1920年代(1)」立正大学『経済学季報』第13

巻 3・4 号，1964 年 1 月
平田喜彦「アメリカにおける銀行集中と銀行構造——1920 年代」立正大学『経済学季報』第 15 巻 1・2 号，1966 年 2 月
平田喜彦『アメリカの銀行恐慌　1929〜33 年——その過程と原因分析』立正大学経済研究所，1969 年
平田喜彦・侘美光彦『世界大恐慌の分析』有斐閣，1988 年
深町郁弥『所有と信用——貨幣・信用論の体系』日本評論社，1971 年
福光寛「アメリカの郵便貯金について」『証券経済』第 189 号，1994 年 9 月
二見昭「アメリカ銀行業における集中の実態」和歌山大学『経済理論』第 15-18 合併号，1953 年 12 月
北條裕雄『現代アメリカ資本市場論——構造と役割の歴史的変化』同文館，1992 年
松井安信『信用貨幣論研究——方法論的分析』日本評論社，1970 年
松井安信『マルクス信用論と金融政策』ミネルヴァ書房，1973 年
三谷進『アメリカ投資信託の形成と展開——両大戦間期から 1960 年代を中心に』日本評論社，2001 年
三井髙茂「第一次大戦後の米国の銀行休業」『松商論叢』第 5 号，1958 年 3 月
村岡俊三『マルクス世界市場論——マルクス「後半の体系」の研究』新評論，1976 年
村岡俊三『世界経済論』有斐閣，1988 年
村岡俊三『資本輸出入と国際金融』白桃書房，1998 年
森静朗『アメリカの中小金融機関』文雅堂銀行研究社，1969 年
森杲『アメリカ資本主義史論』ミネルヴァ書房，1976 年
山崎広明「1930 年代におけるアメリカの中小企業金融問題」『経済貿易研究』第 3 号，1966 年 4 月
山崎広明「両大戦間期におけるアメリカの中小企業問題」『経営志林』第 7 巻 3 号，1970 年 10 月
横田綏子「アメリカの金買い入れ政策をめぐる論争」『経済論叢』第 113 巻 2・3 号，1974 年 3 月
横田綏子「1934 年金準備法の評価をめぐって」『経済論叢』第 114 巻 1・2 号，1974 年 8 月
吉富勝『アメリカの大恐慌』日本評論社，1965 年

あ と が き

　世界の金融機関がサブプライムローン問題に揺れ動いている昨今，不動産担保ローンの劣化を有力な原因として大銀行の破綻が進行した1930年代のアメリカ銀行恐慌に関する著書を上梓することにいささか感慨深いものがある。
　思い返せば銀行恐慌というテーマに取り組み始めたのは大学院修士課程の時であった。ヒルファーディング『金融資本論』の輪読会などを通して学生時代から恐慌論に関心をもつようになり，また当時アメリカ大恐慌論の研究が活発となっていた時期でもあった。修論のテーマとして「アメリカの銀行恐慌」を選択し，主として銀行恐慌と公的政策(復興金融公社，連銀の金融政策)との関係に焦点をあてた論文を執筆している。
　その後銀行恐慌と証券市場の関連について研究を進めるうちに，研究上の主要な関心がアメリカ証券市場史，1929年株式恐慌論に移っていき，結局筆者の最初の著作は『株式恐慌とアメリカ証券市場——両大戦間期の「バブル」の発生と崩壊』(北海道大学図書刊行会，1998年)となって結実することになった。
　だが銀行恐慌への関心が失われたのではなく，前著刊行後から再びアメリカ銀行恐慌の研究に戻ることになった。だが同一のテーマではあるが，今回のアプローチの方法は大学院時代とはかなり異なったものとなった。筆者の問題関心に大きな影響を及ぼしたのは，第1に1990〜91年の在外研修時代に体験したアメリカにおける銀行破産の多発という事態であり，第2に北海道拓殖銀行(1997年)，日本長期信用銀行・日本債券信用銀行(1998年)のような日本における大銀行の破綻という事態であった。実際に体験した大銀行の破綻という事実は過去の銀行恐慌に対して異なった視点から接近させることになった。その意味で研究上の長い「空白」はアメリカ銀行恐慌というテーマに再アプローチするうえで無駄な時間ではなかったといえるだろう。とはいえ研究の遅々たる歩みに反省しきりである。

以下本書を構成する基礎となった論文の初出一覧を示しておく。

第1章 「米商業銀行と預金者保護政策——1920年代の銀行破産と預金者・株主」(北海学園大学『経済論集』第47巻2号,1999年9月)

第2章～第4章 「銀行恐慌と救済融資——アメリカにおける1930～33年銀行恐慌と関連して」(1)(2)(北海学園大学『経済論集』第25巻1号,2号,1977年7月,10月)／「アメリカにおける1933年信用恐慌——その性格規定をめぐって」(北海道大学『経済学研究』第28巻1号,1978年3月)

第5章 「銀行合併と株主資本——大恐慌期の米商業銀行再編(1)」(上)(下)(北海学園大学『経済論集』第47巻3号,4号,1999年12月,2000年3月)

第6章 「銀行恐慌と預金者——大恐慌期の米商業銀行再編(2)」(北海学園大学『経済論集』第48巻3・4号,2001年3月)

第7章 「銀行再編と公的資金——大恐慌期の米商業銀行再編(3)」(上)(下)(北海学園大学『経済論集』第49巻1号,3号,2001年6月,12月)

第8章 「不良債権と公的資金——大恐慌期の米商業銀行再編(4)」(上)(中)(下)(北海学園大学『経済論集』第50巻3号,51巻3・4号,52巻4号,2002年12月,2004年3月,2005年3月)

第9章 「連邦預金保険制度の成立と銀行集中」(北海学園大学『経済論集』第53巻4号,2006年3月)

第10章 「連邦預金保険制度と銀行破綻処理政策——1934～40年における連邦預金保険公社の経験」(1)(2)(北海学園大学『経済論集』第54巻1号,3号,2006年6月,12月)

本書をこうした形で刊行するにあたっては,多くの方々からの有益な助言・励ましを受けている。特に名前をあげることはしないが,著者が所属している信用理論研究学会,日本金融学会,証券経済学会の会員の皆様には感謝申し上げる次第である。資料の収集にあたり北海学園大学図書館及び小樽商科大学図書館から受けた援助に厚く御礼を申し上げたい。また本書の刊行にあたっては北海道大学出版会の前田次郎氏,今中智佳子氏に大変お世話になった。学術書の刊行が困難な出版事情にあって,本書の刊行を快く引き受けて頂いた北海道大学出版会に感謝する次第である。

本書の刊行にさいして，独立行政法人日本学術振興会の平成20年(2008年)度科学研究費補助金(研究成果公開促進費)を交付された。記して感謝したい。

　本書を北海道大学名誉教授，故松井安信先生に捧げる。

　2008年初冬

札幌　澄川にて

小 林 真 之

銀行・企業名索引

【ア行】

アーヴィング・トラスト (New York, N.Y.) 248
アクロン信用公社 138
アズベリーパーク・オーシャン・グローヴ・バンク (Asbury Park, N.J.) 216
アトラス・ユーティリティ社 139
アトランティック・ナショナル・バンク・オブ・ボストン (Boston, Mass.) 76, 144
アメリカン・エクスプレス・カンパニー (New York, N.Y.) 14
アメリカン・スティト・バンク・オブ・デトロイト (Detroit, Mich.) 129, 141, 169
アメリカン・ナショナル・バンク (Indianapolis, Ind.) 208
RFC (復興金融公社) 77, 92, 128, 133, 146, 165, 171, 173, 175, 189, 245, 246, 272, 281, 284, 285, 352
アングロ・カリフォルニア・ナショナル・バンク (San Francisco, Cal.) 283, 289
イースト・ハンプトン・バンク・トラスト (East Hampton, Conn.) 340
イートン・グループ 45
E. P. ウィルバー・トラスト (Bethlehem, Pa.) 349
インサル 45, 76, 133, 254, 285, 286
インタースティト・トラスト (New York, N.Y.) 124
インタースティト・トラスト・バンキング (New Orleans, La.) 220
インターナショナル・アクセプタンス・バンク (New York, N.Y.) 14
インターナショナル・トラスト (New York, N.Y.) 70, 139
インディアナ・ナショナル・バンク (Indianapolis, Ind.) 209
インティグリット・トラスト (Philadelphia, Pa.) 74, 165
ウイザム・チェーン (Witham Chain) 10
ウェスト・ジャージー・トラスト (Camden, N.J.) 352
ウェスト・ベルゲン・トラスト (Jersey City, N. J.) 354
エクィタブル・トラスト (New York, N.Y.) 120, 124
エックスチェンジ・ナショナル・バンク・オブ・タルサ (Tulsa, Okla.) 202
FDIC (連邦預金保険公社) 152, 233, 352
エンパイアー・トラスト (New York, N.Y.) 248
オネイダ・ナショナル・バンク・トラスト (Utica, N.Y.) 355
オハイオ・シチズンズ・トラスト (Toledo, Ohio) 254
オハイオ・スティト・バンク・トラスト (Akron, Ohio) 73, 137
オハイオ・セイヴィング・バンク (Toledo, Ohio) 73
オマハ・ナショナル・バンク (Omaha, Neb.) 254

【カ行】

合衆国銀行 (New York, N.Y.) 67, 69, 139, 160
ガーディアン・デトロイト・ユニオン・グループ 77, 129
ガーディアン・トラスト (Cleveland, Ohio) 174
ガーディアン・ナショナル・バンク・オブ・コマース (Detroit, Mich.) 129, 171
カムデン・セイフ・デポジット・トラスト (Camden, N.J.) 352
カリフォルニア・バンク (Los Angeles, Cal.) 273
キャナル・バンク・トラスト (New Orleans, La.)

217, 228
ギャランティ・トラスト (New York, N.Y.) 248
グッドイアー・タイヤ 14
クライスラー 78
クリーヴランド・トラスト (Cleveland, Ohio) 174
ケミカル・バンク・トラスト (New York, N.Y.) 248
コマーシャル・ナショナル・バンク (Bradford, Pa.) 324, 340, 342, 357
コマーシャル・ナショナル・バンク・トラスト (New York, N.Y.) 246, 248
コマース・ガーディアン・トラスト (Toledo, Ohio) 73
コマース・トラスト (Kansas City, Mo.) 212
ゴールドマン・サックス 11, 139
コーン・エックスチェンジ・バンク・トラスト (New York, N.Y.) 248, 270
コンチネンタル・イリノイ・ナショナル・バンク・トラスト (Chicago, Ill.) 14, 77, 131, 245, 284, 289
コンチネンタル・エクィタブル・タイトル・トラスト (Philadelphia, Pa) 74, 168
コンチネンタル・バンク・トラスト (New York, N.Y.) 71, 248

【サ行】

サウスカロライナ・ナショナル・バンク (Charleston, S.C.) 216
GM 14, 78, 172, 199
シチズンズ・ナショナル・トラスト・セィヴィング・バンク (Los Angeles, Cal.) 273
シチズンズ・ナショナル・バンク (Bradford, Pa.) 344
シティ・ナショナル・バンク・トラスト (Chicago, Ill.) 136
シティ・バンク・オブ・ワシントン (Washington, D.C.) 257
シティ・バンク・ファーマーズ・トラスト (New York, N.Y.) 126
スタンダード・オイル・カリフォルニア 284
スパイアー商会 (Speyer and Company) 155
セィヴィング・バンク・オブ・ボルチモア (Baltimore, Md.) 225
セキュリティ・ファースト・ナショナル・バンク (Los Angeles, Cal.) 14, 273, 289
ゼネラル・シアター・エクイップメント 269
ゼネラル・タイヤ 137
全国信用公社 89, 128, 138
戦時金融公社 92
セントラル・デポジッターズ・バンク・トラスト (Akron, Ohio) 73, 137
セントラル・トラスト・オブ・イリノイ (Chicago, Ill.) 72, 132
セントラル・ハノーヴァー・バンク・トラスト (New York, N.Y.) 248
セントラル・リパブリック・バンク・トラスト (Chicago, Ill.) 72, 76, 95, 108, 133, 228, 255

【夕行】

チェス・セキュリティズ社 269
チェス・ナショナル・バンク (New York, N.Y.) 45, 120, 121, 246, 268, 289
チェス銀行 125
チェルシー・バンク・トラスト (New York, N.Y.) 71
チャタム・フェニックス・ナショナル・バンク・トラスト (New York, N.Y.) 139, 155
デトロイト・セィヴィング・バンク (Detroit, Mich.) 174
デトロイト・トラスト (Detroit, Mich.) 171
デトロイト・バンカーズ・グループ 77, 129
ドーズ銀行 255
トラスト・カンパニー・オブ・ニュージャージー (Jersey City, N.J.) 354
トランスアメリカ社 11, 127
ドルーヴァー・ナショナル・バンク (Kansas City, Mo.) 212
ドレクセル社 (Drexel & Company) 165
トレド・トラスト (Toledo, Ohio) 73, 251

【ナ行】

ナショナル・シティ社 271
ナショナル・シティ・バンク (New York, N.Y.) 13, 45, 126, 161, 176, 246, 248, 270, 289
ナショナル・バンク・オブ・コマース (Houston, Tex.) 205

銀行・企業名索引　389

ナショナル・バンク・オブ・コマース (New Orleans, La.)　221
ナショナル・バンク・オブ・タルサ (Tulsa, Okla.)　203
ナショナル・バンク・オブ・デトロイト (Detroit, Mich.)　172, 174, 201
ナショナル・バンク・オブ・リパブリック (Chicago, Ill.)　72, 133
ニュージャージー・タイトル・ギャランティ・トラスト (Jersey City, N.J.)　339, 340, 346, 357
ニューヨーク手形交換所　161, 236
ニューヨーク・トラスト (New York, N.Y.)　248
ノザン・トラスト (Chicago, Ill.)　132

【ハ行】

パースアンボイ・トラスト (Perth Amboy, N.J.)　340, 344
パブリック・ナショナル・バンク・トラスト (New York, N.Y.)　70, 139, 246, 248
ハミルトン・ナショナル・バンク (Washington, D.C.)　257
ハリス・トラスト・セイヴィング・トラスト (Chicago, Ill.)　132
ハリマン・ナショナル・バンク・トラスト (New York, N.Y.)　160
パワー・シティ・トラスト (Niagara Falls, N.Y.)　265
バン・スパリゲン・グループ　45
バンカーズ・トラスト (New York, N.Y.)　77, 140, 161, 248, 249
バンカーズ・トラスト・オブ・デトロイト (Detroit, Mich.)　171
バンカーズ・トラスト・オブ・フィラデルフィア (Philadelphia, Pa.)　74, 164
バンク・オブ・アメリカ NA (New York, N.Y.)　126-128, 270
バンク・オブ・アメリカ NTSA (San Francisco, Cal.)　13, 95, 120, 128
バンク・オブ・アメリカ・オブ・カリフォルニア (Los Angeles, Cal.)　120, 128
バンク・オブ・イタリー NTSA (San Francisco, Cal.)　13, 120, 127
バンク・オブ・テネシー (Nashville, Tenn.)　68
バンク・オブ・ピッツバーグ (Pittsburgh, Pa.)　75
バンク・オブ・フィラデルフィア・トラスト (Philadelphia, Pa.)　164
バンク・オブ・マンハッタン・トラスト (New York, N.Y.)　14, 70, 161, 248
バンコ・ケンタッキー (Louisville, Ky.)　68
ハンチントン・ナショナル・バンク (Columbus, Ohio)　251
ピープルズ・ウェイン・カウンティ・バンク (Detroit, Mich.)　129, 143
ヒベルニア・バンク・トラスト (New Orleans, La.)　217, 228
ファースト・ウィスコンシン・ナショナル・バンク (Milwaukee, Wis.)　280, 289
ファースト・ウェイン・ナショナル・バンク (Detroit, Mich.)　129
ファースト・シチズンズ・バンク・トラスト (Utica, N.Y.)　355
ファースト・シティ・トラスト・セイヴィング・バンク (Akron, Ohio)　73, 137
ファースト・セントラル・トラスト (Akron, Ohio)　73, 137, 228
ファースト・ナショナル・バンク (Detroit, Mich.)　171
ファースト・ナショナル・バンク (New York, N.Y.)　161, 246, 248
ファースト・ナショナル・バンク (Perth Amboy, N.J.)　344
ファースト・ナショナル・バンク (Pittsburgh, Pa.)　75
ファースト・ナショナル・バンク (Boston, Mass.)　146
ファースト・ナショナル・バンク (Baltimore, Md.)　225
ファースト・ナショナル・バンク・イン・セントルイス (St. Louis, Mo.)　212
ファースト・ナショナル・バンク・オブ・シカゴ (Chicago, Ill.)　131, 143, 245, 254, 289
ファースト・ナショナル・バンク・オブ・ヒューストン (Houston, Tex.)　204
ファースト・ナショナル・バンク・トラスト (Tulsa, Okla.)　203
ファースト・バンク・ストック・コーポレーショ

ン(Minneapolis, Minn.) 11
ファースト・バンク・トラスト(Perth Amboy, N.J.) 345
ファースト・ユニオン・トラスト・セィヴィング・バンク(Chicago, Ill.) 255
ファーマーズ・ローン・トラスト(New York, N.Y.) 13, 126
フィデリティ・ナショナル・バンク・トラスト(Kansas City, Mo.) 210
フィフス・アベニュー・バンク(New York, N.Y.) 161, 248
フィラデルフィア・ナショナル・バンク(Philadelphia, Pa.) 74
フェデラル・ナショナル・バンク(Boston, Miss.) 75, 144
フォース・ファースト・ナショナル・バンク(Nashville, Tenn.) 68
フォックス・フィルム 269
フォード 78, 171, 199
フォーマン・スティト・ナショナル・バンク(Chicago, Ill.) 72, 143, 254
復興金融公社 →RFC
ブラッドフォード・ナショナル・バンク(Bradford, Pa.) 343
フランクリン・アメリカン・トラスト(St. Louis, Pa.) 147, 212
フランクリン・トラスト(Philadelphia, Pa.) 74, 165
ブルックリン・ナショナル・バンク・オブ・ニューヨーク(Brooklyn, N.Y.) 154, 157
ブレアー・カンパニー 14
フレッチャー・アメリカン・ナショナル・バンク(Indianapolis, Ind.) 208
ペンシルヴェニア社(Philadelphia, Pa.) 74, 168
ホイットニー・ナショナル・バンク(New Orleans, La.) 217
ボストン手形交換所証券会社 146
ボートメンズ・ナショナル・バンク(St. Louis, Mo.) 213
ボルチモア手形交換所 223
ボルチモア・トラスト(Baltimore, Md.) 223

【マ行】

マーチャント・ナショナル・バンク(New Bedford, Mass.) 265
マーチャント・バンク・トラスト(Jackson, Miss.) 157
マッキィーン・カウンティ・トラスト(Bradford, Pa.) 343
マニュファクチュアラーズ・トラスト(New York, N.Y.) 14, 70, 139, 153, 245, 254
マニュファクチュアラーズ・トレイダーズ・トラスト(Buffalo, N.Y.) 251
マニュファクチュアラーズ・ナショナル・バンク(Detroit, Mich.) 174, 199
マニュファクチュアラーズ・バンク・トラスト(St. Louis, Mo.) 212
マリン・ミッドランド・トラスト(New York, N.Y.) 248, 265
ミシシッピ・ヴァレイ・トラスト(St. Louis, Mo.) 213
ミッドウッド・トラスト(New York, N.Y.) 154
ミッドランド・バンク(Cleveland, Ohio) 147, 174
モルガン商会 108, 154

【ヤ行】

ユニオン・ガーディアン・トラスト(Detroit, Mich.) 77, 95, 107, 169
ユニオン・トラスト(Cleveland, Ohio) 174
ユニオン・トラスト・オブ・メリーランド(Baltimore, Md.) 223, 225, 228
ユニオン・ナショナル・バンク(Kansas City, Mo.) 210
ユニオン・バンク・オブ・コマース(Cleveland, Ohio) 176

【ラ・ワ行】

ラファイエット・サウス・サイド・バンク・トラスト(St. Louis, Mo.) 212
リッグス・ナショナル・バンク(Washington, D.C.) 257
リバーティ・ナショナル・バンク(New York, N.Y.) 160
リパブリック・ナショナル・バンク・トラスト(Dallas, Tex.) 251
リンカーン・アライアンス・バンク・トラスト(Rochester, N.Y.) 254

ルイヴィル・トラスト (Louisville, Ky.)　68
ループ銀行　132, 144
連邦預金保険公社　→FDIC
ロジャーズ・コールドウェル社　68

ローヤーズ・カウンティ・トラスト (New York, N.Y.)　248
ワールド・エックスチェンジ・バンク (New York, N.Y.)　70

人名索引

【ア行】

イマホーン, A. P.　222
ヴァンデンバーグ, A. H.　　304, 307, 308
ウィギン, A. H.　272
ウィリアムズ, J. S.　　6, 23
ウィルソン, J. C.　345
ウォーカー, A.　27
ウォーレス, G. M.　280
エックルス, M. S.　309
オーウェン, R. L.　298
オコーナー, J. F. T.　332
オールドリッチ, W. W.　　268, 272

【カ行】

カステン, W.　283
カミングス, W. J.　286, 332
キースリング, R. J.　352
ギブソン, H. D.　140
クーゼンス, J.　78, 108
グラス, C.　298
クリシンガー, D. R.　6
クローリー, L. T.　308, 332, 344
ゴールズボロー, P. L.　332

【サ行】

サートリ, J. F.　280
ジアニーニ, A. P.　127
シュワルツ, A. J.　56
ジョーンズ, J. H.　246, 256, 286
ジョンストン, P.　246
スタウト, E. P.　355
スティーヴンス, E. M.　285
スティーガル, H. B.　298, 309

【タ・ナ行】

タフト, W. H.　298
ティラー, W. H.　283

テミン, P.　57
デラーノ, P.　332
ドーズ, C. G.　72, 76, 95, 133
ドーズ, H. M.　6
ドーニー, W. F.　343
トレイラー, M. A.　255
ナドラー, M.　105

【ハ行】

パーキンス, J. H.　246, 270, 272
ハズバンズ, S. H.　284
ハリス, S. E.　106
ハリマン, J. W.　161
フーヴァー, H. C.　89, 110
フォード, H.　78, 108, 172
フォーマン一族　72
フライシュハッカー一族　283
フリードマン, M.　56
ヘッペンハイマー, W. C.　355
ベネット, M. E. G.　332
ヘヒト, R. S.　222
ボーゲン, J. I.　105
ポッター, W. C.　246
ポール, J. W.　301

【マ行】

マーカス, B.　69
マーカス, J.　69
マックカファーティ, C. F.　343
ミッチェル, C. E.　272, 303
メロン, A.　75

【ラ行】

リーヴル, J. R.　245, 285
レイノルズ, A.　285
レイノルズ, G. M.　285
ローズヴェルト, F. D.　110, 246, 272, 303, 304

事項索引

【ア行】

アイオワ貯蓄銀行法　　22
イヤマーク　　84, 109
インサイダー取引　　289
インディアナポリス貨幣会議　　4
受け皿銀行　　153, 172, 257
ウンターマイヤー・プラン　　70
永遠の繁栄　　61
営業譲渡　　257, 357
オープン・ブック・アカウント　　29

【カ行】

開業銀行への融資　　94, 189, 190, 227
外国証券　　49
額面決済システム　　16
過剰銀行の整理　　217
過剰資本の淘汰　　322
過剰信用　　151
合併による預金継承方式　　336-338
カヒル・プラン　　70
株価操作　　269, 271
株式分割　　264
為替手数料　　238
議決権　　290
救済合併　　131, 141, 163, 164, 175, 254
救済融資　　107, 165, 220
キューバ向け債権　　269, 271
許可銀行　　245
金貨・金証券　　83
緊急救済・建築法　　93
緊急銀行法　　185, 191, 245, 323
銀行・証券分離　　301
銀行合併　　117, 119
銀行監督の一元化　　304
銀行恐慌　　65, 67
銀行業の社会化　　193
銀行再編　　117, 185

銀行資本の集中　　217
銀行清算　　185
銀行制度の一元化　　310
銀行破産　　119
銀行破綻処理政策　　321
銀行保全官　　185, 205
銀行保全法　　185, 205
金融システム　　118, 140, 151, 321
金融デフレ　　156, 178
金利収入　　238
偶発債務　　347, 348
偶発準備金　　249
グラス・スティーガル法(1932年2月27日)
　　29, 99
グラス・スティーガル法(1933年6月16日)
　　305
グラス第1次草案　　27
グリーンバックス　　23
グループ・バンク　　9, 132, 146, 297
グレンジャー　　23
検査局　　333
減資　　140, 146, 186, 213, 264, 271, 272, 280,
　　281, 283, 285
健全債権　　242
健全資産　　186
公益事業債　　49
高額面券　　40, 82
公的資金　　191, 227, 245, 250, 287
顧客貸付　　37, 43
コール・ローン　　44
ゴールズボロー法案　　103, 303
コルレス銀行　　80, 131
コルレス制度　　15, 16

【サ行】

最後の貸手　　99
最低資本金規制　　20, 186
再編　　151

債務不履行債　　51
サブスタンダード (substandard)　　235
「暫定」預金保険制度　　245, 306
資金援助　　311, 324, 329, 349
資金贈与　　228
私権制限　　283
自己資本比率　　287
資産査定基準　　234, 241, 287
資産清算　　221
資産の劣化　　234
資産売却プラン　　187, 188
支店銀行制度　　3, 117, 297, 301, 321
支払準備制度　　15, 16, 33
支払能力 (solvency)　　186
資本・預金比率　　22
資本集中　　117
資本証券　　191, 246, 250
資本調整プラン　　186, 199
シャーマン法　　21
自由金　　89, 99
州銀行監督官　　233
州銀行休業　　225
自由銀行法　　20
州モラトリアム　　303
州預金保険制度　　23
準則主義　　22
準備市銀行　　15
商業主義的貸付方針　　108
"商業地域"プラン　　301
証券担保貸付　　37, 42, 43
新規・閉鎖銀行局　　323, 333
真正手形原理　　29, 100, 301
信託手数料　　238
信用恐慌　　151, 178
スティーガル法案　　303
スポーケィン・プラン　　153, 172, 178, 187, 188
スロー (slow) 概念　　235
スロー債権 (資産)　　235, 242
清算　　151, 160, 177, 198
清算局　　323, 333
政府保証　　317
1933年銀行法　　18, 256, 301, 321, 323
1935年銀行法　　18, 237, 289, 310, 311, 321, 324
1934年証券取引所法　　18
1933年証券法　　289

1918年合併法　　5, 12
1900年金本位制法　　21
全国銀行休業　　67, 85, 183, 227
相互貯蓄銀行　　314

【タ行】

退蔵通貨　　40
対敵通商法　　85
第2線準備　　106
タイム・ローン　　44
ダイヤー法案　　6
担保預金　　155
単名手形　　17
チェーン・バンク　　9, 132, 280
通貨監督官　　4, 19, 52, 152, 161, 185, 233, 236, 257
通貨発行税　　3
低額面券　　40, 82
手形交換所　　147
適格手形　　101
手数料収入　　238
デパートメント・バンキング　　13
デフレスパイラル　　196
伝染効果　　38
ドイツ短期信用　　271
凍結預金　　189
独立国庫　　4
都市不動産貸付　　46

【ナ行】

二元的銀行制度　　297
二元的な救済融資体制　　108
二重責任　　13, 21, 30, 146, 156, 162, 171, 187, 191, 212, 221
ニューディール政策　　196, 264, 287
ニューヨーク州銀行監督官　　19, 52, 236
ニューヨーク方式　　153, 162, 178
任意清算　　119

【ハ行】

破産銀行局　　152
ハリソン・プラン　　70
P&A方式　　178
非加盟銀行優先株部局　　245
賦課金　　310, 334

事項索引　395

不稼動資産　270
不許可銀行　183, 186, 197, 228
複名手形　17
不動産担保貸付　17, 35, 46
部分保証勘定　314
部分預金保証　306
付保預金の移転　324
ブリッジ・バンク　323
不良債権　205, 242, 271
不良資産　186, 234, 285
ブローカーズ・ローン　18, 37, 43
ペイオフ　136, 172, 173, 312, 324, 336, 338, 342, 345
平価切下げ　110
閉鎖銀行の破綻処理　302
閉鎖銀行への融資　94, 189, 227
ペコラ委員会　303
保証勘定　314
保証預金　327
ポピュリスト　303
ポピュリズム　23
ボロー・グラス修正案　103

【マ行】

マクファーデン・ペッパー法　28
マクファーデン法　6, 13, 18, 236
マックナリーホーゲン法　6
マックローリー法案　4
マネー・トラスト　297

ミシガン州銀行休業令　67
無限責任制　21
モラル・ハザード　307

【ヤ行】

有限責任制　21
優先株　191, 227, 245, 250
郵便貯金制度　173, 298
郵便貯蓄銀行　309
ユニット・バンク　3, 23, 33, 117, 131, 280, 298, 316, 317, 321
預金口座手数料　238
預金削減プラン　186
預金者損失率　156
預金者配当率　157
預金清算公社　301
預金清算部　190, 302
預金取付け(bank run)　255
預金保証　160-162

【ラ・ワ行】

レシーバー　152, 155, 183, 185, 188
レシーバーシップ　327
連邦銀行清算局　299
連邦準備法　15, 35, 57
連邦預金保険法　233
ワイルドキャット・バンク(wildcat bank)　20

小林 真之(こばやし まさゆき)

略　歴
1946 年　北海道に生まれる
1969 年　北海道大学経済学部卒業
1971 年　北海道大学経済学研究科修士課程修了
1974 年　北海道大学経済学研究科博士課程単位取得退学
1974 年　北海学園大学経済学部講師
1985 年　同教授，現在に至る
1990 年 4 月〜91 年 9 月　米国ペンシルヴェニア大学客員研究員
博士(経済学)(北海道大学)

主　著
『信用と外国為替』(共著)，ミネルヴァ書房，1978 年
『金融資本論研究』(共著)，北海道大学図書刊行会，1983 年
『比較金融史研究』(共著)，ミネルヴァ書房，1992 年
『揺れ動く現代世界の経済政策』(共著)，日本経済評論社，1995 年
『株式恐慌とアメリカ証券市場』(単著)，北海道大学図書刊行会，1998 年
『金融システムと信用恐慌』(単著)，日本経済評論社，2000 年
『現代金融論』(共著)，有斐閣，2004 年
『現代金融と信用理論』(共著)，大月書店，2006 年

アメリカ銀行恐慌と預金者保護政策
── 1930 年代における商業銀行の再編
2009 年 2 月 28 日　第 1 刷発行

著　者　　小　林　真　之
発行者　　吉　田　克　己

発行所　北海道大学出版会
札幌市北区北 9 条西 8 丁目 北海道大学構内(〒 060-0809)
Tel. 011(747)2308・Fax. 011(736)8605・http://www.hup.gr.jp

アイワード／石田製本　　　　　　　　　　　　　　　Ⓒ 2009　小林真之

ISBN978-4-8329-6706-9

ドイツ・ユニバーサルバンキングの展開	大矢繁夫 著	A5・270頁 定価4700円
ドイツ証券市場史 ―取引所の地域特性と統合過程―	山口博教 著	A5・328頁 定価6300円
政府系中小企業金融機関の創成 ―日・英・米・独の比較研究―	三好 元 著	A5・246頁 定価3800円
ニュージャージー・スタンダード石油会社の史的研究	伊藤 孝 著	A5・490頁 定価9500円
西欧近代と農村工業	メンデルス外 著 篠塚信義外 編訳	A5・426頁 定価7000円
地域工業化の比較史的研究	篠塚信義 石坂昭雄 編著 高橋秀行	A5・434頁 定価7000円
北樺太石油コンセッション 1925-1944	村上 隆 著	A5・458頁 定価8500円
石油・ガスとロシア経済	田畑伸一郎 編著	A5・308頁 定価2800円

〈価格は消費税を含まず〉

――――― 北海道大学出版会 ―――――